EISZEITFORSCHUNG

EISZEITFORSCHUNG

Herausgegeben
von
HERBERT LIEDTKE

WISSENSCHAFTLICHE BUCHGESELLSCHAFT
DARMSTADT

Einbandgestaltung:
Studio for Communication Design. Ulrich Franz & Neil McBeath, Stuttgart.

Einbandbild:
„Pasterzegletscher im Großglocknergebiet“ (Aufnahme von Herbert Liedtke),
im Hintergrund: „Admirality-Range“ (Aufnahme von Emil Schulthess).

CIP-Titelaufnahme der Deutschen Bibliothek

Eiszeitforschung / hrsg. von Herbert Liedtke. –
Darmstadt: Wiss. Buchges., 1990
ISBN 3-534-05063-0
NE: Liedtke, Herbert [Hrsg.]

Bestellnummer 05063-0

Gedruckt auf säurefreiem und holzfreiem Bilderdruckpapier
Satz: Maschinensetzerei Janß, Pfungstadt
Druck und Einband: Wissenschaftliche Buchgesellschaft, Darmstadt
Printed in Germany
Schrift: Linotype Times, 8.5/9.5 und 9.5/10.5

ISBN 3-534-05063-0

INHALT

EINLEITUNG

Von Herbert Liedtke

Beiträge zum Stand der Eiszeitforschung zusammenzutragen erweist sich als schwieriger, als man im ersten Augenblick denkt. Viele Ansichten werden geäußert, die Beweise sind erdrückend, aber die Gegenargumente ebenfalls. Dazu kommt, daß sehr viele wissenschaftliche Disziplinen sich mit dem Eiszeitalter beschäftigen und die Übersicht verlorengeht. Die hier ausgewählten Beiträge stammen von Autoren, die sich ihrem Fachgebiet verschworen haben und die den Stand ihrer Wissenschaft überblicken. Manche Arbeit liegt schon einige Jahre zurück, aber sie hat nichts von ihrer Bedeutung verloren, auch wenn hier und dort ein neues Argument hinzugefügt werden könnte.

Eiszeitforschung ist gemessen an der Mathematik oder der Chemie keine besonders alte Wissenschaft, aber sie greift mit ihren Anfängen rund 200 Jahre zurück, und seit 1875 sprechen wir von der modernen Eiszeitforschung, als klar wurde, daß eiszeitliche Sedimente nicht durch sintflutartige Überschwemmungen zustande gekommen waren, sondern daß diese Ablagerungen ehemaliger Gletscher oder Inlandeise sind, die sich weithin über heute unvergletscherte Gebiete erstrecken. Dadurch haben sich ganze Landschaftszonen und ebenso die Höhengliederung dieser Landschaftsgürtel verschoben, worauf der Beitrag von Hövermann (S. 27–39) hinweist.

Über die Ursachen des Eiszeitalters und über die Kälte- und Wärmeschwankungen während dieses rund 2,4 Millionen Jahre dauernden Zeitabschnitts wird noch immer heftig diskutiert, wenn auch die meisten Autoren der Erdkonstellation im Weltraum eine entscheidende Rolle zumessen und auf die Überlegungen von Milanković aus den 30er Jahren zurückkommen. Allerdings sind sie heute in der glücklichen Lage, mit Hilfe von Computern die früher unendlich zeitraubenden Rechnungen schnellstens durchführen zu können. Noch immer unsicher sind die Gliederung des Eiszeitalters, die Parallelisierung über größere Räume hinweg und die zeitliche Festlegung. Die Thermolumineszenzmessungen haben sich in den letzten Jahren für die Altersbestimmung immer mehr in den Vordergrund geschoben, und die ehemalige Verbreitung des Inlandeises wird zusehends besser untermauert, nachdem die geologische Kartierung in den hocharktischen Gebieten deutlich vorangekommen ist. Deshalb wird heute von sowjetischen Forschern ein riesiger Eiskuchen angenommen, der von Nordamerika über den Nordpol bis Skandinavien und Mitteleuropa reichte und wo es im ansteigenden Vorland des Eises zur Bildung von großen Stauseen kam. Neuere Forschungen erfassen auch das Eis Tibets, das als große Inlandeismasse die plötzliche Abkühlung zur Hocheiszeit der letzten Vereisung verstärkt haben könnte.

Der vorliegende Band besteht zum Teil aus dem Nachdruck von Aufsätzen der letzten 10 bis 15 Jahre, wozu die Autoren gelegentlich noch Hinweise auf den neuesten Stand eingebracht haben, aber auch aus Originalbeiträgen, in denen Forschungsergebnisse aus erster Hand geboten werden oder der gegenwärtige Stand eines Sachgebietes dargestellt wird. So möge dieses Buch den Freunden der Eiszeitforschung hilfreich sein und Anregungen bieten.

Petermanns Geographische Mitteilungen, 119, Gotha 1975, S. 241–252.

100 JAHRE GLAZIALTHEORIE UND DAS QUARTÄRE ERDBILD VON HEUTE

Von JOHANNES F. GELLERT

Einführung

Am 3. November 1975 jährt sich zum 100. Male jener Tag, an dem der schwedische Geologe und Glaziologe TORELL die Schrammen auf der Muschelkalkkuppe des Diapirs von Rüdersdorf östlich von Berlin als Gletscherschliffe ansprach, hierüber am Abend des gleichen Tages auf der Versammlung der Deutschen Geologischen Gesellschaft in Berlin berichtete und dieselben als Zeugen einer großen skandinavischen Vergletscherung bis weit nach Mitteleuropa hinein interpretierte. Die mitteleuropäische Tradition knüpft hieran die Anerkennung der Theorie einer weit nach Süden, bis an den Fuß der Mittelgebirge ausgreifenden, vorzeitlichen Inlandvereisung, kurz „Glazialtheorie" genannt, für den skandinavischen, mittel- und osteuropäischen Bereich, obwohl bereits früher hier und in anderen Teilen Europas ähnliche Gedanken einer weit in die Vorländer der vergletscherten Gebiete ausgebreiteten Vereisung geltend gemacht worden waren.

Die Anerkennung der Glazialtheorie in Mitteleuropa und damit eines quartären Eiszeitalters als eine allgemein geltende Doktrin der Geologie und Geographie löste in den folgenden Jahrzehnten eine erdweite Eiszeitforschung aus. Sie hatte eine globale Quartärforschung zur Folge, die, weit über den ursprünglichen Rahmen hinaus, vielerlei Bereiche der Geowissenschaften in sich einschloß und heute eine erste wissenschaftliche Formulierung eines Modells der jungerdgeschichtlichen Entwicklung der Geosphäre ermöglicht. Die auf Grund der Befunde bei Rüdersdorf entwickelte Theorie einer quartären Eiszeit wurde damit zum Paten neuer Erkenntnisse auf allen Gebieten der Erdforschung.

1. Vorläufer und Konsolidierung der Glazialtheorie in Europa

Wichtiger Ausgangspunkt für die spätere Formulierung der Glazialtheorie im mittleren und nördlichen Europa war die Beobachtung von ortsfremdem Gesteinsmaterial (Erratika) in Form von Einzelblöcken oder Anhäufungen weitab seines Herkunftsgebietes am Ende des 18. und Anfang des 19. Jahrhunderts durch eine Reihe von Autoren, besonders in der Schweiz, in Skandinavien und im mitteleuropäischen Tiefland. Weiterhin stellte man eine radiale

Verbreitung dieses Materials von seinen Herkunftsgebieten in den Alpen und den skandinavischen Ländern sowie Finnland fest, unabhängig von den bestehenden Flußsystemen. Die Erkenntnis, daß die Gletscher die besten Träger solcher Gesteinsblöcke seien (PLAYFAIR 1802), und die Beobachtung von abgeschliffenen Gesteinsoberflächen mit Schrammen, wie sie in der Nachbarschaft von rezenten Gletschern gefunden und auf deren Bewegung über den Felsuntergrund zurückgeführt wurden, in alpinen und norwegischen Tälern, weit unterhalb der heutigen Gletscherenden, weckten gleichzeitig die Vorstellung einer ehemals weit ausgedehnteren Vergletscherung der Alpentäler und des Schweizer Mittellandes bis zum Jura hin sowie der weiten Flachländer des nördlichen Mitteleuropa von den Skanden her (VON AUERSBACH 1779, DE SAUSSURE 1787, KUHN 1785, PLAYFAIR 1802, VENETZ 1821, KASTOFER 1822, ESMARCH 1824, BERNHARDI 1832, MORLOT 1844).

Diese Vorstellungen einer weiten vorzeitlichen Vergletscherung, in deren Zusammenhang der Münchener Botaniker SCHIMPER 1837 den Begriff „Eiszeit" prägte, wurden von CHARPENTIER 1840 und AGASSIZ 1841 und 1847 in klassischen Werken zusammengefaßt. Ihnen standen im außeralpinen Mitteleuropa und in England die Vorstellungen einer großen Wasserflut (Rollsteinflut, Schlammflut) nach Art der „Sintflut", durch die fremde Gesteine weithin verschwemmt worden seien, und die 1802 von WREDE aufgestellte und von BUCH in Deutschland sowie von LYELL und DARWIN in England vertretene Drifttheorie gegenüber, nach der, ähnlich wie es heute noch geschieht, mächtige Eisberge die erratischen Blöcke verfrachtet haben sollen. Dagegen hatten bereits 1824 ESMARCH und 1832 BERNHARDI die Verfrachtung der skandinavischen Gesteine nach Mitteleuropa auf eine gewaltige Ausdehnung der skandinavischen Gletscher bis hierhin zurückgeführt. Auch die frühe Deutung der abgeschliffenen und geschrammten Gesteinsoberflächen durch den Schweden SEFSTROM 1836 und durch HELMERINGHAUSEN 1869 auf dem Muschelkalk von Rüdersdorf und durch NAUMANN und MORLOT 1844 und 1874 auf den Porphyrhügeln bei Oschatz als Gletscherschliffe vermochten die Geologen der damaligen Zeit, die noch ganz unter dem Einfluß der Drifttheorie standen, nicht von der Ausbreitung skandinavischer Gletscher bis in das mitteleuropäische Tiefland zu überzeugen. Erst die Deutung der Rillen auf dem Rüdersdorfer Muschelkalk als Gletscherschrammen durch TORELL, der bereits 1872 und 1873 auf Grund seiner Beobachtungen in Skandinavien allgemeine Untersuchungen über eine Eiszeit veröffentlicht hatte, brachte 1875 den entscheidenden Stoß gegen die Drifttheorie. Als dann zwei Jahre später H. CREDNER und der junge A. PENCK auf den permischen Porphyrkuppen bei Leipzig ebensolche Schrammen fanden, begannen auch die zunächst noch opponierenden Berliner Geologen, die Glazialtheorie für das Norddeutsche Flachland anzuerkennen. Schon vorher hatten die russischen Geologen RUL'E (1852), ŠČUROVSKIJ (1855/56), ŠMIDT (1871) u. a. den glazialen Charakter der oberflächennahen Ablagerungen mit ortsfremdem, skandinavisch-finnischem Material in Osteuropa erkannt. Nach einem entscheidenden Vortrag in der Russischen Geographischen Gesellschaft am 21. März 1874 erschien 1876 in Petersburg von Kropotkin ein großes Werk über die Eiszeit (Issledovanija o lednikovom periode), eine Parallele zu dem 1874 in London erstmalig erschienenen Werk von Geikie (The Great Ice Age).

Trotz der so zum Ausdruck gebrachten Anerkennung des glazialen Charakters der jungerdgeschichtlichen Ablagerungen mit ortsfremdem Material in Norddeutschland und anderen Gebieten Europas behauptete sich der aus der Sintfluttheorie abgeleitete, 1823 von Buckland geprägte Begriff „Diluvium" (große Flut) für die erdgeschichtliche Periode des Eiszeitalters bis in die jüngere Vergangenheit, wo er durch die heute international übliche, an die Stufennamen des Tertiärs anschließende Bezeichnung „Pleistozän" (gr.: am meisten neu) ersetzt wurde.

Sogleich nach der Anerkennung der Rüdersdorfer Schrammen als Gletscherschliffe sah sich die damalige Diluvialforschung einem neuen Problem gegenübergestellt. Bei einer Nachprüfung des Torellschen Befundes in Rüdersdorf fanden nämlich de Geer und Wahnschaffe zwei sich kreuzende Schrammrichtungen, die keineswegs auf einen Gletscherzug zurückzuführen sind, sondern auf einen mehrmaligen Gletschergang über die Rüdersdorfer Muschelkalkkuppe hindeuten. Auch der Fund von zwei durch Sandlagen voneinander getrennten, übereinanderliegenden, nunmehr als Grundmoränen gedeuteten Geschiebemergelhorizonten, d. h. das Auftreten einer unteren und einer oberen Grundmoräne, wie sie die meisten älteren preußischen geologischen Spezialkarten verzeichnen, wies auf eine mehrmalige Vergletscherung Norddeutschlands hin. Das Verdienst, die Anschauung der glaziären Natur der pleistozänen Ablagerungen Norddeutschlands und zugleich die einer mehrmaligen ehemaligen Vereisung dieses Gebietes zur vollen Anerkennung gebracht zu haben, gebührt A. Penck. Nach der Entdeckung von Gletscherschrammen auf den Porphyrkuppen bei Leipzig bereiste er ganz Norddeutschland, Süd- und Mittelschweden, Südnorwegen und Dänemark und wies 1879 in einer Publikation die glaziale Natur der, wie er formulierte, norddeutschen Geschiebeformation einwandfrei nach. In Anwendung der aktualistischen Methode verstand es A. Penck, die ungeschichteten glazigenen Ablagerungen von den fluvial geschichteten Ablagerungen zu unterscheiden und auf diesem Wege eine dreimalige Vergletscherung Norddeutschlands abzuleiten. Funde von Mollusken- und Wirbeltier- sowie Pflanzenresten innerhalb der diluvialen Serie befestigten die Auffassung von zwischen den Eiszeiten (Glazialzeiten) liegenden Zwischeneiszeiten (Interglazialzeiten) und deren Deutung als Warmzeiten mit einem Klima, das dem heutigen ähnelte, oftmals sogar wärmer war. Die Untersuchungen von Keilhack bei Berlin 1896 und von Gottsche bei Hamburg 1897 bestätigten die von A. Penck skizzierte Diluvialstratigraphie. In Anlehnung an die inzwischen erfolgte Bezeichnung der alpinen Eiszeiten nach Alpenvorlandsflüssen in alphabetischer Reihenfolge durch A. Penck und Brückner bürgerten sich auf Vorschlag von Keilhack für diese drei norddeutschen Eiszeiten die Namen Elster-, Saale- und Weichsel-Eiszeit ein. Die zwischen ihnen liegenden gletscherfreien Zeiten wurden in Anlehnung an das gleiche Vorbild zunächst als Elster-Saale- und Saale-Weichsel-Zwischeneiszeit bezeichnet. Nach dem Vorkommen mariner pleistozäner Ablagerungen zwischen den glazialzeitlichen Ablagerungen erhielten sie später die Bezeichnungen Holstein- und Eem-Interglazialzeit. Mit diesen Eiszeitbezeichnungen im deutschsprachigen Teil Mitteleuropas gehen die Eiszeitbezeichnungen in Polen und in Osteuropa konform. Diesem Schema der Glazial- und Interglazialzeiten wurden später auf Grund detaillierterer geologischer Forschungen drei weitere Kaltzeiten (von unten nach oben: Brüggen-, Eburon- und Menap-Eiszeit) und dementsprechend drei weitere Warmzeiten (von unten nach oben: Tegelen-, Waal- und Cromer-Warmzeit) vorangesetzt.

Hand in Hand mit der Klärung dieses erdgeschichtlich so außerordentlich wichtigen Faktes einer mehrmaligen Vereisung des Mitteleuropäischen Tieflandes als geologisch-stratigraphisches Problem ging die Lösung des geomorphologischen Problems des Charakters und der Genese der Oberflächenformen dieses Gebietes. In ihrem Rahmen hat die Formulierung des Modells der „glazialen Serie“ in Gestalt der Formenfolge Grundmoräne – Endmoräne – Sander – Urstromtal durch A. Penck, die auf Grund neuerer Erkenntnisse durch den Zusatz „Lößüberwehung“ ergänzt werden sollte, eine grundsätzliche Bedeutung. Sie dient bis auf den heutigen Tag, ergänzt durch eine Vielzahl von Zusatzformen, als Leitmotiv jeglicher regionalen glazialmorphologischen Forschung in ehemals vereisten Gebieten, wie sie erstmalig von Wahnschaffe 1891 in seinem Werk ›Oberflächengestaltung des Norddeutschen Flachlandes‹ eine richtungweisende Zusammenfassung erfuhr. Neue Impulse erhielt die glazialmorphologische Forschung in Norddeutschland durch Gripp, der in den 1920er Jahren aktualglazigeologische Studien auf Spitzbergen durchgeführt hatte und deren Ergebnisse auf das norddeutsche Moränenland übertrug. Die Resultate dieser glazialgeomorphologischen Forschungen wurden 1935 von Woldstedt in einer ›Geologisch-morphologischen Übersichtskarte des norddeutschen Vereisungsgebietes‹ (1 : 1,5 Mio.) wiedergegeben und 1950 durch ein Werk ›Norddeutschland und angrenzende Gebiete im Eiszeitalter‹ erweitert und ergänzt.

Inzwischen hatte A. Penck im Zuge einer 1880 von Zittel gestellten Preisaufgabe der Münchener Universität in Erweiterung seiner Studien in Norddeutschland und Südskandinavien die Bayerischen Alpen und das Alpenvorland durchwandert und 1882 seine ›Vergletscherung der Deutschen Alpen‹ herausgegeben. Ihr folgte in späteren Jahren das gemeinsam mit Brückner erarbeitete, für die Eiszeitforschung klassisch gewordene große Werk ›Die Alpen im Eiszeitalter‹ (1902 bis 1909). Seine anhand der Hauptschotterkörper des Alpenvorlandes entwickelte Gliederung des Eiszeitalters in vier Eiszeiten, die er als Günz-, Mindel-, Riß- und Würm-Eiszeit bezeichnete, wurde später, seitdem durch zwei ältere Eiszeiten ergänzt, trotz vieler noch bestehender Unsicherheiten zum international gebräuchlichen Leitschema der Pleistozängliederung. Gemeinsam mit dem von A. Penck erkannten glazialen Charakter der Geschiebeformation im mitteleuropäischen Tiefland und deren Zuordnung zu mehreren Eiszeiten (s. o.) bedeuten diese Forschungen von A. PENCK in den Alpen und im Alpenvorland die Konsolidierung der Glazialtheorie in Europa in Form eines Polyglazialismus. Dieser Nachweis mehrerer aufeinanderfolgender Vereisungen in Mittel- und Nordeuropa als Ausdruck großer, aufeinanderfolgender Klimaschwankungen gab der Erdforschung in regionaler und thematischer Hinsicht erdweite Impulse und hatte seitdem vielerlei hieran anknüpfende geologisch-geographische und allgemein-geowissenschaftliche Forschungen und Erkenntnisse über die jungerdgeschichtliche Entwicklung der Geosphäre (Biosphäre) zur Folge.

2. Die pleistozäne Inlandvereisung der Nordkontinente

Obwohl in England die Theorie einer zentralen Vergletscherung im Norden der Britischen Inseln nach Art des grönländischen Eisschildes durch AGASSIZ und BUCKLAND bereits 1840 und einer allgemeinen großen Eiszeit durch GEIKIE 1874 zeitiger als in Mitteleuropa eine Formulierung gefunden hatte, währte auch hier über lange Zeit ein heftiger Meinungsstreit, der erst 1894 durch das zusammenfassende Werk von LEWIS über die ›Glacial Geology of Great Britain and Ireland‹ einen gewissen Abschluß fand. Im Rahmen des genannten Meinungsstreites spielten neben der durchaus aktualistischen Vorstellung der Drifttheorie die in verschiedenen Positionen auftretenden fossilführenden pleistozänen marinen Ablagerungen und Strandterrassen sowie eiszeitliche Schotterterrassen im nichtvergletscherten periglazialen Bereich (s. u.) des südlichen Teiles der Britischen Inseln eine große Rolle.

In Nordamerika, wohin AGASSIZ 1846 seine in Europa gewonnenen Anschauungen über die große Vergletscherung in jungerdgeschichtlicher Zeit auf das Gebiet der White Mountains (New Hampshire, USA) und der Großen Seen übertrug, kam die Glazialtheorie unter Befürwortung durch DANA seit 1855 schon Ende der 60er Jahre des 19. Jahrhunderts zur allgemeinen Anerkennung. Während jedoch in Europa das Skandinavische Hochgebirge (die Skanden) und die Gebirge im Nordteil der Britischen Inseln als Ausgangszentren der Vereisung in Form mächtiger, weit ausgreifender Eisschilde nach Art des grönländischen Inlandeises leicht vorstellbar waren, boten die Ausgangszentren der nordamerikanischen Vereisung außerhalb der Gebirge im Westen (Kordilleren-Zentrum) und Labrador im Osten (Labrador-Zentrum), wie sie aus der Verbreitung von Erratika und der Richtung der Gletscherschrammen erschlossen wurden (Keewatin-Zentrum westlich der Hudsonbai, Patrizisches Zentrum um den Trout Lake im Südwesten der Hudsonbai), Schwierigkeiten ihrer Erklärung. Einen ersten wissenschaftlichen Erklärungsversuch dieser eigenartigen Situation gab erst weit nach der Jahrhundertwende ENQUIST (1916), der hierfür den vom Wind nach Lee verwehten Schnee geltend machte und analog zur Ostverlagerung der Eisscheide auf dem skandinavischen Inlandeis eine allmähliche Verlagerung des Eiszentrums nach der Südwestseite der Labrador-höhen annahm. In neuerer Zeit machte hierfür Flint (1943) in umgekehrtem Sinne eine luvseitige Schneeanhäufung verantwortlich. Abweichend von den Ergebnissen der Eiszeitforschung im mitteleuropäischen Tiefland und in Osteuropa beobachtete man in Nordamerika wie in den Alpen vier Haupteiszeiten und entsprechende Interglazialzeiten, die man formal den vier alpinen Eiszeiten parallelsetzte. Auch hier besteht, wie in Europa, die Wahrscheinlichkeit entsprechender älterer Kalt- und Warmzeiten.

Obwohl auch aus den nordasiatischen (sibirischen) Gebieten seit der Mitte des 19. Jahrhunderts Berichte verschiedener Forscher über erratische Findlinge und alte Moränen vorlagen, die auf eine größere Vergletscherung besonders Mittelsibiriens schließen ließen, blieb die Frage nach einer großen Vereisung in Sibirien ähnlich der in Europa lange Zeit unentschieden. Mit Nachdruck verteidigte indessen V. A. Obručev seit 1890/91 die Ansicht von einer beträchtlichen Vereisung Sibiriens. In seiner ›Geologie von Sibirien‹ (1926) gab er einen ersten kurzen Überblick über die Eiszeit in Sibirien, den er 1930/31 erweiterte. Auf seiner damals veröffentlichten Karte der maximalen Vereisung in Nordasien verzeichnete er ganz Sibirien nördlich 60° n. Br. als zusammenhängend vereist, während die neueren Forschungen eine geschlossene maximale Eisbedeckung auf die Gebiete West- und Mittelsibiriens bis nahe an den Anabar beschränken und für den ganzen Süden und Osten Sibiriens eine Gebirgsvergletscherung mit lokaler Vorlandvergletscherung ergaben. Ein wesentliches Ergebnis der Eiszeitforschungen im östlichen Nordasien und im nordwestlichen Nordamerika ist die Erkenntnis, daß hier weite Teile des Landes, besonders gegen das Nordmeer hin, während des Pleistozäns eisfrei blieben und sich die maximale Vergletscherung hier auf die Gebirge beschränkte (Nordost-Sibirien, Alaska).

Sowohl in Mittel- und Osteuropa als auch in Nordamerika und Westsibirien zeitigten die neueren Forschungen eine Aufgliederung der genannten Haupteiszeiten in eine größere Anzahl von Stadialen und Interstadialen. Sie ließen bei manchen Forschern die Auffassung eines über die genannten vier bzw. sechs Haupteiszeiten hinausgehenden Polyglazialismus oder gar, integrierend, eines Monoglazialismus entstehen, letzteres vor allem im Hinblick auf die Entwicklung der quartären Großtierfauna (Gromov). Bemerkenswert ist in allen oben genannten Vereisungsgebieten der Nordhemisphäre das Auftreten eines hervorragend ausgeprägten Stadials am Ende der vorletzten Eiszeit, das von Woldstedt als Warthe-„Vereisung“ bezeichnet wurde.

Eine große und entscheidende Hilfe bei der stratigraphischen und geochronologischen Detailgliederung der eiszeitlichen und nacheiszeitlichen Ablagerungen im Bereich der pleistozänen Vereisungen der Nordkontinente und darüber hinaus leistete, besonders seit den 20er Jahren unseres Jahrhunderts, die Pollenanalyse (Palynologie). Sie ermöglichte eine nähere klimatologische Charakterisierung der Interglaziale und Interstadiale nach ihrem Stellenwert in der Eiszeitfolge. Eine weitere wesentliche Hilfe bei der chronologischen Einordnung und Identifizierung der pleistozänen Ablagerungen im großräumigen und erdweiten Maßstab leisteten in neuerer Zeit darüber hinaus die physikalischen Methoden der absoluten Altersbestimmung, insbesondere die Radiokarbonmethode.

3. *Die pleistozänen Gebirgsvergletscherungen der Erde*

Nach den Alpen und den Britischen Gebirgen sowie den Skanden traten in den letzten Jahrzehnten des vergangenen Jahrhunderts Art und Ausmaß der rezenten Vergletscherung und die Verbreitung von Spuren älterer, pleistozäner Vereisungen in allen höheren Gebirgen und an ihnen entsprechenden Hochgipfeln, insbesondere an den Vulkanmassiven der Anden und Afrikas, in das wissenschaftliche Blickfeld zahlreicher Forscher und Bergsteiger. Neben den ehemals gletschertragenden Mittelgebirgen und den heute noch vergletscherten Hochgebirgen der mittleren Breiten Eurasiens und Nordamerikas erweckten vor allem die Hochgebirge und Hochgipfel der Subtropen und Tropen Afrikas und Südamerikas sowie des südlichen Asien das Interesse der Geographen. Konnte hier doch die Frage entschieden werden, ob die Eiszeiten ein regionales Phänomen der großen Nordkontinente der Erde seien oder ein erdweites Phänomen allgemeiner paläoklimatischer und paläogeographischer Art.

Zu den ersten, die die Bedeutung der glazialen Erosion und Akkumulation für die Gestaltung tropischer Hochgebirge richtig erkannt hatten, gehört W. Reiss. Schon in Kolumbien hatte er 1869 am Chiles alte Moränen verschwundener Gletscher aufgefunden. Am Cayambe 1871 und am Quilindaña 1872 in Ekuador häuften sich die Beobachtungen alter Moränen in tiefen Lagen weit unterhalb der heutigen Vereisung so sehr, daß er daraus mit Sicherheit auf eine ehemals viel stärkere Vergletscherung der tropischen Hochanden schließen konnte. Hierüber berichtete er freilich erst fast dreißig Jahre später in seinem gemeinsam mit Stübel verfaßten Werk ›Reisen in Südamerika‹. Nach ihm vertraten Hauthal und Sievers mit Sicherheit die Vorstellung von zwei bis drei quartären Vereisungen in den Anden. Etwa gleichzeitig hatte H. Meyer auf Grund seiner am Kilimanjaro und anderen tropischen Hochgipfeln und Hochmassiven des tropischen Ostafrika angestellten Untersuchungen für die afrikanischen Tropen den Versuch einer Deutung derartiger glazialer Spuren außerhalb des heutigen Vergletscherungsbereiches in Richtung eines erdweiten Eiszeitphänomens versucht. 1904 plädierte er auf Grund seiner eigenen Beobachtungen und anderweitiger Angaben in der Literatur für eine erdweite Verbreitung des Eiszeitphänomens und für zwei Glazialperioden in den Tropen, die in das „spätere Diluvium" zu verlegen seien. In neuester Zeit unterschied Downie am Kilimanjaro vier große Vereisungen, die er den vier alpinen Eiszeiten gleichsetzte, sowie mehrere postglaziale Gletschervorstöße. In ähnlicher Weise machten de Terra und Paterson für den Himalaja eine vierfache Vereisungsfolge, wie sie in den Alpen zu finden ist, wahrscheinlich. Über den Verlauf der eiszeitlichen Vergletscherungen in den zentralasiatischen Gebirgen liegen noch widerspruchsvolle Beobachtungen und Vorstellungen vor. In West-Tibet konnte DE TERRA drei Vereisungen unterscheiden, von denen die vorletzte (Riß) die stärkste war. In Ostasien machten LEE (LI SZE GUANG), WISSMANN und KOZARSKI die Vergletscherung einiger hoher Gebirge in Mittelchina während der letzten Eiszeit wahrscheinlich. Am Lushan im östlichen Mittelchina können drei pleistozäne Vereisungen nachgewiesen werden, die LEE mit den drei älteren alpinen Vereisungen identifizieren möchte. Während in den Hochgebirgen Neuguineas nur eine, vermutlich die letzte glazialzeitliche Vergletscherung nachgewiesen werden konnte, glaubt BROWNIE, daß es sich im Gebiet des Mount Kosciusko in den Australischen Alpen um drei verschiedene Vereisungen gehandelt haben mag. Von einem gewaltigen Eisnetz waren die Neuseeländischen Alpen überdeckt. Drei Vereisungen werden den letzten alpinen Vereisungen gleichgesetzt, eine ältere der Brüggen-Eiszeit. Ablagerungen der dazwischenliegenden Eiszeiten mögen in den Old-Man-Gravels der alt- bis mittelpleistozänen Orogenese verborgen sein.

Entsprechend der geringen Entwicklung der Südkontinente in den mittleren und höheren Breiten fehlt ihnen ein Äquivalent zu den pleistozänen Eisschilden der Nordkontinente, wenn man von Antarktika absieht. Lediglich in Süd-Patagonien und Ost-Feuerland kam es zu einer mehrmaligen Vorlandvergletscherung der Anden bis an die atlantische Küste. Drei jüngere Eisrandlagen wurden von CALDENIUS auf Grund eines Vergleiches mit der schwedischen Warvenskala nach DE GEER dem jungweichselzeitlichen Dani-, Goti- und Finiglazial der skandinavischen Inlandvereisung gleichgesetzt. Die Ausdehnung dieser Vorlandvereisung der südlichen Anden wird durch die Forschungen von KLUTE, AUER, GROBER und CZAJKA wesentlich erweitert, wobei GROBER zwei ältere und zwei jüngere Vereisungen ausgliedert, die er den vier alpinen Eiszeiten gleichsetzt.

Als Ergebnis der erdweiten Glazial- und Eiszeitforschungen ist die regionale und erdweite Ermittlung der Höhenlagen der rezenten und eiszeitlichen klimatischen Schneegrenze und damit der eiszeitlichen Schneegrenzdepression zu werten. Sie vermittelt einen Gesamtüberblick über das Glazial- und Eiszeitphänomen über die ganze Erde hin und hat für die regionale Formen- und Landschaftsgestaltung große Bedeutung. Eine neue Zusammenstellung und kartographische Wiedergabe des Verlaufes der rezenten klimatischen oder regionalen Schneegrenze veröffentlichte HERMES. Von den Polarzonen ansteigend, erreicht diese – orographisch bedingt – im Hochland von Tibet und – klimatisch bedingt – in den tropischen Anden unter dem südlichen Wendekreis mit mehr als 6500 m ihre höchste Lage. Bemerkenswert ist ihr starkes Absinken im äußersten Nordosten Asiens, von Kamčatka an nordwärts, und am Golf von Alaska im nordwestlichen Nordamerika außerhalb der polaren Küstenbereiche der Kontinente beider Hemisphären.

Eine Karte der Höhenlage der letzteiszeitlichen klimatischen Schneegrenze des nördlichen Eurasien bis zum Himalaja hin entwarf in neuerer Zeit FRENZEL auf Grund verschiedener Indizien. Sie läßt im Vergleich zur Karte der Höhenlage der gegenwärtigen klimatischen Schneegrenze dieses Gebietes auf eine lokal etwas variierende Schneegrenzdepression zwischen etwa 500 m im Norden und etwa 1000 m im Süden schließen. Dabei ist die Schneegrenzdepression um so geringer, je weniger Niederschläge die betreffenden Gebiete im großklimatischen Rahmen erhalten, vor allem Innerasien und weite Teile Ostsibiriens. Die eiszeitliche Schneegrenzdepression beträgt in Afrika zwischen 800 bis 1000 m im Atlas, 700–1100 m im Hochland von Äthiopien und 900–1100 m (lokal 1300 m) in Ostafrika. In den Anden vergrößert sich das Maß der letzteiszeitlichen Schneegrenzdepression in Richtung des Ansteigens der rezenten klimatischen Schneegrenze von etwa 700–1000 m (wie in den Nordkontinenten) bis auf 1200–1400 m unter dem südlichen Wendekreis und fällt dann südwärts wieder weit unter 1000 m hinab. In Neuseeland erreicht sie unter extrem feuchten Bedingungen 1100 m. Auffällig ist bei einem Vergleich des Höhenganges der rezenten und der eiszeitlichen klimatischen Schneegrenze deren primär konformer Verlauf. Demgegenüber haben die großen Schneegrenzdepressionen im heute trockenen Teil Ostafrikas und in den tropischen Anden sowie diejenigen in Neuseeland einen sekundären Charakter und sind regional-paläoklimatisch zu erklären.

4. Gleichzeitigkeit und Dauer der Eiszeit

Grundsätzlich weist, worauf KLUTE aufmerksam machte, der primär konforme Höhenverlauf der rezenten und der eiszeitlichen klimatischen Schneegrenze von der Nordhalbkugel über den äquatorialen Bereich zur Südhalbkugel auf eine erdweite Gleichsinnigkeit des pleistozänen Eiszeitphänomens hin. Sie läßt für andere Auffassungen, wie sie etwa aus der Strahlungskurve von MILANKOVIĆ zu folgern sind, keinen Platz. Nach übereinstimmender Ansicht wohl aller Forscher befindet sich die Erde heute als Ganzes in einem erdgeschichtlichen Zustand, der einer Interglazialzeit entspricht, die in bezug auf die letzte Eiszeit als Postglazialzeit (Holozän = eine Warmzeit) bezeichnet wird. Mit Nachdruck wies C. STEINMANN schon 1906 darauf hin, daß die Grenze zwischen weniger gut erhaltenen Altmoränen und gut ausgeprägten Jungmoränen auf der Südhalbkugel in genau derselben Weise ausgebildet ist wie auf der Nordhalbkugel, z. B. in dem klassischen Gebiet der Glazialmorphologie, im Mitteleuropäischen Tiefland. „Ja, wir können diese Grenze zwischen jungen und alten Formen, die zweifellos, im großen gesehen, eine synchrone Linie ist, in den Gebirgen kontinuierlich von der Nordhalbkugel über den Äquator zur Südhalbkugel verfolgen. Das ist ein klarer Hinweis auf die Gleichzeitigkeit der Kaltzeiten für die ganze Erde“, schreibt WOLDSTEDT 1954 in Übereinstimmung hiermit. Insbesondere erfolgte, worauf FRENZEL hinweist, der Ablauf der letzten Kaltzeit überall nach demselben „Zeitplan“ oder „Baumuster“. Das bestätigen auch ^{14}C-Bestimmungen, nach denen das Maximum der letzten Vereisung auf Neuseeland genauso vor rund 20000 Jahren auftrat wie in Nordeuropa und Nordamerika. Falls aber die Klimaschwankungen der letzten Eiszeit die gesamte Erde gleichzeitig betroffen haben, dann liegt es sehr nahe, das auch für die früheren Kalt- und Warmzeiten anzunehmen. Wenn daher an einer oder gar mehreren Stellen der Erde der einwandfreie Nachweis von insgesamt sechs quartären Kaltzeiten erbracht werden konnte, wie das z. B. in Europa der Fall ist, so kann, folgert WOLDSTEDT weiter, dieses Auftreten von sechs Kaltzeiten auch für die ganze Erde angenommen werden, auch wenn sie nicht überall auf der Erde gleichwertig nachzuweisen sind oder sein werden.

Die skizzierte These eines erdweiten und gleichsinnigen Auftretens von Kalt- und Warmzeiten wird in neuester Zeit durch die Ergebnisse der modernen ozeanologischen Sedimentforschung bestätigt. So entspricht eine aus physikalischen und biologischen Untersuchungen von Bodenproben aus tropischen Meeren entwickelte generalisierte Temperaturkurve für das Oberflächenwasser, insbesondere des Karibischen Meeres durch EMILIANI, in weitem Maße der Vereisungskurve, wie sie in den heute gemäßigten Klimabreiten der Nordkontinente aus den Untersuchungen der glazial-interglazialen Schichtfolge, unter besonderer Berücksichtigung interglazialer organischer Reste, abgeleitet wurde. Bei Temperaturschwankungen des Oberflächenwassers der tropischen Meere von mehr als 6 grd C treten deutliche Temperaturmaxima und -minima auf, die den sechs Eiszeiten entsprechen und, namentlich innerhalb der Interglazialzeiten, den terrestrischen Befunden entsprechende, untergeordnete Schwankungen erkennen lassen. Wenn es auch noch mancher Präzisierung dieser Ergebnisse bedarf, so dürfte es jedoch schon heute außer allem Zweifel stehen, daß der zu wirklichen Eiszeiten führende Wechsel von Kalt- und Warmzeiten im Pleistozän erdweit auftrat und von der Nordhalbkugel über die äquatorialen Breiten bis zur Südhalbkugel einen gleichsinnigen Ablauf aufwies. Eine Sonderstellung mag hierbei Antarktika eingenommen haben, worauf später noch einzugehen ist.

Die erdgeschichtliche Dauer der Eiszeit (Pleistozän) schätzte A. PENCK auf Grund verschiedener sedimentologischer Befunde auf etwa 650000 Jahre ein. Hiervon umschließt die Postwürmzeit (vom Hochglazial an gerechnet) lediglich 20000 Jahre. Zu ähnlichen Werten gelangte KAY in Nordamerika (700000 bzw. 25000 Jahre). Einen wesentlichen Fortschritt bedeutete die von DE GEER entwickelte Methode der Warvenzählung in den glazilimnischen Bändertonen in Schweden, die erdweite Anwendung fand. Sie ermöglicht eine weitgehende chronologische Identifizierung der spätglazialen Ablagerungen der Nordkontinente. ANTEVS beziffert danach den Zeitraum seit dem Wisconsin-Eis auf 27000 Jahre. In neuester Zeit beziffern physikalische Messungen die Gesamtdauer des Quartärs auf etwa 1,5, vielleicht sogar 2 Millionen Jahre, wovon die vier letzten Haupteiszeiten und die ihnen zugehörigen Warmzeiten nahezu 500000 Jahre einnehmen.

5. *Die pleistozänen Meeresspiegel- und Seespiegelschwankungen*

Als Folge der seinerzeit von Agassiz (s. o.) angenommenen großen Vereisungen auf dem Festland während bestimmter jungvergangener erdgeschichtlicher Perioden leitete Maclaren schon 1842 unter der Voraussetzung, daß die Erde eine annähernd konstante Wassermenge beherberge, die Notwendigkeit der Annahme einer beträchtlichen Absenkung des Ozeanspiegels durch eine perennierende Speicherung großer Wassermassen in den festländischen Eismassen während der Vereisungsperioden ab und schätzte diese postulierte Absenkung des Meeresspiegels auf etwa 100–200 m ein, d. h. um einen Betrag, der mit den Schätzungen und Errechnungen späterer Forscher größenordnungsmäßig voll übereinstimmt. Ihm steht während der zwischen den Vereisungsperioden liegenden Warmzeiten bei Annahme eines völligen Abtauens der festländischen Eismassen eine Hebung des Ozeanspiegels über den heutigen Stand gegenüber, den man damals bei sehr mangelhaften Kenntnissen der Antarktis auf etwa 30 m schätzte. Derartige als Folge großer Eisanhäufungen auf den Festländern der Erde und deren Niedertauens bewirkte Meersspiegelschwankungen werden heute in der Spezifizierung eines von Suess geprägten Begriffes als glazialeustatische Meeresspiegelschwankungen bezeichnet. Ihr Ausmaß wird gegenwärtig unter der notwendigen Berücksichtigung der Ausweitung der Meeresflächen über die Tiefländer der Erde und anderer geophysikalischer Faktoren (Entlastung der Festländer vom Eis und deren dadurch bedingtes Aufsteigen, Entlastung und Belastung des Ozeanbodens durch die entzogenen bzw. zugeführten Wassermassen und dementsprechende Vertikalbewegungen u. dgl.) zwischen maximal 100–145 m unter und 60 m über den heutigen Meeresspiegel geschätzt. Bemerkenswert ist dabei, daß dieses Maß der glazialzeitlichen Absenkung des Ozeanspiegels in den Tropen gesichert wurde. Dort war es A. Penck schon 1894 aufgefallen, daß die Lagunen der Atolle der Südsee kaum unter 100 m Tiefe hinabreichen und als ehemalige Brandungsplatten einen Tiefstand des Meeres anzeigen, wie er etwa während einer Eiszeit (Glazialzeit) bestanden haben mag.

Umfassende Darstellungen des Problems der glazialeustatischen Meeresspiegelschwankungen gaben später der Finne Ramsay und der Amerikaner Daly, wobei ersterer allerdings auf Grund einer allzu hohen Einschätzung der Mächtigkeiten der glazialzeitlichen Eismassen zu einer Überschätzung des Absinkens des Ozeanspiegels um 300 m gelangte.

Die große erd-, entwicklungs- und menschheitsgeschichtliche Bedeutung dieser durch die periodische Vereisung großer Landräume bedingten glazialeustatischen Meeresspiegelschwankungen liegt darin, daß, wie zahlreiche Funde auf den höherliegenden Teilen der Schelfe (Sedimente, Fossilien, Artefakte) bestätigen, weite Teile der Schelfe während der Eiszeiten in erdweitem Ausmaß trocken lagen und damit für Landpflanzen und Landtiere einschließlich der Hominiden passierbar waren. Das gilt insbesondere für die Insulinde und für die Beringstraße, über die erst während der letzten Eiszeit der Mensch von Eurasien nach Amerika einwanderte und sehr rasch Besitz von dem ganzen Doppelkontinent bis nach Feuerland ergriff.

Diesen Befunden glazialzeitlicher Meeresspiegelstände stehen solche gegenüber, die auf ein Ansteigen des Meeresspiegels in postglazialer Zeit und auf Meeresspiegelhochstände hoch über dem heutigen Meeresniveau im Pleistozän hinweisen. So tragen die Küsten der Kontinente fast allenthalben Anzeichen einer jungen Überflutung und des Eindringens des Meeres in die Unterläufe der Flußtäler. Auch finden sich hier in erdweiter Verbreitung mehr oder minder hoch über dem heutigen Meeresspiegel liegende alte, dem Pleistozän zuzurechnende abrasiv-akkumulative Brandungsplatten und Strandflächen sowie andere Uferbildungen. So wurde zunächst an der französischen Mittelmeerküste und an anderen mediterranen Küsten sowie an der marokkanischen Küste und an den westeuropäischen Atlantikküsten, bis zu den Kanalinseln hin, eine Reihe alter Strandterrassen gefunden, die DEPÉRET (1918–1920) auf Grund der irrtümlichen Annahme, daß die Eiszeiten Perioden erhöhter Niederschläge (Schnee, Regen, s. u.) gewesen seien, und auf Grund der Ähnlichkeit ihrer Abstände bei den westalpinen glazifluvialen Schotterterrassen zunächst mit den alpinen Eiszeiten korrelierte. Im Zusammenhang mit den Erkenntnissen und Erfahrungen der glazialeustatischen Meeresspiegelschwankungen und unterstützt und belegt durch Fossilfunde wärmeliebender Meerestiere in den hochliegenden marinen Strandablagerungen wurden sie jedoch sehr bald als Zeugen warmzeitlicher Meereshochstände angesehen. Ihre (erweiterten) Bezeichnungen als Kalabrische, Sizil-, Milazzo-, Tyrrhen-, Monastir- und Nizza- oder Tapesterrasse (von oben nach unten in der erdgeschichtlichen Reihenfolge der Warmzeiten) ging in die internationale Nomenklatur ein. Im einzelnen zeigen diese Meeresterrassen Differenzierungen, die dem Klimaablauf der einzelnen Warmzeiten entsprechen. Eine gute schematische Darstellung der quartären marinen Küstenbildungen (Prozesse wie Re- und Transgressionen, Ablagerungen, Formen) und damit der quartären Meeresspiegelstände gab in neuerer Zeit K. KAISER (1967). Wie auch auf den älteren Darstellungen (z. B. von VALENTIN) ist auffällig, daß, wie auch erstmals ZEUNER zeigte, die Meeresspiegelhochstände von den älteren zu den jüngeren Warmzeiten an absoluter Höhe über dem heutigen Meeresspiegel abnehmen und daß in der gleichen Zeitfolge die Höhenabstände zwischen den einzelnen warmzeitlichen Meeresspiegelhochständen und den ihnen folgenden kaltzeitlichen Meeresspiegeltiefständen bis zur Riß-Kaltzeit zunehmen. Das muß als der komplexe Ausdruck einer in den pleistozänen Kaltzeiten, zumindest bis zur Riß-Glazialzeit zunehmenden Eisbildung auf dem festen Lande und des damit verbundenen kaltzeitlichen Wasserrückhaltes hier sowie einer gleichzeitigen tektonischen Vergrößerung der Ozeanbecken trotz der ständig stattfindenden Sedimentation am Meeresboden gedeutet werden. Hierfür stellt heute, gegenüber den bisherigen einfachen Annahmen von tektonischen Absenkungen der Ozeanböden, die Theorie der Ozeanspreizung eine verständliche Erklärung bereit. Für die Aktualität der glazial- und klimaeustatischen Meeresspiegelschwankungen zeugt der Ablauf des postglazialen holozänen Meeresspiegelanstieges, über den Dubois (1924) eine klassische Arbeit vorlegte und wie ihn Fairbridge u. Newman auf dem INQUA-Kongreß 1960 in Warszawa als "standard marine eustatic curve" darstellten. Mit zahlreichen regionalen und lokalen Variationen ist er heute immanenter Bestandteil der erdgeschichtlichen Küstenforschung und ein Beitrag zur geochronologischen Holozängliederung.

Was hinsichtlich der quartären kalt- und warmzeitlichen Wasserbilanz der Ozeane und der mit ihnen verbundenen Nebenmeere dargelegt wurde, hat in sinngemäßer Abwandlung auch für die zeitweise oder dauernd vom Ozean abgeschlossenen Binnenmeere und Binnenseen wie die Ostsee, das Schwarze Meer und das Kaspische Meer sowie andere große erdgeschichtliche oder gegenwärtige Seen in den gemäßigten und tropischen Breiten Bedeutung. So werden die Wasserspiegelstände und deren sedimentologische und geomorphologische Abbildungen im Küstenbereich der Ostsee und des Schwarzen Meeres durch eine Verflechtung der warm-kaltzeitlichen Wasserspiegelschwankungen über zeitweise offene Verbindungen zum Weltmeer oder Abschnürungen von diesem durch tektonische Hebungen, wie z. B. im Gebiet von Südschweden und Dänemark bzw. im Bosporusgebiet, durch ihren Zufluß von Schmelzwässern kaltzeitlicher festländischer Eismassen aus Nord- bzw. Osteuropa sowie im Falle der Ostsee durch isostatische Krustenbewegungen als Folge der Entlastung Skandinaviens infolge des Abtauens der skandinavischen Inlandeismassen in Verbindung mit neotektonischen Hebungen in den Skanden bedingt. Weit selbständiger entwickelte sich z. B. das Kaspische Meer mit seinen Spiegelhochständen als Folge der großen Schmelzwasserzuführung aus dem nördlichen und mittleren Osteuropa während der Glazialzeiten und der verminderten Verdunstung zur gleichen Zeit einerseits und seinen Seespiegeltiefständen in den dazwischenliegenden Warmzeiten zufolge der großen Seeverdunstung in seiner Binnen- und Breitenlage andererseits.

Klassische Untersuchungen über die quartären Seespiegelschwankungen knüpfen sich an die Erforschung der großen Quartärseen im Great Basin in den nordamerikanischen Kordilleren. Schon 1873 vertrat hier der schottische Geologe Jamieson die Auffassung, daß mit der eiszeitlichen Vergletscherung eine Expansion bzw. ein Hochstand der kontinentalen Seen verbunden gewesen sein müsse. Zweifellos sprach hierbei die damals verbreitete Annahme mit, daß die Eiszeiten durch erhöhte Niederschläge ausgezeichnet gewesen seien, weshalb die amerikanische Literatur auch heute noch von "pluvial lakes" spricht. Die Richtigkeit der Auffassung von einer Gleichzeitigkeit der eiszeitlichen Vergletscherung und der Seespiegelhochstände und deshalb Ausdehnung dieser pluvialen Seen bewiesen 1885 Russell am Lake Lahontan in Nevada und 1889 im Mono-Lake-Basin (Lake Russell) auf der Ostseite der Sierra Nevada in Kalifornien sowie 1890 Gilbert am Lake Bonneville. Hierbei konnte eine Verzahnung von eiszeitlichen Moränen und Hochterrassen der Seen, d. h. die Gleichzeitigkeit von Gletscher- und Seehochständen nachgewiesen werden. Auch an vielen anderen Binnenseen der Erde, insbesondere in Afrika und Asien, konnten quartäre Seespiegelhochstände in Form hochliegender Seeterrassen nachgewiesen werden, die gemeinhin als Zeugen einer mit den Glazialzeiten gleichgesetzten Pluvialzeit angesehen werden (s. hierzu Absatz 7).

In vielen Fällen erweisen sich die Verhältnisse regional und lokal wesentlich komplizierter als diese hier für die nordamerikanischen Quartärseen aufgezeigte Gleichzeitigkeit von Glazial- und „Pluvial"-Zeiten. So können vom Rand der pleistozänen Eismassen bis in äquatoriale Breiten örtliche Barragen von Hohlformen (Moränen, Bergstürze, fluviale Schuttablagerungen usw.) oder Krustenbewegungen eine nicht unmaßgebliche Rolle bei der Veränderung von Seespiegelständen mitspielen. Namentlich an den ostafrikanischen Großseen muß mit tektonischen Krustenbewegungen im Rahmen der Taphrogenese gerechnet werden. Indessen zeugt die große Verbreitung pleistozäner Seen in den heute z. T. recht trockenen Gebieten des nordwestlichen Ostafrika von einem über eine längere Zeit hin feuchten Klima, das von trockeneren Perioden unterbrochen gewesen sein mag. Bemerkenswerterweise fand NILSSON bei seiner Bearbeitung des letzt- und postkaltzeitlichen Klimaganges an mehreren einander entsprechenden Spiegelstandsfolgen ostafrikanischer und äthiopischer Seen, die er mit den Klimaschwankungen des Weichsel- und Postglazials parallelisierte, daß das Maximum der Pluvialität keineswegs mit dem Maximum der europäischen Vereisungen zusammenfällt, sondern diesen vorausgeht oder in der holozänen Warmzeit liegt (s. u.). In ähnlicher Weise verzeichnet PIAS am Tschadsee und an einigen anderen, heute ausgetrockneten Saharaseen zwischen den Hochländern von Tibesti im Nordosten und Adamaua im Südwesten vier pleistozäne Seetransgressionen mit entsprechenden Seespiegelhochständen (Terrassen), die eine mehrmalige Ausdehnung eines feuchten Klimas in die Trockenzone der Sahara anzeigen, jedoch nicht den europäischen Eiszeiten entsprechen, sondern mit ihnen alternierende tropische Pluvialzeiten sind (s. u.).

6. *Die Entwicklung in den periglazialen Gebieten*

Die wissenschaftliche Erkenntnis der Ablagerungen und der Formenbildung vor den Eisrandlagen der pleistozänen Glazialzeiten, wie sie im Rahmen der Entwicklung der Glazialtheorie in Europa gewonnen wurde, und der geographische Vergleich mit dem Vorland der rezenten Vereisung in den polaren und subpolaren Zonen beider Nordkontinente und der ihnen vorgelagerten Inseln ließen mit der Anerkennung der Glazialtheorie die Vorstellung entstehen, daß auch im Vorland der in den pleistozänen Glazialzeiten vereisten Gebiete derartige Prozesse und Strukturen vorhanden gewesen sein müssen, wie sie heute im nördlichen Eurasien und Nordamerika bestehen und hier eingehend untersucht wurden. Nachdem schon BLANKENHORN Ende der 1890er Jahre moränenartige Ablagerungen in den deutschen Mittelgebirgen als Schuttdecken über gefrorenem Boden gedeutet hatte, prägte der polnische Geomorphologe Lozinski auf dem Internationalen Geologen-Kongreß 1912 in Stockholm für alle diese Bodenstrukturen und Oberflächenformen bildenden Prozesse im Bereich langanhaltender Fröste im Vorland der ehemals und heute vereisten Gebiete, insbesondere der deutschen und polnischen Mittelgebirge, den heute allgemein verwendeten Begriff „periglazial". Kurz nach der Jahrhundertwende hatte Anderson auf den Falklandinseln die Konzeption der durch Gefrier- und Auftauprozesse verursachten Solifluktion (heute präziser Kongelifluktion genannt) entwickelt und Högbom auf Spitzbergen die große Bedeutung der Frostverwitterung im Vorland der Vergletscherung erkannt. Richtungweisend für die Periglazialforschung in Mitteleuropa und darüber hinaus wurde nach einer Verzögerung durch den Ersten Weltkrieg das Werk von Kessler über die geologischen Wirkungen des eiszeitlichen Klimas im nichtvereisten Gebiet, dem bald gleichgerichtete Darstellungen von Gripp und Steeger folgten. Um die gleiche Zeit befruchteten die Arbeiten von Salomon über die Bedeutung der Solifluktion (Kongelifluktion – s. o.) für die Erklärung der Landschafts- und Bodenformen in Deutschland, insbesondere die Felsenmeere und Blockstreuungen, sowie von Soergel über die Ursachen der diluvialen Aufschotterung und Erosion und die Gliederung und Altersstellung der Lösse die Eiszeitforschung in den nichtvereisten Gebieten im Umland der großen skandinavischen Inlandvereisung. Funde solcher polarer Bodenstrukturen wurden in den anschließenden Jahren in den meisten höheren Mittelgebirgen und in den Alpen gemacht. Zusammenfassende Darstellungen über die eiszeitliche und rezente Verwitterung und Abtragung, einschließlich der Blockmeere, in den nichtvereisten Teilen Mitteleuropas, insbesondere der Mittelgebirge, gaben Schott und Büdel. Eingehende Erörterungen über rezente und fossile Strukturböden, Solifluktion (Kongelifluktion – s. o.) und Frostklimate veröffentlichte Troll. In neuerer Zeit gewann darüber hinaus die Erforschung der periglazialen Grobmaterial-Deckserie (kaltzeitliche Wander- bzw. Solifluktionsschuttdecken, Hangschuttserie) große Bedeutung. Wie Schilling und Wiefel sowie andere Autoren in einigen Teilen Thüringens und des Harzes zeigten, sind sie fast ausschließlich weichselzeitlichen Alters und weisen einen mehrschichtigen, stratigraphisch deutbaren Bau auf. Umstritten ist bis heute die Entstehung des Geschiebesandes, der in weiten Teilen des Jung- und Altmoränenlandes des mitteleuropäischen Flachlandes die glazigenen Sedimente überlagert. Eine erste genetisch-systematische Deutung unternahmen Dewers und Dücker. In neuerer Zeit befaßten sich zahlreiche Forscher mit dem Geschiebedecksand und deuteten ihn als periglaziale Fließerde bzw. als eine periglaziale Perstruktionsdecke (Schulz, Kopp, Richter u. a.). Weiterhin ist auf die Anwendung der namentlich in Sibirien (Jakutien) an rezenten Beispielen gewonnenen Erfahrungen über die kryogenen und Thermokarstprozesse, -strukturen und -oberflächenformen auf die während der Kaltzeiten im Bereich des Dauerfrostbodens gelegenen Räume, insbesondere die Mittelgebirge, hinzuweisen (Demek, Scholz). Ein wesentlicher Beitrag zur Erklärung der denudativen und fluvialen Formungsprozesse im nichtvereisten pleistozänen Frostgebiet war die Entdeckung des Eisrinden-Effektes durch Büdel. Umfassende Beiträge zur Erkenntnis der periglazialen Prozesse im pleistozänen Frostgebiet lieferten die Arbeiten der IGU-Kommission für Periglazialforschung und das Biuletyn Peryglacjalny (Łódź) unter der Leitung von Dylik. Ein regionales Ergebnis der modernen Periglazialforschung stellt das im Rahmen der Zusammenarbeit mit den entsprechenden Kollektiven aus der UdSSR, der VR Polen, der ČSSR und der Ungarischen VR von Richter, Haase, Lieberoth und Ruske in Gotha 1970 herausgegebene Werk über Periglazial-Löß-Paläolithikum im Jungpleistozän der DDR dar, das eine wertvolle Ergänzung zu den oben genannten Werken über den mitteleuropäischen Norden im Eiszeitalter bildet.

Neben dem Frost als primärem Faktor der periglazialen Prozesse spielt der Wind im vegetationsfreien bzw. vegetationsarmen Vorland der Inlandvereisung eine hervorragende Rolle. In diesem Sinne werden Dünenbildungen und Lößaufwehungen seit langem als sekundär-periglaziale Erscheinungen aufgefaßt. In neuerer Zeit hat vor allem Cailleux der Wirkung des Windes im periglazialen Europa grundsätzliche Untersuchungen gewidmet. Hervortretende Zeugen der Windwirkung im periglazialen Bereich des mitteleuropäischen Inlandeises sind die Windkanter, über die Dücker eine zusammenfassende Studie schrieb. Neben ihnen fesselten seit langem die großen Binnendünen auf den Sander- und Talsandflächen im weiteren Vorland des Eises das Interesse der Forscher.

Als besonders aussagekräftig für die Paläogeographie, Stratigraphie und Chronologie des Quartärs erwiesen sich jedoch die Lößablagerungen, die sich aus dem Vorland der mitteleuropäischen Inlandvereisung über Südost- und Osteuropa bis in den sibirisch-mittelasiatischen Raum und weiter bis Inner- und Ostasien hinziehen, aber auch in Nordamerika im Umland des pleistozänen Inlandeises verbreitet sind sowie in der Pampa Südamerikas auftreten. Nach einer losen (lockeren) Ablagerung im Niederrheingebiet benannt, wurde die Bezeichnung „loess" 1834 von Lyell in die geologische Nomenklatur eingeführt. Nach verschiedenartigen anderweitigen Deutungen (als fluvialer Schlamm u. dgl.) galt unter den bahnbrechenden Darstellungen des chinesischen Lösses durch von Richthofen und später durch V. A. Obručev die äolische Entstehung des Lösses im Zusammenhang mit dem glazialen Geschehen auch in Europa als gesichert. Im Gegensatz hierzu bestehen in der Sowjetunion, besonders in der Ukraine, noch sehr unterschiedliche Auffassungen. So vertrat Bondarčuk noch 1961 auf dem INQUA-Kongreß in Warszawa in Fortführung der Ideen von Dokučaev und Pavlov die Auffassung, der Löß sei eine aquaeogenetische Formation der glazifluvialen Ebenen des südlichen Osteuropa, während Gerasimov und Sokolovskij an gleicher Stelle analog zu Berg den Löß als eine besondere Form der Verwitterung und Bodenbildung betrachteten. Ähnliche Gedanken wurden auch in Nordamerika vertreten. Heute hingegen hat sich auch in diesen Ländern die Mehrzahl der Forscher der Auffassung einer äolischen Entstehung des Lösses in Verbindung mit einer schwachen oder fehlenden Vegetationsdecke im Deflationsgebiet und einer Steppenvegetation im Akkumulationsgebiet angeschlossen. Insgesamt unterscheidet die internationale Lößforschung heute äolische Lösse und eine große Anzahl von Lößderivaten verschiedenartiger Umstrukturierung und Umlagerung, die in ihrer stratigraphischen und räumlichen Anordnung viele paläogeographische und paläomorphologische Aussagen erlauben.

Eine besondere Bedeutung gewannen in neuester Zeit die in den Lößprofilen aufgeschlossenen, begrabenen Böden (Paläosole) meist wärmerer Klimaperioden, die in Europa, Ostasien und Nordamerika die Erarbeitung einer detaillierten Lößstratigraphie ermöglichten. Sie erweist sich heute als ein gewichtiger Beitrag zur Pleistozänstratigraphie weit außerhalb des glazialen Bereiches. In ihrem Rahmen können das kaltzeitliche Alter und der periglaziale Charakter des Lösses erneut bewiesen werden. Auch der südamerikanische Pampa-Löß erweist sich nach WILHELMY entgegen der Auffassung von FRENGUELLI als kaltzeitliche Auswehung aus den während der montanen und patagonischen pleistozänen Vergletscherung vegetationsarmen Periglazialgebieten bis weit in die heute feuchteren Zonen hinein (s. u.).

7. *Pluviale und Interpluviale in den tropischen und subtropischen Breiten*

Wie bei der Behandlung der quartären Spiegelschwankungen der großen Binnenseen, namentlich im Great Basin Nordamerikas, gezeigt wurde, knüpft sich die Vorstellung von Pluvialen, einer Reihe von mit den Glazialzeiten verbundenen Regenzeiten, an die Vorstellung der 2. Hälfte des 19. Jahrhunderts, daß die Eiszeiten, die Glazialzeiten, durch erhöhte Niederschläge ausgezeichnet, wenn nicht gar von ihnen verursacht worden seien. Diese Vorstellungen ergaben sich, wie oben gezeigt wurde, aus der Entdeckung hochliegender Seeterrassen über dem heutigen Seespiegel oder Seeboden in den nordamerikanischen Becken, die infolge ihrer Verzahnung mit pleistozänen Moränen mit Recht als Zeugen hoher kaltzeitlicher Seespiegelstände angesehen wurden. Die Entdeckung ähnlicher hochliegender quartärer Seeterrassen in heute mehr oder minder ariden subtropischen Gebieten gemeinsam mit anderen Zeugen fluvialer Prozesse (fluviale Ablagerungen, ausgetrocknete Flußbetten u. dgl.) führte dazu, die genannte Vorstellung quartärer Pluvialzeiten aus dem Nachbarschaftsbereich der quartären Vereisungen auf subtropische und weiterhin tropische Gebiete der Erde zu übertragen. In diesem Sinne verwendete HULL 1885ff. im Rahmen seiner Reiseschilderungen und Studien über die Geologie und Geographie Palästinas und der Sinai-Halbinsel erstmals den Begriff eines „Pluvials“ für eine Feuchtzeit in subtropisch trockenen Gebieten. Ihm folgten die Erforscher anderer Trockengebiete der Erde. Dabei wurden die genetisch-erdgeschichtlichen Begriffe pluvial und Pluvialzeit als Analoga zu den Begriffen glazial und Glazialzeit angewandt und analog zu interglazial und Interglazialzeit durch interpluvial und Interpluvialzeit ergänzt. Beides sind heute geläufige Begriffe der Quartärforschung in den ariden und semiariden Gebieten der Tropen und Subtropen.

Für die Anwendung dieser Begriffe in den eisfernen und von den Schmelzwässern der pleistozänen Eismassen nicht berührten Gebieten der mittleren Breiten, der Subtropen und Tropen wurde es entscheidend, daß der Begriff Pluvialzeit von der oben zitierten Vorstellung, eine Eiszeit sei erdweit eine Regenzeit gewesen, gelöst wurde und einen selbständigen meteorologisch-paläoklimatologischen Inhalt erhielt. Bereits 1909 entwickelte Eckardt jene wichtige Vorstellung von der Verschiebung der Zugstraßen der europäischen wandernden Tiefs (Zyklonen), d. h. des Gürtels der planetarischen Westwinde der mittleren Breiten der Nordhemisphäre, während der Inlandvereisung weiter Teile der Nordkontinente und einer damit verbundenen Ausdehnung der polaren Zone in diese Räume hinein, über das gesamte Mittelmeergebiet hinweg, bis in die heute ariden Räume Nordafrikas und Vorderasiens nach Süden. Die Verknüpfung fluvialer quartärer Ablagerungen, die wie im Atlasgebirge gar mit glazialen Ablagerungen des Gebirges verzahnt sind, mit den kaltzeitlichen Meerestiefständen (s. o.) bezeugt die Richtigkeit dieser aus klimatischen Überlegungen abgeleiteten Annahme einer Gleichzeitigkeit von Glazialzeiten in den höheren und mittleren Breiten der Nordkontinente mit den Pluvialzeiten im semiariden und ariden Norden Afrikas und Vorderasiens, von der Levante bis in das Hochland von Iran (Dresch, Mensching, Pfannenstiel, Butzer, Stratil-Sauer).

Neben der Frage, ob die Pluvialzeiten erdgeschichtliche Zeitabschnitte mit erhöhten Niederschlägen oder Feuchtzeiten mit verminderter Verdunstung als Folge erdweit erniedrigter Lufttemperaturen seien (Wundt), bereitete die Zuordnung bestimmter quartärer Ablagerungen, insbesondere fluvialer Grob- bzw. Feinsedimente, quartärer Bodenbildungen (feuchte Wald- und Savannenböden, Lateritdecken, Kalk-, Eisen- und Kieselkrusten) und bestimmter quartärer Oberflächenformen, insbesondere fluvialer Zerschneidungsformen, zu feuchteren oder trockenen Klimaten bzw. Paläoklimaten und damit ihre Aussage über Pluvial- und Interpluvialzeiten in den Subtropen und Tropen mancherlei Schwierigkeiten. Im Gegensatz zu den auf trockenere Klimaperioden hinweisenden äolischen Ablagerungen (Flugsanddecken wie z. B. die roten Kalaharisande Inner- und Südafrikas) war besonders die Deutung fluvialer Grobsedimente (Blockschotter, Kiese und Grobsande), namentlich in Form von Talverschüttungen, als Zeugen von feuchteren (niederschlagsreicheren) oder trockeneren Klimaperioden umstritten. Die Mehrzahl der Forscher (Zeuner, Maarleveld, Tricart, Brunner u. a.) bringt heute die genannten fluvialen Grobsedimente aus Analogie zu den fluvialen Ablagerungen in den heute ariden und semiariden Gebieten der Erde mit Trockenklimaten, die fluvialen Feinsedimente (feinere Sande, tonige Sedimente) dagegen mit feuchteren Klimaten in Zusammenhang. Bei der Altersdatierung der quartären Ablagerungen haben zudem fossile Wirbeltierreste und menschliche Artefakte eine große Bedeutung, was die geologisch-geomorphologische Quartärforschung in den subtropischen und tropischen Gebieten der Erde mehr denn anderswo mit der prähistorischen Forschung (Archäologie) in engen Kontakt bringt. In neuester Zeit kommen auch physikalische Altersbestimmungen, insbesondere ^{14}C-Bestimmungen, für das jüngere Pleistozän und Holozän hinzu. Für das afrikanische Quartär führte Leaky auf Grund der Befunde an ostafrikanischen Profilen, namentlich der Olduvaischlucht im nördlichen Tansania, eine Quartärgliederung analog derjenigen der Nordkontinente ein. In ihrem Rahmen werden die vier Hauptpluvialzeiten (Kageran-, Kamasian-, Kanjeran- und Gamblian-Pluvial) den vier Haupteiszeiten Günz bis Würm gleichgesetzt. In ähnlicher Weise werden in Südafrika die Hauptschotter- und Kieshorizonte der Sedimentfolgen am Vaal, mit einer Reihe noch älterer Schotterkörper als Präkageran den Vorgünz-Kaltzeiten entsprechend, den genannten Hauptpluvial- und -glazialzeiten zugeordnet (Maarleveld, Butzer). Im Gegensatz hierzu weisen die Bildung von mächtigen Dünenkomplexen an der westafrikanischen Küste von Mauretanien bis nach Gambia in Verbindung mit den Erscheinungen der riß- und würmkaltzeitlichen Meeresregression (Tricart, Michel) und die Verbreitung von Eisen- und Kieselkrusten sowie Lateriten in den heute vollhumiden Gebieten West- und Zentralafrikas (Dresch, Mortelmans) darauf hin, daß es in diesen Gebieten kaltzeitlich trockenere Klimate gegeben hat. Gegenüber anderen Vorschlägen hat sich für diese kaltzeitlichen Perioden trockener Paläoklimate in den Tropen zufolge deren eindeutiger zeitlicher und räumlicher Charakterisierung auf Vorschlag von Flohn der Begriff „tropische Interpluviale“ (und umgekehrt „tropische Pluviale“) eingebürgert. Dieser Annahme von kaltzeitlichen tropischen Interpluvialen und warmzeitlichen tropischen Pluvialen zwischen Sahara und Kongo entspricht die oben zitierte Einordnung von vier pleistozänen Transgressionen des Tschadsees und anderer, heute augetrockneter Seen zwischen den Hochländern von Tibesti und Adamaua in warmzeitliche tropische Pluvialzeiten. Im Gegensatz hierzu ist die Ausdehnung der Rotsande der Kalahari über die Lundaschwelle bis an den Kongobogen und nach Uganda als Zeuge einer (süd)polaren Interpluvialzeit anzusehen, die einer Warmzeit entspricht. In den Kaltzeiten schrumpften diese vom Kapgebirge bis zum Kongo reichenden Trockengebiete beidseitig zugunsten feuchterer Klimate sowohl im Kongobogen als auch im ganzen südafrikanischen Subkontinent (polares Pluvial – Maarleveld, Butzer u. a.) zusammen.

Auch in Indien machten Zeuner und Brunner wahrscheinlich, daß während der Glazialzeiten, insbesondere während der beiden letzten Kaltzeiten, im Norden des Dekans und, besonders während der Riß-Kaltzeit, sogar in seinem Süden aride Klimabedingungen herrschten, d. h. ein tropisches Interpluvial wie in den Gebieten südlich der Sahara in Afrika. Während der Interglazialzeiten mögen dagegen die klimatischen Verhältnisse weitgehend dem heutigen Monsunklima entsprochen haben (tropisches Pluvial).

In Australien erfolgte analog dem südlichen Afrika während der Kaltzeiten eine beidseitige Einengung der Trockenzone, was polar-pluvialen Verhältnissen entspricht. Im Postglazial (holozäne Warmzeit) dehnte sich dagegen die Trokkenzone nach Art eines polaren Interpluvials nach Süden und Norden wieder aus (Gentilli, Gill).

Komplizierter liegen die Verhältnisse in Amerika, da hier unter dem Einfluß der erdweiten Abkühlung die hohen Gebirge an der Westseite des Doppelkontinentes eine ausgedehnte Gebirgsvergletscherung trugen und dementsprechend glazial-pluviale Klimaverhältnisse herrschten. Sie bedingten hohe Spiegelstände an den Kordilleren- und Andenseen (s. o.) und führten in der nächsten Umgebung der Gebirge zu ausgesprochenen Feuchtverhältnissen (Wilhelmy). Im Gegensatz hierzu lassen jedoch die Beobachtungen von Bakker, Tricart, Galon und Zonneveld im feuchten Nordsaum Südamerikas, von Venezuela bis Guyana und in das Amazonasgebiet hinein, an den Verwitterungsdecken und Oberflächenformen, insbesondere der Hänge, in den heute tropisch-feuchten Waldgebieten eine Diskordanz zwischen den heutigen Verwitterungs- und Hangbildungsprozessen einerseits und den existenten alten Verwitterungsdecken und Reliefformen andererseits erkennen, aus denen sie schließen, daß das heute äquatorial-feuchttropische Gebiet Südamerikas in junger erdgeschichtlicher Zeit Trockensavannenklimate besessen haben muß. Insbesondere weist Bakker hier, analog zu Dresch und Mortelmans in Äquatorial-Afrika, auf dünne Lateritdecken mit viel Epidot und Illit hin, die bei dem tiefgründigen Verwitterungstypus unter dem heutigen tropischen Hochwald nicht entstehen und auf ein vormaliges Übergangsklima zwischen Feucht- und Trockensavanne hinweisen. Sie ziehen daraus den Schluß, daß auch im Nordsaum Tropisch-Südamerikas, ähnlich wie in den entsprechenden afrikanischen Gebieten, während der Kaltzeiten ein tropisches Interpluvial geherrscht haben mag.

Für den südhemisphärischen Teil Südamerikas konstatiert Wilhelmy eine kaltzeitliche Drehbewegung der beidseitigen Trockengrenzen in dem Sinne, daß im Gebirgsland die eiszeitliche äquatoriale Trockengrenze gegen den Pol zurückgewichen ist, während sie im außerandinen Gebiet eine Verschiebung gegen den Äquator hin erfahren hat, was für die betreffenden Räume im andinen Gebiet ein kaltzeitliches (polares) Pluvial und im außerandinen Gebiet ein kaltzeitliches (tropisches) Interpluvial bedeuten würde. Die eiszeitliche polare Trockengrenze zog sich wie heute parallel zum Ostrand der Anden von Norden nach Süden und war nur im südlichen Patagonien um etwa 450 km gegen den Äquator hin verschoben (kaltzeitliches polares Pluvial). In diesem Sinne weist das außerandine Südamerika beiderseits des Äquators in den Kaltzeiten ähnliche Verhältnisse auf wie das nordhemisphärische Afrika, nämlich eine Zurückdrängung aller Klimazonen gegen den Äquator, wobei, wie Wilhelmy darlegt, die heute zwischen den ariden und humiden Gebieten ausgebreiteten Übergangszonen, insbesondere die Feuchtsavannen und Trockenwälder, während der Kaltzeiten sozusagen ausgequetscht waren. Ein besonderes Problem bilden hier in der Pampa und im Chaco die Pampalösse (s. o.), die Frenguelli für warmzeitlich hält, während Wilhelmy es für wahrscheinlich ansieht, daß die

Lößbildung innerhalb des südamerikanischen Roßbreitenhochs während der Interglazialzeiten (im Sinne von FRENGUELLI) und während der Glazialzeiten vonstatten ging. Vielleicht löst sich dieses Problem, wenn man die von WILHELMY für das außerandine südhemisphärische Südamerika postulierte Verlagerung der äquatorialen Trockengrenze während der Kaltzeiten, während deren die Anden und Ostpatagonien vergletschert waren, gegen Norden und die Ausbildung eines kaltzeitlichen tropischen Interpluvials für die betroffenen Gebiete (s. o.) in Betracht zieht.

Es besteht kein Zweifel, daß die hier skizzierte Vorstellung von der Entwicklung der Pluviale und Interpluviale in den subtropischen und tropischen Breiten noch vielseitiger Ergänzungen und Präzisierungen auf dem Wege einer detaillierten und regional ausgebreiteten Feldforschung bedarf. Das hier skizzierte Bild beinhaltet lediglich den derzeitigen Stand und die derzeitige Entwicklung der Problematik der Pluviale und Interpluviale in den tropischen und subtropischen Breiten im Gefolge und Spiegel der auf den Nordkontinenten entwickelten Glazialtheorie mit ihrer Gliederung des Eiszeitalters in mehrere Glazial- bzw. erdweit verbreitete Kaltzeiten.

8. *Die Entwicklung der Klimazonen und Landschaftsgürtel der Erde unter den Bedingungen des quartären Kalt-Warmzeit-Wechsels und die erdgebundene Ursache des Eiszeitalters*

Mit der Anerkennung und Konsolidierung der Glazialtheorie im skandinavisch-mittel- und osteuropäischen Raum und in dem thematischen Ausmaß wie in den vorstehenden Abschnitten skizziert ist von Anfang an die Frage nach den klimatischen Bedingungen und Verhältnissen gestellt, die mit der mehrfachen Entwicklung mächtiger Inlandeisschilde auf den Nordkontinenten und einer gewaltigen Vergletscherung in allen Hochgebirgen der Erde verknüpft sind. Aus Berechnungen der Schneegrenzdepressionen (A. PENCK) und auf Grund von Erörterungen der klimatischen und floristischen Verhältnisse im direkten Vorland der rezenten Vergletscherung (GAGEL, RANGE) sowie aus physikalischen und biologischen Untersuchungen von Bodenproben aus tropischen Meeren, aus denen auf die Wassertemperaturen an der Meeresoberfläche geschlossen werden kann (EMILIANI), rechnet man heute mit einer allgemeinen Erniedrigung der Lufttemperaturen während der Kaltzeiten im erdweiten Ausmaß um 4 bis 6 grd C und am Rande der kontinentalen Eismassen um 6 bis 10 grd C. Dementsprechend herrschten im Vorland der Inlandeismassen der Nordkontinente, wie auch fossile Pflanzenfunde bestätigen, Tundraverhältnisse. Der Wald ist weit nach Süden verdrängt (A. PENCK). Detaillierte Untersuchungen hierüber im Zusammenhang mit dem Auftreten von Froststrukturen, Dünen- und Lößbildung (s. o.) führten POSER, BÜDEL und KLUTE durch. Umfassende Darstellungen der Vegetations- und damit auch Klima- und Landschaftsgeschichte während der pleistozänen Kalt- und Warmzeiten gaben unter

Berücksichtigung einer umfangreichen sowjetischen Literatur FRENZEL für Nordeurasien und v. WISSMANN für Ostasien. Sie zeigen während der beiden letzten Kaltzeiten als Hauptmerkmal eine weite Ausbreitung der Tundra und Kältesteppen (meist mit Lößbildung verbunden) bis an die europäischen, vor- der- und innerasiatischen sowie südchinesischen Gebirge heran und lassen eine Verdrängung der eurasiatischen Waldzone bis in den Mittelmeerraum und in die südsibirischen Gebirge (Würm) bzw. gar bis nach Mittel- und Südchina (Riß) erkennen. In ähnlicher Weise haben sich auch im außermontanen Nordamerika die Klima- und Vegetationszonen nach Süden verschoben. Dabei boten sich hier und in Ostasien günstigere Refugialräume als Ausgang für eine warmzeitliche Wiederbesiedlung der nördlichen Gebiete der Kontinente an als in Europa, wo die hohen Gebirge diese erschwerten.

Im Zusammenhang mit der Beobachtung, daß die südlichen Trockengebiete Nordamerikas keine pluvialen Merkmale, d. h. keine Merkmale einer kaltzeitlichen Pluvialperiode (im Sinne von "pluvial lakes" – s. o.) aufweisen, vertrat A. PENCK 1913 (erstmals schon in einem Brief vom 9. 2. 1909 an J. PARTSCH formuliert) die Auffassung, daß die Klimagürtel der Erde während der Eiszeit äquatorwärts verschoben gewesen seien in dem Sinne, daß in den Kaltzeiten an den polaren Trockengrenzen Pluvialzeiten bestanden haben. An den äquatorialen Trockengrenzen dagegen seien die ariden Zonen weiter gegen den feuchten Gürtel vorgestoßen, der eine Einengung erfahren habe. Demgegenüber postulierte BÜDEL im Rahmen seines Schemas der Verschiebung der Klimazonen für den europäisch-afrikanischen Sektor der Nordhalbkugel zur Würm-Kaltzeit eine Ausweitung auch der tropischen Feuchtgebiete gegen die Trockenzone der Sahara, die von Norden und Süden eingeschnürt gewesen sei. Die neuen Befunde stellen beide Auffassungen in ihrer einseitigen Gültigkeit für die ganze Erde in Widerspruch zu den skizzierten Realitäten und stellen eine die regionalen Verhältnisse berücksichtigende Klärung der Frage zur Diskussion.

Für den afrikanischen Bereich gab der Verfasser eine auf zahlreiche neue Befunde gegründete Zusammenfassung. Nach ihr wurde der unter den gegenwärtigen (warmzeitlichen) Verhältnissen als Folge der Ungleichheit der Landmassen beider Erdhemisphären heute (und warmzeitlich) zwischen 5 und 7° nördlich des mathematischen Äquators gelegene thermische Äquator während der Kaltzeiten als Folge der Ausbreitung der polaren Zone auf den Nordkontinenten (s. o.) nach Süden, in den Bereich von etwa 5° südlich des mathematischen Äquators verlagert. Das hatte zur Folge, daß alle Klimazonen, einschließlich der tropischen Feuchtgebiete, eine Südverlagerung erfuhren, während gleichzeitig die niederschlagsverursachenden südhemisphärischen Westwinde der mittleren Breiten im südlichen Afrika weiter nach Norden wirksam wurden als heute. Als Folge hiervon ist eine Einengung der südhemisphärischen Trockenzone im Kalaharibereich zu konstatieren. In ähnlicher Weise verschoben sich auch in Indien und Ostasien die Klima- und Landschaftszonen äquatorwärts und ist in Australien eine Einengung des Trockengebietes festzustellen. Lediglich in Südamerika verlagerten sich die Klima- und Landschaftszonen beider Hemisphären wie im nordhemisphärischen Afrika im Sinne der Annahme von A. Penck gegen den Äquator. Es mag das in der gegenüber den beiden anderen Südkontinenten weiter polwärts gerichteten Ausdehnung Südamerikas und der damit im Zusammenhang stehenden großen Vereisung Ostpatagoniens (s. o.) begründet sein.

Die während der Kaltzeiten auch auf der Südhalbkugel äquatorwärts gerichtete Verlagerung der niederschlagsverursachenden Westwindzone der mittleren südhemisphärischen Breiten und die Entstehung polarer Pluvialzeiten an der polseitigen Grenze der südhemisphärischen Trockengebiete bringt Flohn in seinen theoretischen Studien zum Klima der Eiszeit mit einem größeren kaltzeitlichen Eisabstoß der Antarktis und dem Verdriften dieser Eismassen speziell im Bereich der kalten ostseitigen Meeresströmungen der südlichen Ozeane nach Norden in Zusammenhang. Die Hauptursachen für die hier skizzierte kalt-warmzeitliche Verlagerung der Klima- und Landschaftsgürtel der Erde während des gesamten Quartärs sehen Wilson und Flohn in der Bildung einer mächtigen permanenten Eiskappe auf Antarktika als Folge des Einrückens des antarktischen Kontinentes im Rahmen der Kontinentaldrift bzw. Ozeanspreizung (globale Plattentektonik) in eine polare Lage während des Tertiärs und in dem physikalisch bedingten mehrmaligen Wechsel der Thermik dieser antarktischen Eiskappe, mit der Zunahme ihrer Mächtigkeit von einem warmen Gletscher zu derjenigen eines kalten stabilen Gletschers. Erst als der durch die Druckschmelzung gegebene Schwellenwert überschritten wurde, kam es nach Wilson zur Schelfeisbildung und zu Schelfeisausbrüchen in Form riesiger Eistafeln, die mit den Meeresströmungen nach Norden drifteten und deren Schmelzwässer insgesamt eine generelle Abkühlung des Meereswassers um etwa 5 grd C bewirkten. Unter dem Einfluß einer entsprechenden erdweiten Senkung der Lufttemperaturen kam es zur neuen Eisbildung sowohl auf Antarktika als auch unter den gegebenen orographischen und klimatischen Bedingungen auf den Nordkontinenten mit der Folge einer allgemeinen Senkung des Meeresspiegels bis zu etwa 115 m (s. o.) und zufolge der allgemeinen Temperaturerniedrigung zu einer Verminderung der Verdunstung und damit aller Niederschlagsbildung in einer ariden Phase des Hochglazials. Dementsprechend ging das Wachstum aller Eisschilde auf ein Minimum zurück, und es erfolgte auf den Nordkontinenten unter dem Einfluß der Verschmutzung durch Lößstaub ein Abschmelzen der Eisschilde. Diese quasiperiodischen Vorgänge des Wechsels von Kalt- (Eis-) und Warmzeiten liefen nach Wilson und Flohn in einer Dauer von annähernd 30000 bis 50000 Jahren ab. Ihre Quasiperiodizität entspricht den Befunden von Emiliani über die Temperaturschwankungen des Oberflächenwassers tropischer Meere während des Quartärs und den heute üblichen Vorstellungen der Quartärchronologie.

Eine den hier nach Wilson und Flohn skizzierten modernen Vorstellungen über den Verlauf und über die Ursachen des quartären Eiszeitalters entsprechende Kurve der Mitteltemperaturen der Erde, auf Mitteleuropa bezogen, gab WOLDSTEDT schon in seinem klassischen Werk ›Das Eiszeitalter‹ (1954). Die in dieser Kurve dargestellte allgemeine Abkühlung der Lufttemperatur, wie sie die Fossilfunde und die exogenen Prozesse, insbesondere der Verwitterung, im Känozoikum erkennen lassen, und die mit dem Ende des Pliozäns einsetzenden quasiperiodischen (s. o.) Temperaturschwankungen, die im Quartär aus dem Wechsel von Kalt- und Warmzeiten zu erschließen sind, folgen im Sinne der Vorstellungen von WILSON und FLOHN aus dem Einrücken des antarktischen Kontinentes in eine polare Lage, die mit der polaren Lage des Gondwanalandes im Karbon-Perm zu vergleichen ist. Diese von WILSON und FLOHN entwickelte Hypothese stellt damit für das Zustandekommen und die Entwicklung eines quartären Eiszeitalters endogene, global-tektonische Ursachen in den Vordergrund und charakterisiert das quartäre Eiszeitalter, wie es vor 100 Jahren die Glazialtheorie formulierte, als einen erdgebundenen Prozeß mit der Tendenz einer fortschreitenden Entwicklung, gesteuert von gesetzmäßigen endogenen und exogenen Vorgängen, ohne, wie WILSON und FLOHN betonen, eine notwendige Mithilfe von astronomischen oder astrophysikalischen Ereignissen.

Zu diesen nicht nur geowissenschaftlichen, sondern auch allgemeinwissenschaftlichen Ergebnissen eines Jahrhunderts erdweiter und vielseitiger interdisziplinärer Quartärforschung setzte der Durchbruch der Glazialtheorie in Mitteleuropa, wie er durch die Deutung der Schrammen auf dem Kalkdiapir von Rüdersdorf östlich von Berlin als Gletscherschliffe und deren Interpretation vor der Versammlung der Deutschen Geologischen Gesellschaft am 3. November 1875 in Berlin eingeleitet wurde, den Grundstein. Es berechtigt und verpflichtet das die Quartärforscher aller Wissenschaftsdisziplinen, dieses Ereignisses gebührend zu gedenken.

Zeitschrift für Geomorphologie N. F., Supplementband 56, Berlin–Stuttgart 1985, S. 143–153.

DAS SYSTEM DER KLIMATISCHEN GEOMORPHOLOGIE AUF LANDSCHAFTSKUNDLICHER GRUNDLAGE

Von JÜRGEN HÖVERMANN

Zusammenfassung

Als Grundlage der klimatischen Geomorphologie wird eine neue Methode, die der landschaftskundlichen Diagnose, vorgeschlagen. Sie gestattet es, unabhängig von vorgegebenen Klimaeinteilungen klimatisch-morphologische Landschaftstypen zu erkennen und gegeneinander abzugrenzen, so daß die nachfolgende Prozeßanalyse eine sichere Grundlage und die Suche nach klimatischen Parametern ein festes Fundament erhält. Unterschiedliche Landschaftstypen sind terrestrisch, aus der Luft und im Satellitenbild erkennbar. Am Beispiel des sogenannten ariden Formenschatzes wird gezeigt, daß hier drei streng voneinander getrennte Formentypen vorliegen, die unterschiedlichen Prozessen oder Prozeßgefügen ihre Entstehung verdanken, und denen sich einfache klimatische Parameter zuordnen lassen. Die Anordnung der Formungsregionen ist gesetzmäßig. Die Prinzipien dieser Gesetzmäßigkeit werden an zwei afrikanischen Profilen dargelegt.

Summary

The method of diagnosing landscape types of different climatic-geomorphologic forming with the aid of space pictures, the method of proving the climatic conditionality of landforms by comparing the forms of past and the present and the method of coordinating of geomorphological processes based on field observations, examplified by the arid regions will be explained.

The climatic determinants will be defined by the coincidence of the regions of forming (diagnosed with the aid of space pictures) with climatic parameters.

The completion of the previous climatic morphologic system in the arid belt by distinguishing the wind formed relief, the sand desert plains and the desert gorges and the differentiation between pediments, periglacial relief type and nivation relief type in the frost region will be especially emphasized.

The position of the climatic-geomorphologic forming regions in space is elucidated with the helps of two profiles for Africa.

Das System der klimatischen Geomorphologie, das ich hier vorstelle, beruht auf dem Versuch, die Oberflächenformen selbst zur Grundlage einer klimatisch-geomorphologischen Klassifikation zu machen. Es tritt damit an die Seite oder an die Stelle anderer effektiver oder genetischer Klimasysteme, die in der Geomorphologie angewandt worden sind, etwa der Beziehungen zur Vegetation, zu den Böden oder zu den Windsystemen.

Der Terminus 'Landschaft' bedeutet hier eine charakteristische Prägung der

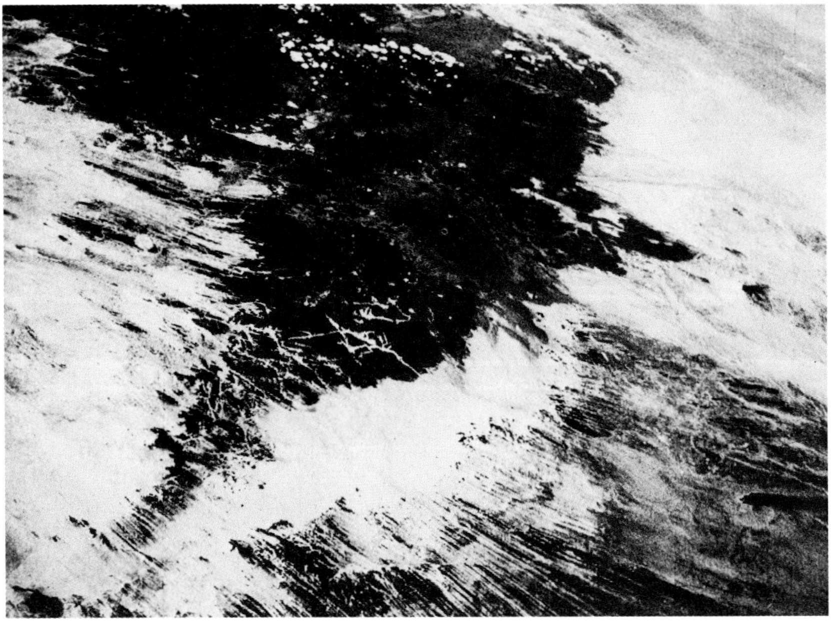

Foto 1: Tibesti-Gebirge mit Vorländern, Blickrichtung Südost. Aufnahme (Schrägbild) aus 270 km Höhe. Gemini IX Nr. S-66-38420.

Oberflächenformen im Sinne eines bestimmten Stils der Formung, der gewässernetzübergreifend ausgebildet ist. Er wird also im gleichen Sinne verwandt, wie es bei der Beschreibung plastischer Gattungen oder bei der strukturellen Klassifikation allgemein üblich ist (Inselberglandschaften, Schichtstufenlandschaften z. B.). Es liegt dabei im Wesen des Begriffes, daß die Landschaften typisch sind, d. h., daß sie unter vergleichbaren Bedingungen in prinzipiell der gleichen Erscheinungsweise wiederkehren.

Die *Methode der landschaftskundlichen Diagnose* im Sinne der klimatischen Geomorphologie sei an Hand des Satellitenbildes Nr. S-66-38420 (Gemini IX), s. Foto 1, erläutert, das als Schrägbild das Tibesti-Gebirge mit seinen Vorländern aus 270 km Höhe zeigt: Man sieht an der Westseite des Gebirges drei gänzlich unterschiedliche Landschaften: Ganz im Westen und zugleich in der geringsten Meereshöhe einen Wechsel von Windgassen und Windrücken, beide gestreckt in Richtung des Nord-Ost-Passats; östlich anschließend und zugleich in größerer Meereshöhe, nämlich zwischen 500 m und 1400 m, einen 50–75 km breiten Streifen aus Sandschwemmebenen, der sich mehr als 300 km weit nach Süden hin gegen die Bodele-Depression fortsetzt; und wiederum östlich anschließend und in größerer Meereshöhe, nämlich zwischen 1000 m und 2400 m, die steilflankig und engständig eingeschnittenen Wüstenschluchten, die dort

Foto 2: Rand des Djado-Plateaus aus ca. 12 km Höhe (Schrägaufnahme des Verf.). Blickrichtung Ost.

besonders gut erkennbar sind, wo der Boden mit Sand verfüllt ist und daher hell erscheint.

Die gleiche Typenabfolge tritt in allen extremen Wüsten der Erde auf, und zwar einerseits zonal, andererseits hypsometrisch angeordnet. Dabei kann das aerodynamische Relief auch als Dünenfeld entwickelt sein, wie es die Abfolge von Dünen-Namib, Flächen-Namib und durch Wüstenschluchten zerschnittener Randstufe in Südwestafrika zeigt. Der Kuiseb bricht als Fremdlingsfluß, aus dem Hochland kommend, an der Nahtstelle zwischen Dünen- und Flächen-Namib durch die Region der Sandschwemmebenen wie des aerodynamischen Reliefs in enger, bis zum Meer hin verschleppter Wüstenschlucht durch.

Der *Nachweis der Klimabedingtheit* und zugleich der Nachweis, daß die aktuellen Formungsbedingungen maßgeblich für die Ausbildung dieser drei unterschiedlichen Relieftypen sind, wird erbracht, indem gezeigt wird, daß und wie ein solcher Landschaftstyp aus der Umwandlung eines anderen Landschaftstyps hervorgeht. Da bei solcher klimagenetischen Analyse die Identität der Örtlichkeit die Identität der strukturellen Bedingungen gewährleistet, und zugleich durch die Ausdehnung der Landschaftstypen das Übergreifen über unterschiedliche tektonische Einheiten gewährleistet ist, lassen sich Tektovarianz und Petrovarianz ausschalten. Ich zeige das am Beispiel der Sandschwemmebenen.

Das Luftfoto aus etwa 12 km Höhe (Foto 2) zeigt am Rande des Plateaus von Djado das Hinaufgreifen der Sandschwemmebenen, die rechts oben im Bilde noch als breite Fläche zu sehen sind, in ein vorgegebenes Wüstenschluchten-Relief, das durch Auffüllung der Tiefenlinien und Abschleifung der Hänge in Richtung auf die Ausbildung einer voll deckenden Sandschwemmebene umgewandelt wird. Dieses Bild ist generell charakteristisch für die zentralen Teile der Sahara in der Umgebung des Wendekreises.

Im Gegensatz dazu bilden sich Sandschwemmebenen in der nördlichen Sahara auf Kosten eines vorgegebenen Pediment-Reliefs. Das Luftbild (s. Foto 3), ebenfalls aus etwa 12 km Höhe, zeigt am Rande des Murzuk-Beckens die Aufzehrung der vorzeitlichen Pedimente am Fuß der Schichttafeln, wobei am Zeugenberg im Vordergrund die oberen Teile der Pedimente noch ganz gut erhalten sind, während die am rechten Ende der Gesteinstafeln im Bildmittelgrund und Bildhintergrund schon vollständig überdeckt oder aufgezehrt wurden, so daß die Sandschwemmebene nun stellenweise unmittelbar an den Steilhang der Stufe stößt.

In der südlichen Sahara (s. Foto 4) formen die Sandschwemmebenen dagegen eine vorgegebene Inselberglandschaft vom Typ der Spülmuldenfluren oder Flachmuldentäler um, deren dendritisches Gewässernetz, im Bildmittelgrund noch erkennbar, ist in Umformung begriffen durch Auffüllung der (ohnehin wenig ausgeprägten) Tiefenlinien und Abschleifung der etwas höheren Schwellen. Am Fuße der Insel-Tafelberge ist stellenweise ein Spülsockel entwickelt; stellenweise ist eine schwache Übertiefung der Fußregion gegenüber der angrenzenden Fläche sichtbar, während an anderen Stellen Sandrampen an die Berge angeschüttet sind.

Die *Zuordnung zu morphogenetischen Prozessen* läßt sich selbstverständlich nur durch Feldbeobachtungen begründen. Diese Feldbeobachtungen zeigen, daß im Bereich des aerodynamischen Reliefs, gleichgültig, ob es sich um Windhöcker und Windgassen, vom Wind ausgeblasene Wannen und Mulden oder um Dünenfelder handelt, der Wind das einzige bestimmende Agens ist. Umgekehrt ist im Bereich der Wüstenschluchten das Wasser der absolut dominierende Faktor der Landschaftsformung. Aus episodischen, örtlich begrenzten Ruckregen stammend, konzentriert es sich auch im vorgegebenen flachen Gelände zu linearem Abfluß, so daß, bei fast völligem Fehlen aller Hangprozesse, eine vorgegebene oder neu entstandene Abflußrinne sich bei jedem neuen Niederschlag vertieft, während zwischen den Niederschlagsereignissen Formungsruhe herrscht. In den Sandschwemmebenen wiederum werden die bei Ruckregen eingegrabenen Abflußrinnen durch den ständig arbeitenden Wind verfüllt. Gleichzeitig werden kleine Windrippeln oder sogar dezimeterhohe Dünen ausgebildet. Diese fallen jedoch dem nächsten Ruckregen zum Opfer. Im Wechselspiel zwischen episodischer Niederschlagswirkung, die die Erhebungen angreift und Abflußrinnen einarbeitet, und quasi kontinuierlicher

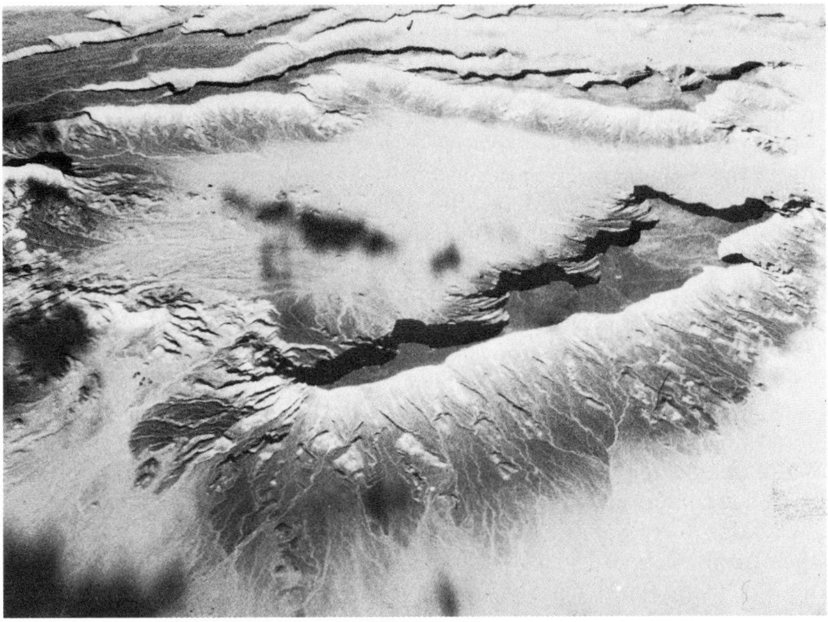

Foto 3: Südwestrand des Murzuk-Beckens im Bereich des Plateaus von Mangeni aus ca. 12 km Höhe (Schrägaufnahme des Verf.). Blickrichtung Nord.

Foto 4: Südliches Vorland des Tibesti-Gebirges aus ca. 5 km Höhe (Schrägaufnahme des Verf.). Blickrichtung Südost.

Windwirkung, die die Vertiefungen auffüllt und die Erhebungen abschleift, strebt die Sandschwemmebene einer totalen schiefen Ebene entgegen.

Die *Ableitung klimatischer Schwellenwerte* läßt sich dann aufgrund der Koinzidenz von Schwellenwerten der als maßgeblich erkannten Agentien, soweit für diese meteorologische Meßwerte vorliegen, vornehmen. In den betrachteten Fällen ist das der Niederschlag nach Typ und Quantität. Da in den Wüsten der Niederschlagstyp – Ruckregen – stets der gleiche ist, kann die Quantität, die dank hinreichend zahlreicher Niederschlagsstationen relativ gut bekannt ist, als allein maßgeblich zugrunde gelegt werden. Es ergibt sich so als klimatische Determinante für Aerodynamisches Relief ein mittlerer jährlicher Regenfall unter 30 mm (wobei es jahrelang oder sogar jahrzehntelang regenlos bleiben kann), für Sandschwemmebenen ein mittlerer jährlicher Regenfall von 20–60 mm (wobei gänzlich niederschlagsfreie Jahre vorkommen können), für Wüstenschluchten ein mittlerer jährlicher Niederschlag von 50–150 mm (wobei regenarme und regenreiche Jahre miteinander abwechseln können).

Das *System der klimatischen Morphologie* auf landschaftskundlicher Grundlage wird also in Vollzug der von Mortensen (1930) erhobenen Forderungen in drei Erkenntnisschritten angenähert:

1. Diagnose und Abgrenzung klimatisch bedingter Landschaftstypen
2. Beobachtung der in diesen Landschaften maßgeblichen Formungsprozesse und Agentien
3. Quantifizierung der klimatischen Determinanten aufgrund der Koinzidenz der Grenzen mit klimatischen Parametern.

Dabei ist stets sowohl die zonale und zentral-peripherische als auch die hypsometrische Abfolge der Phänomene zu erfassen.

Für das *Gesamtsystem der klimatischen Geomorphologie* ergibt sich aus den Darlegungen zur Methode zugleich, daß der sogenannte aride Formenschatz im hochariden Bereich in drei Landschaftstypen zu gliedern ist, die sich nach ihrem Erscheinungsbild und nach den morphogenetischen Prozessen grundlegend unterscheiden. Deutlich voneinander verschieden sind auch die drei Flächenlandschaften des ariden Bereiches: 1. Die Spülmuldenfluren-Flachmuldentalbereiche mit ihren Inselbergen, 2. die Sandschwemmebenen mit ihren Inselbergen und 3. die Pedimente mit ihren Inselbergen; 1. flachwellig mit dendritisch-konvergierendem Gewässernetz, 2. flachkegelig mit anastomosierend-divergierendem Gewässernetz und 3. eben mit episodisch-unbeständigem Gewässernetz. Sie entsprechen drei deutlich voneinander unterschiedenen Klimaregionen: Den Randtropen mit Niederschlägen zwischen 350 mm und 1200 mm Jahresniederschlag bei ausgeprägter jährlicher Trockenperiode, dem hochariden Bereich mit episodischen Regenfällen zwischen 20 und 60 mm im Jahresmittel bei völlig trockenen Jahren, dem kaltariden Bereich mit jahreszeitlich konzentrierten Niederschlägen zwischen 150 mm und 350 mm bei mindestens episodischem Frosteinfluß.

Auf die unterschiedlichen Tälerlandschaften einzugehen ist hier nicht der Ort. Es gehört zu dem gesicherten Grundwissen der Geomorphologen, daß

Foto 5: Östlicher Randbereich des Hochlandes von Tibet südlich des Amne-Machin, Standpunkt in etwa 4500 m Höhe. Die Berge im Hintergrund erreichen 5500 m (terr. Aufnahme des Verf.). Blickrichtung West.

Tälerlandschaften eines Typs in Tälerlandschaften eines anderen Typs umgewandelt werden können, wobei nicht nur der Talgrund, sondern auch die Hänge einer Umformung unterliegen. Ich habe hier den bisherigen Unterscheidungen die Wüstenschluchten bereits hinzugefügt; notwendig ist aber auch aus landschaftkundlicher Sicht die Abtrennung des nivalen Bereichs vom periglazialen, unter dem die nivale Formung bisher subsumiert worden ist.

Die terrestrischen Fotos aus dem östlichen Randbereich des Hochlandes von Tibet (s. Foto 5 u. 6), zeigen in der Höhenstufung zwischen 4500 m und 5500 m zwei unterschiedliche Formenbereiche, deren unterschiedliche Formungstendenzen und Formungsagentien durch die Schneereste verdeutlicht werden:

a) den nivalen Formungsbereich mit der Tendenz zur Herausarbeitung scharfer Grate zwischen den einzelnen Nivationstrichtern und mit der Tendenz zur Herausarbeitung der Gesteinsunterschiede in Schneeleisten und Nivationsnischen sowie mit der Tendenz zu scharfer Tiefenkerbung am unteren Ende der langausdauernden Schneeflecken,
b) den eigentlich periglazialen Formungsbereich mit der Tendenz zur Zurundung der Zwischentalscheiden und insgesamt der Ausbildung eines weichen

Foto 6: Östlicher Randbereich des Hochlandes von Tibet westlich des Amne-Machin, Standpunkt in etwa 4600 m Höhe. Die Berge im Hintergrund übersteigen 5500 m (terr. Aufnahme des Verf.). Blickrichtung Nordwest.

Formenschatzes, in dem die Gesteinsunterschiede durch Schuttdecken mehr und mehr verhüllt werden. Die Tälchen und Täler beginnen als Ursprungsmulden und entwickeln sich, u. U. nach Zwischenschaltung einer kurzen Kerbtalstrecke, zu Sohlentälern mit breiten Schotterfluren.

Trotz des gleichen Ausgangsreliefs, dem aus der letzten Eiszeit überkommenen glazialen Formenschatz, hebt sich schon heute das fein ziselierte, nival geformte Relief von dem plumper geformten und wie verwaschen wirkenden eigentlichen Periglazialrelief ab. Zweifellos spielt in beiden Bereichen der Frost sowohl hinsichtlich der Gesteinsaufbereitung als auch hinsichtlich des Transportes eine Rolle. Kennformen der Solifluktion sind verbreitet, das Gesteinsfließen ist direkt beobachtbar, das Ausmaß der Frostbodenversetzung dort, wo Vegetation vorhanden ist, an der Deformation des Wurzelbereiches meßbar. Der deutlich erkennbare Unterschied muß daher der Schneewirkung zugeschrieben werden, die sich einerseits in einer beschleunigten Hangrückverlegung (Nischen- und Trichterbildung), andererseits in einer Forcierung der Linear-Erosion am unteren Ende der Schneeflecken zu erkennen gibt. Beides bewirkt die schärfere und feinere Ziselierung gegenüber den mehr einheitlich wirkenden frostdynamischen Prozessen.

Foto 7: Dunde-Gletscher im Kakitou-Gebirge nördlich der Tsaidam-Depression, Standpunkt in etwa 5000 m Höhe. Der Plateau-Gletscher erreicht 5300 m (terr. Aufnahme des Verf.). Blickrichtung Nord.

Interessanterweise fehlt im hochariden Bereich die Nivationsregion fast völlig: Im trockensten Bereich Tibets, im Kakitou-Gebirge, s. Foto 7, stößt die periglaziale Region in 5200 m Meereshöhe praktisch direkt an die Gletscherregion an. Diese Erfahrung dürfte dienlich sein, wenn in Zukunft Höhe und Dauer der Schneedecke als maßgeblicher Faktor für die Existenz der nivalen Region zu quantifizieren ist. Zur Zeit läßt sich nur der Erkenntnisschritt 1 und 2, nicht aber der 3. für diese Region machen.

Am Beispiel des ERTS-Satellitenbildes aus Tibet, das den zentralen südlichen Teil der Tsaidam-Depression und die angrenzenden Teile des Hochlandes knapp östlich des Kuenlun-Passes deckt, zeige ich noch einmal die landschaftskundliche Diagnose für die Gegenwartsformen und die vorhergegangenen Vorzeitformen, jeweils in ihrer charakteristischen Höhenstufung (s. Foto 8).

Von den eiszeitlichen Ausgangsformen erkennt man das Ufer des Tsaidam-Sees (Spiegelhöhe 2950 m), daran anschließend die auf diesen Strand eingestellten Pedimentkegel, häufig verzahnt mit glazifluviatilen Schwemmfächern, die Kare und Nivationstrichter am Nordabfall des Kuenlun und schließlich die eisüberfluteten Hochflächen- und Beckenbereiche des Kuenlun und des Hochlandes. Als Gegenwartsformen sind die sehr kleinen Windformen innerhalb

Foto 8: Südrand der Tsaidam-Depression und das anschließende Kuen-Luen-Gebirge. ERTS-Satellitenbild im Maßstab etwa 1:1 Mill.

des eiszeitlichen Seebereiches kaum sichtbar. Dagegen wird die im Westen stärkere, im Osten schwächere Überformung der Pedimente durch Sandschwemmebenen gut erkennbar. Deutlich heben sich dann die scharfen Einschnitte der Wüstenschluchten in das vorgegebene Glazialrelief besonders in der Bildmitte ab. Darüber stellt sich im Kuenlun wie im Hochlandsbereich das verwaschen-hügelige Periglazialrelief dar, gekennzeichnet auch durch die Schotterfluren längs der Tiefenlinien. In den höchsten Erhebungen wird die Zuschärfung unter Schneeinwirkung sichtbar. Selbstverständlich lassen sich noch weitere Details erkennen: So z. B. die Ausdehnung der spätglazialen Vergletscherung mit den zugehörigen Karen, Trögen und Moränenfeldern. Diese Details deuten an, daß die landschaftskundlich-geomorphologische Analyse primär die größeren Klimaänderungen erfaßt; es scheint nach den bisherigen Erfahrungen, daß das Ausreifen eines Relieftyps mit fast vollständiger Verwischung der Vorzeitformen etwa 10^4 Jahre erfordert, während sich kürzere Klimaänderungen, etwa in der Größenordnung von 10^3 Jahren, vorwiegend dort abzeichnen, wo eine besondere Formungsempfindlichkeit, sei es aus topographischen, sei es aus petrographischen Gründen, gegeben ist.

Der derzeitige Forschungsstand ist noch zu lückenhaft für eine kartographische Darstellung der klimatisch-geomorphologischen Formungsregionen auf

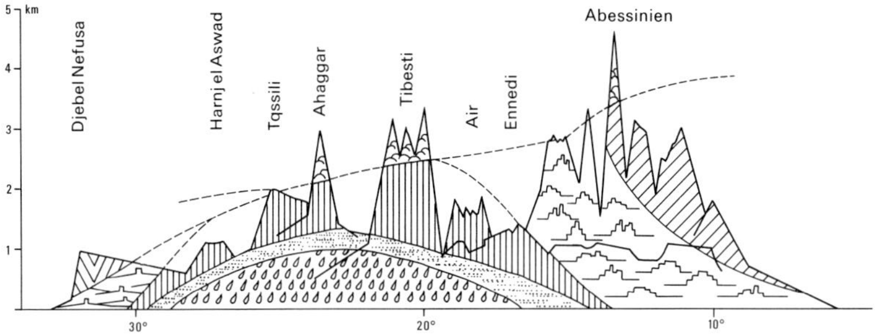

Profil 1: Schematisches Bild der klimatisch-morphologischen Höhenstufen in Nordafrika etwa längs des 15. Meridians.

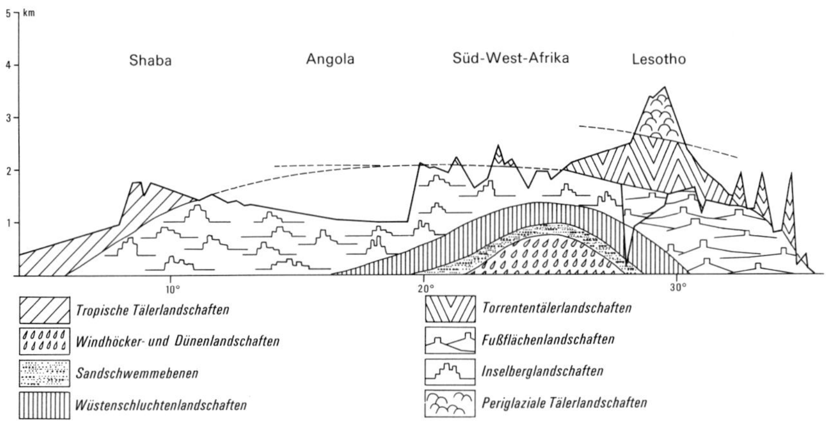

Profil 2: Schematisches Bild der klimatisch-morphologischen Höhenstufen in Südafrika, etwa längs des 15. Meridians.

landschaftskundlicher Grundlage. Die Lage im Raum läßt sich jedoch schon in einigen Profilen darstellen. Profil 1 und 2 zeigen die Verhältnisse in Afrika, wie sie sich aufgrund meiner Reisen im wesentlichen um den 15. Grad östl. Länge darstellen. Hilfsweise sind die Verhältnisse in Nordabessinien, im Ennedi, Aïr und Hoggar nördlich des Äquators, in Shaba (Katanga), Transvaal und Oranje sowie Lesotho südlich des Äquators beigezogen worden. Man erkennt, daß in der Sahara oberhalb der Wüstenschluchten die periglaziale Landschaftsformung unmittelbar dominiert, während sich in Südafrika Pedimentregion und Spülmuldenfluren oberhalb der Wüstenschluchten berühren. Hinsichtlich der Vertikalausdehnung sind die drei hochariden Formungsbereiche in Nordafrika etwa 1½mal so mächtig wie in Südafrika.

Noch extremer sind die Verhältnisse um den 100. Meridian zwischen dem Baikal-See und dem Kuenlun-Paß mit Verlängerung bis zum oberen Hoangho:

Hier steigen das Windrelief in der Tsaidam-Depression bis zu Höhen von über 3000 m, die Sandschwemmebenen bis über 3300 m und die Wüstenschluchten bis fast 4000 m an, während die glaziale Region praktisch in gleicher Höhe von 5000–5200 m über diesen Raum hinwegzieht.

Das System der klimatischen Geomorphologie läßt sich daher nur unter großen Schwierigkeiten und unter Verzicht auf wichtige Erkenntnisse zweidimensional darstellen. Eine künftige Karte der geomorphologischen Formungsregionen wird daher der dritten Dimension Rechnung zu tragen haben, um die gleichermaßen wichtige zonale, zentral-peripherische ost-westliche und hypsometrische Abfolge der Formen- und Formungsregionen in adäquater Weise darzustellen.

Schon jetzt läßt sich erkennen, daß Verlagerungen der klimatisch-morphologischen Formungsregionen bedeutsamer sein können als tektonische Bewegungen: Flächenformung vollzieht sich – selbst im Typ der Sandschwemmebenen – in Hochasien bis in Höhen von über 3000 m, ungeachtet der gewaltigen Hebung dieses Gebietes, aber in strenger Bindung an den klimatischen Formungsbereich.

Literatur

Abdul-Salam, A. (1966): Morphologische Studien in der Syrischen Wüste und dem Antilibanon. Berliner Geogr. Abh. 3, 52 S.

Briem, E. (1977): Beiträge zur Genese und Morphodynamik des ariden Formenschatzes unter besonderer Berücksichtigung des Problems der Flächenbildung (aufgezeigt am Beispiel der Sandschwemmebenen in der östlichen zentralen Sahara). Berliner Geogr. Abh. 26, 89 S.

Büdel, J. (1948): Das System der klimatischen Geomorphologie. In: Dt. Geographentag München, S. 65–100, Landshut 1950.

– (1972): Typen der Talbildung in verschiedenen klimamorphologischen Zonen. Z. Geom., Suppl 14: 1–20.

– (1977): Klima-Geomorphologie. Berlin, Stuttgart. 304 S.

Busche, D. (1974): Die Entstehung von Pedimenten und ihre Überformung, untersucht an Beispielen a. d. Tibesti-Gebirge (Rép. du Tchad). Berliner Geogr. Abh. 18, 127 S.

Ergenzinger, P. J. (1978): Das Gebiet des Enneri Misky im Tibesti-Gebirge, Rép. du Tchad. Erl. z. einer geom. Karte 1:200000. Berliner Geogr. Abh. 23, 49 S.

Grunert, J. (1975): Beiträge zum Problem der Talbildung in ariden Gebieten am Beispiel des zentralen Tibesti-Gebirges (Rép. du Tchad). Berliner Geogr. Abh. 22, 96 S.

Hagedorn, H. (1971): Untersuchungen über Relieftypen arider Räume an Beispielen a. d. Tibesti-Gebirge u. seiner Umgebung. Z. Geom. Suppl. 11, 251 S.

Hövermann, J. (1965): 40 Jahre moderne Geomorphologie. Gött. Geogr. Abh. 34: 11–19.

– (1965): Hans Mortensen in memoriam. Z. Geom. NF. 9: 1–15.

– (1967): Hangformen und Hangentwicklung zwischen Syrte u. Tschad. Les congrès et colloques de l'Université de Liège, Vol. 40. L'évolution des versants, S. 139–156.

Hövermann, J., und H. Hagedorn (1983): Klimatisch-geomorphologische Landschaftstypen. 44. Dt. Geographentag Münster, Tagungsbericht u. wiss. Abh., Stuttgart. S. 460–466.

Meckelein, W. (1959): Forschungen in der zentralen Sahara. 1. Klimamorphologie. Braunschweig. 181 S.
Mensching, H. (1970): Flächenbildung in der Sudan- und Sahel-Zone (Ober-Volta und Niger). Z. Geom. Suppl. 10: 1–29.
– (1973): Pediment und Glacis, ihre Morphogenese und Einordnung in das System der klimatischen Geomorphologie aufgrund von Beobachtungen im Trockengebiet Nordamerikas (USA und Nordmexiko). Z. Geom. Suppl. 17: 135–155.
Mortensen, H. (1927): Der Formenschatz der nordchilenischen Wüste. Abh. Ges. Wiss. Göttingen, Math.-Phys. Kl. 12, 191 S.
– (1930): Einige Oberflächenformen in Chile und auf Spitzbergen im Rahmen einer vergleichenden Morphologie der Klimazonen. Pet. Mitt. Ergh. 209: 147–156.
NASA (1967): Earth Photographs from Gemini III, IV and VI. NASA SP-129. Washington, 266 S.
– (1968): Earth Photographs from Gemini VI through XII. NASA SP-171. Washington, 325 S.
Pachur, H. J. (1973): Geomorphologische Untersuchungen im Raum der Serir Tibesti (Zentralsahara). Berliner Geogr. Abh. 17, 58 S.
Pesce, A. (1968): Gemini space photographs of Libya and Tibesti. A Geological and geographical analysis. Tripoli, 81 S.
Wannagat, U. (Hrsg.) (1982): Die 1. chinesisch-deutsche Tibet-Expedition 1981. Braunschweig-Symposium 14.–16. 4. 1982. Sitzungsberichte u. Mitt. d. Braunschw. Wiss. Ges., 82 S.
Wilhelmy, H. (1974): Klima-Geomorphologie in Stichworten. Kiel, 375 S.
Wissmann, H. v. (1951): Über seitliche Erosion. Coll. Geogr. Bonn, 71 S.

Etwas veränderter Nachdruck aus der Geographischen Rundschau, Bd. 38, 1986, S. 412–419.

STAND UND AUFGABE DER EISZEITFORSCHUNG

Von Herbert Liedtke

Eiszeitforschung –
Kenntnis von der geographischen Umwelt des Vorzeitmenschen

Wenn auch heute nur ein kleiner Teil der Erdoberfläche von Gletschern und Inlandeisen überdeckt ist (15 Mio. km^2), so hatten diese noch vor rund 20000 Jahren fast die dreifache Fläche eingenommen. Daher war es möglich, daß auch Teile Deutschlands von alpinen Vorlandgletschern und vom Nordischen Inlandeis überdeckt wurden und daß sich in dem gesamten dazwischenliegenden Gebiet wegen der Abnahme der Temperatur ein Tundrenklima ausbreiten konnte, welches Baumwuchs nicht mehr zuließ. Diese letztmalige Vereisung hat uns fruchtbare Moränen, große Schotter- und Kiesvorkommen und reizvolle Seen hinterlassen; sie hat aber auch in ihrem vegetationsarmen kalten Vorland zu erheblichen Umformungen des Reliefs geführt. Dort haben solifluidale und abluale (kaltzeitliche abspülende und aufschüttende) Vorgänge durch Abtragung der Kuppen und großflächige Verschüttung von Hohlformen (Liedtke 1981) eine ausdruckslose Altmoränenlandschaft geschaffen.

Eiszeitforschung bedeutet nicht nur Kenntnis von Gletschern und Inlandeisen, sondern auch von den mannigfaltigen Veränderungen der geographischen Umwelt auf der ganzen Erde: die Temperaturen sanken, das Vegetationsbild wandelte sich, der Meeresspiegel sank ab, neue Küstenlinien entstanden, Menschen und Tiere suchten sich neue Lebensräume zum Überleben.

Mit den klimatischen Veränderungen sinkt die Schneegrenze (Kerschner 1989, in diesem Band), und die Landschaftszonen verschieben sich horizontal wie vertikal, so daß sich in einem bestimmten Gebiet die Prozeßgefüge grundlegend ändern können (Hövermann 1985, in diesem Band). Eine Klimaänderung kann also zu erheblichen landschaftlichen Veränderungen führen, indem sich große Binnenseen bilden, riesige Dauerfrostgebiete entstehen (Karte 1989, Semmel 1989, Liedtke 1983, alle in diesem Band) oder Binnendünen und Lößablagerungen (Pécsi 1989, in diesem Band) die Oberfläche überziehen, ganz abgesehen von jenen Gebieten, die unter Gletscher und Inlandeis gelangen (Grube 1979, van Husen 1979, in diesem Band). So ist es nicht verwunderlich, wenn die Tierwelt sich den wechselnden Gegebenheiten anpassen mußte, wenn sie abwanderte, einzelne Arten ausstarben und andere neu hinzukamen (Jux 1989, in diesem Band). Die Stätten der frühen menschlichen Entwicklung waren Gebiete wärmeren Klimas, und erst mit der Herstellung und Vervollkommnung von Werkzeugen wagte sich der Mensch auch in kühlere Gebiete, die in den Kaltzeiten jedoch wenig oder auch keine Überlebenschancen boten und den Menschen zur Abwanderung in wärmere Gefilde nötigten (MÜLLER-BECK 1989, in diesem Band).

Die Ursachen von Temperaturschwankungen im Eiszeitalter

Trotz ständig fortschreitender Erkenntnisse auf allen Gebieten der Eiszeitforschung gibt es noch keine abgesicherten Modelle für die Entstehung der Eiszeiten. Es ist jedoch ganz offensichtlich, daß die Schwankungen der Erdbahnelemente während des Umkreisens der Sonne eine entscheidende Rolle spielen. Es hat sich in den letzten Jahren erwiesen, daß die von dem jugoslawischen Forscher MILANKOVIČ (1941) angestellten Berechnungen über den Stand der Erdachsenneigung gegen den Pol der Ekliptik (zwischen 22° 6′ bis 24° 30′), die sommerliche oder winterliche Sonnennähe auf der elliptischen Erdumlaufbahn (Exzentrizität) und die Rotation der Erde um den Pol der Ekliptik (Präzession, wie das Schlingern eines Brummkreisels) im Prinzip richtig waren und daß bestimmte Konstellationen mit vermehrter oder geminderter Strahlungszufuhr zu einer Warmzeit oder einer Kaltzeit führen können. Heute geht man davon aus, wenigstens für die letzten 1 Mio. Jahre eine einigermaßen verläßliche Rückrechnung vornehmen zu können (IMBRIE und IMBRIE 1980, OESCHGER 1987).

Neben den rein erdbahnbedingten Ursachen der Temperaturschwankungen kommen noch andere Faktoren ins Spiel, die eine Klimaveränderung beeinflussen können. Der wichtigste Grund, warum die Temperatur auf der Erde insgesamt kälter wurde, liegt in der seit dem Tertiär erfolgten Wanderung des antarktischen Kontinents in seine jetzige südpolnahe Lage, wodurch sich auf dem Festland eine riesige Eismasse aufbauen konnte, die wie ein Kühlschrank Eiseskälte ausstrahlte. Der Aufbau der antarktischen Eismasse hat wahrscheinlich vor 800000 Jahren ein solches Ausmaß erreicht, daß sich die erste große Vereisung in der Günzeiszeit herausbilden konnte. Deshalb kann man zwischen den ältestpleistozänen Kaltzeiten und den nachfolgenden Eiszeiten unterscheiden (vgl. Tab. 1), bei denen die Gletscher der Alpen den Alpenrand erreichten oder sich in das Alpenvorland hinaus ergossen. Außerdem überschritt wenigstens in den letzten drei Eiszeiten das Nordische Inlandeis die Ostseefurche und überdeckte Norddeutschland.

Die Zahl der erkannten Klimaschwankungen ist inzwischen sehr groß geworden, aber nicht alle Kälteschwankungen haben das Ausmaß einer echten Eiszeit erreicht. Dazu waren verstärkende Impulse notwendig, die bei etwas kräftigerer Abkühlung einen Selbstverstärkungseffekt hervorriefen und damit die Temperatur schnell absinken ließen. Dabei kam es beim Anwachsen der Eismasse in der Antarktis zu einem Abgleiten (surge) von riesigen Eisfeldern, wodurch der Eisgürtel um die Antarktis vergrößert wurde und die Albedo

Tab. 1: Gliederung des Eiszeitalters

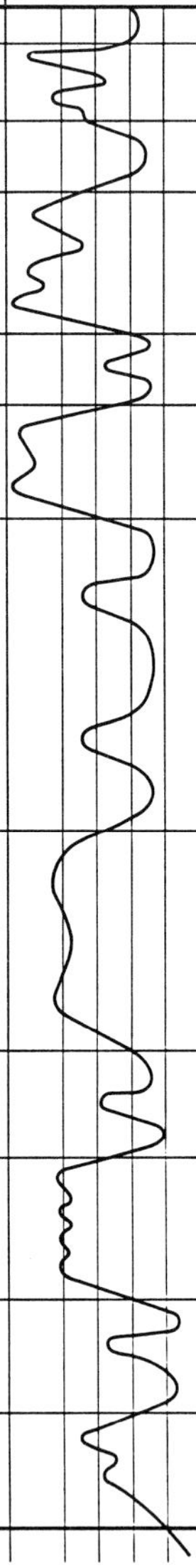

Gliederung und Zeitstellung		Zahlen in Mio. Jahren		Klima I II III IV V VI −5° 0° 5° 10° 15°	t °C	Bekannte Fundorte	Meereshochstände u. geomagnetische Epochen (Mio. Jahre)
Holozän (Postglazial)					+10		Nizza (Tapes) 6-8 m
		0,010					
Jungpleistozän	Weichsel (Würm)		Hochwürm *Denekamp* Früh- u. Mittelwürm		−6 +6 −2		
		0,115					
Jungpleistozän	*Eem*				+12	Kollund, Loopstedt, Weimar-Ehringsdorf	Monastir (Tyrrhen II, Ouljium) 15 - 18 m
		0,128					
Mittelpleistozän	Saale (Riß)		Warthe (S III) *Treene, Rügen* Altenwalde (S II) Drenthe (S I)		−4 >+2 −6 −6		
		> 0,297					
Mittelpleistozän	*Holstein*		*Wacken - W., Dömnitz - Warmzeit* Mehlbeck - K., Fuhne - Kaltzeit *Holstein i.e.S., Edderitz - Warmzeit*		+13 +6 +13	Bredstedt b. Husum, Lauenburg	Tyrrhenium 30 m
		0,502					
Altpleistozän	Elster (Mindel)		Markranstädt Zwickau		−6 −6	Lauenburger Ton	
		0,688?					
Altpleistozän	*Cromerkomplex (Voigtstedt)*		*Osterholz - Warmzeit* Elbe - Kaltzeit *Pinneberg - Warmzeit* Elmshorn - Kaltzeit *Uetersen - Warmzeit*		+13 +3? +13 +3 +13	Voigtstedt b. Artern, Bilshausen b. Göttingen, Mosbach b. Wiesbdn., Mauer b. Heidelberg tR 6 (jüngere Hauptterrasse)	Milazzo 60 m BRUNHES + 0,73 MATUYAMA −
		0,75?					
Altpleistozän	Menap (Günz)		Pinnau - Kaltzeit (Unstrut - Kaltzeit)		−2	tR 4 (ältere Hauptterrasse)	
		0,950					
Ältestpleistozän	*Waal*		*Tornesch - Warmzeit*		+15 +5 +15	Lieth b. Elmshorn	Sizilium 80 - 100 m
		1,3					
Ältestpleistozän	Eburon (Donau)		Lieth - Kaltzeit		±0		OLDUVAI + (event)
		1,7					
Ältestpleistozän	*Tegelen*		*Ellerhoop - Warmzeit* Krückau - Kaltzeit *Nordende - Warmzeit*		+17 +6 +17	Tegelen b. Venlo / Maas, Lieth, Buchenau b. Marburg	1,67 - 1,87 Calabrium > 100 m
		2,1					
Ältestpleistozän	Brüggen (Biber) (Prätegelen, Villafranca)		Ekholt - Kaltzeit Barmstedtstufe		?	Kieseloolith tR1	MATUYAMA −
		2,4					2,4
PLIOZÄN: Reuver					>17		GAUSS +

Die Klimakurve zeigt die Jahresmitteltemperaturen (t °C); die römischen Zahlen bedeuten: I Frostschuttundra, II Strauchtundra, III Birken-Kiefern-Wald, IV Kühl-gemäßigte Waldvegetation, V Warm-gemäßigte Waldvegetation, VI Mediterrane Vegetation.– tR6 bedeutet: pleistozäne Terrasse des Rheins, 6. von oben unterhalb des Pliozäns.– Das Olduvai-event liegt am Übergang der Eburonkaltzeit zur Tegelenwarmzeit; zöge man hier die Grenze Pliozän/Quartär, fielen Tegelenwarmzeit und Brüggenkaltzeit in das Pliozän.– Wärmeschwankungen stehen kursiv.– Zahlenangaben z. T. nach Rzechowski 1986 aus Thermolumineszenzdaten.

(Rückstrahlung der zugestrahlten Wärmemenge) von dieser weißen Eisfläche zu einer weiteren Abkühlung der Temperatur auf der Erde führte.

Eine ähnliche selbstverstärkende Abkühlung kann dann eintreten, wenn große Teile des Festlandes wegen einer Eisdeckenbildung der Wärmezufuhr verlustig gehen. Darauf hat KUHLE (1985) hingewiesen, als er die bisher nicht in ihrer wahren Ausdehnung erkannte Eisbedeckung Tibets beschrieb, wo in der letzten Eiszeit ein Inlandeis von der Fläche Grönlands entstanden war.

Die bisher genannten Überlegungen stehen mit Vorgängen in Zusammenhang, die auf der Erde selbst ablaufen; ihnen stehen extraterrestrische Eiszeithypothesen (MEIER 1981) entgegen, die denkbar oder nachweisbar sind, die aber für die Erklärung einer Zyklizität schlecht herangezogen werden können, so z. B. eine Änderung der Solarkonstante, eine Strahlungsänderung durch das Zirkulieren von Staubmassen in der Atmosphäre nach einem riesigen Vulkanausbruch, ein Eintauchen des Sonnensystems in eine kosmische Dunkelwolke oder ein Eindringen von Ionen in die Lufthülle der Erde, wodurch die Zirkulation auf der Erde beeinflußt werden kann. Schließlich hat auch die Massenverlagerung von Wasser und Eis Rückwirkung auf die Erdbahnelemente, was zu einer Beschleunigung der Erdumdrehung und zu einem Abweichen vom zu erwartenden Weg des Rotationspols führt (WU und PELTIER 1984).

Gliederung und Dauer des Eiszeitalters

Den Beginn des Eiszeitalters festzulegen ist schwierig, denn die Abkühlung erfolgte anfangs sehr langsam. Floristisch und faunistisch gibt es keine klare Grenze zwischen dem Ende des Tertiärs im Pliozän und dem Beginn des quartären Eiszeitalters (Pleistozän), weil Leitfossilien fehlen. Deshalb hat sich der Beginn des Pleistozäns weit nach rückwärts verschoben bis in Zeiten, in denen eine Untersuchung des geomagnetischen Feldes in Sedimenten meist eine scharfe Trennung erlaubt. Es handelt sich dabei um den Umschlag des normal orientierten geomagnetischen Feldes im Pliozän in ein revers orientiertes Magnetfeld im Ältestpleistozän. Dieser Umschlag trat vor 2,4 Mio. Jahren ein und bestand bis vor 730000 Jahren (*Matuyama*-Epoche). Seitdem herrscht bis heute wieder eine normale geomagnetische Ausrichtung (*Brunhes*-Epoche). Allerdings ist auch hier Vorsicht bei jeder Zuordnung von Proben geboten, deren Zugehörigkeit zu einem größeren Verband nicht gesichert ist, denn innerhalb dieser geomagnetischen Epochen gibt es zahlreiche kurzfristige Phasen (event) mit einer Umpolung des geomagnetischen Feldes, so daß eine Zuordnung zu einer falschen Epoche leicht möglich ist.

Mit der Festsetzung des Beginns des Pleistozäns bei 2,4 Mio. Jahren hat sich die Dauer des Pleistozäns zwar erheblich verlängert, aber die Grenze ist sicherer geworden. Gelegentlich wird auch ein Wert um 1,77 Mio. Jahren während (KAHLKE u. a. 1984) oder am Ende des Olduvai-Events angegeben (BERGGREN u. a. 1980, RZECHOWSKI 1986, BRUNNACKER 1990, in diesem Band).

Für die Altersdatierung stehen heute zwar viele Methoden zur Verfügung, aber ihre Einsetzbarkeit ist beschränkt. Die Dendrochronologie (Jahrringmethode) erlaubt es, Hölzer bis zu einem Alter von 8000 Jahren zu bestimmen, die Varvenchronologie läßt gelegentlich Zeitbestimmungen bis 10000 Jahre zu, der um 1960 hoffnungsvoll betriebene Flourtest wird heute wegen der Unsicherheit äußerer Einwirkungen nicht mehr angewendet. Die einst ganz berühmte ^{14}C-Methode benötigt die Anwendung eines Korrekturfaktors und wird bei Datierungen von Zeiträumen über 10000 Jahren unzuverlässig. Für Ereignisse, die älter als 20000 Jahre sind, wird besonders bei vulkanischen Auswurfsprodukten (Tephra) die Kalium-Argon-Methode eingesetzt, und Sedimente können durch paläomagnetische Untersuchungen auf die Orientierung ihres Magnetfeldes größeren Zeitabschnitten zugeordnet werden. Schließlich hat sich das Verhältnis von ^{16}O zu seinem Isotop ^{18}O sowohl in Tiefbohrungen im rezenten Inlandeis (Dansgaard u. a. 1982) wie auch in Tiefseesedimenten als hervorragendes Mittel einer Gliederung erwiesen, aber eine exakte Zuordnung der Ausschläge zu einzelnen Eiszeiten ist bisher nur beschränkt möglich.

^{18}O wird im Wasser der Ozeane überall in gleicher Menge gespeichert, ebenso in kalkhaltigen Foraminiferen, deren Skelette am Meeresboden sedimentiert werden und damit den Wechsel von ^{18}O-reicheren zu ^{18}O-ärmeren Wasser anzeigen; erstere treten bei großer Ausbreitung von Inlandeismassen auf, wogegen Warmzeiten geringe ^{18}O-Anteile besitzen (Berggren u. a. 1980). Schließlich wird gegenwärtig die Thermolumineszenz eingesetzt, um durch physikalische Untersuchungen an Quarzkörnern Altersbestimmungen vornehmen zu können.

Die genauen Auswertungen der Tiefseebohrkerne, wie sie zunächst von Emiliani durchgeführt wurden, die Berechnungen für eine Strahlungskurve und die stratigraphischen Ergebnisse von Tiefbohrungen im Senkungsgebiet der Niederlande haben eine Fülle von „Zacken" in den aufgestellten Kurven ergeben, die allerdings den Nachteil haben, daß sie mit den terrestrischen Befunden der Vereisungen, mit Eisvorstößen, periglazialen Bedingungen, Interstadialen und Warmzeiten noch nicht sicher zu parallelisieren sind, da auf dem Festland zu viele Ablagerungen durch Exaration, Erosion oder Denudation wieder verlorengegangen sind. Den gegenwärtigen Stand der Gliederung des Eiszeitalters faßt Tab. 1 zusammen.

Wachstum, Höchststand und Abschmelzen kaltzeitlicher Eiskörper

Wenn es auf der Erde zu einer Abkühlung kam, hat sich die Vegetation den veränderten Klimabedingungen schnell angepaßt. Das Anwachsen der Gletscher und Inlandeise erfolgte sehr schnell, ebenso das Abschmelzen. Genaue Zahlen kann man nicht angeben, aber da der letzte Eisvorstoß vor ca. 25000 Jahren begann, aus dem Gebiet von Mittelschweden kam (Stankowski 1985) und rund 700 km bis nach Brandenburg und in den Spreewald führte, bleiben bis zum Erreichen des äußersten Bereiches 3000–7000 Jahre. Das bedeutet theoretisch ein jährliches Vorrücken zwischen 100–230 m.

Neuere Überlegungen zum Aufbau des Laurentischen Inlandeises Nordamerikas gehen davon aus, daß Labrador durch eine plötzliche Temperaturerniedrigung großflächig heftigen Schneeniederschlag erhielt, der nach mächtiger Akkumulation allmählich zu Eis wurde, welches schließlich nach Süden und Westen abfließen konnte. Erkannt wurde dies, weil man die Menge des Niederschlags bisher um ein Drittel unterschätzt hatte; erst der Bau moderner Wetterstationen in diesem fast unbesiedelten Gebiet hat die tatsächliche Höhe der Niederschläge bekanntgemacht.

Der äußerste Eisrand wurde weder in Amerika noch in Eurasien überall gleichzeitig erreicht; die durch ^{14}C-Datierungen bestimmten Zeitpunkte schwanken zwischen 22000–18000 v. h. Das weist auf Ernährungsschwankungen des Inlandeises und auf eine Steuerung des Abflusses durch das Relief hin. Beim Nordischen Inlandeis, das von Skandinavien abfloß, hat der Trog der Ostsee lange Zeit einen Haupteisstrom gelenkt, aus welchem nach außen hin Eis überquoll, ehe es sich zu seinem Vorstoß bis an den äußersten Eisrand formierte.

Während die hohen Hochgebirge der Erde wegen ihrer Höhenlage vergletschert wurden, bot das viel niedrigere Skandinavien wegen seiner Meeresnähe günstige Voraussetzungen für den Aufbau eines Inlandeises. Mit zunehmender Geschwindigkeit westwärts abfließend, schuf es die Fjorde, während auf der Ostabdachung eine bis zu 3300 m mächtige Eismasse (Grosswald 1980) aufgehäuft wurde und langsam abfloß. Ihr Eisscheitel verschob sich ostwärts bis an die Ostsee bei Umea.

Ein ähnliches Schema hatte Flint (1971) für das Anwachsen des Laurentischen Eisschildes entwickelt, wonach sich ein Eiskörper in Labrador langsam vergrößerte, von der Höhe abfloß und große Vorlandgletscher schuf, die allmählich die Hudson Bay und schließlich den Laurentischen Schild überzogen. Heute kennt man die Höhenverhältnisse Labradors besser und weiß, daß ein Steilabfall nur nach Osten erfolgt (Abb. 1, Abb. 2) und daß es an der dortigen Küste sogar eisfreies Gelände gab. Auch nach Norden stieß das Laurentische Eis weniger weit vor als bisher angenommen und überschritt die im Kanadischen Archipel gelegenen Inseln Melville, Bathurst und Devon nicht mehr (Ives u. a. 1975). Neben Labrador gelten das Hochland von Keewatin und die Baffininsel als eigenständige Nährgebiete. Der Aufbau des Laurentischen Inlandeises im Verhältnis zum Nordischen Inlandeis ist also nicht ganz so „spiegelbildlich" verlaufen wie Flint (1971) annahm, denn das Eis floß nicht einfach von Labrador/Ungava herab, sondern es baute sich in situ durch Anwachsen von Schneeflächen auf, wobei es sich nach Südwesten der Luvseite entgegen ausbreitete.

Daß die Eismassen sehr schnell anwuchsen, aber auch ebenso schnell wieder zerfielen – jedenfalls gilt das ganz sicher für die letzte Eiszeit –, läßt sich nicht nur für die kurze zur Verfügung stehende Zeit belegen, sondern auch durch

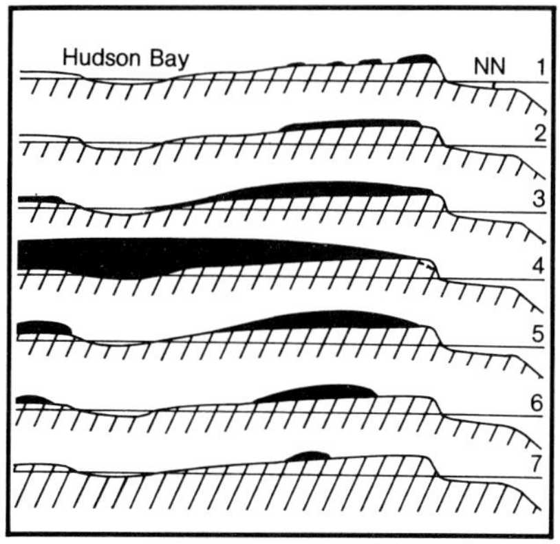

Abb. 1: Wachstum und Zerfall des Laurentischen Inlandeises nach Ives, Andrews und Barry 1975.
Das West-Ost-Profil von Keewatin über Hudson Bay und Labrador zur Labradorsee zeigt, daß ein Kettengebirge in Ostlabrador nicht besteht, sondern nur ein Steilabfall nach Osten. Westwärts senkt sich das Gelände sanft zur Hudson Bay, so daß für die Ausbreitung von Vorlandgletschern keine geeigneten Voraussetzungen bestehen. Die Phasen 1–3 zeigen das Anwachsen des Eiskörpers, 4 den Höchststand, 5 und 6 den Eiszerfall und 7 den Eisstand vor 6000 Jahren, als Skandinavien nur noch wenige winzige Gletscher trug.

den geologischen und geomorphologischen Befund. Die äußersten Eisrandlagen sind meist nicht sehr markant ausgeprägt und lassen sich meist nur aus der Formengruppe einer glazialen Serie erkennen, weniger nach dem Einzelmerkmal einer Endmoräne. Oft kann man, etwa in Schleswig-Holstein, in der südlichen Mark Brandenburg oder in der Umgebung von Posen (Poznań), eine nur 1 m mächtige Grundmoräne erkennen, die diskordant eine wenig reliefierte Landschaft aus der Zeit vor der letzten Vereisung überzieht. In einem äußeren Eisrandgürtel von 10 bis 20 km war das Eis über das Vorland hingweggeglitten, ohne nennenswerten Einfluß auf die Oberflächengestaltung zu nehmen, wenn man einmal von den glazialen Rinnen absieht. Alle Befunde zeigen: Das Eis stieß schnell vor; in seinen Außenbereichen war es nicht sehr mächtig, aber es war ein „Renner" (Liedtke 1981).

Laurentisches und Nordisches Inlandeis wuchsen und schmolzen nicht ganz gleichzeitig. Die größere Ausgangshöhe im Nordischen Vereisungsgebiet hat zu einem anfänglich schnellen Aufbau des dortigen Eises geführt, aber der Zuwachs ließ bald nach, denn große Eismengen konnten problemlos rasch nach Westen abfließen, gelangten durch die Fjorde in das Europäische Nordmeer und gingen dem Gesamteiskörper verloren. Demgegenüber wuchs das Laurentische Eis anfangs sehr langsam, und erst mit zunehmender Abkühlung kam es bei geringer Reliefenergie und damit fehlenden natürlichen Abflußbahnen zu einer schnellen Anhäufung (Oerlemans 1981). Daher ist es nicht verwunder-

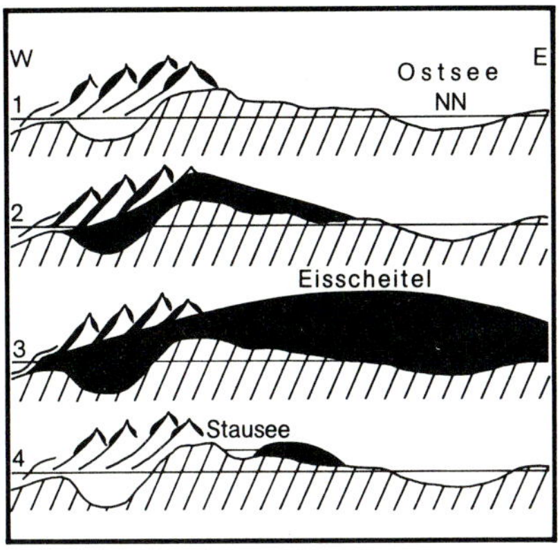

Abb. 2: Wachstum und Zerfall des Nordischen Inlandeises.
Das Profil verläuft vom Europäischen Nordmeer über Skanden und Ostsee nach Finnland. Phase 1 zeigt durch Gletscherwachstum den Beginn der eiszeitlichen Abkühlung an, 2 läßt eine gravierende Temperaturerniedrigung erkennen. Im Hochglazial (3) erfolgte eine kräftige Übertiefung der Fjorde. Bei der Wiedererwärmung (4) konnte das Eis in Schweden, wo es sehr mächtig war, nicht so schnell wie in Norwegen abtauen; deshalb kam es vor etwa 9000 Jahren vorwiegend in Lappland und Jämtland (Lundquist 1983) gelegentlich zur Bildung von kurzlebigen Eisstauseen (de Geer 1940).

lich, wenn dieses flächenhaft bewegte Eis den Untergrund nur wenig beeinflußte (Rutter 1981) und die für Mitteleuropa so typischen glazialen Rinnen sehr sparsam verbreitet sind.

Obwohl in den letzten 20 Jahren durch Tiefbohrungen im grönländischen Inlandeis (Dansgaard u. a. 1982) erhebliche Kenntnisse über Eisbewegung, Zusammensetzung und Temperaturverhältnisse gewonnen wurden, bleiben noch viele Fragen über die Vorgänge an der Grenzfläche Eis/Untergrund offen. Wann kommt es eigentlich zu den großen Stauchungen, die man oft in Aufschlüssen bemerkt? Sind diese in Eisrandnähe oder unter dem Eiskuchen erfolgt? Kann Grundmoräne nur bei endgültigem Abschmelzen stagnierenden Eises zum Absatz gelangen oder auch unter bestimmten Bedingungen einer Überladung unter bewegtem Eis abgesetzt werden? Sind glaziale Rinnen mehr durch Exaration durch das Eis oder durch subglazifluviale Erosion unter Druck entstanden? Immerhin hat man jetzt eine bessere geophysikalische Vorstellung über Prozesse, die sich an der Eisbasis vollziehen (Abb. 3).

Das hier vorgestellte Beispiel ist ein Idealfall unter den Bedingungen eines „warmen Gletschers“ mit verhältnismäßig großer Geschwindigkeit. In einem „kalten Gletscher“ mit Temperaturen unter 0° C und fehlender Reibungswärme kann es sein, daß trotz hohem Eisdruck der Permafrost unter der Eisdecke nicht zum Abschmelzen kommt; so beträgt die Temperatur an der Eisbasis in der Antarktis bis unter −30 °C (Sugden und John 1976). Die Lage im Grad-

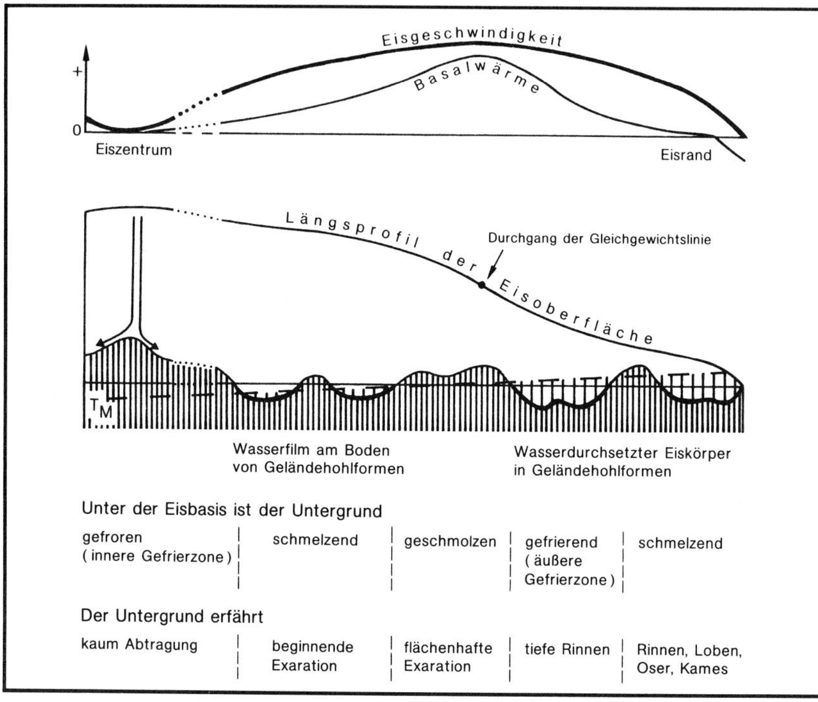

Abb. 3: Basales Schmelzwasser und exarative Prozesse in Abhängigkeit von der Konfiguration des Untergrundes und dem Verlauf der Schmelzpunktisotherme T_M unter einem Inlandeis (Hughes 1981).

Das obere Profil zeigt, wie die Geschwindigkeit des Eiskörpers nach außen hin bis zur Gleichgewichtslinie (Schneegrenze auf dem Eis) erst schnell, dann langsam zunimmt. Randwärts der Gleichgewichtslinie wird die Eisgeschwindigkeit zunehmend geringer. Die Basalwärme steigt ziemlich gleichmäßig, um dann erst schneller, dann langsamer abzusinken; in Eisrandnähe kann unter dem Eis Permafrost liegen, wenn die Basalwärme zu stark abnimmt. Im unteren Profil ergibt sich die basale Thermik aus einer ± gleichmäßigen geothermischen Tiefenstufe bei variabler Reibungswärme infolge lokaler Reliefbedingungen.

Basales Schmelzen beginnt in den Tieflagen des Reliefs (senkrechte Schraffur).

Ein basaler Schmelzwasserfilm tritt in der Umrahmung des Eiszentrums auf; Schmelzwasser in Rinnen findet sich am Eisrand. Wo sich Wasserkörper im Randbereich des Inlandeises bilden können, entsteht ein subglazifluviales Stromnetz. Der Untergrund in den Rinnen ist nicht gefroren, wohl aber können deren seitlich gelegene Ränder („Hochgebiete") gefrieren.

netz der Erde und topographische Verhältnisse differenzieren das in Abb. 3 aufgeführte Schema erheblich. Selbst kleinere Erhebungen, über die das Eis bei sich zusammendrückender Eismasse und daher schneller fließend hinweggleiten muß, bewirken lokale Schmelzvorgänge an der Eisbasis, jedoch die nächste Geländevertiefung führt wieder zum Gefrieren. Das Inlandeis wird in seiner Gesamtmächtigkeit bewegt, wenn auch am Boden sehr langsam, jedoch auch dann, wenn das Vorland ansteigt (WEERTMAN 1979). So wird verständlich, daß Material durch den Ostseetrog hindurch bis auf die Hochfläche des Harzes transportiert werden konnte.

Eiszeitliche und rezente Verbreitung von Gletschern und Inlandeisen

Obwohl uns die heutige Technik die Erdoberfläche immer besser erschließt, bleiben Angaben über Ausdehnung und Volumen von rezenten Eiskörpern weiterhin Schätzungen, die allerdings immer zuverlässiger werden (Tab. 2). Gegenwärtige Veränderungen an Gletschern werden überall auf der Erde aufmerksam registriert und dienen zusammen mit meteorologischen Untersuchungen der Frage, ob sich das Klima ändert und wenn ja, in welchem Ausmaß, mit welchem Rhythmus und mit welchen möglichen Auswirkungen.

Die Veränderungen im 20. Jahrhundert sind bis jetzt nur sehr gering und weit entfernt von dem Ausmaß der Klimabesserung, die zwischen 1850–1920 eingetreten ist. Vor 130 Jahren reichten die Gletscher weltweit tiefer in die Täler hinab als heute. Zwar war die vom Eis eingenommene Fläche nur ganz unerheblich größer, aber die Eismasse war mächtiger. Der Abschmelzverlust des

Tab. 2: Rezente Vergletscherung nach Größenklassen

Klassierung	Fläche in 1000 km^2	Volumen in 1000 km^3
2 Inlandeise:		
Antarktis	12 530	23 450
Grönland	1 730	2 600
141 Gletscher		
> 1000 km^2	633	175
> 10 000 Gletscher		
> 1 km^2	232	25
ca. 70 000–200 000		
Gletscher < 1 km^2	(35–) 135	(1–) 2
	15 260	26 252

Die ungenaue Zahlenangabe für kleine Gletscher beruht auf der Unsicherheit, auf Karten oder Luftbildern Gletscher von Firn- oder Schneefeldern zu unterscheiden.
Quellen: Flint 1971, *Cailleux* und *Langarec* 1974.

Tab. 3: Verbreitungsdiskrepanz von Eismassen in Prozent

	Eisfläche in %		Eisvolumen in %	
	heute	eiszeitlich	heute	eiszeitlich
Nordkalotte	11,6	51,1	9,9	60,2
Südkalotte	84,1	37,0	89,3	33,9
Sonstige	4,3	11,9	0,8	5,9
	100,0	100,0	100,0	100,0

Berechnung nach Angaben bei *Flint* 1971; ohne die noch ungewissen Werte aus Tibet.

Eises hat in diesem Jahrhundert bisher zu einem Anstieg des Meeresspiegels um 10 cm geführt, was einer Rate von 15 cm/Jh. entspricht (Barnett 1982).

Die Erfassung der eiszeitlichen Vergletscherung ist noch mit vielen Unsicherheiten behaftet; unklar ist z. B., ob das Nordische Inlandeis tatsächlich mit demjenigen von Nowaja Semlja zusammenhing oder nicht. In Karte 1 bin ich von einer maximalen würmeiszeitlichen Eisfläche ausgegangen, die fast dreimal so groß war wie heute, nach Marcinek (1982) 41,6 Mio. km^2 (saaleeiszeitlich 48,44 Mio. km^2). Das Volumen betrug 76,97 Mio. km^3. Viel interessanter ist jedoch die Tatsache, wie sich dieses Eis heute und eiszeitlich verteilte (Tab. 3): Während der Eiszeiten verlagerte sich die Masse des Eises auf die Nordhalbkugel, wogegen in Warmzeiten die Antarktis zum Eisspeicher wird.

Meeresspiegelabsenkung und Vegetationswandel

Würde das gesamte auf dem Festland liegende Eis abschmelzen, müßte der Meeresspiegel um ca. 65 m ansteigen; alle ehemals vereisten Gebiete zur Zeit maximaler Eisausdehnung bewirkten einen Absenkungsbetrag von 197 m (+ 2 bis 3 m für ein tibetanisches Eis) auf (200–65 m =) ca. 135 m unter den heutigen Meeresspiegel. Für die letzte Eiszeit rechnet man mit einer Meeresspiegelerniedrigung um ca. 100 m. Den exakten Nachweis zu erbringen fällt sehr schwer; dies ist aber verständlich, wenn man weiß, daß der Meeresspiegel nur für allenfalls wenige tausend Jahre auf seinem niedrigsten Stand verweilte. Das reichte nicht aus, markante Strandformen auszubilden; kleinflächige wurden durch nachfolgende Transgressionen gleich wieder zerstört oder überlagert.

Rasches Eiswachstum und Niedertauen bewirkten, daß sich der Meeresspiegelstand glazialeustatisch sehr schnell veränderte, zeitweise um 1–3 cm/Jahr! (Cronin 1982). In den einst eisbedeckten Arealen spielten sich gleichzeitig glazialisostatische Ausgleichsbewegungen ab, die das Land mit dem Anwachsen des Eises absinken und beim nachfolgenden Eisabbau ansteigen ließen. Strandlinien der Ostsee, die vor 9000 Jahren gebildet wurden, liegen heute an

Schwedens Küste bei Umea in ca. 300 m Höhe (Strömberg 1977, in diesem Band). Mit einem allmählichen Ausklingen dieser Hebung ist erst in 20000 Jahren zu rechnen.

Das Klima hat sich weltweit nie gleichzeitig gleichmäßig verändert, sondern die überproportionale Eismassenzunahme auf den Festländern der Nordhemisphäre hat deren Wintertemperatur besonders absinken lassen, so daß die Jahresdurchschnittstemperaturen zwischen 8–12 K absinken konnten, während die Tropen eine Temperaturabnahme um 4 K erlebten. Ähnliches geschah mit der Temperatur der Ozeane, die im Nordatlantik um 3,8 K, im Südatlantik um 2,6 K und im Indik um 0,8 K sank, im Durchschnitt der Weltmeere um 2,3 K. Die Temperaturen des Oberflächenwassers der Weltmeere werden auf Karte 1 dargestellt (Climap 1976).

Die Folge der Abkühlung und der veränderten Konfiguration des Meeres waren erhebliche Veränderungen im Vegetationsbild der Erde. Während man bisher davon ausging, daß die Vegetationsgürtel der Erde (Frenzel 1990, in diesem Band) sich ± gleichmäßig äquatorwärts verschoben haben, zeigen jüngere Untersuchungen ein viel diffizileres Bild: die trostlose Tundrenzone war zwar viel vegetationsreicher als bisher angenommen, aber die geringen Niederschläge führten zu einem Verdrängen der polwärtigen Wälder in Minirefugien, zu einem Einschränken der tropischen Wälder und zu einer erheblichen Zunahme der Trockengebiete, wie Karte 1 zeigt. Diese Karte wurde nach bisherigen sehr lückenhaften Kenntnissen zusammengestellt, wobei sich immer wieder zeigte, daß nur durch zeitlich sicher datierbare Pollenanalysen ein zuverlässiges Vegetationsbild der Zeit vor 18000 Jahren, dem Höhepunkt der letzten Eiszeit, ermittelt werden kann, denn Zeitabschnitte, die nur wenige tausend Jahre früher oder später liegen, weisen bereits erheblich andere Klimabedingungen auf. Aufgrund neuerer Erkenntnisse kann man entgegen der Darstellung in der Farbkarte heute davon ausgehen, daß im Süden Japans kein Nadelwald bestand, sondern Laubwald vorherrschte und daß in Mittelamerika die Hochgebiete vorwiegend von offenen Waldsteppen, die Tiefgebiete von tropischen Trockenwäldern bedeckt waren. Tropischen Regenwald gab es nur an wenigen Stellen (Yukatan, Südküste Panamas).

Für die eingetragenen Seen gilt, daß die in den gemäßigten Breiten gelegenen Seen ihre größte Ausdehnung zum Höhepunkt der letzten Eiszeit vor 18000–20000 Jahren erreichten, wogegen die in den Tropen und Subtropen auftretenden Seen ihren größten Stand vor oder nach 20000 v. h. hatten.

Wann kommt die nächste Eiszeit?

Wir erleben sie nicht mehr, aber eine ganz langsame Abkühlung hat vor 6000 Jahren nach dem Erreichen des 1–2 K wärmeren postglazialen Klimaoptimums eingesetzt. Diese Abkühlung wird nach Imbrie und Imbrie (1980) noch 23000 Jahre fortdauern, ehe es in 60000 Jahren zu einer nächsten Eiszeit kommt – sofern nicht der Mensch durch umweltschädliche Maßnahmen diese Vorgänge beeinflußt.

Literatur

Barnett, T. P.: On Possible Changes in Global Sea Level and their Potential Causes. La Jolla 1982, 52 S.
Berggren, W. A., et al.: Towards a Quaternary Time Scale. Quaternary Research 13 (1980), S. 277–302.
Bowen, D. Q.: Quaternary Geology. A stratigraphic Framework for multidisciplinary work. Oxford 1978, 221 S.
–: Glaciations past and future. Geogr. Magazine 52 (1979), S. 62–67.
Bowler, J. M., et al.: Late Quaternary Climates of Australia and New Guinea. Quaternary Research 6 (1976), S. 359–394.
Brunnacker, K., W. Boenigk, A. Koči und W. Tillmanns: Die Matuyama/Brunhes-Grenze am Rhein und an der Donau. N. Jb. Geol. Paläont. Abh. 151 (1976), S. 358 bis 378.
Cailleux, A., und D. Lagarec: Glaciologie. C. R. Acad. Sc. 279 (1974), S. 243–245.
Climap Project Members: The Surface of the Ice-Age Earth. Science 191 (1976), S. 1131–1137.
Cronin, T. M.: Rapid Sea Level and Climate Change: Evidence from Continental and Island Margins. Quaternary Science Reviews 1 (1982), S. 177–214.
Dansgaard, W., et al.: A new Greenland deep ice core. Science 218 (1982), S. 1273–1277.
De Geer, G.: Geochronologica Suecica Principles. Kungl. Svenska Vetensk. Akad. Handl. 3:e, ser. 18:6, Stockholm 1940, 367 S.
Ehlers, J.: Glacial deposits in North-West Europe. Rotterdam 1982, 500 S.
Eissmann, L.: Periglaziäre Prozesse und Permafroststrukturen aus sechs Kaltzeiten des Quartärs. Altenburger Naturwiss. Forsch. 1 (1981), 171 S.
Embleton, C., und C. King: Glacial and Periglacial Geomorphology. London 1975^2, 573 S.
Flint, R. F.: Glacial and Quaternary Geology. New York 1971, 892 S.
Frenzel, B.: Grundzüge der pleistozänen Vegetationsgeschichte Nord-Eurasiens. Erdwiss. Forschg. 1 (1968), 323 S.
–: Europe without forests. Geogr. Magazine 52 (1979), S. 756–761.
Grosswald, M. G.: Late Weichselian ice sheet of northern Eurasia. Quaternary Research 13 (1980), S. 1–32.
Hantke, R.: Eiszeitalter. Thun 1978, 1980, 1983, 3 Bde., 1902 S.
Hughes, T. J.: Numerical Reconstruction of Paleo-Ice Sheets. In: Denton and Hughes (Eds.): The Last Great Ice Sheets. 1981, S. 221–261.
Hundert Jahre Glazialtheorie im Gebiet der skandinavischen Vereisungen. Schriftenreihe f. geol. Wiss. 9, Berlin 1978, 368 S.
Imbrie, J., and J. Z. Imbrie: Modeling the Climatic Response to orbital Variations. Science 207 (1980), S. 943–953.
Ives, J. D., J. T. Andrews and R. G. Barry: Growth and decay of the Laurentide ice sheet and comparisons with Fenno-Scandinavia. Naturwissenschaften 62 (1975), S. 118–125.
Kahlke, H.-D., L. Eissmann und F. Wiegank: Die Neogen-/Quartär-Grenze – Territorium der Deutschen Demokratischen Republik. Z. f. Angew. Geol. 30 (1984), S. 44–48.

Keßler, A.: Über Klima und Wasserhaushalt des Altiplano (Bolivien, Peru) während des Hochstandes der letzten Vereisung. Erdkunde 17 (1963), S. 165–173.
Klebelsberg, R. von: Handbuch der Gletscherkunde und Glazialgeologie. Wien 1949, 2 Bde., 1028 S.
Kuhle, M.: Ein subtropisches Inlandeis als Eiszeitauslöser. Nachdr. d. Univ. Göttingen, 1985, S. 35–51.
Liedtke, H.: Die nordischen Vereisungen in Mitteleuropa. Forsch. z. dt. Landeskd. 204, Trier ^{2}1981, 307 S.
–: Periglacial slopewash and sedimentation in Northwestern Germany during the Würm-(Weichsel-)Glaciation. Permafrost, Proceedings, Washington 1983, S. 715 bis 718.
Lundquist, J.: The glacial history of Sweden. In: Ehlers, J., ed., Glacial deposits in North-West Europe, Rotterdam 1983, S. 77–82.
Marcinek, J.: Droht eine nächste Kaltzeit? Berlin 1982, 128 S.
Meier, S.: Terrestrische und extraterrestrische Eiszeithypothesen – Synthese oder Widerspruch. Z. f. Meteor. 31 (1981), S. 357–360.
Menke, B., und K.-E. Behre: History of Vegetation and Biostratigraphy. Eiszeitalter u. Gegenwart 23/24 (1973), S. 251–267.
Messerli, B.: Die afrikanischen Hochgebirge und die Klimageschichte Afrikas in den letzten 20000 Jahren. Das Klima: Analysen und Modelle, Geschichte und Zukunft, Bern 1980, S. 64–90.
Milankovič, M.: Kanon der Erdbestrahlung. Belgrad 1941.
Nilsson, T. A.: The Pleistocene. Geology and Life in the Quaternary Ice Age. Dordrecht, Boston, London 1982, 624 S.
Oerlemans, J.: Modeling of Pleistocene European ice sheets: some experiments with simple massbalance parametrisations. Quaternary Research 15 (1981), S. 77 bis 85.
Oeschger, H.: Die Ursachen der Eiszeiten und die Möglichkeiten der Klimabeeinflussung durch den Menschen. Mitteilungen der Naturforschenden Gesellschaft Luzern, Sonderband „Eiszeitforschung", 29. Bd., Luzern 1987, S. 51–76.
Prance, G. T.: A Review of the Phytographic Evidences for Pleistocene Climate Changes in the Neotropics. Ann. Missouri Bot. Gard. 69 (1982), S. 594–624.
Prest, V. K.: The Late Wisconsinan Glacier Complex. Glaciations Quaternaires dans l'Hémisphère Nord, Proj. 73/1/24, Paris 1983, S. 90–102.
Price, R. J.: Glacial and Fluvioglacial Landforms. Edinburgh 1973, 242 S.
Rutter, N. W.: Erosion by Pleistocene Continental Ice Sheets in the Area of the Canadian Shield. Atomic Energy Control Board, Ottawa 1981, 112 S.
Rzechowski, J.: Pleistocene Till Stratigraphy in Poland. In: Šibrava, V. & Bowen, D. Q. & Richmond, G. M. (ed.): Quaternary Glaciations in the Northern Hemisphere. Quaternary Science Reviews, Vol. 5, Oxford 1986, S. 365–372.
Semmel, A.: The Early Pleistocene Terraces of the Upper Middle Rhine and its southern foreland – Questions concerning their tectonic interpretation. In: Fuchs, K. (Ed.): Plateau Uplift. Heidelberg 1983, S. 49–54.
Serebrjanny, L. R., et al.: Die Ostsee und das Schwarze Meer im Quartär – Versuch einer vergleichenden Charakteristik. Peterm. Geogr. Mitt. 121 (1977), S. 1–12.
Stankowski, W.: Selected Aspects of the Dynamics of an Ice Sheet as exemplified by the Vistulian Glaciation (a Discussion). Quaestiones Geographicae 9 (1983), Poznań 1985, S. 137–143.
Sugden, D., and B. John: Glaciers and Landscape. London 1976, 376 S.

Velichko, A. A., et al.: Quaternary Glaciations in East Europe and Northern Asia. Glaciations Quaternaires dans l'Hémisphère Nord, Paris 1983, S. 241–248.

Weertman, J.: The unsolved general Glacier Sliding Problem. Journ. of Glaciol. 23 (1979), S. 97–115.

Woldstedt, P.: Das Eiszeitalter. Grundlinien einer Geologie des Quartärs. 1. Bd.: Die allgemeinen Erscheinungen des Eiszeitalters. Stuttgart ²1954, 374 S.

Woldstedt, P., und K. Duphorn: Norddeutschland und angrenzende Gebiete im Eiszeitalter. Stuttgart 1974, 500 S.

Wu, P., and W. R. Peltier: Pleistocene Deglaciation and the Earth's Rotation: a new Analysis. Geophys. Journal 76 (1984), S. 753–791.

van Zinderen Bakker, E. M., Sr.: Quaternary Vegetation Changes in southern Africa. Monographiae Biologicae 31 (1978), S. 131–143.

GLIEDERUNG UND DAUER DES EISZEITALTERS IM WELTWEITEN VERGLEICH

Von Karl Brunnacker

Zusammenfassung

Die marine Quartärgliederung, die auf Tiefseebohrungen und Strandterrassen basiert, auf das Festland zu übertragen, stößt methodisch auf erhebliche Schwierigkeiten. Überdies wurde die klassische Gliederung des Eiszeitalters an den großen Inlandeismassen und Vorlandsvergletscherungen der nördlichen Hemisphäre entwickelt. Ungleich schwieriger ist es, die lückenhaften Eiszeitspuren der äquatorialen Zone und auf den geringen Landmassen der Südhemisphäre zu gliedern.

1. Einführung

Das klassische Ziel der Geologie ist die Erforschung der Erde und des Lebens. Grundlage dafür ist die Stratigraphie, die jedoch auch heute noch mit vielen Problemen behaftet ist. Die ältesten derzeit bekannten Gesteine zeigen ein Alter bei 3,8 Milliarden Jahren. Dem steht die jüngste geologische Formation, das Quartär, mit, je nach Definition, um 2 Mio. Jahren Dauer, als kürzeste Formation gegenüber.

2. Grundlagen der Quartärstratigraphie

Das quartäre Eiszeitalter scheint auf den ersten Blick ein Unikum im Rahmen der Klimaentwicklung der Erde darzustellen. Jedoch sind auch ältere Eiszeitalter bekannt, so das Permokarbone und das Eokambrische. Es kann hier nicht der Platz sein, auf die Ursachen der relativ kurzen Abkühlungsphasen einzugehen. Zu bedenken ist aber, daß nach Lage der Dinge das derzeitige Eiszeitalter noch nicht zu Ende ist und wir z. Z. nur in einer weiteren Warmzeit, Zwischeneiszeit, Interglazial leben. Diese Eiszeitalter sind also Zwischenschaltungen in ein irdisches Normalklima, das einigermaßen warm und ausgeglichen gewesen zu sein scheint. Doch deutet sich zusätzlich ein weiteres Phänomen insofern an, als den großen Kaltzeiten jeweils ein die Lateritisierung begünstigendes Klima im Oberkarbon und von der Oberkreide bis zum Alttertiär vorangegangen ist.

Zu Anfang des vorigen Jahrhunderts hat man vor allem in den Westalpen und deren Vorland erkannt, daß ältere, „diluviale“ Gletschervorstöße ihren

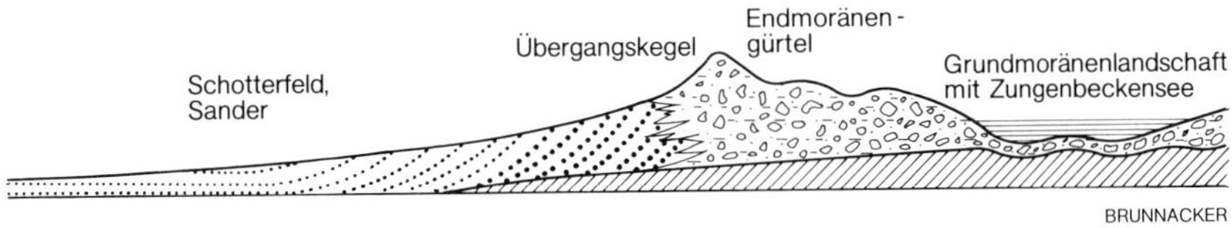

Abb. 1: Glaziale Serie nach A. Penck (Penck & Brückner 1909).

Schutt, insbesondere erratische Blöcke, hinterlassen haben. Der daraus resultierende Monoglazialismus hatte sich etwa um die Mitte des vorigen Jahrhunderts einigermaßen durchgesetzt.

Durch A. Penck (Penck & Brückner, 1909) wurde um die Jahrhundertwende der Polyglazialismus im zirkumalpinen Raum zu einem international anerkannten System. Grundlage dafür war die glaziale Serie (Abb. 1): Eine eigenständige Eiszeit ist jeweils über die Geomorphologie dann nachgewiesen, wenn die Abfolge von der Grundmoränenlandschaft über die Endmoränenzüge zum dazugehörigen glazifluvialen Vorland erfaßbar ist. Zwischen den so definierten Eiszeiten liegen Warmzeiten. Vom Monoglazialismus zum Polyglazialismus war damit ein gewaltiger Schritt getan. Jedenfalls kann man in dem von Penck entwickelten Vorgehen die Begründung der Morphostratigraphie sehen, die auch heute noch weltweit ihre Bedeutung hat.

Es waren Eberl (1930), Graul (1949) und Schaefer (1957), die später zu der Erkenntnis kamen, daß es Zeugnisse noch älterer Eiszeiten im westlichen Alpenvorland gibt als Penck annahm, nämlich die Donau- und Bibereiszeitengruppen. Penck hatte diese Schotter auch gekannt, aber er hatte sie wegen ihrer Höhenlage durch tektonische Hebung erklärt.

Tab. 1: Gliederung des Pleistozäns im nördlichen Alpenvorland

Penck & Brückner (1909)	Nach Eberl (1930), Graul (1949), Schaefer (1957, 1975), Löscher (1976) kombiniert
Postglazial, Alluvium	Holozän
Würm	Würm
R/W-Interglazial	Eem
Riß	Riß
M/R-Interglazial	
Mindel	Paar
G/M-Interglazial	
Günz	Mindel
	Günz
	Mehrere Zwischenterrassen-Schotter
	Unterer Deckschotter
	Mittlerer Deckschotter
	Oberer Deckschotter
	Hochschotter

Heute sieht allerdings die Quartärstratigraphie völlig anders aus (Tab. 1)! Die Leistung von Penck, welche die Mehrgliederigkeit des Eiszeitalters eingeleitet hat, wird dadurch nicht geschmälert, doch hat man auch in außeralpinen Vergletscherungsgebieten hervorragende Forschungsaktivitäten entwickelt und neue Ergebnisse erzielt. Einen Überblick über den modernen Stand der Quartärforschung bieten Frenzel (1967), Nilsson (1983) und Šibrava et al. (1986).

Üblicherweise sind in der Geologie biostratigraphische Aspekte entscheidend. Doch hat sich diese Vorstellung für das Quartär gerade in den letzten Jahrzehnten grundlegend gewandelt. Die Chronostratigraphie – also die absolut-zeitliche Gliederung – hat sich mit vielerlei Möglichkeiten in den Vordergrund geschoben und ist weltweit im Vorrücken begriffen. Daneben wurden weitere relative Datierungsmethoden ausgebaut oder entwickelt. Allerdings hängen diese Möglichkeiten sehr von der Art des Materials sowie der zeitlichen Spannweite und deren Fehlerabweichungen ab. Die Kombination verschiedenster Methoden sichert aber nicht nur Einzelbefunde ab, sie bringt auch zusätzlich Aspekte. Am Anfang standen und stehen relative Grundmethoden: Lithostratigraphie, Morphostratigraphie, Pedostratigraphie und Tephrostratigraphie.

Für die Biostratigraphie kommen vor allem folgende Fossiliengruppen in Frage: Groß- und Kleinsäuger, Mollusken, Floren (vor allem Florenentwicklungen innerhalb der einzelnen Warm- und Kaltzeiten), Diatomeen, Foraminiferen und Lichenometrie.

Die Chronostratigraphie begann mit der Warvenstratigraphie in Fennoskandien und die von der Methode her vergleichbare Dendrostratigraphie, die im Südwesten der USA entwickelt wurde. Vor allem aber wurde in den letzten Jahrzehnten eine Fülle weiterer Methoden entwickelt: Radiokarbon (^{14}C), Th/U, Thermolumineszenz (TL), K/Ar, Elektronen-Spin-Resonanz (ESR), Aminosäuren-Datierung und Paläomagnetik.

Die Klimastratigraphie des Quartärs als Endziel ergibt sich zum großen Teil aus den aufgezählten Möglichkeiten. Hinzu kommen im marinen Bereich das delta ^{18}O von Foraminiferengehäusen, und im terrestrischen Bereich noch das delta ^{13}C, z. B. beim Löß und bei den Paläoböden verschiedenster Genese.

3. Faziesprobleme im Quartär

Trotz der bunten Palette von Datierungsmöglichkeiten bestehen im Quartär erhebliche Faziesprobleme. So ist bei der modernistischen Zuwendung zu Tiefseeablagerungen kaum eine Verbindung zum terrestrischen Quartär gegeben, denn die Hauptprobleme liegen im terrestrischen Raum; dabei steht generell die Bedeutung für die nördliche gemäßigte Zone im Vordergrund, wo sich etwa ab 1950 die Erforschung der eiszeitlich-periglazialen Gebiete in den Vordergrund geschoben hat. Damals wurden vor allem die Löß-Paläoböden-Sequenzen erforscht. Die dabei aufgetretenen Schwierigkeiten gehen einmal auf die infolge Solifluktion oder sonstiger Abtragung geköpften Paläoböden und Erosionsdiskordanzen sowie auf die damit oft am Hangfuß erhaltenen Kolluvien und deren Genese in einem dreidimensionalen System zurück.

Bei einem Vergleich der faziellen Differenzierung zwischen dem periglazialen Raum nördlich der Alpen und dem mediterranen Bereich südlich davon lassen sich heute dank Pollenanalyse und Paläopedologie in der nordmediterranen Zone Unterschiede gegenüber früheren Auffassungen herausarbeiten. Als eine wesentliche Konsequenz ergibt sich, daß am Höhepunkt der letzten Eiszeit äquatorwärts nicht ein pluviales (= feuchtes), sondern ein relativ trokkenes Klima geherrscht haben muß. Dies geht sogar so weit, daß die Tropen- und Savannenzone sich damals nicht ausgeweitet haben, sondern eingeengt wurden.

4. *Tertiär-Quartär-Grenze*

Die Festlegung des Quartärbeginns ist in erster Linie eine paläoklimatische Frage. Erst in zweiter Linie handelt es sich um eine Frage der Definition. Paläoklimatisch beginnt das Quartär mit der ersten Abkühlungsphase aufgrund der Florenentwicklung, die vom Reuverium (oberstes Pliozän) zum Prätiglium (unterstes Quartär) überleitet. Dem steht die Definition des Internationalen Geologenkongresses 1948 in London gegenüber, der diese Grenze im marinen Bereich festgelegt haben wollte und der das Calabrium mit seinen nordischen Gästen (Molluskenfauna) als den Beginn des Quartärs fixierte. Da es sich aber bei dem heute zugänglichen Calabrium um strandnahe Bildungen handelt, hat man neuerdings die Vrica-Sektion (ebenfalls in Kalabrien) als Typlokalität vorgeschlagen. Damit aber zeichnet sich, abgesehen von methodischen Problemen, eine erhebliche Zeitdifferenz zwischen der paläoklimatischen Grenze, die zumindest in Mittel- und Südeuropa faßbar ist, und der marinen Definition ab (Tab. 2). Dies wird über die Magnetostratigraphie deutlich.

Tab. 2: Vorschläge zum Beginn des Quartärs

rd. 0,6–0,8 mio a	Günz-Eiszeit; erste nachweisbare Vorlandvergletscherung der Alpen
1,6 (bzw. 1,8) mio a	Calabrium (Vrica-Sektion): marine Faunen
2,3 mio a	Prätiglium: Florenentwicklung
2,48 mio a	Umschlag von der normalen GAUSS-Polarität zur reversen MATUYAMA-Polarität
rd. 3 mio a	Unteres Villafranchium: nach einigen Großsäugern

5. *Glaziale – Interglaziale und Stadiale – Interstadiale*

Man kann die Eis- bzw. Kalt- mit den jeweils nachfolgenden Warmzeiten zu Zyklen zusammenfassen, die eine Größenordnung von rd. 100000 Jahren umfassen. Eine gewisse Kontrolle ergibt sich über die paläomagnetischen Befunde. Die Kaltzeiten sind wenigstens durch periglaziale Bedingungen im Umland potentieller Gebirgsvergletscherungen und Inlandeismassen definierbar. Die verhältnismäßig kurzen Warmzeiten sind hingegen in den mittleren Breiten durch ein Vegetationsbild ausgezeichnet, das während des jeweiligen Klimaoptimums mindestens den heutigen Klimabedingungen entsprach.

Penck ging seinerzeit davon aus, daß die Kaltzeiten nur kurze Einschübe innerhalb langer Warmzeiten gewesen seien. Heute wird anhand von Jahresschichtungen in Seeablagerungen eine gegensätzliche Auffassung vertreten: Demnach liegt die Dauer der Warmzeiten bei rd. 10--20000 Jahren. Als Warmzeitindikatoren kann man bestimmte Paläoböden ansehen (Parabraunerden und gewisse semiterrestrische Böden). Seeablagerungen und feinkörnige Altwassersedimente (Ton, Torf, Kieselgur), Travertine als Quellkalke und Höhlensinter sowie Strandterrassen kommen hinzu. Da es jedoch auf dem Festland keine lückenlose Abfolge der Sedimente gibt, ist die Zuordnung warmzeitlicher Ablagerungen meist sehr schwer. Dies gilt beispielsweise auch für die Frage bezüglich des Riß/Würm-Interglazials gegenüber der Eem-Ingression

Tab. 3: Übersicht über die Zeitstellung bekannter Tuffvorkommen vor heute

Alleröd	Laacher-See-Tuff	rd. 12000 a vor heute
Grauer Löß bis 3 Naßböden	Eltviller und Wallertheimer Tuff	rd. 20000 a vor heute
Grauer Löß Stillfried B (brauner Tundrenboden)	Brauner Tundrenboden	rd. 40000 a vor heute
Brauner Löß		
Braune Basisfließerde		
Humose Basisfließerde		
Obere Humuszone	Blake-Event (borealer Nadelwald)	? rd. 80000 a vor heute
Untere Humuszone		
Verspülung	Metternicher Tuffhorizont	? rd. 90000 a vor heute
R/W-Interglazial	Parabraunerde	rd. 100000 a vor heute
5 e – Tiefsee-Stage	?	rd. 125000 a vor heute

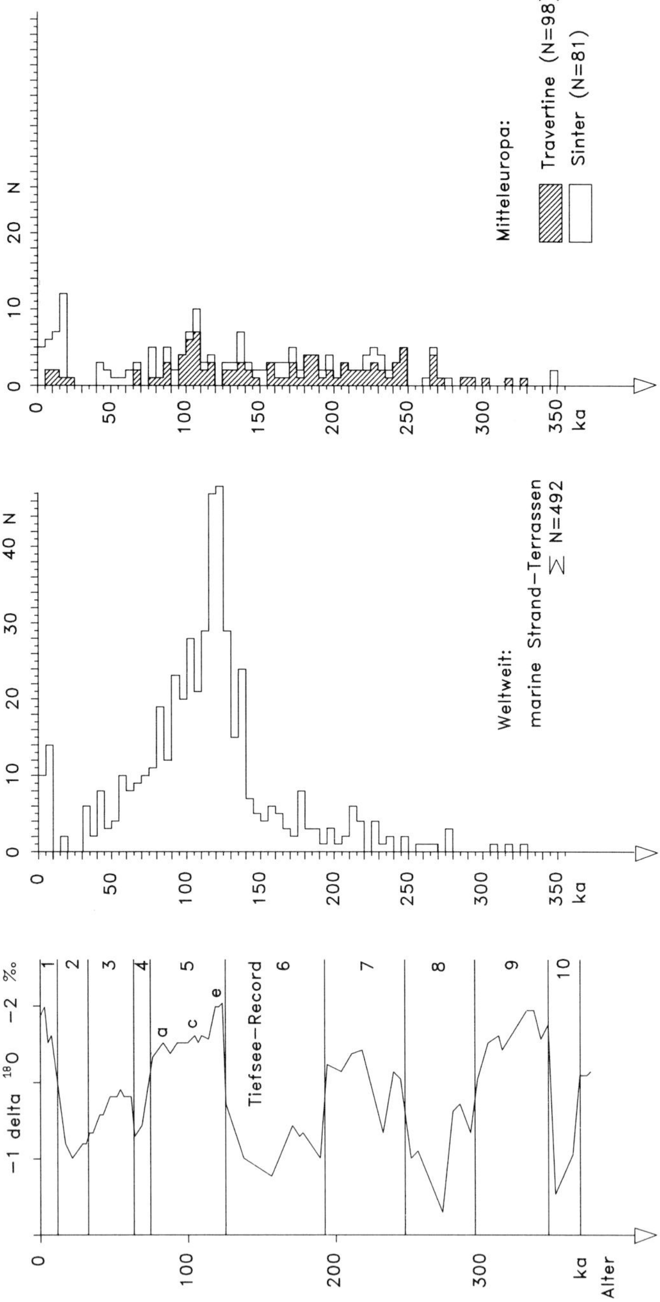

Abb. 2: Vergleich Tiefsee-Record, marine Strandterrassen mit Travertinen und Höhlensintern in Mitteleuropa für das jüngere Pleistozän (Brunnacker & Hausmann 1987). N = Anzahl der Proben.

bzw. dem stage 5e des Tiefsee-Records (Abb. 2). Je weiter man in das Quartär zurückgeht, desto größer werden solche Schwierigkeiten.

Neben den Warmzeiten sind oftmals auch Wärmephasen (Interstadiale) für die Untergliederung der Eiszeiten geeignet. Sie sind am besten in den Lössen des Periglazialgebietes erkennbar. Allerdings muß dabei unterschieden werden zwischen den ausgeprägten Interstadialen, so den Humuszonen in situ (Tschernoseme und tirsoide Böden) am Beginn der letzten und vorletzten Eiszeit – also u. a. in der Wachau dem Stillfrieder Komplex – und dem Stillfried-B-Boden, der als brauner Verwitterungshorizont im höheren Profilteil vorkommen kann. Dem stehen die Tundranaßböden als Phasen der Vernässungen in den Lößprofilen teils klimatisch und reliefbedingt gegenüber.

Vollständig erhaltene Profile der Lößabfolgen waren und sind im Periglazialbereich äußerst selten und sind überdies heute zumeist durch Abbau zerstört. Wenn sie in klimabegünstigten Gebieten liegen, sind sie häufig auf Hangfußpositionen beschränkt, z. B. in der Tschechoslowakei, in der Wachau und in Mainfranken. Hier sind manchmal der paläomagnetische Blake-Event erfaßt, mitunter der Metternicher Tuffhorizont und über dem Stillfriedboden der Eltviller Tuffhorizont. Diese Grundausbildung der Lößprofile ist aber nicht überall vorhanden. Ursache dafür ist in feuchteren Lößgebieten die Begünstigung synsedimentärer Umlagerungen und damit die Zerstörung der Idealausbildung. Hinzu kommt noch das Telescoping der Lößdecken, nämlich das Ausdünnen und schließlich das Verschwinden von Deckschichten hangaufwärts.

6. *Auswertung von Tiefseebohrungen (Tiefsee-Record)*

Die Entwicklung des Tiefsee-Records war möglich geworden, als es über entsprechende Bohrtechniken im marinen Bereich gelungen war, ungestörte Sedimentkerne zu gewinnen und überdies mittels des delta ^{18}O bestimmter Foraminiferen die Schwankungen des quartären Meeresspiegels zu erfassen. Die Alterseinstufung der einzelnen „Stages“ wurde dabei über die Brunhes-Matuyama-Grenze (vor rd. 700000 Jahren) und über die Sedimentation durch Interpolation erfaßt (Abb. 2).

Damit war ein fast weltweites Gliederungssystem im marinen Bereich erarbeitet. Es ist aber dennoch in der Regel schwierig, eine Verbindung zum Geschehnisablauf in terrestrischen Bereichen herzustellen, wenngleich Analogien vorhanden sind, die wiederum von paläomagnetischen Befunden ausgehen. Neuerdings können auch andere Datierungsmethoden (z. B. Th/U) einbezogen werden.

7. *Marine Strandterrassen*

Marine Strandterrassen sind Indikatoren für Meereshochstände während der Interglaziale und manchmal auch während ausgeprägter Interstadiale (Abb. 3). Schwierigkeiten stellen sich allerdings dann ein, wenn sie in Zonen größerer tektonischer Aktivität vorkommen.

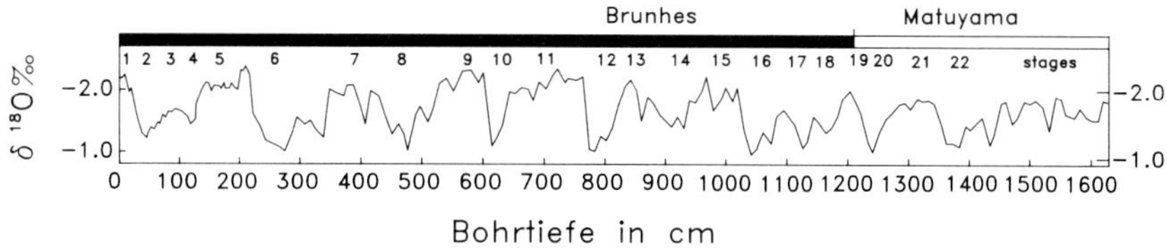

Abb. 3: Sauerstoff-Tiefsee-Record in Kombination mit Paläomagnetischen Daten (Shackleton & Opdyke 1973). – Die Brunhes/Matuyama-Grenze liegt bei ca. 700000 Jahren vor heute.

8. *Stratigraphischer Überblick*

Gemäß den vorangegangenen Kapiteln läßt sich eine komplette weltweite Quartärstratigraphie vorerst nicht entwickeln, obwohl dafür die methodischen Möglichkeiten heute viel günstiger sind als noch vor wenigen Jahrzehnten.

8.1 *Mitteleuropa*

Eine deutliche Schlüsselstellung nehmen die Niederlande ein, wo gerade in den vergangenen Jahren eine relativ komplette Quartärabfolge entwickelt wer-

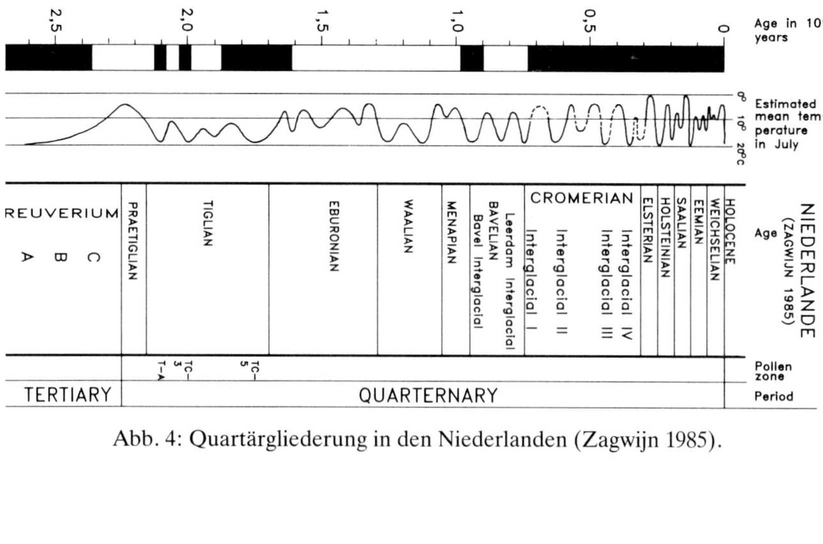

Abb. 4: Quartärgliederung in den Niederlanden (Zagwijn 1985).

den konnte (Abb. 4). Doch haben sich daraus auch manche Mißverständnisse ergeben, wenn es etwa darum ging, eine Verbindung zwischen Rhein und Alpenvorland zu finden. Diese Fragen sind inzwischen weitgehend gelöst. Insbesondere ist jetzt klar, daß nach dem Tiglium in weiten Bereichen eine Überlieferungslücke vorhanden ist. Demgegenüber ist die Frage der Position des Holstein-Interglazials, für das heute gemäß den Befunden im Raum Hamburg das vorletzte Interglazial (rd. 230000 Jahre) vorgeschlagen wird, ungewiß.

Versuche, darüber hinaus im östlichen Mitteleuropa eine entsprechende Gliederung zu entwickeln, stoßen trotz intensivster Forschungen z. T. an eine Art Schallmauer. Dies gilt für die lokalen Befunde in Österreich mit Stranzendorf und dem Kremser Bodenkomplex genauso wie für Ungarn, wo die quartären Flußterrassen infolge der Tektogenese vielfach verstellt sind. Dennoch gibt es in Ungarn eine Reihe berühmter Quartärlokalitäten, wie das Lößprofil von Pacs, und zahlreiche Travertinvorkommen sowie fossilführende Spaltenfüllungen. In der Tschechoslowakei ist ebenfalls eine ganze Reihe von hervorragenden Profilen bekannt, so am Roten Berg bei Brünn. Im östlichen Deutschland liegen zahlreiche weltberühmte Vorkommen, vor allem die Travertine im Thüringer Becken. Die Bedeutung dieser Region liegt aber außerdem in den Typregionen der großen Eisvorstöße aus Fennoskandien mit Elster, Saale und Weichsel, die sich bis nach Südpolen und weit in den europäischen Teil der UdSSR hineinziehen (Tab. 5). Sie haben dann Kontakt mit einem von Novaja Semlja ausgehenden Eisschild. Ein weiterer Eisschild liegt östlich vom Jenissej. Im übrigen gibt es in Nordasien und Tibet zahlreiche Lokalvergletscherungen, deren zeitliche Einstufung nicht immer gesichert ist.

Tab. 5: Vergleich der nordeuropäischen Gliederung der Inlandvereisungen mit denen der UdSSR (Šibrava et al. 1986)

Weichsel		Valdai	
Eem		Mikulino	
Warthe		Moscow	Dnepr
Treene?		Odintsovo	
Drenthe		Dnepr	
Dömnitz	Holstein	Romny	
Fuhne		Orchik stage	
Holstein		Lichvin	
Elster 2		Oka	Oka
Elster 1/2			
Elster 1			
Cromer I–IV			

Tab. 4: Pleistozän-Gliederung in Europa nach

Estimated age (years BP)			NORTH-WEST EUROPE General division	BRITAIN	ALPS	CENTRAL ITALY Glaciytions	Marine stages MEDITER-RANEAN	Marine stages NW. EUROPE
0	HOLOCENE			Holocene			transgr. (“Nizza”)	Flandrian
10,000 35,000	PLEISTOCENE	Late	Weichsel	Weichselian (Devensian)	Würm	Pontinian	regression	regression
75--110,000			Eem	Ipswichian	R/W		Tyrrhenian	Eem Sea
?125,000			Saale	Wolstonian	Riss	Nomentana	regression	regression
		Middle	Holstein	Hoxnian	M/R		?	Holstein Sea
			Elster	Anglian	Mindel	?Flaminia	Roman Regression	regression
400,000 700,000			Cromer Complex	Cromerian Beestonian Pastonian	?	?	Crotonian	?
			Menapian	–	?	??Cassia	Sicilian	
900,000		Early	Waal	–				?
			Eburonian	Baventian	?	?		
1.7 million			Tiglian	Antian Thurnian Ludhamian			Emilian	regression
			Praetiglian	?Waltonian	?	Acquatraversa	Calabrian	“Icenian” “Amstelian”
2–2.5 million	PLIO-CENE		Reuverian	Coralline Crag			Piacentian-Astian	older marine deposits

NILSSON (1985). Für das Alpenvorland vgl. Tab. 1

Mammalian faunas						Human races	Cultural stages	
ITALY		FRANCE		HUNGARY	CENTRAL EUROPE			
modern fauna						Modern man	Meso- and Neolithic and younger	
younger faunas		younger faunas		younger faunas	numerous sites		Upper	Palaeolithic
						classical Neanderthalers	"Middle"	
					Ehringsdorf, Taubach, etc.	pre-Neanderthalers and presapiens types	Lower	
					Steinheim etc.			
							?	
"Cromerian"				Biharian	Mosbachian (Mauer, Mosbach, Süssenborn)	? Heidelberg man	? "Early"	
Valdarno superiore	Villafranchian	Late	Senèze etc.	Villányan	Erpfingen			
					Tegelen			
		Middle	St. Vallier Roccaneyra Pardines					
					Zwarte fauna			
Valdarno inferiore	?	? Early	Étouaires La Vialette					

8.2 Mediterraner Raum

Nach den Vorstellungen von PENCK war der mediterrane Raum das eiszeitliche Waldland Europas. Eine solche Vorstellung kann heute nicht mehr aufrechterhalten werden, obwohl die Rückzugsgebiete für eine anspruchsvolle Flora und Fauna sicherlich während der Eiszeiten südlich der Alpen gelegen haben. Sie haben in kleinen edaphisch günstigen Refugien an der Grenze zur mediterranen Zone zumindest im Hochglazial der letzten Eiszeit gleichsam überwintert, z. B. im Neretvatal bei Mostar und in der Provence. Im mediterranen Bereich herrschten jedoch Waldsteppen und Steppen vor. Als Rückzugsgebiet kommen ferner höhere Lagen der Gebirge in Frage, wo es noch warm genug, aber bereits feucht genug war für eine entsprechende Flora. Zumindest theoretisch sollte man auch an Galeriewälder in Tieflandbereichen denken.

8.3 Europäisch-asiatische Lößzone

Von Nordfrankreich und dem Rhônetal zieht sich die periglaziale Lößzone über Mitteleuropa, den Balkan, die Ukraine, Mittelasien bis nach China. Dabei geht der Löß zunehmend in kontinental-trockene Bereiche über, wo er Mächtigkeiten bis über 200 m erreichen kann. Die wachsende Zahl eingeschalteter Lößböden läßt sich vorerst jedoch nur bedingt stratigraphisch auswerten. Doch glauben sowjetische Forscher, an der Basis solcher mächtiger und reich gegliederter Lößaufschlüsse die Grenze Quartär/Tertiär erreicht zu haben, so bei Vjazovok, Bezirk Poltava/Ukraine, obwohl einerseits der Löß in die Fazies des Deluviallösses übergehen kann und andererseits sich die eingeschalteten Paläoböden nur noch bedingt genetisch und damit auch stratigraphisch interpretieren lassen. Diese Abwandlung der Paläoböden der großen Lößzone beginnt bereits in Ungarn (z. B. in Pacs), um sich nach Osten hin zunehmend zu verschärfen.

In Zentralchina (Region Xi'an) vereinfacht sich das Bild der Lößabfolge insofern wieder etwas, als interstadiale Böden kaum vertreten sind. Hingegen sind die hier sehr mächtigen Lößfolgen durch einen Wechsel von Löß und parabraunerdeartigen Böden gekennzeichnet. Diese erlauben eine Vollgliederung des Quartärs. Analogien zu Mitteleuropa sind dennoch unverkennbar. So bilden rote Tone das Liegende, was z. B. an Stranzendorf in Niederösterreich erinnert. Die ältesten Lösse mit ihren sehr ausgeprägten Horizonten mit Kalkkonkretionen an der Untergrenze der Paläoböden zeigen wiederum große Verwandtschaft zu den Steinlössen des Rhônetals (St. Vallier). Vor allem erweisen sich paläomagnetische Daten für eine weiträumige Einordnung der Lößfolgen als wertvoll und lassen erkennen, daß die Löß-Paläoböden-Zyklen jeweils 100000 Jahre gedauert haben.

8.4 Nordamerika

Auch in Nordamerika befinden sich im Vorland der ehemaligen Inlandeisgebiete (Laurentischer Eisschild und Kordilleren-Eisschild) zahlreiche Gebirgsvergletscherungen und weite Lößgebiete. Dementsprechend vielfältige Befunde liegen zur Stratigraphie vor (Tab. 6). Unterbaut werden diese durch eine große Zahl absoluter Datierungen. Prinzipiell ist ein Vergleich mit den Verhältnissen in Mitteleuropa möglich, zumal auch hier den relativ jungen Eisschilden die differenzierteren Lokalvergletscherungen des älteren Pleistozäns gegenüberstehen.

Tab. 6: Stratigraphie des Eiszeitalters in Nordamerika

Šibrava et al. 1986	Bowen 1978
Wisconsin-Eiszeit	Wisconsin
Sangamon-Interglazial	Sangamonwarmzeit
Illinoian-Eiszeit	Illinoian
(= Spätes Mittelpleistozän)	
Mittleres Mittelpleistozän	Yarmouthwarmzeit
Frühes Mittelpleistozän	
Brunhes/Matuyama-Grenze	Kansasan
(0,73 mio a)	
Frühpleistozän	Aftonianwarmzeit
	Nebraskan
Pliozän (nach neuer Definition: 1,65 mio a)	
Früheste Vergletscherungen	

8.5 Subtropen und Tropen

Wenngleich es in den besprochenen Gebieten Nordeurasiens auch heute noch genug Detailprobleme zu lösen gilt, so ist die stratigraphische Situation in den äquatornahen Zonen ungleich schwieriger. Zumeist nur in Gebirgsregionen sind Spuren von lokalen Vergletscherungen überliefert. Sie erlauben eine gewisse Gliederung vornehmlich des jüngeren Pleistozäns. In den Tiefländern hingegen haben sich die Klimaschwankungen wegen ihrer dort geringeren Amplitude vorwiegend in der Vegetationszusammensetzung ausgewirkt. Das Areal des tropischen Regenwaldes ist dabei erheblich reduziert worden (s. Karte bei Liedtke 1986, in diesem Band). Für die Stratigraphie bietet sich an, marine Strandterrassen und Stranddünen in die jeweilige Festlandsgliederung als Aufhänger einzubeziehen. Außerdem können manchmal vulkanische Erscheinungen zu Hilfe genommen werden.

8.6 Südliche Hemisphäre

Wie in den tropoiden Bereichen muß hier vorzugsweise mit Lokalstratigraphien operiert werden, die einem Vergleich mit den Möglichkeiten im Bereich der großen Landmassen der nördlichen Hemisphäre entgegenstehen. Doch gibt es davon auch Ausnahmen, wie beispielsweise Neuseeland, wo Gebirgsvergletscherungen, Lößareale und vulkanische Geschehen einschließlich Strandterrassen eine wenigstens für das jüngere Quartär geradezu ideale Ausgangsbasis für eine gesicherte Stratigraphie zu liefern vermögen.

Literatur

Brunnacker, K., und R. Hausmann (1987): Absolutes Alter klimarelevanter Gesteine im jüngeren Quartär (im Druck).

Eberl, B. (1930): Die Eiszeitenfolge im nördlichen Alpenvorlande. B. Filser, 427 S., 19 Abb., 2 Taf., 1 Kt.; Augsburg.

Frenzel, B. (1967): Die Klimaschwankungen des Eiszeitalters. Vieweg, 296 S., 107 Abb., 23 Tab.; Braunschweig.

Graul, H. (1949): Zur Gliederung des Altdiluviums zwischen Wertach-Lech und Flossach-Mindel. 2. Ber. Naturforsch. Ges. Augsburg: 3–31, 2 Abb., 3 Tab.; Augsburg.

Löscher, M. (1976): Die präwürmeiszeitlichen Schotterablagerungen in der nördlichen Iller-Lech-Platte. Heidelberger Geogr. Arb. 45: 175 S., 26 Abb., 4 Tab., 8 Taf., 4 Kt., 17 Bil.; Heidelberg.

Nilsson, T. (1983): The Pleistocene – Geology and life in the Quaternary Ice Age. D. Reidel, 651 S., zahlreiche Abb. u. Tab.; Dortrecht.

Penck, A., und E. Brückner (1909): Die Alpen im Eiszeitalter. 3 Bde., 1199 S., 136 Abb., 30 Taf., 19 Ktn.; Leipzig.

Schäfer, I. (1957): Geologische Karte von Augsburg und Umgebung 1:50000 mit Erläut.: 92 S., 4 Abb., 2 Beil.; München.

Schäfer, I. (1975): Die Altmoränen des diluvialen Isar-Loisachgletschers und ihr Verständnis aus der Kenntnis der Paareiszeit. Mitt. Geogr. Ges. München, 60: 115–153; München.

Shackleton, N. J., und N. D. Opdyke (1973): Oxygen Isotope and Palaeomagnetic Stratigraphy of Equatorial Pacific Core V 28–238: Oxygen Isotope Temperatures and Ice Volumes on a 10^5 year and 10^6 year Scale. Quat. Res., 3: 39–55, 9 Fig., 4 Tab.; Seattle.

Šibrava, V., D. Q. Bowen und G. M. Richmond (1986): Quaternary Glaciations in the northern Hemisphere. Quaternary Science Reviews, 5: Pergamon, 514 S., zahlreiche Abb. u. Tab.; Oxford.

Zagwijn, W. H. (1985): An outline of the Quaternary Stratigraphy of the Netherlands. Geologie en Mijnbouw, 64: 17–24, 6 Fig.; 's-Gravenhage.

DIE VEGETATIONSENTWICKLUNG IM EISZEITALTER

Von BURKHARD FRENZEL

Das Problem

Seit LENNART VON POST (1916) die Pollenanalyse als vegetationsgeschichtliches Routineverfahren eingeführt hat, sind zahlreiche Arbeiten erschienen, die sich mit der Entwicklung der Vegetation vergangener Zeiten beschäftigen. Denn Pollen und Sporen, also die Sporomorphen, besitzen äußerst widerstandsfähige Zellwände. In deutlich geringerem Maße gilt das für andere pflanzliche Reste, wie Früchte, Samen, Blätter, Holz und ähnliches. Es kommt hinzu, daß mindestens bei windblütigen Pflanzen und bei Kryptogamen Pollen und Sporen durch Winde weit verbreitet werden und somit einiges über die generellen Züge der Vegetation erkennen lassen, viel besser als die anderen organischen Reste, die vor allem lokale Bedingungen widerspiegeln. Aber die Pollenanalyse vermag auch Wichtiges über lokale Pflanzengemeinschaften auszusagen, falls geeignete Sedimentationsräume der Sporomorphenfloren vorhanden sind. Die verfügbaren Datierungsverfahren verschaffen außerdem der Sporomorphenanalyse vielfach die notwendige Sicherheit in der Altersangabe. Die Aussagekraft jeglicher paläobotanischer Analyse hängt aber auch davon ab, ob die organischen Reste schnell unter Luftabschluß gelangt sind, so daß sie sofort vor der Verwitterung geschützt wurden. Dies ist jedoch nicht in allen Vegetationszonen gleichermaßen gegeben, so daß die Sicherheit der vegetationsgeschichtlichen und paläoökologischen Kenntnisse in verschiedenen pflanzengeographischen Formationen ungleich gut ist. Diese Fehlerquellen müssen stets berücksichtigt werden. Bei Verwendung eines großen Materials schälen sich aber doch recht zuverlässige Resultate heraus.

Vegetationsgeschichtliche Untersuchungen haben bisher meist spezielle Probleme der Entwicklung einzelner Kleinlandschaften oder der Entwicklungstendenzen größerer Zeiträume betroffen. Nahezu nie ist jedoch die Geschichte der Vegetationsformationen selbst, also der einzelnen Biome und ihrer Grenzgebiete, der Ökotone, während des Eiszeitalters bearbeitet worden. Dies soll hier versucht werden.

Die einzelne Formation (das Biom) kann in ihren geographischen Untereinheiten aus recht unterschiedlichen botanischen Sippen bestehen; die vorherrschenden generellen ökologischen Bedingungen und die Grundprinzipien der habituellen Struktur sollten aber mehr oder weniger gleich sein, wie etwa im borealen Nadelwald, in dem nur wenige pflanzliche Baupläne vorherrschen, obwohl er über weite Flächen verbreitet ist.

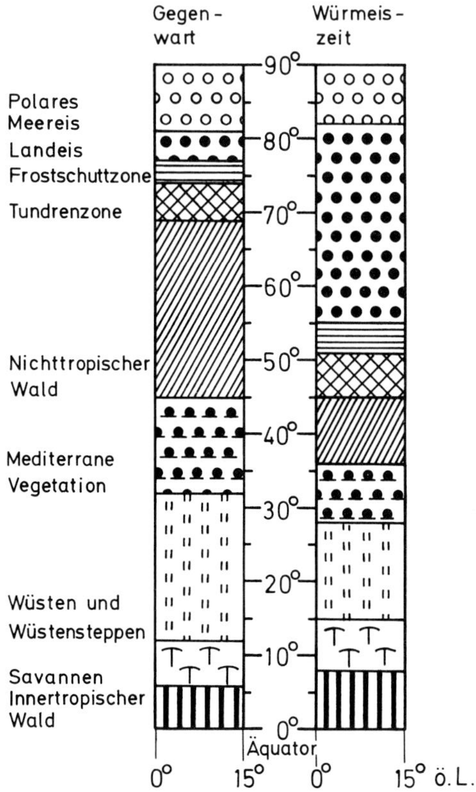

Abb. 1: Schema der Nord-Süd-Verlagerung der großen Vegetations- und Klimazonen der Nordhalbkugel während der Letzten Eiszeit (nach Büdel, 1951).

Diese auffallende Einheitlichkeit in der Struktur der beteiligten Pflanzen und offenbar auch der vorherrschenden ökologischen Bedingungen suggeriert die Vorstellung eines hohen Alters der Formationen. Folgerichtig hatten Büdel (1951) und Horvat (1959) angenommen, daß es sich um sehr alte Einheiten handele. Horvat wollte sie bis in das Tertiär zurückverfolgen, wenn sie auch während des Eiszeitalters entsprechend den großen Klimaschwankungen gewandert seien (Abb. 1). Dieser Auffassung kommt das Gesetz der relativen Standortkonstanz (Walter 1973) entgegen, demzufolge Lebewesen bei Änderung ihrer Umwelt die ihren optimalen Bedürfnissen am nächsten stehenden lokalen Bedingungen anderer Räume zur Überdauerung aufsuchen, bis ihnen die Rückwanderung ermöglicht wird. Diese Vorstellungen werden von der vegetationsgeschichtlichen Forschung nicht generell bestätigt, da viele Komponenten wichtiger Waldgesellschaften sehr unterschiedliche Einwanderungswege und -zeiten während des Spät- und Postglazials (des Holozäns) von den eiszeitlichen Refugien zu ihren heutigen Wuchsorten genutzt haben (vgl. etwa HUNTLEY und BIRKS, 1983, trotz aller Kritik an deren Karten im einzelnen).

Wenn überhaupt, dann ist die Frage nach der eiszeitlichen Geschichte einzelner Vegetationsformationen in der Regel auf florengeographischem Wege bearbeitet worden (vgl. TOLMAČEV, 1954). HULTÉN (1950) hat die zugrundeliegenden geographischen Florenelemente für die skandinavische Flora zu höchst eindrucksvollen Gruppen zusammengestellt, die Einwanderungswege suggerieren und damit etwas über die Geschichte der von den betreffenden Sippen aufgebauten Formationen auszusagen scheinen. Kombiniert man diese Bilder mit der "Age-and-area"-Hypothese WILLIS' (1922), der zufolge endemische Sippen niederen systematischen Ranges jünger als solche höheren Ranges sind, dann scheint die Verbreitung einzelner geographischer Florenelemente nicht nur Einwanderungswege anzuzeigen, sondern auch etwas über den zeitlichen Rahmen auszusagen. Hierbei wird jedoch meist nicht geprüft, wie viele Mutationen den morphologischen Veränderungen zugrunde gelegen haben, die schließlich zur Ausgliederung der betrachteten Sippen geführt hatten. Solange aber nicht erwiesen ist, daß für die Entstehung einer Unterart weniger oder leichter erfolgende Mutationen erforderlich sind als für die Entstehung einer Art, kann dieses Vorgehen nicht überzeugen. Der einzig zuverlässige Weg dürfte statt dessen der des gut datierten fossilen Materials sein.

Die Tundra

Der aus dem lappischen Wort tunturi, der kahle Hügel, die baumlose Hochfläche, abgeleitete und russifizierte Begriff bezeichnet baumlose, sumpfige Gebiete jenseits der polaren Waldgrenze. Die Tundra (Abb. 2) ist allerdings im wesentlichen nur auf der Nordhalbkugel verbreitet. In ihr bleibt der Boden meist ewig gefroren. Nur während des Sommerhalbjahres taut er in kontinentalen Klimaten oberflächlich wenige Dezimeter auf; in ozeanischen wird der Dauerfrost aber häufig von einer lange andauernden jahreszeitlichen Gefrornis ersetzt. Beide Bodenfrosttypen verursachen während des kurzen Sommers eine weit verbreitete Wasserübersättigung des Bodens. Dies fördert die landschaftsbestimmenden Moore. In den ozeanischeren Klimaten fehlen der Tundra Steppenpflanzen nahezu vollständig, wie etwa bestimmte *Artemisien* und *Chenopodiaceen*. Sie und weitere, bevorzugt an trockenen Standorten gedeihende Pflanzen werden erst von der Taimyr-Halbinsel nach Osten häufiger, ohne selbst dort das bestimmende Element zu sein.

Ähnlich wie die eigentlichen Tundrenfaunen haben sich in Europa typische Tundrenfloren in nennenswertem Maße erst seit etwa der Mitte des Eiszeitalters eingestellt (FRENZEL 1968). Dennoch wird häufig angenommen, daß die Vegetation Mitteleuropas während der kältesten Abschnitte der Eis- oder Kaltzeiten (der Stadiale) Tundren nahegestanden habe. Überall dort aber, wo in

Abb. 2: Typen der heutigen natürlichen Vegetation Eurasiens. Nach: Fiziko-Geografičeskij Atlas Mira, Moskau 1964, vereinfacht. 1 – Tundra und alpine Vegetation; 2 – borealer Nadelwald, Taiga; 3 – nemoraler Wald: thermo- und hygrophiler Laubmischwald; 4 – Hartlaubvegetation, z. T. mediterran, 5 – Flachlands- und Gebirgssteppen; 6 – Wüsten; 7 – subtropischer Regenwald; 8 – Trockensavannen.

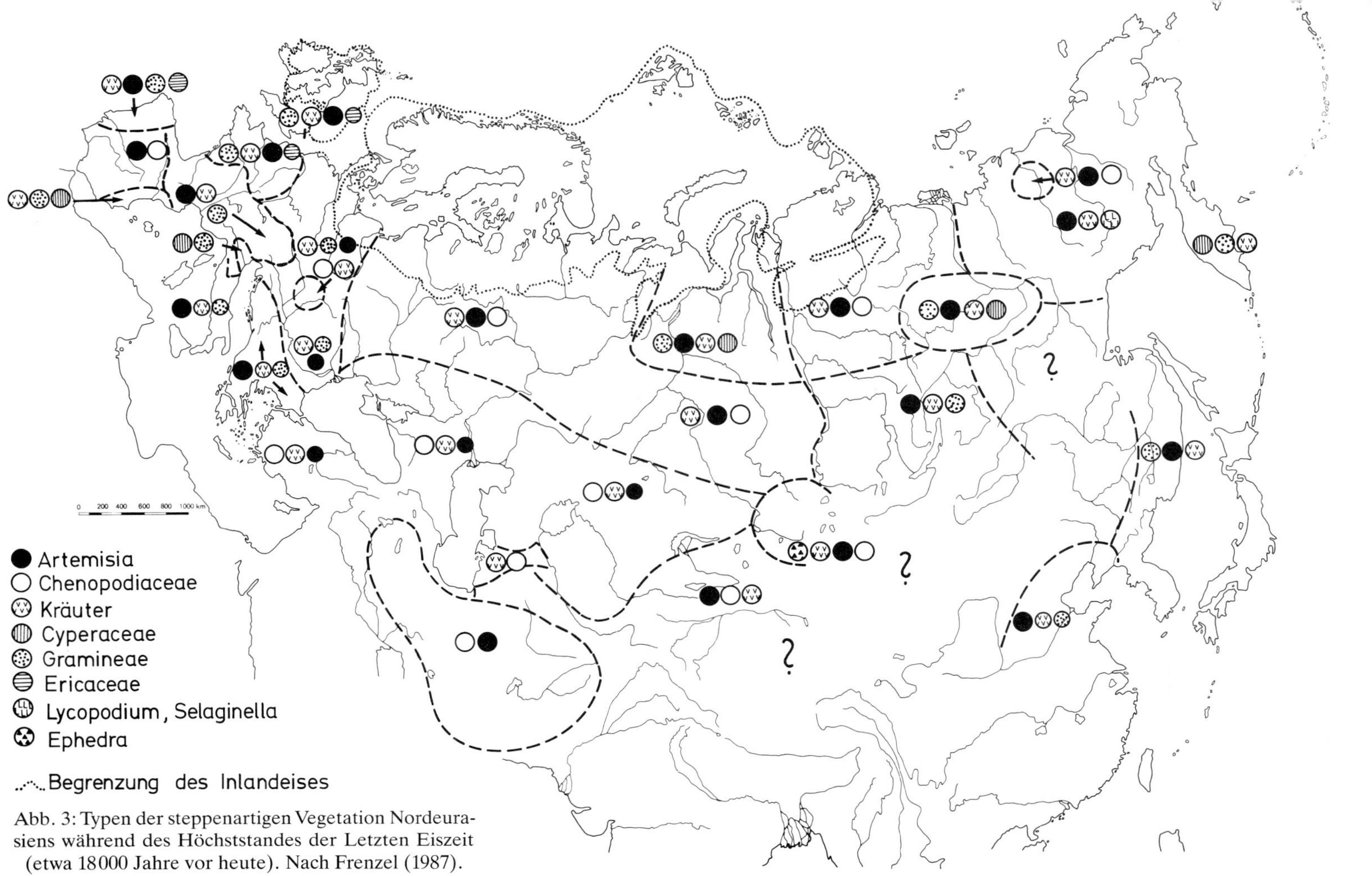

Abb. 3: Typen der steppenartigen Vegetation Nordeurasiens während des Höchststandes der Letzten Eiszeit (etwa 18000 Jahre vor heute). Nach Frenzel (1987).

Nordeurasien für die einzelnen Stadiale einer Eiszeit die Vegetation waldloser Landschaften hat rekonstruiert werden können, trifft man auf Steppen, nicht aber auf Tundren (Abb. 3), und nicht einmal die Vegetation heutiger Tundren hochkontinentaler Gebiete Nordeurasiens ist den eiszeitlichen Steppen äquivalent, da damals das Steppenelement bei weitem überwogen hatte. Die nächsten heutigen Verwandten dieser Vegetation scheinen sich noch in den Steppeninseln Zentral- und Nordjakutiens auf Dauerfrost zu finden (Karavaev 1958; Jurcev 1981). So gehören von den rund 900 Gefäßpflanzenarten Jakutiens etwa 300 zu Steppengesellschaften (Karavaev 1958).

Die Vegetations- und Florengeschichte Nordost-Sibiriens lehrt, daß sich dort in den Tiefländern seit Beginn des Eiszeitalters zentralasiatische Steppenelemente mit hochnordischen Sippen feuchter Standorte gemischt haben. Diese langsam entstehenden Tundren-Pflanzengemeinschaften haben eine sehr wechselvolle Geschichte erlebt, und die eiszeitlichen Typen der waldlosen Vegetation waren nicht mit den dortigen Steppengemeinschaften der Gegenwart identisch (Abb. 3). Derartige Pflanzengemeinschaften hat es weiter im Westen niemals flächenhaft gegeben. Das betraf schon Mittelsibirien. Zwar waren während der letzten beiden Eiszeiten im kontinentalen Nordteil Nordeurasiens Steppentypen anzutreffen, die einen höheren Anteil an *Cyperaceen* und *Ericaceen* aufgewiesen hatten als in den übrigen Teilen Europas. Doch stets hatte es sich bestenfalls um Inseln einer tundraähnlichen Vegetation feuchterer Standorte in der auch dort alles beherrschenden Steppe gehandelt. Die den heutigen ozeanischen Tundren ähnlichsten Vegetationstypen scheint es in Mittel- und Westeuropa unter den auch damals ozeanischeren Klimaten gegeben zu haben. In den übrigen Landschaften Europas nördlich der Pyrenäen und Alpen waren aber die hoch- und spätglazialen „Tundren" tatsächlich stets ein Gemisch aus sehr verschiedenen Tundren-, Steppen- und Wiesenelementen (Literatur: Frenzel 1968, 1969, Karte: 1983a). Erst während der Anfangsphasen des Holozäns stellten sich in Ost- und Nordeuropa nahe Verwandte der heutigen Tundrengemeinschaften ein.

Die Tundra ist also ein warmzeitlicher Vegetationstyp der hohen nördlichen Breiten. Es besteht kein Grund für die Annahme, Tundren hätten in heutiger botanischer Zusammensetzung an feuchten Standorten südlich des Eisrandes innerhalb der sonst vorherrschenden Steppenvegetation die Zeiten trockensten Klimas der Stadiale überdauert und hätten sich bei Feuchterwerden des Klimas in andere Landschaften verlagert; denn überall dort, wo hochglaziale Tundrengemeinschaften paläobotanisch haben erfaßt werden können, war ihr Inventar an heutigen Tundrensippen äußerst arm, stets bei weitem übertönt von Vertretern der Steppen, die sogar stellenweise versalzene Böden ertragen konnten.

Mehrfach traten jedoch in Nordeurasien am Ende bedeutenderer Interstadiale weit verbreitet Pflanzengemeinschaften auf, die für kürzere Zeit Tundren geähnelt hatten. Sie waren aber untermischt von zahlreichen Vertretern trockener Standorte, wie bestimmten *Artemisien, Ephedraarten, Helianthemum* und formenreichen *Chenopodiaceen*. Dies läßt an ein Nebeneinander der Tundren und Steppen denken, kleinstandörtlich und großklimatisch bedingt. So gediehen damals wesentlich mehr heutige Tundrenpflanzen in ozeanischen Klimaten als gleichzeitig weiter inlands. Es scheint aber selbst damals keine weit verbreiteten und einigermaßen homogen aufgebauten Tundrengemeinschaften gegeben zu haben, und sie verschwanden stets bei weiterer Aridisierung des Klimas. Diese Tundra-Steppen-Gemeinschaften charakterisierten besonders die Übergänge bedeutender Warmzeiten zu den anschließenden Stadialen, nicht so sehr aber den umgekehrten Weg. Bei ihm scheint die Trockenheit des Klimas noch mehr überwogen zu haben als bei dem ersten.

Wenn Tundren warmzeitliche Bildungen der hohen nördlichen Breiten sind, fragt es sich, ob dies für alle Interglaziale des Eiszeitalters gilt. Soweit bisher erkennbar, gab es hierin Unterschiede. Dies hängt mit den unterschiedlich weit auf das nordeurasische Festland vorgedrungenen Transgressionen des Arktischen Ozeans zusammen; andererseits hatten während der Klimaoptima mehrerer Interglaziale deutlich wärmere Klimate geherrscht als im Holozän. Die polare Waldgrenze konnte sich also weiter nach Norden vorschieben. Das der Tundra zur Verfügung stehende Areal war hierdurch während der letzten fünf oder sechs Interglaziale wesentlich schmaler als heute, so daß aus diesen Zeiten viel eher Waldtundren am Nordrande des Waldgürtels bekannt sind als echte Tundren (Frenzel 1967, 1968). Das schließt nicht aus, daß es auch während der früheren Interglaziale des zweiten Teiles des Eiszeitalters echte Tundrengesellschaften gegeben hat, doch waren diese nur auf einen schmalen Streifen unmittelbar entlang dem Arktischen Ozean beschränkt.

Die Vorstellung, daß Tundren warmzeitliche Vegetationstypen sind, am Übergang von Warm- zu Kaltzeiten von Tundra-Steppen vertreten, hat zwei wichtige Konsequenzen: Einerseits täuscht die floristische Homogenität heutiger Tundrengesellschaften offenbar nur ein hohes Alter vor, da sie nicht so sehr durch das Alter als vielmehr durch sehr lebhafte Wanderungen verursacht worden ist. Dies prägt sich zum Teil noch heute im Bild der Sippenareale aus (Schäfer und Frenzel 1959; Löve und Löve 1963; Hultén 1950). Andererseits sind aber anscheinend viele morphologische Merkmale heutiger Tundrenpflanzen, wie etwa die häufig diskutierte Xeromorphie, nicht als eine Anpassung zu deuten, sondern nur als morphologische Eigenheiten, die unter höchst unterschiedlichen Klimabedingungen, Wasser- und Nährstoffverhältnissen günstig wirken können, ohne Anpassungen an eine ganz bestimmte Standortqualität zu sein.

Die alpine Vegetation

Das arktisch-alpine Florenelement verbindet die Tundren mit den Hochgebirgen Europas, im übertragenen Sinne auch Nordasiens und Nordamerikas. Die alpine Vegetation scheint somit ein besonderer Tundratyp zu sein. Entsprechend der orographischen Gestaltung fehlen der alpinen Vegetation jedoch meist die für die Tundra so typischen Moore recht unterschiedlichen Charakters. Außerdem hat in den südlichen Hochgebirgen der Dauerfrost nicht die regionale Bedeutung wie in der Tundra, und meist liegt seine Oberkante in den Alpen und in verwandten Hochgebirgen wesentlich tiefer als in der Tundra. Schließlich sind die Strahlungshaushalte der Tundra und der alpinen Vegetation der südlichen Hochgebirge voneinander deutlich verschieden. Dies alles bedingt, daß die Höhenstufen der alpinen Vegetation zwar den Zonen der Tundra verwandt sind; aber es handelt sich doch um voneinander unabhängige pflanzengeographische Einheiten.

Der größte Teil der Alpen war während der letzten Eiszeiten vergletschert. Nur wenige unvergletscherte Gipfel hatten aus dem Eis geragt. Ihre Flora ist vom historisch-genetischen Standpunkt aus besonders reizvoll (Merxmüller 1952 bis 1954; Österreich-Atlas, 1980; Smettan 1981). In den Pyrenäen und den östlich der Alpen gelegenen Hochgebirgen war die Eisbedeckung wesentlich geringer. Leider sind aus Nordost-Sibirien bisher keine hochglazialen Gebirgsfloren beschrieben worden, wohl aber aus dem Tienschan, den Pamiren, dem Altai, dem Ural, aus Kaukasien und aus den Pyrenäen. Dort war die hochglaziale Gebirgsvegetation qualitativ und quantitativ anders zusammengesetzt als ihre heutigen Äquivalente. So hatten im Altai und im Dsungarischen Alatau während des Hochglazials ganz ungewöhnlich große Mengen von *Ephedra* das Bild bestimmt, zusammen mit einer sehr bunt zusammengesetzten Kräuterflora, stark im Gegensatz zu den heute dort herrschenden Bedingungen. Auf den Pamiren hatte sich zum Teil neben *Ephedra* viel *Juniperus* auszubreiten vermocht, in einem Maße, das aus der heutigen Vegetation unbekannt ist. Andererseits ist für Kaukasien bekannt, daß die stadiale Gebirgsvegetation, die weit an den Berghängen hinabgestiegen war, gegenüber heute einen auffallend hohen Anteil an Steppenpflanzen gehabt hatte. Der Übergang von der hochglazialen zur gegenwärtigen Vegetation läßt sich am besten in den Alpen studieren. Hier war die spätglaziale Vegetation vor Einwanderung der Bäume in der Vertikalen sehr homogen, trotz aller regionaler Unterschiede (Furrer et al. 1984; Frenzel 1987a). Diese Homogenität mag zwar zum Teil durch den Windtransport der Sporomorphen vorgetäuscht werden (Jochimsen 1986). Dennoch erstaunt die große Ähnlichkeit in der Zusammensetzung der Pollenfloren in der Vertikalen. Mit der spät- und postglazialen Klimabesserung hatten sich das Artengefüge und der Charakter der Vegetation im Laufe der Zeit verändert (Frenzel 1987a), und zwar so, daß die heutige alpine Vegetation nicht die offene Vegetation des Spätglazials an den Alpenhängen widerspiegelt. Aber auch die spätglaziale offene Vegetation entlang des Alpenrandes war nicht mit der hochglazialen Vegetation in den Vorbergen der Alpen und in den angrenzenden Mittelgebirgslandschaften identisch. Soweit es die bisherigen Analysen aus dem Dinarischen Gebirge und aus Griechenland erkennen lassen, besteht aber auch kein Grund, anzunehmen, die heutige alpine Vegetation sei als Ganzes von dort her bei Eisfreiwerden zugewandert. Der bei der Betrachtung der Tundra gewonnene Eindruck wiederholt sich: Die heutige alpine

Vegetation der Alpen, der Pyrenäen, des Kaukasus und der zentralasiatisch-sibirischen Gebirge ist eine holozäne Bildung und kann nicht direkt in die Letzte Eiszeit verfolgt werden. Gegenwärtig kann diese Aussage weder auf vorangegangene Interglaziale und Eiszeiten ausgedehnt werden, noch kann nur für die Letzte Eiszeit die Geschichte der alpinen Vegetation im Wechsel der Stadiale und Interstadiale entziffert werden.

Wenn auch die heutige alpine Vegetation eine holozäne Bildung ist, bleibt ihre floristische Verknüpfung mit dem gegenwärtigen Tundraelement unberührt. Nur langsam wird die wechselvolle Geschichte dieses arktisch-alpinen Florenelementes deutlich. Sicher sollte hierbei auch die junge Arealerweiterung durch Wind und Vögel stärker als bisher berücksichtigt werden. Auf keinen Fall dürfen aber die Pflanzengemeinschaften der heutigen alpinen Vegetation in irgendeinem der betrachteten Gebirge als Hinweis auf floristische Zusammensetzung und Charakter spät- und hochglazialer Typen der waldlosen Vegetation Nordeurasiens angesehen werden. Sie sind keine Äquivalente, sondern etwas völlig Neues.

Der boreale Nadelwald

Unter den Wäldern der Nordhalbkugel nimmt der boreale Nadelwald die weitaus größte Fläche ein (Abb. 2). Er wird mit dem jakutischen Wort „Taiga", undurchdringlicher Wald, bezeichnet. Dies erweckt den Eindruck, er habe viel Unterholz, doch meist trifft das Gegenteil zu. Einzig die weit verbreiteten Moore und die zahlreichen Thermokarstsenken auf ewig gefrorenem Boden bereiten der Passierbarkeit erhebliche Schwierigkeiten. Hinsichtlich der Lichtheit gibt es deutliche Unterschiede: Wo die Oberkante der ewigen oder einer lange anhaltenden jahreszeitlichen Gefrornis sehr hoch liegt, breiten sich die Baumwurzeln in den obersten 10 bis 20 cm aus, durchziehen aber eine große Fläche. Jungwuchs kommt hier nur sporadisch auf, und die Bäume wachsen weit voneinander entfernt. Diesem Redkolesje sind solche Wälder entgegengesetzt, die von Halbschatt- und Schattholzarten beherrscht werden, etwa von *Pinus sibirica, Pinus cembra* und von Tannen. Folgerichtig unterscheidet die russische Pflanzengeographie zwischen den Wäldern der dunklen Taiga, den lichten Nadelwäldern, die aus den verschiedensten Kiefern- und Lärchenarten aufgebaut sind, und schließlich dem Redkolesje.

Die dunkle Taiga Sibiriens hat ökologisch manches gemein mit subalpinen Nadelwäldern Europas. Sie geht nach Südosten in die gemischten, oft sehr artenreichen Nadel- und Nadel-Laubmisch-Wälder des russischen Fernen Ostens und der Gebirge Nordchinas über. Entsprechende Wälder finden sich, wenn auch schon lange von der Taiga isoliert, an den Abhängen des westlichen Tien Schan und der angrenzenden Gebirge.

Ökologisch wesentlich verschieden sind die Nadelwälder im Herzen Nordeurasiens, die unter einem sehr winterkalten und trockenen bis sehr trockenen

Klima stehen. Es sind vor allem Fichten-Kiefern-Wälder Europas und Fichten-Lärchen-Kiefern-Wälder der größten Teile Sibiriens. Die geringen Jahresniederschläge werden durch die dort geringe Evapotranspiration und durch den wasserstauenden Bodenfrost ausgeglichen. Der zeitweise Wasserüberfluß bedingt die starke Vermoorung. Unter wieder anderen ökologischen Bedingungen stehen diejenigen Teile des borealen Nadelwaldes, die nördliche ozeanische Klimaprovinzen einnehmen.

Schon die ökologische Gliederung des borealen Nadelwaldes legt die Vermutung nahe, daß er aus verschiedenen Wurzeln hervorgegangen ist. Aber mit Ausnahme des subalpinen Waldes und der dunklen Taiga weist der größte Teil des borealen Nadelwaldes nur wenige Typen in sich sehr homogener Zwergstrauch- (meist *Ericaceen*), Moos- und Flechtenschichten auf, so daß CAJANDER (1926) die Taiga nach diesen unteren Stockwerken gegliedert hat. In der Regel sind die Böden stark versauert. Der Rohhumus trägt ebenso zur Vermoorung bei wie zu den verheerenden Waldbränden, welche innerhalb des borealen Nadelwaldes außerhalb der dunklen Taiga in einem Abstand von etwa 170–220 Jahren jedes Gebiet betreffen.

Man hatte angenommen, der boreale Nadelwald sei im Wechsel der Warm- und Kaltzeiten in nordsüdlicher Richtung gewandert (Abb. 1). Aber aus den letzten Eis- und Kaltzeiten sind weder nördlich noch südlich der Alpen stadiale Nadelwälder bekannt geworden, die auch nur annähernd mit dem borealen Nadelwald vergleichbar sind. Statt dessen hatte nahezu überall die Steppe geherrscht, südlich der Alpen und des Großen Kaukasus etwas reicher an Gehölzen als weiter im Norden (FRENZEL 1983a). Auch Nordchina, bis etwa zum West-Ost gerichteten Lauf des Jangtsekiang, hatte keine zonalen borealen Nadelwälder getragen, vielmehr bestenfalls isolierte Nadelwaldhaine mit wenigen, sehr kälteresistenten Laubholzsippen in der im übrigen herrschenden Steppe (ZHAO et al. 1984; LIU 1988).

Mindestens während der letzten beiden Eiszeiten hatten sich aber mehrfach während bedeutenderer Interstadiale in Europa nördlich der Alpen und des Kaukasus Wälder entwickelt, die dem lichten borealen Nadelwald der Gegenwart beträchtlich geähnelt haben müssen, wenn sie nicht sogar mit ihm identisch gewesen sind. Es waren an Versauerungszeigern, z. T. auch an Sphagnen und anderen Moosen reiche Fichten-Kiefern-Lärchen-Wälder, deren Holzartenzusammensetzung von Fall zu Fall verschieden war. Diese Wälder sind sehr bald wieder verschwunden, ohne irgendwo in Europa und Sibirien in nennenswerter Form überdauert zu haben. Die kälteren Interstadiale waren statt dessen durch sehr anspruchslose Waldsteppen gekennzeichnet.

Der boreale Nadelwald ist also kein eiszeitlicher Vegetationstyp, sondern er entstand wiederholt während bedeutenderer Warmzeiten. Wie umfangreich seine Wurzeln gewesen sind, ist unklar, doch hat es offenbar in Sibirien sehr viele kleine eiszeitliche Gehölzrefugien gegeben, aus denen sich der boreale Nadelwald schnell hatte regenerieren können, im Gegensatz zu den meisten Landschaften Europas, in denen keine derartigen stadialen Waldrefugien in größerer geographischer Verbreitung vorgekommen waren. Aber auch in Mittel-Sibirien waren die stadialen Waldrefugien von einer steppenartigen Krautschicht durchsetzt.

Während der Interglaziale dehnten sich in Sibirien und in großen Teilen Nordost- und Nordeuropas wiederholt ausgedehnte Wälder vom Typ des gegenwärtigen borealen Nadelwaldes aus, und während früherer Interglaziale hatte sich die dunkle Taiga bedeutend weiter von Osten her über den Ural nach Nordeuropa geschoben als während des Holozäns. Diese Wälder waren in Mittel- und Westsibirien schon kurz nach Beginn der einzelnen Interglaziale entstanden. In den meisten Teilen Europas ist das aber erst im Schlußabschnitt der verschiedenen Interglaziale erfolgt. Damals hatten sich in Europa zunächst weithin taigaartige Fichten-Kiefern-Birken-Wälder ausgebreitet, verschiedentlich anfangs mit einem recht hohen Anteil der Tanne, in Osteuropa später oft auch mit erheblicher Beimischung sibirischer Lärchen. Diese borealen Nadelwälder stockten auf bereits deutlich versauerten und zur Vermoorung neigenden Substraten. Die angefangene Entwicklung hat sich aber nicht bis zur Waldtundra und zur Tundra fortgesetzt, sondern sie ist in der Regel sehr bald unter den Einfluß eines immer trockener werdenden Klimas geraten, mit gleichzeitiger Ausbreitung von Wacholder, *Ephedra, Artemisien, Helianthemumarten,* sogar *Chenopodiaceen* und *Botrychien*: Der Weg ging offenbar zu verschiedenen Nadelwaldtypen trockenerer Klimate, wie sie heute z. T. in Nordostsibirien gefunden werden, zu einem anderen Teil aber vorzüglich in trockenen submediterranen Tälern der Südalpen.

Eine Phase vorherrschender Nadelwälder hatte auch jedes europäische Interglazial eingeleitet, nämlich Kiefern-Birken- oder Birken-Kiefern-Wälder, z. T. mit einem erheblichen Anteil an Lärchen, seltener mit Fichten. In der Krautschicht, die mindestens zeitweise noch Wacholder und Sanddorn enthalten hatte, traten neben Pflanzen trockenerer Standorte in geringem Maße auch *Ericaceen* oder *Empetraceen*, z. T. auch andere Pflanzen versauerter Standorte. Die Wälder hatten heutigen polaren Waldgrenzbeständen hochkontinentaler Klimate geähnelt, ohne ihnen allerdings zu gleichen. Aus ihnen sind, außer in Nordeuropa, keine Wälder hervorgegangen, die dem gegenwärtigen zonalen borealen Nadelwald entsprochen hatten, vielmehr führte die Entwicklung zu anspruchsvollen Laubmischwäldern.

Abgesehen vom frühesten Pleistozän hat es in Europa nur während des Holstein-Interglazials, ähnlich wie stets während der Interglaziale Sibiriens, eine die gesamte Warmzeit umfassende Nadelwaldherrschaft gegeben. Damals war aber eine große Fülle anspruchsvoller Laubholzarten vorhanden, wie *Buxus, Vitis, Pterocarya,* teils auch hochwüchsige Rhododendren usw. Diese Wälder sind zwar von MOSKVITIN (1960) als Ausdruck eines kalten Interglazials gedeutet worden, doch war das Klima, wie ausführlichere Analysen erwiesen haben (FRENZEL 1967), wärmer und feuchter als heute, und die damalige Waldvegetation kann nicht mit der der heutigen Taiga verglichen werden. Der besonders hohe Fichtenanteil des erwähnten Interglazials, der schon bald durch einen bemerkenswerten Tannenanteil bereichert worden war, ist einwanderungsgeschichtlich zu erklären (FRENZEL 1968).

Man gewinnt somit den Eindruck, daß auch der boreale Nadelwald in seiner heutigen Zusammensetzung eine junge Formation ist. Allerdings war er mehrfach während des Eiszeitalters in vergleichbarer Zusammensetzung anzutreffen, ohne daß sich zwischen diesen Nadelwaldphasen kontinuierliche Verbindungen herstellen ließen.

Die wichtigsten Zeiten des borealen Nadelwaldes waren anscheinend in Sibirien alle Interglaziale, im West- und Südteil Osteuropas sowie in Mittel-, West- und Nordeuropa jedoch bedeutendere Interstadiale mehrerer Eiszeiten und die Schlußabschnitte der Interglaziale. Diese Wälder leiteten in Europa einerseits zu hochkontinentalen bzw. andererseits zu submediterranen Nadelwäldern über und erloschen schließlich. Zu Beginn der europäischen Interglaziale haben aber die ersten Schritte der Entwicklung kontinental-borealer Nadelwälder sehr bald zu anspruchsvolleren Laubmischwäldern geführt. Erst aus ihnen haben sich viel später die heutigen subalpinen Nadelwälder gebildet (FRENZEL 1987a).

Ein derart häufiger und anscheinend auch mehr oder weniger gleichartiger Neuaufbau der Taiga in weiten Räumen Nordeurasiens läßt zahlreiche und voneinander unabhängige Refugien vermuten. Über die des gebirgigen Sibiriens ist bereits gesprochen worden. Ähnliche Refugien hat es offenbar auch in den mittleren Hangpartien des Tienschan und der benachbarten Gebirge, im Südural, am Fuße des Kaukasus, an feuchten Stellen des Talysch und des Elbursgebirges, vermutlich in Anatolien und dem westlichen Iran, entlang der großen Ströme der Ukraine, im südlichen Karpatenbogen, in den Gebirgen der Balkan-, der Apennin- und in der Pyrenäenhalbinsel gegeben, vielleicht auch an manchen Stellen des mittelrussischen Hügellandes. Diese Zentren sind teils direkt vegetationsgeschichtlich erschließbar, teils lassen sie sich einwanderungsgeschichtlich rekonstruieren. Soweit heute erkennbar, waren diese Haine aber botanisch anders aufgebaut als der heutige boreale Nadelwald. Eine Gürtelverschiebung hat es für ihn während des Eiszeitalters nicht gegeben.

Im heutigen borealen Nadelwald sind auf das Niederschlags- oder Oberflächenwasser angewiesene, also ombrogene und soligene Moore sehr wichtig. Die an das Grundwasser gebundenen (topogenen) Moore waren in verschiedenen südlicheren Landschaften Eurasiens während zahlreicher Stadiale des Eiszeitalters vorhanden. Das Problem liegt bei den ombrogenen und soligenen Mooren. Sie sind in Nordeurasien während der einzelnen Stadiale unbekannt, abgesehen von schwachen Anzeichen während der Übergänge von Interglazialen oder bedeutenderen Interstadialen zu anschließenden Stadialen. Ombrogene Moore wurden zwar aus dem zweiten Teil der Nacheiszeit, des Holozäns, reichlich beschrieben (OVERBECK 1975); ihr Nachweis gelingt aber schon kaum für das letzte Interglazial (BOGDANOVSKAJA-GIENEF 1972), in dem soligene Moore wichtiger gewesen zu sein scheinen (Lit. bei FRENZEL 1983b). Dies ist noch nicht umfassend bearbeitet worden. Es ist klar, daß soligene und ombrogene Moore Bildungen der Warmzeiten sind, stets für jede Warmzeit neu zusammengestellt, ohne daß sich Verbindungen dieser Vegetationstypen von Warmzeit zu Warmzeit finden lassen.

Der nemorale Wald

Der aus thermo- und hygrophilen Arten bestehende nemorale Wald (lat. nemus, der Hain) nimmt die klimatisch günstigsten und ausgeglichensten Bereiche der gemäßigten Breiten ein (Abb. 2). Seine Sippen sind subozeanisch-subkontinental verbreitet. Da das europäische, besonders aber das ostasiatische und das ost-nordamerikanische Teilareal sehr sippenreich sind, liegt die Vermutung nahe, es handele sich um große eiszeitliche Refugien oder um wichtige Wanderrefugien (Wanderrelikte: SCHRÖTER 1913). Andererseits lehren sowohl die Tatsache, daß die disjunkten Teilareale vielfach einander systematisch nahestehende Sippen enthalten, als auch ein isoliertes Areal dieses Waldes am Nordwestabfall des Altai, daß zwischen seinen einzelnen Teilen in der Vergangenheit über Nordeurasien hinweg Verbindungen bestanden haben. Sie dürften die Wanderung verschiedener Säugetiersippen begünstigt haben (v. KOENIGSWALD 1988). Es scheint also, daß der nemorale Wald ein alter Vegetationstyp sei. Er kam in allen seinen heutigen Arealteilen auch während vergangener Interglaziale vor und hat sich z. Z. ihrer Klimaoptima sogar deutlich weiter in die heute kontinentaleren Bereiche des Landesinneren vorgeschoben. Die noch am Ende des Tertiärs ununterbrochene Verbindung zwischen dem ostasiatischen und dem altaischen Teilareal ist zwar während des Eiszeitalters mehrfach aufgelöst, aber immer wieder in den Interglazialen hergestellt worden. Offenbar hatten gleichzeitig Verbindungen zu den süduralischen und zu den etwas weiter im Westen im russischen Flach- und Hügelland gelegenen Arealstücken bestanden.

Die vegetationsgeschichtliche Forschung lehrt jedoch, daß die thermo- und hygrophilen Wälder der europäischen Interglaziale im Ablauf der einzelnen Warmzeiten recht unterschiedlich aufgebaut gewesen sind. Andererseits gab es nördlich der Alpen während der verschiedenen Interglaziale, einschließlich des Holozäns, in der Regel klar umrissene Abfolgen der Vegetationsentwicklung, die für bestimmte Interglaziale typisch gewesen sind. Im Falle der Nacheiszeit wurde sie als historische Grundsukzession (RUDOLPH 1931) oder als mitteleuropäische Grundfolge der Waldentwicklung (FIRBAS 1949) bezeichnet. Mindestens sind aber im Holozän gleichartige Schritte der Vegetationsentwicklung keineswegs überall gleichzeitig erfolgt (Lit. bei FRENZEL 1983a). Es hatte also in dieser Beziehung keinen prägenden Einfluß des Klimas gegeben, vielmehr verbergen sich hinter den einzelnen Etappen der mitteleuropäischen Grundfolge einwanderungsgeschichtliche und ökologische Vorgänge. Dennoch legt die mitteleuropäische Grundfolge den Gedanken nahe, in ihrem Artengefüge fest umrissene Waldgesellschaften seien über Europa hinweggewandert.

Die einzelnen botanischen Sippen des nemoralen Waldes haben in Europa die für sie ungünstigsten Phasen der vorangegangenen Eiszeit an zahlreichen, doch floristisch sehr unterschiedlich ausgestatteten Refugien überdauert und haben von ihnen aus bei günstiger werdendem Klima den Vorstoß nach Norden zu recht verschiedenen Zeiten und auf voneinander abweichenden Wegen angetreten. Es können also nicht komplette heutige Pflanzengemeinschaften gewandert sein, sondern diese haben sich zu ganz unterschiedlichen Zeiten und aus verschiedenen Quellen entwickelt. Da dasselbe auch für die beiden letzten Interglaziale gilt (FRENZEL 1968), wird man generell ableiten dürfen, daß im Wechsel der Kalt- und Warmzeiten nicht in ihrer Zusammensetzung konstante Gesellschaften des nemoralen Waldes gewandert sind, sondern daß sich diese stets erneut, je nach dem Angebot an gerade vorhandenen Konkurrenten, entwickelt haben (u. a. ŠERCELJ 1966). Die Schluchtwaldgesellschaften der nemoralen Zone haben allerdings eine Ausnahme gemacht. Denn nach Ausweis der Vegetationsgeschichte kamen an diesem Standorttyp im Mittelmeerraum während der Stadiale der Letzten, vielleicht auch früherer Eiszeiten, recht gleichartig zusammengesetzte Ulmen-Eschen-Bergahorn-Linden-Wälder mit reichem Unterwuchs wiederholt vor. Dies ist aus Ökologie und physiologischem Verhalten der besonders anspruchsvollen Sippen gut erklärbar.

Anders als im Falle der europäischen Interglaziale lassen sich für die Interstadiale meist nur im Mittelmeerraum und seinen unmittelbaren Randgebieten (etwa Gebirge der Balkanhalbinsel) Laubmischwälder vom Typ der nemoralen Zone nachweisen. Im übrigen hatten aber in Europa die bereits besprochenen Nadelwälder an den dem Waldwuchs günstigsten Standorten geherrscht.

Der nemorale Wald ist also, wie Tundra und Taiga, eine warmzeitliche Bildung, abgesehen vom ausgehenden Tertiär. Sein Artenreichtum geht auf die große Zahl an Kleinrefugien zurück, in denen sich seine Komponenten, in vermutlich sehr unterschiedlichen Mischungsverhältnissen, hatten erhalten können. Angesichts der sehr wechselvollen Klimageschichte der einzelnen Eiszeiten ist damit zu rechnen, daß diese Refugien selbst innerhalb einer einzigen Eiszeit nicht ortsfest geblieben waren, wobei es auch zu einem bemerkenswerten Florenaustausch gekommen war. Dies und die warmzeitlichen Wanderungen mögen die Ursache für die während des Eiszeitalters erstaunlich geringe Evolution innerhalb des Pflanzenreiches gewesen sein. Andererseits lehrt das Vorhandensein deutlich voneinander differenzierter Wanderrefugien, daß die einzelnen Komponenten der verschiedenen Pflanzengesellschaften des nemoralen Waldes sicher aus einer großen Zahl unterschiedlicher geographischer Rassen bestehen. SCHWARZ (1936 bis 1937) hat dies im Falle der *Quercus pubescens* Mitteleuropas nachgewiesen und damals auf die vom Menschen verursachte Ausbreitung zurückgeführt. Es scheint, daß die Frage unter dem Gesichtspunkt der ausgedehnten natürlichen Wanderungen der einzelnen Pflanzenarten neu überdacht werden müßte, zumal da hiermit das Problem der Resistenzen gegen die verschiedensten Pathogene zusammenhängt.

Durch die sehr komplexen Wanderungen ist es während der Interglaziale zur

Ausbildung der für sie typischen Grundfolgen gekommen (s. o.). Es fällt aber auf, daß – im großen gesehen – im Vergleich der einzelnen Interglaziale untereinander sowohl in Europa als auch im Fernen Osten recht ähnliche Verbreitungsmuster der thermo- und hygrophilen Pflanzenarten entstanden waren. Dies dürfte auf eine hohe Konstanz entscheidender physiologischer Eigenschaften zurückzuführen sein. Die interglaziale Grundfolge wird aber im Mittelmeergebiet nicht in ähnlicher Klarheit erkennbar wie in Europa nördlich der Alpen. Offenbar waren dort die Refugien derart zahlreich, daß es zu keiner Herausbildung klarer Einwanderungsfolgen gekommen war.

Pflanzenfresser bevorzugen sippenspezifisch bestimmte Pflanzenarten. Wenn die Elemente des nemoralen Waldes während der Eiszeiten auf zahlreiche und unterschiedlich ausgestattete Refugien aufgeteilt gewesen waren, sollte es auch eine entsprechende Aufgliederung in verschiedene Herbivorenrefugien gegeben haben. Zwar läßt dies die Einwanderungsgeschichte einzelner Tierarten schwach erkennen, doch ist die Kenntnis von Lage und Ausstattung eiszeitlicher Tier- und Pflanzenrefugien noch viel zu ungenau, als daß diese wichtige Frage einigermaßen begründet beantwortet werden könnte.

Die Flora der interglazialen nemoralen Wälder Europas nördlich und südlich der Alpen war sehr verschieden voneinander, denn im Süden hatten wesentlich zahlreichere, anspruchsvolle Pflanzenarten für lange Zeiten die Unbilden des eiszeitlichen Klimas überdauert als nördlich der Alpen. Šercelj (1961) hat das Mittelmeergebiet daher als ein großes Tertiärrefugium angesehen. Dasselbe gilt auch für die japanischen Hauptinseln (Tsukada 1982). Ähnliches kann für die westzentralasiatischen Refugien einer anspruchsvollen Laub-/Nadelwaldvegetation, etwa am Fuße der Pamire und im Westteil des Tienschan, nur vermutet werden, da der vegetationsgeschichtliche Nachweis noch immer zu ungenau ist (vgl. jedoch Pachomov 1969, 1971, 1987).

Der nemorale Wald Eurasiens ist also in der Regel eine warmzeitliche Formation. Es gibt für ihn keine weit in die Vergangenheit zurückreichenden Wurzeln gleichartig gebliebenen Gepräges. Ausnahmen scheinen nur klimatisch besonders günstige Landschaften gemacht zu haben. Im übrigen aber hat es offenbar keine Waldgesellschaften gegeben, die selbst eine einzige Warmzeit in gleicher Zusammensetzung überdauert hatten; erst recht gilt dies für den Vergleich verschieden alter Interglaziale untereinander.

Die mittelmeerische Vegetation

Das europäische Gebiet des Etesienklimas gilt wegen seines Florenreichtums und wegen der großen Zahl bemerkenswerter anatomisch-histologischer Strukturtypen als eines der interessantesten Florengebiete der Nordhalbkugel. Da vergleichbare Wuchs- und Lebensformen bei geänderter Flora auch andere Winterregengebiete der Erde auszeichnen, etwa den Chaparral Nordamerikas, liegt der Gedanke an klimatische Ursachen dieser Formationen nahe. Besonders wichtig seien Schwierigkeiten des sommerlichen Wasserhaushaltes, so daß viele Dürreanpassungen entstanden seien. Diese Strukturen treten vor allem bei Pflanzen der typischen mediterranen Vegetation auf, nämlich in der Macchie, der Garrigue, der Phrygana oder, allgemeiner, im Matoral (Kunstwort).

Das Verbreitungsgebiet der mediterranen Vegetation Europas wird durch das natürliche Areal des Öl- und Johannisbrotbaumes *(Olea europaea, Ceratonia siliqua)* beschrieben. Es umfaßt die Tieflagen und die unteren Hangstufen des südlichen Mittelmeergebietes. Die heute viel weiter nach Norden und hangaufwärts gerichtete Verbreitung geht auf den Menschen seit der Jungsteinzeit zurück, der erst zeitweise, bald aber kontinuierlich, die ehemals vorherrschende sommergrüne Laubwaldvegetation in die verschiedenen Typen mediterraner Vegetation hat übergehen lassen (z. B. Beug 1962, 1975, 1977; Brande 1973; Bottema 1974; Reille 1975, 1977; Triat-Laval 1978; de Beaulieu 1977). Vor dem starken Eingriff des neolithischen Menschen waren die typisch mediterrane Flora und Vegetation im ersten Teil des Holozäns nur relativ selten und dann auch nur an begrenzten Orten nachweisbar (z. B. Beug 1961, 1965). Es dürfte sich vermutlich um Spezialstandorte starker Besonnung und ungünstiger Wasserversorgung gehandelt haben. Es fragt sich jedoch, ob eine ausgedehntere Verbreitung der mediterranen Flora und Vegetation stets mit dem Eingriff des Menschen verknüpft war.

Soweit bisher interstadiale oder interglaziale Vorkommen im Mittelmeergebiet untersucht worden sind, hat sich immer dasselbe Bild wie während des frühen Holozäns vor Eingriff des Menschen ergeben: Hinweise auf das verbreitete Vorkommen mediterraner Xerophytengesellschaften sind außerordentlich selten. Hieraus ist gefolgert worden (Follieri 1962), daß die Mediterraneis während früherer Interglaziale unter einem Klima gestanden habe, das dem heutigen der Kolchis, also am Westabfall des Kaukasus, mit seinen hohen Niederschlagsmengen geglichen habe. Dies könnte auf eine andersartige atmosphärische Zirkulation verweisen, falls nicht der Gegensatz in der vorherrschenden Vegetation das Ergebnis eines ehemals weit verbreiteten Waldbestandsklimas gewesen ist. Die gegenwärtig auffallend starke Wiederbesiedlung aufgelassener Felder und Gärten durch eine Waldvegetation thermo- und hygrophiler Pflanzenarten weist in diese Richtung.

Wie erwähnt, war das Mittelmeergebiet während der verschiedenen Stadiale der Eiszeiten von einer *Artemisia*-Kräutersteppenvegetation eingenommen, nur an etwas feuchteren Standorten von einem gewissen Gehölzanteil durchsetzt. Die Steppenvegetation war sehr arm an Formenkreisen der heutigen typischen Mittelmeervegetation. Das gilt anscheinend für das gesamte Mittelmeergebiet.

Andererseits schält sich immer deutlicher heraus, daß zur Zeit der Übergänge von bedeutenderen Warmzeiten zu den anschließenden Stadialen, bzw. umgekehrt, manche Formenkreise der eigentlich mittelmeerischen Vegetation weit verbreitet und sehr zahlreich gewesen sind, so daß anscheinend gerade diese Übergänge die wichtigsten Zeiten der mittelmeerischen Vegetation gewesen sind. Außerdem scheinen während der Spätglaziale und der ersten Phase der Interglaziale im östlichen Mittelmeergebiet bis etwa zur Apenninhalbinsel pistazienreiche Gehölzfluren verbreitet gewesen zu sein. Dies könnte andeuten, daß damals den heutigen Pistazien-Mandel-Wäldern des westlichen Irans ähnliche Gehölze (Bobek 1951) von Osten her weit nach Westen vorgestoßen waren.

Soweit heute datierbar, scheint die mediterrane Vegetation der klimatischen Übergangszeiten jeweils nur einige Jahrtausende lang eine regionale Bedeutung gehabt zu haben. Offenbar besteht sie in der Regel aus sehr schwachen Konkurrenten: Diese hatten unter der Trockenheit des Klimas während der Stadiale ebenso zu leiden und waren daher von Steppengesellschaften verdrängt worden, wie sie während der bedeutenderen Warmzeiten den verschiedensten Waldtypen gegenüber unterlegen waren. Nur während der kurzen klimatischen Übergänge, als die Bedingungen dem Wald schon sehr ungünstig geworden waren, die Steppenvegetation sich andererseits noch nicht hatte umfassend ausbreiten können, scheint die mediterrane Vegetation spontan die Mittelmeerlandschaften beherrscht zu haben. Dies war vielleicht während eines Zehntels des Umfanges eines klimatischen Großzyklus (Interglazial mit anschließender Eiszeit) der Fall. Sonst aber hatte sich das mediterrane Element an Spezialstandorte zurückgezogen, ohne daß dort seine Geschichte verfolgbar wäre. Der gegenwärtige Florenreichtum des mediterranen Elements und seine Aufgliederung in zahlreiche endemische Spezialrassen der einzelnen Gebirgsstöcke lassen vermuten, daß diese Rückzugsgebiete floristisch uneinheitlich ausgestattet waren. Es dürften sehr zahlreiche und verschiedenartige Kleinstgesellschaften in diesen Refugien vorgekommen sein, aus denen sich während bedeutender klimatischer Umschwünge oder anthropogen seit den großen neolithischen Rodungen die regional wichtigeren Vegetationstypen herausgebildet haben. Sie könnten durch große Wanderungen einzelner Sippen bereichert worden sein.

Die mediterrane Vegetation hatte also offenbar noch empfindlicher auf die großen Klimaschwankungen des Eiszeitalters reagiert als die bisher betrachteten Vegetationstypen. Dies besagt aber nicht, daß das mediterrane Florenelement ein geringes Alter habe. Seine Wurzeln liegen tief im ausgehenden Tertiär, nur hat es sich während des Eiszeitalters lediglich für sehr kurze Phasen zu beherrschenden Vegetationstypen zusammenschließen können.

Die Steppen

Das russische Wort step' ist etymologisch unklar. Es mag einen gerodeten, ausgefahrenen Ort oder aber eine weite Fläche bedeuten (Šanskij et al. 1961). Im Gegensatz zur Etymologie des Begriffes ist die botanische Charakterisierung der Formation Steppe klar. Das Steppenareal wurde ab der Jungsteinzeit durch die landwirtschaftliche Tätigkeit des Menschen auf dasjenige des Waldes weit vorgeschoben. Im Gegensatz zu den bisher betrachteten Formationen hat aber die Steppe das Eiszeitalter seit dem Tertiär in lückenloser Folge überdauert. Das Pleistozän war die eigentliche Steppenzeit Nordeurasiens. Zu Beginn des Eiszeitalters scheinen die Steppen mindestens in der Ukraine deutlich gehölzreicher gewesen zu sein als später. In diesen intensiv von Gehölzen durchsetzten altpleistozänen Steppen hatte eine Fauna gelebt, die heutigen Savannenfaunen ähnlich war. Die Differenzierung war anscheinend im Tierreich noch nicht so weit fortgeschritten wie später. Hieraus darf aber nicht abgeleitet werden, daß das Klima dieser altpleistozänen Steppen dem der heutigen tropisch-subtropischen Savannen geglichen oder auch nur geähnelt habe: Nach allen bisherigen Befunden hatte es sich um winterkalte Trockenklimate gehandelt, die zu den altpleistozänen Kaltzeiten hin noch akzentuiert worden waren.

Die heutige Zonierung von Gras- zu Wüstensteppen ist merkwürdigerweise im Ablauf jeder einzelnen Eiszeit auch als zeitliche Abfolge weithin erkennbar, wenn auch stets in den zentralen Trockengebieten Kräuter- bis Wüstensteppen und Wüsten vorgeherrscht hatten. Dieser Wechsel kann sich innerhalb einer Eiszeit mehrfach wiederholt haben. Die Datierungsverfahren gestatten leider nicht einmal für die Letzte Eiszeit Aussagen darüber, ob dieser gleichartige Wechsel innerhalb einer Eiszeit auch stets gleichzeitig erfolgt war. Im großen darf man jedoch hiervon ausgehen. Dies muß erhebliche Konsequenzen für die Tierwelt gehabt haben (vermutliche Bioproduktion: FRENZEL 1985). Tatsächlich ist mindestens aus der letzten Eiszeit bekannt, wie außerordentlich stark der Fundreichtum kaltzeitlicher Faunen im Ablauf der Zeit gewechselt hatte mit der größten Fundhäufigkeit zu Zeiten weit verbreiteter Grassteppen.

Soweit erkennbar, waren die Grassteppen über nahezu den gesamten Kontinent einander sehr ähnlich. Das traf aber nicht mehr für die Kräutersteppen während der Höhepunkte der einzelnen Stadiale zu (Abb. 3). Denn in ihnen ist nicht nur eine großklimatische Gliederung der Steppengesellschaften erkennbar, sondern auch eine edaphische und regionalklimatische (FRENZEL 1983a, 1987b). Das Äsungsangebot für Pflanzenfresser muß sich also gebietsweise stark voneinander unterschieden haben. Bedauerlicherweise ist dieser Frage noch nicht näher nachgegangen worden.

Wenn es auch zwischen stadialen und heutigen Steppentypen beträchtliche Ähnlichkeiten gegeben hatte, waren die eiszeitlichen Steppentypen doch nicht mit heutigen identisch. Am ehesten scheint das noch in den Tieflagen Turkestans und Kasachstans der Fall gewesen zu sein. Sonst aber können kaum eiszeitliche und rezente Steppengesellschaften ausfindig gemacht werden, deren Pollenfloren qualitativ und quantitativ einander gleichen. Die Steppe ist also als Formation eine sehr alte Bildung, aber selbst in ihr hat ein fortwährender Florenumbau stattgefunden. Doch stets waren die verschiedenen Steppentypen die großen Gegenspieler aller anderen Formationen Nordeurasiens während des Eiszeitalters.

Schlußbetrachtung

Es wurde deutlich, wie bewegt die eiszeitliche Vegetationsgeschichte selbst auf dem Niveau der Formationen gewesen ist. Nirgends hat es eine Gürtelverschiebung heutiger Pflanzengemeinschaften über längere Abschnitte des Eiszeitalters hinweg gegeben. Vielmehr sind wahrscheinlich alle Formationen und die sie aufbauenden Pflanzengemeinschaften auch innerhalb einer einzigen Eiszeit oder eines einzigen Interglazials mehrfach umgebaut oder neu geschaffen worden. Dies hat auf ungewöhnlich intensiven Pflanzenwanderungen beruht. Sie sind heute selbst in ihren Umrissen – am fossilen Material begründet – kaum faßbar.

Ein ebenso unbekanntes Gebiet eröffnet sich für die Pflanzenpathologie unter dem Gesichtspunkt der schnellen und weiträumigen Pflanzenwanderungen. Denn die vielfach sehr spezifischen Wechselbeziehungen zwischen tierischen und pflanzlichen Pathogenen auf der einen Seite und ihren Wirtspflanzen auf der anderen müssen von diesen Wanderungen in ihrem Kern betroffen worden sein. Man fragt sich, wieweit es beim Zurückwerfen einzelner Sippen auf mehrere kleinere Refugien, mit stets voneinander abweichender Sippenzusammensetzung der Bestände, zu großen Epidemien hatte kommen können oder ob nicht Epidemien erst das Ergebnis einer bemerkenswerten Homogenisierung der Bestände unter für die einzelnen Vegetationstypen günstigen äußeren Bedingungen gewesen sind. Das Beispiel der möglichen *Tsuga*-Epidemie vor etwa 4800 Jahren in Nordamerika (Davis 1981) bietet hierin einen interessanten Ansatzpunkt. Das Problem ist noch kaum bearbeitet worden (vgl. Klinger 1988).

Mindestens ebenso interessant, doch kaum bearbeitet, sind die Prozesse des Aufbaus und der Einwanderung einzelner Pflanzengemeinschaften auf Kosten anderer und die hiermit zusammenhängenden Probleme des Wechselspiels zwischen pflanzenphysiologischen und ökologischen Prozessen im weitesten Sinne (Frenzel 1987a). Sie führen zur zentralen Frage einer auf fossilem Material basierenden historischen Floren- und Pflanzengeographie. Aber auch sie steht erst am Anfang.

Literatur

Beaulieu, J. L. de, Contribution pollenanalytique à l'histoire tardiglaciaire et holocène de la végétation des Alpes Méridionales Françaises. Thèse Univ. Aix–Marseille III, 358 S., Aix–Marseille, 1977.

Beug, H.-J., Beiträge zur postglazialen Floren- und Vegetationsgeschichte in Süddalmatien: Der See „Malo Jezero" auf Mljet. Teil I: Vegetationsentwicklung. Flora 150, 600–631, 1961.

Beug, H.-J., Über die ersten anthropogenen Vegetationsveränderungen in Süddalmatien anhand eines neuen Pollendiagrammes vom „Malo Jezero" auf Mljet. Veröff. Geobot. Inst. E. T. H., Stiftung Rübel in Zürich, 37, 9–15, 1962.

Beug, H.-J., Pollenanalytische Untersuchungen zur nacheiszeitlichen Geschichte der mediterranen Arten im Gardasee-Gebiet. Ber. Dtsch. Bot. Ges. 78, 28–30, 1965.

Beug, H.-J., Man as a Factor in the Vegetational History of the Balkan Peninsula. Proc. first Internat. Sympos. on Balkan Flora and Vegetation, Varna, june 7–14, 1973; 72–77; Sofia, 1975.

Beug, H.-J., Vegetationsgeschichtliche Untersuchungen im Küstenbereich von Istrien (Jugoslawien). Flora, 166, 357–381, 1977.

Bobek, H., Die natürlichen Wälder und Gehölzfluren Irans. Bonner Geogr. Abh., 7, 1–62, 1951.

Bogdanovskaja-Gienef, I. D., O bolotach pleistocena. Botan. Žurn., 57, 615–622, 1972.

Bottema, S., Late Quaternary Vegetation History of Northwest Greece. Proefschrift Rijksuniversiteit te Groningen, 190 S., Groningen, 1974.

Brande, A., Untersuchungen zur postglazialen Vegetationsgeschichte im Gebiet der Neretva-Niederungen (Dalmatien, Herzegowina). Flora, 162, 1–44, 1973.

Büdel, J., Die Klimazonen des Eiszeitalters. Eiszeitalter und Gegenwart, 1, 16–26, 1951.

Cajander, A. K., The Theory of Forest Types. Acta Forest. Fenn., 29, (3), 1–175, 1926.

Davis, M. B., Outbreaks of Forest Pathogens in Quaternary History. Proc. IV. Internat. Palynol. Confer. Lucknow, 216–228, 1981.

Firbas, F., Spät- und nacheiszeitliche Waldgeschichte Mitteleuropas nördlich der Alpen, 1, 480 S., Jena, 1949.

Follieri, M., La foresta colchica fossile di Riano Romano. II Analisi polliniche. Ann. di Bot., 27, 245–280, 1962.

Frenzel, B., Die Klimaschwankungen des Eiszeitalters. 296 S., Braunschweig, 1967.

Frenzel, B., Grundzüge der pleistozänen Vegetationsgeschichte Nord-Eurasiens. Erdwissenschaftl. Forschungen, 1, 326 S., Wiesbaden, 1968.

Frenzel, B., Floren- und Vegetationsgeschichte seit dem Ende des Tertiärs (Historische Geobotanik). Fortschritte der Botanik, 31, 309–319, 1969.

Frenzel, B., Die Vegetationsgeschichte Süddeutschlands im Eiszeitalter. In: Müller-Beck, Hj. (Herausg.): Urgeschichte in Baden-Württemberg, 91–166, Stuttgart, 1983 a.

Frenzel, B., Mires: Repositories of Climatic Information or self-perpetuating Ecosystems? In: Gore, A. J. P. (editor): Mires: Swamp, bog, fen and moor. Ecosystems of the World, 4 A, 35–65, Amsterdam, 1983 b.

Frenzel, B., Die Umwelt des Menschen im Eiszeitalter. Quartär, 35/36, 7–33, 1985.

Frenzel, B., Grundprobleme der Vegetationsgeschichte Mitteleuropas während des Eiszeitalters. Mitt. Naturforsch. Ges. Luzern, Sonderband „Eiszeitforschung", 29, 99–122, 1987 a.

Frenzel, B., On the Vegetation of the Glacial Loess-Steppe in Europe and on its Bioproduction. In: Liu Tungsheng (editor): Aspects of loess research, 107–120, Beijing, 1987 b.

Furrer, G., M. Maisch und C. Burga, Übersicht zur spät- und postglazialen Klima-, Gletscher- und Vegetationsgeschichte Graubündens. Dissert. Bot., 72, 87–115, 1984.

Horvát, I., Die Pflanzenwelt Südosteuropas als Ausdruck der erd- und vegetationsgeschichtlichen Vorgänge. Acta Soc. Bot. Poloniae, 28, 381–408, 1959.

Hultén, E., Atlas över växternas utbredning i Norden. Fanerogamer och ormbunksväxter, 511 S., Stockholm, 1950.

Huntley, B., and H. J. B. Birks, An Atlas of Past and Present Pollen Maps for Europe: 0–13 000 years ago, 667 p., Cambridge, 1983.

Jochimsen, M., Zum Problem des Pollenfluges in den Hochalpen. Diss. Bot., 90, 241 S., Berlin–Stuttgart, 1986.

Jurcev, B. A., Reliktovye stepnye kompleksy severo-vostočnoj Azii (problemy rekonstrukcii kriokserotičeskich landšaftov Beringii). 168 S., Novosibirsk, 1981.

Karavaev, M. N., Konspekt flory Jakutii. 190 S., Moskva-Leningrad, 1958.

Klinger, R., Insektenfunde in jungpleistozänen Hölzern der nördlichen Oberrheinebene, 173–191. In: Koenigswald, W. v. (Herausg.): Zur Paläoklimatologie des Letzten Interglazials im Nordteil der Oberrheinebene. Paläoklimaforschung, 4, Fischer, Stuttgart, 1988.

Koenigswald, W. v., Zur Paläoklimatologie des Letzten Interglazials im Nordteil der Oberrheinebene. – Paläoklimaforschung, 4, Fischer, Stuttgart, 1988.

Liu Kambiu, Quaternary History of the Temperate Forests in China. Quaternary Sci. Rev., 7, 1–20, 1988.

Löve, A., and D. Löve, North Atlantic Biota and their History. 430 S., Oxford, London, New York, Paris, 1963.

Merxmüller, H., Untersuchungen zur Sippengliederung und Arealbildung in den Alpen. Jahrb. Ver. Schutze Alpenpfl. und -tiere, 17, 96–133, 1952; 18, 135–158; 1953: 19, 97–139, 1954.

Moskvitin, A. I., Über warme und kühlere Interglaziale in der UdSSR. Ber. d. Geol. Ges. in der DDR, 5, 5–20, 1960.

Österreichatlas: Atlas der Republik Österreich; Bobek, H. (Herausg.). Freytag – Berndt und Artaria, Wien, 1980.

Overbeck, F., Botanisch-geologische Moorkunde unter besonderer Berücksichtigung der Moore Nordwestdeutschlands als Quellen zur Vegetations-, Klima- und Siedlungsgeschichte. 719 S., Neumünster, 1975.

Pachomov, M. M., Istorija rastitel' nosti salangurskoj kotloviny kak primer degradacii lesnoj flory vostočnogo Pamira. Bjull. Kom. po izuč. četvert. per., 36, 88–99, 1969.

Pachomov, M. M., Paläogeographische und pflanzensoziologische Unterschiede der nördlichen und südlichen Pamire im späten Pliozän und im frühen Pleistozän. Izv. Akad. Nauk SSSR, ser. geograf., 1971, Nr. 5, 104–110, 1971.

Pachomov, M. M., Fitoindikacionnye priznaki klimatičeskich izmenenii v gorach Srednej Azii (Botanische Hinweise auf Klimaänderungen in den Gebirgen Mittelasiens). – Bjull. Kom. po izuč. četvert. per., 56, 95–102, 1987.

Post, L. v., Om skogsträdspollen i sydsvenska torfmosslagerföljder. Geol. fören. i Stockholm förhandl., 38, 435–465, 1916.

Reille, M., Contribution pollenanalytique à l'histoire tardiglaciaire et holocène de la végétation de la montagne Corse. Thèse Univ. Aix-Marseille – III, 206 S., 1975.

Reille, M., Quelques aspects de l'activité humaine en Corse durant le subatlantique et ses conséquences sur la végétation. Approche écologique de l'homme fossile, Suppl. au Bull. AFEQ, 47, 329–342, 1977.

Rudolph, K., Grundzüge der nacheiszeitlichen Waldgeschichte Mitteleuropas (bisherige Ergebnisse der Pollenanalyse). Beih. Bot. Centralbl., 47 B., 111–176, 1931.

Šanskij, N. M., Ivanov, V. V., Šanskaja, T. V., Kratkij etimologičeskij slovar' russkogo jazyka. 401 S., Moskva, 1961.

Schäfer, H., und B. Frenzel, Beiträge zur Kenntnis der Flora des Ostteiles der Großen Samojedentundra. Bot. Jahrbücher, 78, 367–434, 1959.

Schröter, C., Genetische Pflanzengeographie (Epiontologie). In: Handwörterbuch der Naturwissenschaften, 4, 907–942, Jena 1913.

Schwarz, O., Monographie der Eichen Europas und des Mittelmeergebietes. Repert. spec. nov. regni veget., Sonderheft D, Textband, Lieferung 1–5, 1936–1937.

Šercelj, A., On Quaternary Vegetation in Slowenia. Razprave Geol. Poročila, 7, 25–34, 1961.

Šercelj, A., Pelodne analize pleistocenskih in holocenskih sedimentov Ljubljanskega barja. Slov. Akad. Znan. in Umetn., razred za prirodoslov. in medic. vede, oddelek za prirodoslovne vede; Razprave IX/9, 431–472, 1966.

Smettan, H. W., Die Pflanzengesellschaften des Kaisergebirges/Tirol. Verein zum Schutze der Bergwelt, Jubiläumsband 1981, 191 S., München, 1981.

Tolmačev, A. I., K istorii vozniknovenija i razvitija temnochvojnoj tajgi. 155 S., Moskva–Leningrad, 1954.

Triat-Laval, H., Contribution pollenanalytique à l'histoire tardi- et postglaciaire de la végétation de la basse vallée du Rhône. Thèse Univ. Aix–Marseille – III, 307 S., Aix–Marseille, 1978.

Tsukada, M., Cryptomeria japonica: Glacial Refugia and Late-Glacial and Postglacial Migrations. Ecology, 63, 1091–1105, 1982.

Walter, H., Allgemeine Geobotanik, eine kurze Einführung. 256 S., Stuttgart, 1973.

Willis, J. C., Age and Area, a Study in Geographical Distribution and Origin of Species. 159 S., Cambridge, 1922.

Zhao Xitao, Sun Xiuping, Zhang Yingli, and Huang Xinggen, Paleogeographic Evolution of the Beijing Plain during the past 30000 years. Scientia Sinica, ser. B, 27, Nr. 11, 1183–1196, 1984.

FAUNEN DES QUARTÄREN EISZEITALTERS

Von Ulrich Jux

Die pleistozäne Tierwelt ging aus phylogenetischen Veränderungen sowie Populationsbewegungen infolge unbeständiger Klimazonen hervor. Neogene Faunen stehen am Anfang einer zwei Millionen Jahre umspannenden Ereigniskette, die mit heutigen Chorologien und Haustieren endigt. Bei den Festlandstieren wirkten sich neuartige Selektionsfaktoren aus. Eustatische Meeresspiegelschwankungen brachten unterschiedliche Faunenprovinzen in Kontakt zueinander oder rissen bestehende Zusammenhänge auseinander. Große Gebiete verwandelten sich in den Kaltzeiten zu Steppen und Tundren; mehrfach verhinderten Hochgebirgsvergletscherungen oder Transgressionen den Artenaustausch. Regionale Abkühlungen und die veränderte Konfiguration der Ozeane wirkten auf die Meerestiere ein, die in Riffökosystemen oder sonst auf dem Schelf der Kontinente lebten.

Den Übergang eurasiatischer Landwirbeltiere ins Quartär beleuchten die nordindischen Siwalik-Fossilien (Pinjor-Abfolge); unter den Säugern vermerkt man bereits mannigfaltige Anpassungen an das Leben in Wald-, Busch- oder Graslandschaften. Zu dieser Assoziation gehört *Archidiskodon planifrons*, von dem der Indische Elefant und der „Südelefant" *(A. meridionalis)* aus dem Villafranca abstammen. Mastodonten überlebten in Mitteleuropa nur mit *Anancus* und gerade noch mit *Zygolophodon* das Tertiär; nordamerikanische Mastodonten hielten sich dagegen bis ins Spätglazial. In Europa bringen die Villafrancafundstellen mit zahlreichen „Superstiten" (= Faunen altertümlichen Gepräges, vorwiegend aus dem jüngeren Tertiär) unter Hirschen, Nashörnern, dreizehigen Pferden, Tapiren, Elefanten, selbst Waschbären und Hyänen die allmählichen Veränderungen in jungpliozänen Beständen zum Ausdruck (Kurtén 1968, Nilsson 1983, Koufos 1986). Diese Faunen sind uneinheitlich und werden in zeitlich verschiedcn geartete Gruppen gegliedert (Tobien 1970). Zu den Tierbeständen gehören auch weniger auffallende, aus der montanen Tierwelt hervorgegangene Arten.

Die Kälteanpassungen vollzogen sich rasch und waren im Altquartär nahezu abgeschlossen (Kurtén 1968). Nordische Wühlmäuse, Schneemäuse, Lemminge, Halsbandlemminge, Rentiere, Moschusochsen und Altmammute gab es schon in den Günzkaltzeiten (Abb. 1). Zeitlich entspricht das dem älteren Biharium (= Prä-Holstein), also dem Komplex der Menap- und Eburon-Kaltzeiten bzw. der Waal-Warmzeit. Alpenspitzmäuse, Vielfraße und Wollhaarnashörner kamen erst in den Mindel- bzw. Elsterkaltzeiten, Eisfüchse, Elche und Mammute (*Mammuthus* bzw. *Mammonteus*) in den Riß- bzw. Saalekaltzeiten

ABGÄNGE	Heutige Wildtiere und Haustiere	ZUGÄNGE
Crocuta crocuta, Felis leo, F. pardus, Cuon alpinus, Ursus spelaeus, Mammonteus primigenius, Equus remagensis, Hemionus hemionus, Asinus hydruntinus, Coelodonta antiquitatis, Megaloceros giganteus, Bison priscus, Ovibos moschatus, Allactaga jaculus, Marmota bobak, Lemmus lemmus, Ochotona pusilla.	Würm	*Martes foina* (Steinmarder), *Equus ferus prz walskii* (Wildpferd), *Saiga tatarica* (Steppe antilope), *Bison bonasus* (Waldwisent), *Citell suslicus* (Perlziesel), *C. major, Dicrostonyx to quatus* (Halsbandlemming).
Palaeoloxodon antiquus, Dicerorhinus kirchbergensis, D. hemitoechus.	Eem	*Sorex alpinus* (Alpenspitzmaus), *Ursus maritim* (Eisbär), *Felis chaus* (Sumpfluchs), *Muste eversmanni* (Steppeniltis), *M. erminea* (Herm lin), *Asinus hydruntinus* (Esel), *Hemionus hem onus* (Halbesel), *Rupicapra rupicapra* (Gemse), *H mitragus bonali* (Tharziege), *Sciurus vulgar* (Eichhörnchen), *Hystrix cristata* (Stache schwein), *Pitymys subterraneus* (Kleinwühlmaus, *Marmota bobak* (Bobak), *Lepus timidus* (Schnee hase), *L. europaeus* (Feldhase).
Mammonteus trogontherii.	Riß	*Alopex lagopus* (Eisfuchs), *Ursus spelaeus* (Höh lenbär), *U. arctos* (Braunbär), *Mammonteus pri migenius* (Mammut), *Coelodonta antiquitatis* (Woll haarnashorn), *Alces alces* (Elch), *Capra ibe* (Steinbock), *Marmota marmota* (Murmeltier).
Macaca sylvana suevica, Hippopotamus amphibius, Cricetus praeglacialis.	Holstein	*Crocidura leucodon* (Weißzahnspitzmaus), *Talpa eu ropaea* (Maulwurf), *Martes martes* (Baummarder), *Lutra lutra* (Fischotter), *Felius silvestri* (Wildkatze), *Palaeoloxodon antiquus* (Waldele fant), *Equus remagensis, Megaloceros gigante* (Riesenhirsch), *Capreolus capreolus* (Reh), *Bo primigenius* (Auerochs), *Arvicola terrestris am phibius* (Wasserratte), *Lagurus lagurus* (Step penlemming), *Microtrus agrestis* (Erdmaus).
Ursus deningeri, Equus mosbachensis, Dicerorhinus etruscus, Alces latifrons, Praeovibos priscus, Pliomys episcopalis, Mimomys intermedius.	Mindel	*Cuon alpinus* (Alpenwolf), *Gulo gulo* (Vielfraß) *Mustela nivalis* (Mauswiesel), *Praemegaceros ver ticornis* (Steppenhirsch), *Cervus elaphus* (Edel hirsch).

Gulo schlosseri, Mustela praenivalis, Hyaena perrieri, Anancus arvernensis, Archidiskodon meridionalis, Equus suessenbornensis, Dama nestii, Citellus primigenius.	Cromer	*Macaca florentina* (Hundsaffe), *Felis leo* (Löwe), *F. pardus* (Panther), *Mustela putorius* (Iltis), *Mammonteus trogontherii* (Altmammut), *Dicerorhinus kirchbergensis* (Waldnashorn).
Cuon majori, Vulpes alopecoides, Equus stenonis, Leptobos etruscus, Cricetus nanus, Mimomys pusillus.	Günz-Komplex	*Sorex araneus* (Waldspitzmaus), *Crocuta crocuta* (Tüpfelhyäne), *Felis pardina* (Pardelluchs), *F. lynx* (Luchs), *Gulo schlosseri, Meles meles* (Dachs), *Canis lupus* (Wolf), *Ursus deningeri, Equus mosbachensis, E. suessenbornensis, Sus scrofa* (Wildschwein), *Praemegaceros verticornis* (Steppenhirsch), *Alces latifrons* (Elch), *Rangifer tarandus* (Ren), *Praeovibos priscus, Ovibos moschatus* (Moschusochse), *Bison priscus* (Wisent), *Spalax leucodon* (Blindmaus), *Muscardinus avellanarius* (Haselmaus), *Glis glis* (Siebenschläfer), *Cricetus cricetus* (Hamster), *C. praeglacialis, Pliomys episcopalis, Microtus arvalis* (Feldmaus), *M. ratticeps* (Sumpfmaus), *M. nivalis* (Schneemaus), *Lemmus lemmus* (Berglemming), *Dicrostonyx torquatus* (Halsbandlemming), *Allactaga jaculus* (Pferdespringer).
Macaca florentina (Hundsaffe), *Zygolophodon borsoni, Tapirus arvernensis, Dicerorhinus megarhinus, Hipparion moriturum, Sus arvernensis.*	Ältest-Pleistozän	

Superstiten

Hyaena perrieri, Megantherean megantherean ("Säbelzahntiger"), *Mustela praenivalis, Cuon majori, Vulpes alopecoides, Archidiskodon meridionalis* (Südelefant), *Dicerorhinus hemitoechus, D. etruscus* (Etruskisches Nashorn), *Equus stenonis, Hippopotamus amphibius* (Flußferd), *Dama nestii, Leptobos etruscus, Citellus primigenius, Castor fiber* (Biber), *Cricetus nanus, Mimomys pusillus, Ochotona pusilla* (Pfeifhase).

Abb. 1: Bezeichnende Säugetiere im mitteleuropäischen Pleistozän.

dazu; schließlich erschienen nur noch Eisbären in den Würm- bzw. Weichselkaltzeiten (Nilsson 1983). Die Umstellungen auf arktische und subarktische Lebensverhältnisse äußerten sich höchst unterschiedlich, etwa im Saisondimorphismus der Halsbandlemminge, in der Verlängerung der Molare bei den Bisamratten oder im Größenwuchs bei Hamster und Hermelin. Die langfristigen Veränderungen der Körpergrößen setzen relative Zeitmarken. Säbelzahnkatze und Vielfraß wurden im Verlauf des Pleistozäns immer größer, sibirisches Mammut aber jeweils in den Warmzeiten kleiner. Heute zwar nicht so groß wie in den Riß- und Würmkaltzeiten, spiegeln sich immer noch im Wuchs der Braunbären wärmere und kältere Lebensräume wider (Bergmannsche Regel). Auch einige Muscheln *(Hiatella arctica)* und Ostrakoden werden bei abnehmender Konkurrenz polwärts größer (Rowland & Hopkins 1971). Im älteren Pleistozän gingen aus einer kosmopolitischen Radiolarienpopulation *(Stylatractus universus)* gedrungene ($\delta\ ^{18}0$-Maximum) und dünnschalige ($\delta\ ^{18}0$-Minimum) Varietäten hervor, während sonst Radiolarien wohl nicht den quartären Klimagang zum Ausdruck bringen (Nigrini 1971, Morely & Shackleton 1978). Unter einer bestimmten Wassertemperatur bilden rezente Hochseeforaminiferen (z. B. *Globorotalia truncatulinoides, Globoratalia pachyderma*) linksgewundene Gehäuse, doch ist dieses Verhalten schon bei tertiären und älteren Arten festgestellt worden (Bolli 1971).

Bereits im Pliozän waren Neptuneen im Nordatlantik heimisch, doch breiteten sich erst im Jungpleistozän subarktische *(N. sinistrorsa)* und lusitanische *(N. densilirata)* Populationen in der Nordsee aus. Gegen Ende des Pliozäns siedelten sich auch *Panomya-*, *Cyrtodaria-* und *Mya*-Populationen auf dem westeuropäischen Schelf an. Aus ursprünglich borealen Arten sonderten sich dann bei anhaltender Abkühlung kältefeste Bestände aus.

Von der individuellen Schmiegsamkeit einiger Tiere sind Artbildungsprozesse, die den Umweltdruck veranschaulichen, zu unterscheiden. Die Anpassungen an veränderte Nahrungsangebote wurden bei den herbivoren Landsäugetieren fortgeführt, wie die Angleichung der Prämolare an die Backenzähne bei den Pferden zeigt; nach Unterschieden in den Schmelzfältelungen ihrer Molaren und Körpergrößen werden deshalb die Taxa abgegrenzt (Nobis 1971, Forsten 1984). Das aufs südrussische Pleistozän beschränkte, elefantengroße *Elasmotherium sibiricum* hatte übrigens auch hypsodonte Backenzähne mit einem pferdeähnlichen Schmelzfaltenmuster.

Dem „Südelefanten" (Abb. 2) entsprangen „Wald-" *(Palaeoloxodon antiquus)* und „Steppenelefant bzw. Altmammut" *(Mammuthus trogontherii)*. Einerseits blieb der Laubwald, andererseits die Graslandschaft der bevorzugte Lebensraum. Vom Steppenelefanten leitete sich das dem Tundraleben bestens angepaßte Mammut ab. Stammform für das „Waldnashorn" *(Dicerorhinus kirchbergensis)* und das „Steppennashorn" *(D. hemitoechus)* war *D. etruscus* aus dem Villafranca. Das Wollhaarnashorn *(Coelodonta antiquitatis)* fand erst in der Riß-Kaltzeit nach Europa. Man kennt es ebensogut wie das Mammut, da von beiden ganze Kadaver geborgen wurden. Die Anpassung der Bären, wie

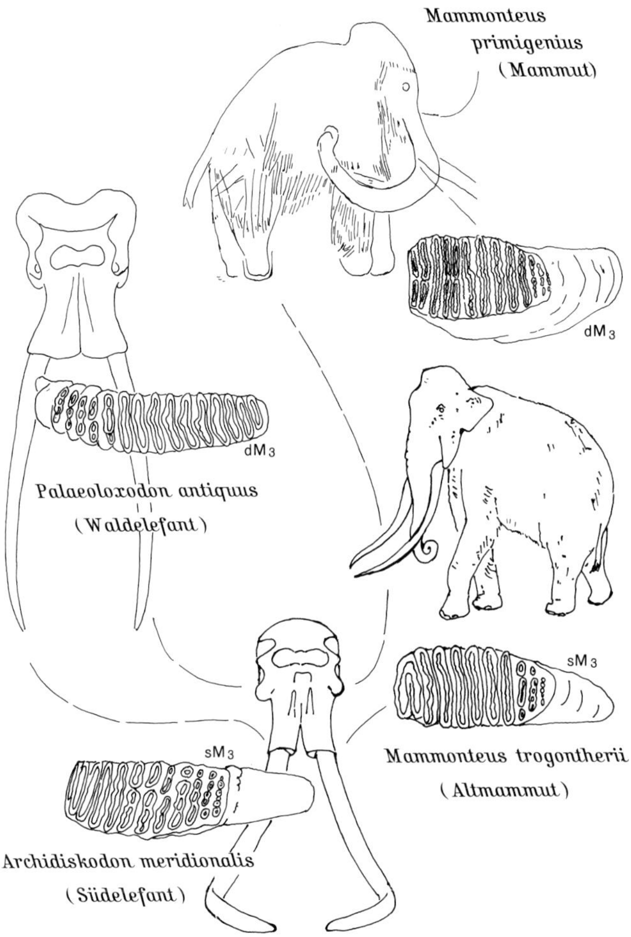

Abb. 2: Phylogenetische Herleitung pleistozäner Elefanten Europas (Altmammut nach Thenius, Mammut nach einer von Breuil wiedergegebenen Magdalénien-Felszeichnung, Zähne und Schädel nach Piveteau).

die Hyänen eine geologisch junge Familie, an eine omnivore Ernährung ging Hand in Hand mit der Umstrukturierung der Gebisse und der Größenzunahme. Im älteren Pleistozän Europas gab es bereits eine Art *(Ursus etruscus)* mit langen, hinteren Backenzähnen. Aus der Formenmannigfaltigkeit unter- und mittelpleistozäner Wühlmäuse wurden Gattungen wie *Mimomys* ausgemerzt, weil sie den Zahnverschleiß nicht kompensieren konnten. Im jüngeren Pleistozän dominierten daher Schermäuse und Lemminge, die mit wurzellosen, hochkronigen Backenzähnen die Pflanzen von Steppen und Tundren verwerten konnten (v. Koenigswald 1973).

Kontinentale Lebensräume

Fundstellen von Eiszeittieren sind oft „Begräbnisgemeinschaften", die aber noch die früheren Lebensräume (z. B. Steppe, Wald) zu erkennen geben. Das können „pliozäne Nachzügler" *(Acinonyx pardinensis, Megantherean megantherean, Hyaena perrieri* u. a.) aus einer altquartären warm-kontinentalen Klimaphase sein. Bei Assoziationen aus mitteleuropäischen Kaltsteppen von einst ist daran zu denken, daß diese Räume wegen unterschiedlicher Sonnenhöhen und anderer Vegetationsperioden nur teilweise heutigen Tundren entsprachen.

Meistens sind Fossilien viel zu sporadisch gestreut, um ein Gesamtbild abzugeben. Wie die mittelpleistozänen Süßenborner Kiese in Thüringen enthalten Flußablagerungen immer die Knochen vermischter Lebensgemeinschaften, die sich auf Tiere eines Auenwaldes (Dachs, Biber, Reh, Hirsch, Wildschwein), der offenen Waldlandschaft (Elefant, Nashorn, Riesenhirsch, Elch), der waldarmen Landschaft (Steppenbison) oder der Grassteppe (Steppenziege, Ziesel) beziehen und Skelettelemente von Großraubtieren (Wolf, Bär, Säbelzahnkatze, Hyäne) und Wintergästen (Ren, Moschusochse) miteinschließen können.

Festländische Evertebraten

Aus den ehemaligen Verteilungen von Landmollusken auf Wald-, Steppen- oder Wasserbiotope sowie ihren zonalen Anordnungen seit dem mittleren Pleistozän werden Rückschlüsse auf paläoklimatische und paläogeographische Verhältnisse gezogen. Allerdings sind Standortansprüche sorgfältig abzuwägen, wie z. B. die weite Verbreitung von *Discus ruderatus* zeigt.

Während der Klimawechsel gruppierten sich die aquatischen Tiergemeinschaften um, so daß in den Warmzeiten thermophile Arten, wie etwa die Nilmuschel *Corbicula fluminalis*, nach Mittel- und Nordeuropa vordrangen. Auch unter der periglazialen Jüngeren Hauptterrasse finden sich im Niederrheingebiet Landschnecken *(Valvata goldfussiana, Helicigona lapicida)* aus warmzeitlichen Auenwäldern und stillen Altwässern. Die Ehringsdorfer Molluskenfaunen spiegeln demgegenüber für Thüringen einen vollständigen eiszeitlichen Klimazyklus wider (Zeissler 1975, Steiner 1981). Während nämlich im Auesedimentkomplex der Ur-Ilm eine kühlkontinentale Steppenassoziation (*Vallonia tenuilabris, Columella columella, Pupilla sterri* u. a.) den Ausgang der Saale-Kaltzeiten angibt, sind im Unteren Travertin Waldgesellschaften mit thermophilen Populationen (*Acicula polita, Vitrea diaphana, Cochlodina laminata* u. a.), die vielleicht auf ein Interstadial der Saale-Eiszeit zu beziehen sind, überliefert worden. Infolge eines Temperaturrückganges wurde in einer gemäßigt-kühlkontinentalen Flußlandschaft *(Pupilla sterri)* der sog. Pariser Horizont abgelagert, wohingegen in den beiden Oberen Travertinen sowie dem eingeschalteten Pseudo-Pariser Horizont erneut Mollusken warm-gemäßigter Klimaphasen der Eem-Warmzeit (*Helicodonta obvoluta, Cepaea nemoralis, Helix pomatia* u. a.) eingebettet wurden. Die Deckschichten des Ehringsdorfer Profils enthalten schließlich wieder kühl-kontinentale Schneckengehäuse *(Trichia hispida, Succinea oblonga)* aus der Weichsel-Kaltzeit.

Auch unter den Ostrakoden gibt es Warm- (z. B. *Ilyocypris gibba, Scottia browniana, S. tumida*) und Kaltwasserarten (z. B. *Candona neglecta, C. rostrata, C. candida*). Aus einem Lößprofil kann deshalb der Klimagang oft eher nach Mikrofossilien als nach Großsäugerresten entziffert werden. Die Ostrakoden aus dem Quartärprofil von Ehringsdorf offenbaren paläoökologische Zusammenhänge besonders deutlich (Diebel & Wolfschläger 1975). So enthält der saalezeitliche Auensedimentkomplex die Klappen kalt-stenothermer Populationen neben solchen aus seichten, vegetationsreichen Fließgewässern *(Prionocypris zenkeri)*. In den Travertinen fanden sich charakteristische Vertreter kühler Quellwässer *(Ilyocypris bradyi, Potamocypris wolfi, Candona vavrai* u. a.) und im Unteren Travertin sogar halophile, die auf Salzablaugungen *(Candona angulata, Cyprinotus salinus)* im Unteren Muschelkalk der Umgebung hinweisen.

Rückzugsgebiete „glazialer" Insekten Europas sind boreal-arktische Zonen sowie Alpen und Karpaten. Selbst die heutigen, z. T. disjunkten Bestände vermitteln noch einen Eindruck der artenreichen Lebensgemeinschaften aus pleistozänen Kaltzeiten. Nach fossilen Orthopteren ließen sich für das Karpatenvorland während der letzten Vereisung nicht nur die mittleren Jahrestemperaturen, sondern auch die Vegetationsbilder zutreffend angeben. Insektenfunde bringen im britischen Warwickshire für die letzten Vereisungen Arealverschiebungen von arktischen bis gemäßigten Zonen zum Ausdruck.

Arthropoden haben übrigens auch Ichnofossilien in kaltzeitlichen Bändertonen und Fraßspuren in warmzeitlichen Hölzern (Klinger & v. Koenigswald 1984) hinterlassen, die Einblick in die Paläoökologie der recht unterschiedlichen Lebensgemeinschaften geben.

Vergesellschaftungen

Flechten, Moose und Kräuter bildeten in der Tundra die Existenzgrundlage von eiszeitlichen Mollusken, Arthropoden, Vögeln und durchziehenden Huftieren. Davon hingen indirekt die Schnee-Eulen und Eisfüchse ab. Unter den arktischen Raubtieren sticht der Vielfraß besonders hervor. Schneehasen, nordische Wühlmäuse und vor allem Lemminge gehörten zu den verbreiteten Kleinsäugern. Tundraren und Moschusochse sind über das ganze Quartär hinweg in den offenen arktischen Klimagebieten zu Hause gewesen, kamen im

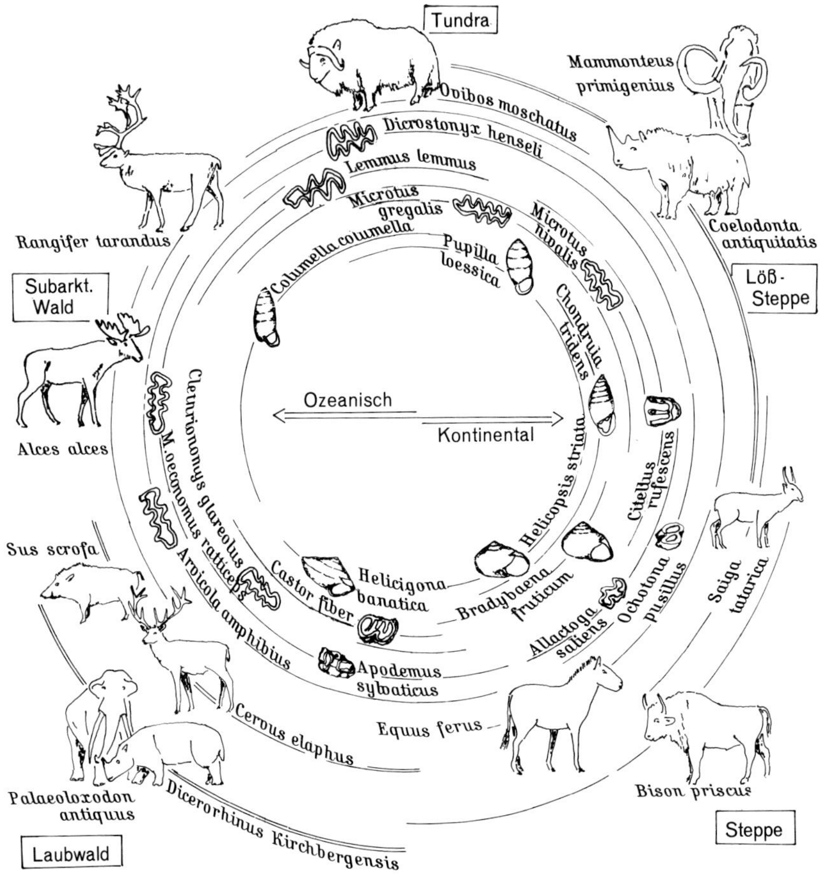

Abb. 3: Reservate mitteleuropäischer Eiszeittiere und Areale warmzeitlicher Quartärpopulationen (Säugetiere nach Thenius).

weichselzeitlichen NW-Deutschland aber erst dann häufig vor (SIEGFRIED 1982), als auch Wollhaarnashorn und Mammut hinzugestoßen waren.

Den subarktischen Nadelwald nahmen Braunbär, Vielfraß, Luchs, Edelhirsch, Elch und Waldren ein. Auerochsen haben sich erst im Spät- und Postglazial dazugesellt. Kleinsäugetiere des subarktischen Waldes sind nordische Wühlmäuse und Insektivoren (Wald-, Zwergspitzmaus und Maulwurf). Die relativ artenreichen Molluskenbestände der sommerfeuchten Tundra und des subarktischen Waldes (*Columella columella*-Faunen) scheiden sich jedoch nicht scharf von den Populationen der Lößsteppe ab. Die eigenartige, vor krassen klimatischen Gegensätzen in unterirdischen Bauten geschützte Tierwelt der baumlosen Lößsteppe setzte sich vor allem aus Nagern (Mäuse, Pferdespringer, Bobak, Ziesel), Hasen (Zwergpfeifhase, Schneehase) und den davon abhängigen Raubtieren (Steppeniltis, Raubvögel) zusammen. Großsäugetiere (z. B. Moschusochse) durchzogen jährlich ausgedehnte Areale auf der Nahrungssuche.

Zu den Mollusken der Lößsteppe (*Pupilla*-Fauna) gehörten nur wenige, kalt geprägte Populationen *(Pupilla loessica, P. muscorum, Trichida hispida)*, darunter auch solche, die in flachen stehenden Gewässern lebten (*Columella columella, Succinea oblonga, Pisidium casertanum* u. a.). Die von Sträuchern bestandene kontinentale Steppe unterschied sich faunistisch nur graduell davon. Pfeifhase, Springmaus, Ziesel, Bobak und Steppeniltis lebten dort ebensogut wie die schnellen und große Distanzen bewältigenden Pferde, Halbesel oder Steppenantilopen; wegen der sommerlichen Trockenheit blieben Mammut, Nashorn und Rind ziemlich selten. Bei den Landmollusken sind anspruchslose *Chondrula tridens*- von feuchtkalten *Arianta*-Faunen zu unterscheiden.

Die Übergänge zur Busch-Steppe sind unscharf, weil es Vergesellschaftungen wie in warm-kontinentalen Steppen neben solchen gemäßigter Waldgebiete (Siebenschläfer, Wildschwein, Waldnashorn, Waldelefant, Wildwisent) gibt. Selbst wechselseitige Beziehungen zu subarktischen Waldungen kommen in Edelhirsch, Elch und Ur zum Ausdruck. Sofern Laubbäume an Gewässern standen, ist auch der Biber überall nachzuweisen (Abb. 3). Nach Mollusken werden Assoziationen mit *Helicopsis striata, Bradybaena fruticum* und *Helicigona banatica* differenziert, die zwischen Busch- und Lößsteppe noch vorkamen und dann den Raum bis hin zum gemäßigten Wald einnahmen.

Areal-Verschiebungen

Vielfach überlappte das winterliche Verbreitungsgebiet „arktischer" Bestände die sommerliche Weide kälteempfindlicher Tiere (Abb. 4). Den Verlagerungen der Klimagürtel folgten erst recht die biotopgebundenen Tiere bis zu ihren geographischen Schranken. Mammute lebten während der Eem-Warmzeit in Skandinavien und kamen im Würm nach Mitteleuropa zurück. Im Löß Jugoslawiens und Spaniens finden sich mediterrane Schnecken, die es während der Warmzeiten auch nördlich der Alpen gab.

Mehrfach weiteten sich die Steppen Eurasiens derartig aus, daß die Saiga bis zum Atlantik und Giraffen *(Sivatherium giganteum)* bis nach Afrika (GERAADS 1985) gelangten. Umgekehrt öffneten sich wiederholt die Pforten Mitteleuropas für mediterrane Besucher.

Karstgebiete sind Datenbanken für die Aufhellung quartärer Arealveränderungen; aus oberpfälzischen Höhlen konnten die späteiszeitlichen Änderungen der Umwelt bis zur Wiederbewaldung an Hand von Kleinsäuger- und Amphibienknochen belegt werden. Ungarische Höhlenforschungen trugen wesentlich zur Kenntnis der letzteiszeitlichen Klimaschwankungen bei. Auf Grund paläoökologischer Analysen an fossilen Gewöllen konnten auch im

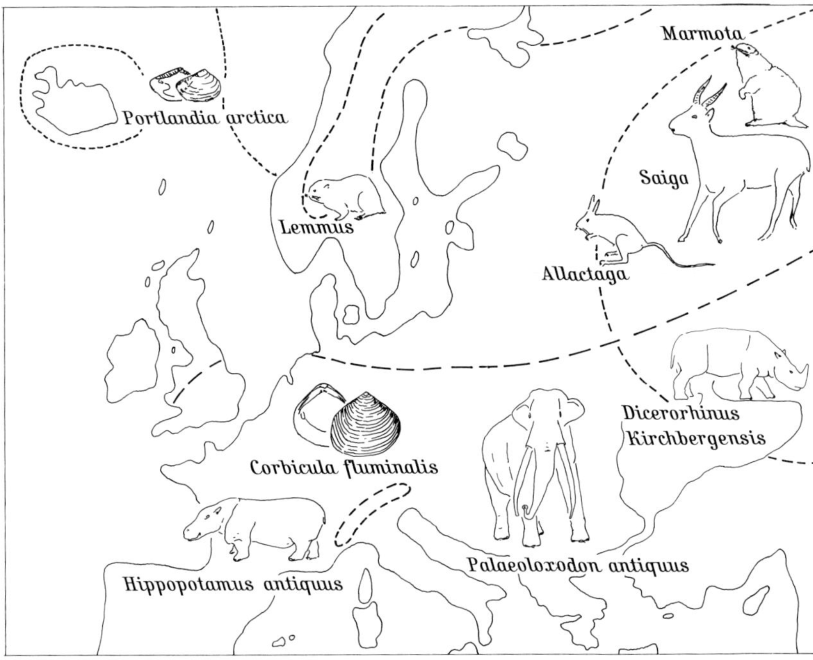

Abb. 4: Arealüberlappungen pleistozäner Tiere (Darstellungen der Säugetiere nach Thenius, der Mollusken nach Ložek).

jungpleistozänen Löß Hessens Landschaftsveränderungen nachgewiesen werden, die von der bewaldeten Steppe bis in die Tundra führten.

Den Arealverschiebungen auf dem Lande entsprachen die Verlagerungen mariner Faunenprovinzen auf dem Schelf. In der Kalabrischen Stufe wurden thermophile Mittelmeerfaunen von „nordischen Gästen" (*Globorotalia truncatulinoides, Arctica islandica, Buccinum groenlandicum* u. a.) an die afrikanische Küste abgedrängt. Lusitanische Populationen siedelten sich auch in den interglazialen Nordseebecken (Holstein- und Eem-Meer) an, die zuvor bis in den Ostseeraum von subarktischen Arten (*Limnocythere baltica* u. a.) besetzt waren. Der letzte Umschwung in der Zusammensetzung atlantischer Zooplanktonten fand im Spätglazial statt; seitdem breiteten sich wärmeliebende pelagische Foraminiferen (*Orbitulina universa, Globigerinoides conglobatus, Globigerinella aequilateralis* u. a.) auf Kosten letzteiszeitlicher Populationen (*Globigerina bulloides, G. pachyderma, Globorotalia inflata* u. a.) aus. Pleistozäner Foraminiferenschlick aus dem Atlantik enthält bis zum 40. Breitengrad hinab subarktische Foraminiferen *(Globigerina pachyderma)*. Eurytherme Mysticeti zwingt die Nahrungsbindung bis in sehr kalte polare Wässer hinein, die freilich im Pleistozän viel weiter nach Süden reichten; im ausgehenden

Spätglazial strandeten noch arktische Wale *(Balaena)* im verwilderten Strommündungsgebiet des Rheines.

Die Entwicklung der östlichen Nordsee ist mikropaläontologisch (Foraminiferen) fast vollständig von der Holstein-Warmzeit bis ins Holozän dokumentiert (Knudsen & Feyling-Hanssen 1976). Im Umfeld des Skagerrak erfolgte die Ausbreitung holozäner Meerestiere in drei Schüben. Arktische Arten (*Portlandica arctica, Arca glacialis, Macoma torelli* u. a.) verschwanden vor ungefähr 7000 Jahren, nachdem schon zu Beginn des Postglazials boreale Mollusken *(Bela cancellata)* unvermittelt Platz genommen hatten. Nach dem Erscheinen boreal-lusitanischer *(Cardium echinatum, Venus gallina, Abra alba)* und lusitanischer Arten *(Hinnites pusio multistriata)* drang im postglazialen Klimaoptimum *Mytilus edulis* bis in die Küstengewässer von Grönland und Spitzbergen vor.

Kontinentale Faunenbewegungen

Heute setzt sich die europäische Säugetierfauna bei weitem aus einheimischen (z. B. Gemse), mehreren asiatischen (z. B. Braunbär), einigen afrikanischen (z. B. Hundsaffen) und wenigen nordamerikanischen (z. B. Wisent) Elementen zusammen. Eurythermen Landtieren stand der Weg in paläarktische und nearktische Regionen über die zeitweilig landfeste Beringstraße offen (Nilsson 1983). Die in Eurasien nur bis ins Altpleistozän festgestellte Säbelzahnkatze *(Megantheréon)* wechselte mit dem Schwarzbären in einer der Mindel-Kaltzeiten über, um als *Smilodon* in Nordamerika aufzutauchen. Der Vielfraß erreichte Nordamerika nicht vor den Rißkaltzeiten, der Braunbär erst in den Würmkaltzeiten. Von etwa dreißig Arten, die zu holarktischen Verbreitungen gelangten, sind die Passagen zeitlich annähernd bekannt. Auf allen Kontinenten, außer Australien, erschienen im Quartär Einwanderer, die sich auf Kosten der Altbestände festsetzten. Östlich der Karpaten waren bereits im Altpleistozän echte Steppenbewohner (Pfeifhase, Pferdespringer) verbreitet, denen aber erst im Jungpleistozän der Vorstoß nach Westeuropa gelang. Überhaupt zeichnet sich der periodische Faunenstrom durch den eurasiatischen Steppenkorridor nur in groben Konturen ab. Für Umgruppierungen der europäischen Tierwelt haben solche „Invasionen“ entscheidende Anstöße gegeben. Von den Säugetieren des älteren Pleistozäns sind Insektivoren *(Beremendia fissidens)*, zahlreiche Nager *(Dolomys milleri, Mimomys stehleni)*, letzte Mastodonten *(Anancus arvernensis)*, Südelefanten, einzehige Pferde *(Equus stenonis)*, Nashörner *(Dicerorhinus etruscus)*, Hunde *(Canis etruscus)* und Rinder *(Leptobos elatus)* hervorzuheben. Diesen folgten in der Cromer-Warmzeit und in der Mindel-Kaltzeit Altmammute, Pferde *(Equus suessenbornensis, E. steinheimensis, E. mosbachensis)*, Wisente, „Schafochsen“ *(Praeovibos priscus)*, Edelhirsche, Rehe, Vielfraß, Tüpfelhyäne, Marder und Rinder. In der Holstein-Warmzeit gesellten sich dann Waldelefant, Mammut, Wollhaarnashorn und Pferd *(Equus remagensis, E. ferus)* und in der Eem-Warmzeit Alpenspitzmaus, Steppeniltis, Fischotter, Damhirsch, Saiga, Halsbandlemming, Pfeifhase und Pferdespringer hinzu (Nobis 1971).

Das Auftauchen des Birkhuhns *(Lyrurus tetrix)* und des Hamsters *(Cricetus cricetus)* im Oberen Travertin von Ehringsdorf bezeichnet wohl den Beginn der Weichsel-Eiszeit, wenngleich die Taphozönose auch noch den Großen Siebenschläfer *(Glis glis)* aufweist (Janossy 1975).

Faunenabsonderungen

Nach den fossilen Nagerfaunen ist der Dodekanes im älteren Pleistozän Teil einer strauchbestandenen, von Felspartien durchsetzten Steppe gewesen (Kuss & Storch 1978). Die Ökosysteme waren ausgewogen, weil der Zustrom asiatischer Populationen nach Europa wegen der „borealen Transgression" behindert war. Unterbrochene Zusammenhänge führten zu Faunenisolationen und Endemismen. Hierhin rechnen „Zwergformen" des Höhlenbären aus der Steiermark, die auf degenerative Entwicklungen verringerter Bestände zurückgehen. Echte Diminuativformen stammen von Mittelmeerinseln. Ihre Herleitung ist unklar; bei *Phanourios minor* ist nicht einmal der Bezug auf *Hippopotamus amphibius* gesichert (Boekschoten & Sondaar 1972). Zwergwuchs könnte die Individuenzahl einer Population über kritischen Schwellenwerten gehalten haben (Kurtén 1968), wie es die Restbestände neolithischer Wildpferde *(Equus ferus gmelini)* vermuten lassen (Nobis 1971). Es hat auch sonst große neben kleinen Elefanten und Flußpferden gegeben; entsprechende Beispiele bietet Afrika noch heute an und fossile Funde stammen aus Spanien, Griechenland und Algerien. Umstritten bleibt auch, welche Inseln bei Meeresspiegeltiefständen zugänglich wurden; denn nach Zypern sind Flußpferde und Elefanten eher geschwommen, während Kleinsäuger andrifteten oder zuflogen. Daher ist dort die pleistozäne Fauna höchst unvollständig zusammengesetzt – Unpaarhufer und Carnivoren fehlen (Boeckschoten & Sondaar 1972).

Die Arealzersplitterungen hatten bis ins Jungpleistozän regionale Gruppierungen, auch bei Raubtieren (z. B. *Panthera leo fossilis*), zur Folge, so daß sich in der Würm-Kaltzeit im Ostalpenraum eine eigene Löwenpopulation *(Panthera leo spelaea)* herausbildete (Schütt & Hemmer 1978). Auf die Hochgebirgsfaunen wirkten sich die wiederholten Klimawechsel andererseits so katastrophal aus, daß es im Alpeninnern nur auf hochalpinen Grasheideböden „Eiszeitüberwinterer" gibt; Terrikolen veranschaulichen den heutigen Wiederbesiedlungsprozeß.

Wassertiere waren gleichfalls der Gefahr geographischer Einengungen unterworfen. So bestand im Mindel-Riß-Interglazial eine unmittelbare Verbindung zwischen dem Ägäischen, Schwarzen und Kaspischen Meer. Die Kaltzeiten unterbanden die Zusammenhänge, so daß limnische Sedimentationsbecken entstanden; Reservate der Süßwasserfaunen verblieben im brackigen Asowschen Meer. Küstenverlagerungen unterbanden auch die Wanderwege der lachsartigen Seemaränen *(Coregonidae)*; deshalb kam es auf der baltischen Seenplatte und in einigen Alpenseen verhältnismäßig rasch zu Artabwandlungen (z. B. Felchen). Einige euryhaline Krebse der nördlichen Ostsee gelangten auf diese Weise bei Meereshochständen in schwedische Seen.

Paläontologische Dokumentation

Fluviale Sedimente enthalten oft Skeletteile quartärer Großsäuger. Aus den allgemeinen Erhaltungen, artlichen Zusammensetzungen, Altersklassierungen sowie der Fundverteilung wurden gelegentlich Todesort und Fossilisationsumstände ersichtlich. Manche Jagdlager – selbst makabre Bräuche eiszeitlicher Menschen – sind dabei ermittelt worden (Steiner 1981). Aus der Anordnung von Skeletteilen der aus Flußablagerungen geborgenen Säugetierreste (z. B. Emscher: *Mammuthus trogontherii*) konnten gelegentlich noch die Einbettungsvorgänge beim Zerfall der Leiche ersichtlich gemacht werden. Manchmal ließen sich die aufgesammelten Knochen auf jene Elefanten, Pferde, Wisente oder Hirsche beziehen, die an der Tränke in Flußniederungen verendet waren. Die bekannte Steinheimer Fundgrube gibt mit ihren Fossilien wichtige Hinweise über die landschaftlichen Veränderungen im Murrtal beim Übergang von der Holstein-Warmzeit in die Riß-Kaltzeit.

Fast vollständige Skelette von Großtieren wurden im Löß gefunden; in Mähren sogar ein „Friedhof" aus einigen hundert Mammuten. Wie bei den Pferderesten von Solutré hat man an Jagdzüge steinzeitlicher Menschen denken müssen. Der fossile Mensch hinterließ nämlich nicht nur Abbildungen seiner Strecke, sondern auch Speisereste davon. In Mähren bestand der „Küchenzettel" der Magdalénien-Leute hauptsächlich aus Eisfuchs, Schneehase und Wolf, häufig aus Mammut, Kolkrabe, Schneehuhn und Fuchs, gelegentlich aus Ren, Vielfraß, Przewalski-Pferd und Wildkatze, jedoch selten aus Braunbär, Ur (bzw. Wisent) und Rothirsch.

Höhlenablagerungen beherrschten im vorigen Jahrhundert die Vorstellungen vom Eiszeitalter. Hyänenhorste, die Katzen und Wölfe gleichfalls aufsuchten, sind an zerbissenen „Fremdknochen" zu erkennen. Aus Bärenhöhlen stammen die Reste ungezählter Tiere aller Lebensalter, doch handelte es sich meistens, wie Sedimentationsraten, Fundstreuungen und biologische Verhältnisse zu erkennen gaben, um „normale" Bestände (Kurtén 1968).

Fossile Gewölle eignen sich zur Beurteilung ehemaliger Kleinsäugetierbiotope, jedoch wurden nur Teilbestände überliefert; denn Raubvögel wählen ihre Beute aus. Freilandgewölle aus dem hessischen Löß enthalten daher oft entweder relativ „große" oder „kleine" Wirbeltierknochen. Andererseits fanden sich in einer ungarischen Höhle viele Reste von Feuchtlandtieren (Wasserratte, Maulwurf) zwischen einer Abfolge, die hauptsächlich Steppenarten (Wühlmäuse, Pfeifhase) barg; darin dürfte sich ein paläoklimatisches Ereignis, die Erwärmung vor dem Kälteeinbruch im Mittelwürm, dokumentiert haben.

Biostratigraphische Gliederungen

Zunächst glaubte man, daß auffällige Fossilien wie Höhlenbär, Mammut, Ren und Auerochs vier Epochen des Pleistozäns kennzeichnen, doch achtete man bald mehr auf die durch Klimaveränderungen stimulierten „Faunenbewegungen“ und phylogenetischen Abwandlungen. Das ergab für Mitteleuropa eine Dreigliederung mit „nordischen“ Formen (z. B. Mammut) in der jüngsten, „borealen“ (z. B. Edelhirsch) in der mittleren und „mediterranen“ (z. B. *Meganthereon*) in der ältesten Stufe (Thenius 1962). Ein Gliederungsschema für Südwestdeutschland geht einerseits von der Verbreitung der Mammute und Waldelefanten in den späten Abschnitten, andererseits der Altmammute während der frühen Wald-Steppen-Periode aus. Fossile Kleinsäuger bilden die Grundlage für die Abgrenzung klimazeitlicher Ereignisse im Alt- und Mittelpleistozän (Cromer- bis Eem-Warmzeiten), wobei *Mimomys savini-* und verschiedene *Arvicula cantiana*-Faunen stratigraphische und paläoökologische Schlüssel anbieten (Janossy 1969, v. Koenigswald 1973).

Das Ausmaß von Kalt- und Warmzeiten in den älteren Abschnitten, dem Biharium (Eburon- bis Elster-Kaltzeiten), wird aber unterschiedlich bewertet. Die südwestdeutschen Flußpferde und fehlende Kleinsäugetiere glazialen Gepräges (v. Koenigswald 1973) stehen der Vorstellung von krassen Kälteeinbrüchen während der Verbreitungszeit der Altmammute im Wege. Welche Schwierigkeiten es bei biostratigraphischen Zuordnungen selbst berühmter Fossilfundstellen gibt, offenbart das Ehringsdorfer Profil (Steiner 1981). Gewiß entstand der Untere Travertin mit dem Verschwinden warmzeitlicher Tierbestände (*antiquus*-Assoziation) und dem Aufkommen gemäßigter Faunen (*Dicerorhinus hemitoechus*-Assoziation). Im Pariser Horizont darüber gibt es aber Mammutreste und andere Hinweise für eine regionale Abkühlung. Schließlich enthält der Obere Travertin sowohl kaltzeitliche *(Mammuthus primigenius, M. primigenius trogontherii, Coelodonta antiquitatis)* als auch warmzeitlich ausgewiesene Abfolgen, so daß widersprüchliche Ansichten über die Abgrenzungen von saale- und weichselzeitlichen Ablagerungen auf der Hand liegen (Kahlke 1975, Mania 1975). Einen Überblick der stratigraphischen Auffassungen sowie der Parallelisierungen europäischer und amerikanischer Klimaphasen vermittelt Kowalski (1986) in seinem Buch über ›Die Tierwelt des Eiszeitalters‹, wenngleich einhellige Meinungen hinsichtlich der ältesten Klimaereignisse noch nicht bestehen.

Weil die Säugetiere des mitteleuropäischen Quartärs schon oft zusammenfassende Darstellungen erfahren haben, können Ausführungen über die Arten unter dem Hinweis auf die jüngere, einschlägige Literatur (z. B. Thenius 1962, Kurtén 1968, Janossy 1969, Nobis 1971, Nilsson 1983, Kowalski 1986) übergangen werden.

Faunenveränderungen

Im Laufe der postglazialen Erwärmung ordneten sich die Vegetationsgürtel und Tierprovinzen dem heutigen Bild entsprechend an. Daher leben noch „Eiszeittiere“ in den arktischen und subarktischen Gebieten (z. B. Ren, Moschusochse) oder den eurasiatischen Steppen (z. B. Steppenantilope). Läßt man die zonalen Verschiebungen außer Betracht, dann haben sich in Europa Evertebraten, Niedere Wirbeltiere und Vögel seit der Eiszeit kaum verändert.

Bei Stuttgart-Bad Cannstatt ergrabene Mammut-Stoßzähne und Funde aus württembergischen Höhlen wurden seit langem mit paläolithischen Jägern und der Dezimierung pleistozäner Tierbestände verknüpft. Selbst die Bevorzugung gewisser Jagdtiere wurde offenkundig; denn im Moustérien jagte man Pferde, im Aurignacien Mammute und im Magdalénien Rentiere. Im „Lindengrund“ bei Kreuznach ließ sich das Fundgut daraufhin allerdings nicht zuordnen; denn erst die ^{14}C-Analyse lieferte den Bezug auf die Ältere Tundrenzeit bzw. das rheinische Magdalénien (THIEME & LANSER 1982). Die unter Bimstuff des Laacher-See-Vulkanismus begrabenen, um tausend Jahre jüngeren „Siedlungsreste“ aus Gönnersdorf überlieferten ein wahres Archiv an Schieferplatten, auf denen die Wildbahn der Umgebung (z. B. Pferd, Ren, Mammut, Wollhaarnashorn) lebensnah festgehalten worden ist (BOSINSKI 1971).

Ausgerechnet stark bejagte Tierarten haben das „große Sterben“ überlebt, und im postglazialen Amerika verschwanden die Pferde ohne Zutun des Menschen. Seit BUCKLANDS “universal deluge” fehlt es nicht an „tiefen Gedanken“ über den Untergang pleistozäner Faunen. Die Klimaverschiebungen mögen den biologischen Rhythmus und trophische Veränderungen die Physiologie „überspezialisierter“ Arten empfindlich gestört haben, zumal ein knappes Nahrungsangebot die für Eiszeittiere maßgeblichen Entwicklungsimpulse ausgelöst hatte (VALENTINE 1971). Die sibirischen Mammute, Nashörner und Wisente haben wiederum Anhaltspunkte für Naturkatastrophen gegeben. Großwüchsigkeit und Standortbindung spielten wahrscheinlich auch eine wichtige Rolle.

Menschliche Einwirkungen (“overkill”; MARTIN 1967) haben mit dem Verschwinden charakteristischer alt- und mittelpleistozäner Populationen, etwa den Steppenhirschen, nichts zu tun. Das Wildpferd wurde wahrscheinlich durch klimabedingte, ökologische Veränderungen nach Ostasien abgedrängt, doch ist es, wie manche pleistozäne Art, über die Domestikation vor dem Untergang bewahrt worden. So steht dem Aussterben vieler Tiere auch die vom Menschen veranlaßte Ausbreitung mancher Areale (z. B. Wanderratte) gegenüber (ZEUNER 1963). Der zahlenmäßige Vergleich derzeitiger und mittelpleistozäner Arten offenbart für einige Ordnungen (z. B. Nager, Raubtiere) ziemlich gleichförmige Arthäufigkeiten. Abgänge und Zugänge hielten sich gewissermaßen die Waage, wenngleich im Mittelpleistozän phylogenetische Umwandlungen wohl rascher als sonst abliefen. Wiederholt sind „Artketten“ zusammengestellt worden, um die verwandtschaftlichen Beziehungen eiszeitlicher

Tiere aufzuhellen (z. B. KURTÉN 1968, NOBIS 1971, NILSSON 1983). Es liegt gewiß nahe, im Paläoklima die ausschlaggebenden Selektionsfaktoren für die mannigfaltigen Evolutionsprozesse zu suchen; denn es sind Kälteanpassungen gewesen, die in Mammut, Elch, Eisbär oder Vielfraß „neue" Populationen aufkommen ließen.

Literaturauswahl (vorwiegend ab 1971)

Barash, M. S. (1971): The Vertical and Horizontal Distribution of Planktonic Foraminifera in Quaternary Sediments of the Atlantic Ocean. Micropaleont. of Oceans, Funnel, B. M., and W. R. Riedel (eds.), 433–442, Cambridge.

Boekschoten, G. J., and P. Y. Sondaar (1972): On the fossil Mammalia of Cyprus. – Koninkl. Nederl. Akad. Wetenschap., B, 75, 4, 306–338, Amsterdam.

Bolli, H. M. (1971): The Direction of Coiling in Planktonic Foraminifera. Micropaleont. of Oceans, Funnel, B. M., and W. R. Riedel (eds.), 639–648, 1971.

Bosinski, G. (1971): Die Tierdarstellungen des Magdalénien-Fundplatzes Gönnersdorf bei Neuwied. Erste Kroon-Vordracht, Stichting Nederl. Mus. Anthropol. en Praeheist., 55 S., Amsterdam.

Diebel, K., und K. u. H. Wolfschläger (1975): Ostracoden aus dem jungpleistozänen Travertin von Ehringsdorf bei Weimar. Abh. Zentr. Geol. Inst., 23, 91–136, Berlin.

Forsten, A. (1984): Supraspecific Grouping of Old World Hipparions (Mammalia, Equidae). – Paläont. Z., 58, 165–171, Stuttgart.

Geraads, D. (1985): *Sivatherium maurusium* (Pomel) (Giraffidae, Mammalia) du Pleistocène de la République de Djbouti. Paläont. Z., 59, 311–321, Stuttgart.

Heintz, A., and V. E. Garutt (1965): Determination of the absolute Age of the fossil Remains of Mammoth and Wooly Rhinoceros from the Permafrost in Sibiria by the Help of Radio Carbon (C^{14}). Norsk. Geol. Tidskr., 45, 6 S., Oslo.

Hemmer, H. (1981): Die Evolution der Pantherkatzen. Modell zur Überprüfung der Brauchbarkeit der Hennigschen Prinzipien der phylogenetischen Systematik für wirbeltierpaläontologische Studien. Paläont. Z., 55, 109–116, Stuttgart.

Janossy, D. (1969): Stratigraphische Auswertung der europäischen mittelpleistozänen Wirbeltierfauna. Ber. deutsch. Ges. geol. Wiss., A, Geol. Paläont., 14, 367–438 u. 573–643, Berlin.

– (1975): Fossile Vogelknochen aus dem Travertin von Weimar-Ehringsdorf. Abh. Zentr. Geol. Inst., 23, 147–151, Berlin.

– (1975): Kleinsäugerfunde aus dem Travertin von Weimar-Ehringsdorf. Abh. Zentr. Geol. Inst., 23, 501–511, Berlin.

Kahlke, H. D. (1975): Zur chronologischen Stellung der Travertine von Weimar-Ehringsdorf. Abh. Zentr. Geol. Inst., 23, 591–596, Berlin.

Kempf, E. (1971): Ökologie, Taxonomie und Verbreitung der nichtmarinen Ostrakoden-Gattung Scottia im Quartär von Europa. Eiszeitalter u. Gegenwart, 22, 43–63, Öhringen.

Klinger, R., und W. v. Koenigswald (1984): Insektenfraßspuren in letztinterglazialen Hölzern aus den Sanden und Kiesen der nördlichen Oberrheinebene. Eiszeitalter u. Gegenwart, 34, 131–153, Hannover.

Knudsen, K. L., und R. W. Feyling-Hanssen (1976): Ergebnisse der Foraminiferenanalyse zur Quartärstratigraphie in Skandinavien. Eiszeitalter u. Gegenwart, 27, 82–92, Öhringen.

Koenigswald, W. v. (1973): Veränderungen in der Kleinsäugerfauna von Mitteleuropa zwischen Cromer und Eem (Pleistozän). Eiszeitalter u. Gegenwart, 23/24, 159–167, Öhringen.

Koufos, G. D. (1986): The Presence of *Sus strozzi* in the Villafranchian (Villanyian) of Macedonia (Greece). Paläont. Z., 60, 341–351, Stuttgart.

Kowalski, K. (1986): Die Tierwelt des Eiszeitalters (ins Deutsche übertragen von H. Kubiak). Erträge der Forschung, 239, 147 S., (Wiss. Buchges.) Darmstadt.

Kurtén, B. (1968): Pleistocene Mammals of Europe. 317 S., London.

Kuss, S. E., und G. Storch (1978): Eine Säugetierfauna (Mammalia: Artiodactyla, Rodentia) des älteren Pleistozäns von der Insel Kalymnos (Dodekanes, Griechenland). Neues Jb. Geol. und Paläont., Mh., 206–227, Stuttgart.

Mania, D. (1975): Zur Stellung der Travertinablagerungen von Weimar-Ehringsdorf im Jungpleistozän des nördlichen Mittelgebirgsraums. Abh. Zentr. Geol. Inst., 23, 571–598, Berlin.

Martin, P. S. (1967): Prehistoric Overkill. Proc. VII Congr. Int. Ass. Quat. Res., 6, Pleistocene Extinctions, 75–120, New Haven–London.

Morely, J. J., and N. J. Shackleton (1978): Extension of the radiolarian *Stylatractus universus* as a biostratigraphic Datum to the Atlantic Ocean. Geology, 6, 309–311, Boulder.

Nigrini, C. A. (1971): Radiolarian Zones in the Quaternary of the equatorial Pacific Ocean. Micropalaeontology of Oceans (Funnel, B. M., and W. R. Riedel, eds.), 443–461, Cambridge.

Nilsson, T. (1983): The Pleistocene – Geology and Life in the Quaternary Ice Age. 651 S., Stuttgart.

Nobis, G. (1971): Vom Wildpferd zum Hauspferd – Studien zur Phylogenie pleistozäner Equiden Eurasiens und das Domestikationsproblem unserer Hauspferde. Fundamenta, B, 6, 96 S., Köln.

Rowland, R. W., and D. M. Hopkins (1971): Comments on the Use of *Hiatella arctica* for determining Cenozoic Sea Temperatures. Palaeogeogr., Palaeoclimat., Palaeoecol., 9, 59–61, Amsterdam.

Schütt, G., und H. Hemmer (1978): Zur Evolution des Löwen (Panthera leo L.) im europäischen Pleistozän. Neues Jb. Geol. u. Paläont., Mh., 228–255, Stuttgart.

Siegfried, P. (1982): Skeletteile des pleistozänen Moschusochsen aus Westfalen. Paläont. Z., 56, 125–130, Stuttgart.

Steiner, W. (1981): Der Travertin von Ehringsdorf und seine Fossilien. N. Brehm-Bücherei, 200 S., Wittenberg.

Thenius, E. (1962): Die Großsäugetiere des Pleistozäns von Mitteleuropa – eine Übersicht. Z. f. Säugetierkunde, 27, 65–83, Hamburg–Berlin.

Thieme, H., und P.-K. Lanser (1982): Die eiszeitlichen Kultur- und Faunenreste aus dem „Lindengrund" bei Heddesheim, Ldkr. Kreuznach. Schrift. Amt.- Schul.- und Kulturwesen Kreuznach, 2, 77 S., Kreuznach.

Valentine, J. W. (1971): Resource, supply and species diversity patterns. Lethaia, 4, 51–61, Oslo.

Zeissler, H. (1975): Konchylien im Ehringsdorfer Pleistozän. Abh. Zentr. Geol. Inst., 23, 15–90, Berlin.

Zeuner, F. E. (1963): A History of domesticated Animals. 447 S., London.

DIE KULTURENTWICKLUNG DES MENSCHEN IM EISZEITALTER

Von Hansjürgen Müller-Beck

1. Modelle und Methoden als Beispiel

Die zoologische Forschung hat plausibel gemacht, daß der klassische Begriff der Kultur als System der Tradierung erlernter Erfahrungen über Generationen hinweg auch schon im Tierreich Gültigkeit hat. Das wird besonders klar bei höheren differenzierten Arten wie Bibern unter den Nagern oder Menschenaffen unter den Herrentieren. Dies gilt über die Analogie der Menschenaffen und der ebenso wendigen Steppenpaviane gewiß auch für das Verhaltensspektrum der ihnen morphologisch nahestehenden Affenarten des Tertiärs und Altquartärs (Reader and Gurchie 1987). Aus dieser Grundannahme und aus Begleitfunden lassen sich Vermutungen zur Umweltnutzung und -einfügung der von ihnen gebildeten Populationen entwickeln (Campbell 1985).

Heute unterscheiden sich alle tierischen von den menschlichen Kommunikationskomplexen als Hauptfaktoren der kulturellen Entfaltung. Bei Tieren herrschen durch Lautuntermalungen ergänzte Systeme der Körpersprache vor. Bei Menschen hat die Lautsprache mit ihrer hohen Flexibilität schon lange vor der Erfindung der Schrift zunehmende Bedeutung. Gestik und Mimik treten dahinter im Alltag weit zurück. Die Sprache ist bei allen Jägervölkern das wichtigste Instrument zur Vermittlung von Lerninhalten (Lee 1982). Sie hatten alle beim ersten Kontakt mit Europäern um 1500 n. Chr. hochentwickelte Techniken zur Nutzung des ihnen zugänglichen Umfeldes als Überlebensmittel. Stein war der Grundwerkstoff zur Bearbeitung tierischer und pflanzlicher Materialien. Metalle waren seltene regionale Ausnahmen und blieben nachgeordnet. Ackerbau und Viehzucht fehlten in weiten Regionen ganz oder spielten nur eine sehr geringe Rolle. Sie waren aus klimatischen Gründen nicht möglich oder bei der Fülle der verfügbaren Ressourcen auch nicht nötig.

Aus der schriftlosen Vergangenheit müssen Paläontologie und Archäologie – die man als „Paläontologie des Menschen" bezeichnen kann – das ehemals bunte Bild des Lebens aus erhaltenen Resten und Spuren rekonstruieren. Jenseits der beschreibenden Morphologie geht es dabei auch um die „physiologischen" und „psychischen" Komponenten, die erst die erschließbaren technischen Systeme als basalen Teil kultureller Entfaltung bestimmen. Dazu kommt deren Einbettung in die umgebende Tier- und Pflanzenwelt als Nutzungspotential (Mai 1983, schon im späteren Mittelpleistozän, oder Müller-Beck 1983).

Die Archäologie greift zur Erhellung auch auf frühe Schriftquellen zurück,

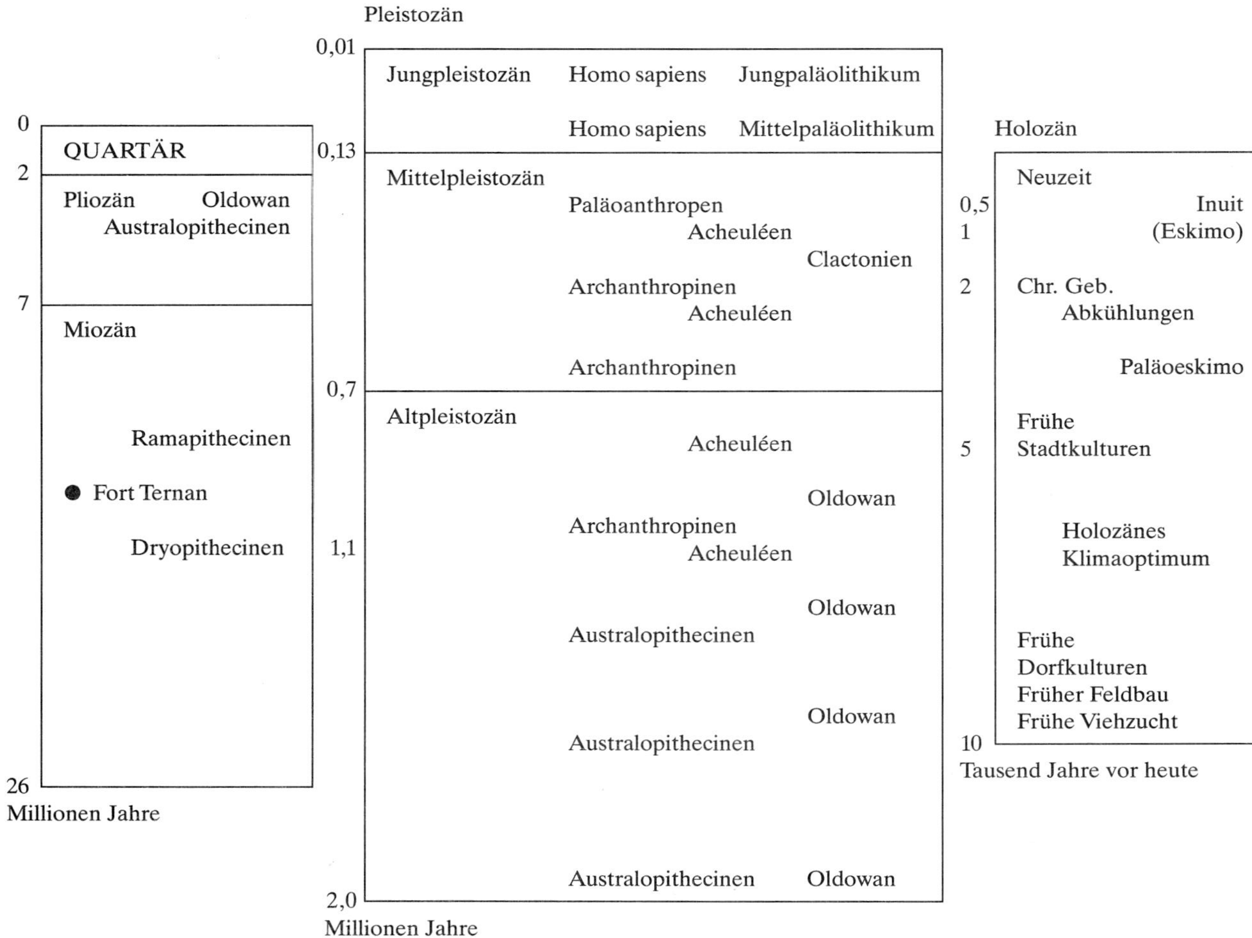
0
QUARTÄR
2
Pliozän
Oldowan
Australopithecinen
7
Miozän
Ramapithecinen
Fort Ternan
Dryopithecinen
26
Millionen Jahre
Pleistozän
0,01
Jungpleistozän
Homo sapiens
Jungpaläolithikum
Homo sapiens
Mittelpaläolithikum
0,13
Mittelpleistozän
Paläoanthropen
Acheuléen
Clactonien
Archanthropinen
Acheuléen
Archanthropinen
0,7
Altpleistozän
Acheuléen
Oldowan
Archanthropinen
Acheuléen
1,1
Oldowan
Australopithecinen
Oldowan
Australopithecinen
Australopithecinen
Oldowan
2,0
Millionen Jahre
Holozän
Neuzeit
0,5
Inuit
1
(Eskimo)
2
Chr. Geb.
Abkühlungen
Paläoeskimo
Frühe
5
Stadtkulturen
Holozänes
Klimaoptimum
Frühe
Dorfkulturen
Früher Feldbau
Frühe Viehzucht
10
Tausend Jahre vor heute

die über Jägervölker berichten, im Falle der 3. Dynastie des Alten Reiches Ägyptens schon vor fast 5000 Jahren. Dazu kommen Ergebnisse späterer systematischer Studien der Ethnographie, um aus beobachteten technischen Verfahren das Potential ihrer Spuren und Reste abzuleiten.

Dies ist bereits nützlich bei der Beurteilung einfachster Steinabschläge, deren nachweisbare planmäßige Fertigung in früher Vergangenheit ein neues technisches Erfahrungsniveau bezeugen. Aber es geht auch um andere Spuren und Hinterlassenschaften, die als koordinierender „Befund" des Archäologen peinlich genau dokumentiert werden müssen, seien es Feuerspuren, Behausungsreste, Beutetierknochen oder Teile von Nutzpflanzen. Nur so kann Aktivität, zugehörige Umwelt und Zeitablauf der dynamischen Ereignisse rekonstruiert werden.

Eine der wichtigsten Aufgaben von Paläontologie und Archäologie ist die Schaffung zuverlässiger Chronologien, in die die Einzelquellen einzupassen sind, um so den Ablauf der historischen Ereignisse entlang der Zeitskala zu rekonstruieren. Beide sind dabei auf eine solide Anwendung der verfügbaren radiometrischen Datierungsmethoden angewiesen (GEYH 1983), deren ständige Weiterentwicklung zur kritisch überprüften Auswertung zwingt.

Die kulturhistorisch relevante Chronologie reicht bis in das ausgehende Tertiär, in das Miozän zwischen 26 bis 7 Millionen Jahren vor heute zurück (Tabelle 1). Dort beginnt sich der antarktische Eisschild merkbar auszudehnen, die Steppenzonen nehmen an Umfang zu. Das anschließende Pliozän endet vor etwa 2 Millionen Jahren. In einer noch nicht allgemein akzeptierten kürzeren Chronologie beginnt das folgende Pleistozän als erste Abteilung des Quartärs erst vor 1,8 Millionen Jahren in Anlehnung an die Basis des Olduvai-Normalereignisses innerhalb der Matuyama-(Umkehrungs-)Epoche, der durch paläomagnetische Ereignisse definierten irdischen Zeitskala (HANTKE 1978). Das Pleistozän seinerseits wird untergliedert in das Altpleistozän bis etwa 700000 vor heute, das Mittelpleistozän bis zum Beginn der Waldepoche des europäischen Eem vor rund 125000 Jahren (dort setzt auch die Tiefsee-Sauerstoff-Isotopen-Phase 5 – GEYH 1983 – ein) und das erst vor 10000 Jahren endende Jungpleistozän. Die zweite Abteilung des Quartärs, das Holozän, ist entsprechend kurz. Es dauert noch an. Ausgedehnte Eisvorstöße im Sinne des klassischen Begriffes „Eiszeitalter" sind erst im Mittelpleistozän faßbar. Langphasige markante Klimaschwankungen setzen sich im Holozän fort und haben auch kulturhistorisches Gewicht (BLOCH 1980). Wie stark das Gesamtklima der Erde heute durch die moderne industrielle Energienutzung (seit 1830) beeinflußt wird, ist noch unklar (URBAN 1988). Kleinräumig ist der Mensch über Jagd und Pflanzennutzung seit zumindest 14000 Jahren Mitgestalter der Klimaparameter (MÜLLER-BECK 1980). Sein Anteil an der Gesamtbilanz der Energieumsätze ist Teil der technisch-kulturellen Entwicklung, die hier zu beschreiben ist.

2. *Vorspiel: Dryopithecinen, Ramapithecinen und Australopithecinen*

Die Anzahl der Affenfunde aus dem Miozän ist recht groß. Sie sind so stark in Zeit und Raum verstreut, daß es bisher nicht gelang, sie in ein klares Entwicklungssystem zu bringen. Fast alle sind als Waldbewohner anzusehen (Campbell 1985). Dazu gehören auch die mitteleuropäischen Dryopithecinen etwa von der Schwäbischen Alb (v. Koenigswald 1983), die, wie der ähnliche „Proconsul“ in Afrika, in die Nähe der heutigen Schimpansen und Gorillas zu stellen sind (Abb. 1).

Eine Sondergruppe bilden die Ramapithecinen mit ihren meist reduzierten Eckzähnen und Körnerfresser-Molaren. Sie sind mit Steppenhuftieren vergesellschaftet, deren Artenzahl mit zunehmender Ausdehnung der Grasländer ansteigt (Karte 1). Allerdings zeigen neu gefundene postcraniale Fragmente aus Südasien, daß dort Ramapithecinen-Varianten eher wie Orang-Utans Baumhangler sind (Raeder and Gurchie 1987). Nur ist damit freilich noch nicht gesagt, daß diese Spezialisierung für alle Ramapithecinen anzunehmen ist, die anderswo in lichteren Waldsteppen leben (Abb. 2).

Von besonderem technohistorischem und damit auch kulturhistorischem Interesse ist ein Ramapithecinen-Fund aus Ostafrika (Fort Ternan/Kenya), der auf etwa 14 Millionen Jahre vor heute datiert werden muß (Campbell 1985) und für den L. Leakey (Leakey and Lewin 1978) zumindest die Benutzung eines dort ebenfalls gefundenen Steinscherbens postuliert hat. So früh beginnt also unterdessen das klassische „Eolithenproblem“ – der Nachweis planmäßig gefertigter (oder gesammelter geeigneter) und genutzter Steingeräte. Das ist durch Einzelfunde nicht entscheidbar, sondern bedarf rekonstruierbarer Produktionsserien. Wieweit Dryopithecinen und vor allem auch die eher steppengängigen Ramapithecinen gejagt haben, ist noch unklar. Dies ist aber nach heutigen Analogien, wo sogar bei Halbaffen opportunistisches Beutegreifen beobachtet wird, zumindest als Gelegenheitsleistung vorstellbar (Müller-Beck 1985).

Dagegen lassen sich mit Sicherheit bei den Australopithecinen (Karte 2) seit 4 Millionen Jahren in den afrikanischen Steppen planmäßige Steinzerlegungen nachweisen (Reader 1982), die in den unteren Straten der Olduvai-Abfolge in Ostafrika in regelrechten Lagerplätzen nachgewiesen wurden (Leakey and Lewin 1978).

Das Körperskelett der Australopithecinen unterscheidet sich nur wenig von dem heutiger Menschen. Der aufrechte Gang der frühesten Australopithecinen wird durch Fußspuren in der Laetolil-Formation Ostafrikas eindeutig dokumentiert (Leakey and Harris 1987). Noch interessanter ist, daß es sich hier offenbar um eine „Kleinfamilie“ handelt aus Mann, dahinter gehender Frau und an der Hand der Frau laufendes Kind. Dagegen wirkt der Schädel mit kleiner Hirnschale und starken Muskelansätzen im Nacken und am Kauapparat atavistisch. Neben schweren, bis zu 80 kg wiegenden Individuen (Abb. 3) erscheinen leichtere, erwachsen nur eben 40 kg erreichende Varianten. Die ge-

1
2

Karte 1: Vorkommen von „Ramapithecinen" im Mittleren Miozän der Alten Welt bei zunehmender Ausdehnung der Waldsteppen und Steppen.
1 Fundpunkte von „Ramapithecinen" (s. dazu Text)
2 Waldsteppen und Steppen mit Zunahme der Huftierarten

Abb. 1: Lebensbild der Dryopithecinen im lichten Wald des Miozäns Mitteleuropas.

schlechtsspezifischen Unterschiede werden, wie beim Gorilla, sehr groß. Mit hoher Wahrscheinlichkeit waren alle Australopithecinen mehr oder weniger intensive Jäger, die zumindest einfache Stoßlanzen besaßen, um Tiere rasch zu töten und so Raubtierkonkurrenten zuvorzukommen, auch wenn dies immer wieder grundsätzlich in Frage gestellt wird (Binford 1984, dagegen Müller-Beck 1985). Als Antrieb zur Entfaltung menschlicher Technik und der zugehörigen vorausdenkenden Planung ist nach allen Befunden gerade die Jagd ein entscheidender und auch spezifisch anthropogener Faktor (Müller-Beck 1982). Daneben behält natürlich auch die Pflanzennahrung, besonders das Nutzen der in Steppen vielfältigen Körnerpflanzen, grundlegende Bedeutung.

Es wird immer sicherer, daß schon alle Australopithecinen Kern- und zugehörige Abschlaggeräte aus geeigneten Gesteinen produzierten und nicht erst die späten Varianten des *(Homo) Australopithecus habilis* (Müller-Beck 1982, Reader and Gurchie 1987, Rodenroth 1987). Damit steht auch die potentielle Steinnutzung bereits im mittleren Miozän in neuem Licht.

Das Sozialverhalten der Australopithecinen ist bisher nur ungenügend über Analogien bei Gorillas, Schimpansen und auch Pavianen abschätzbar, die in sich stark variieren. Die Laetolil-Spuren sprechen immerhin schon sehr früh für das Vorhandensein der „menschlichen" Kernfamilie auch als soziale und ökonomische Grundeinheit. Ob eine Steinsetzung aus dem basalen Teil der Olduvai-Schlucht schon als hütten- oder windschirmartige Konstruktion zu deuten ist, bleibt offen (Müller-Beck 1983).

3. Die Menschen des Alt- und Mittelpleistozäns und ihre Technik

Da das technische Verhalten von *(Homo) Australopithecus habilis* nicht auf diese Art begrenzbar ist, entfällt prinzipiell jeder Grund zur Aussonderung aus der Gattung Australopithecus. Archäologisch bleibt also konsequent, die ganze Unterfamilie der Australopithecinae zusammen mit der Unterfamilie der Menschen als Hominìnae in die gemeinsame Familie der Hominidae zu stellen. Die allein aus der Gattung *Homo* bestehenden Homininae gliedern sich in die Untergattungen morphologischer Definition: Archanthropinen, Paläoanthropen, Neoanthropen (Tabelle 2).

Die Archanthropinen lassen sich weitgehend mit den *Homo-erectus*-Varianten gleichsetzen, deren bisher ältester Vertreter mit dem Hominiden Nr. 9 im oberen Bed II von Olduvai mit einer Datierung von etwa 1,1 Millionen Jahren vorliegt (Wymer 1984). Er ist mit einer klaren Faustkeilindustrie korreliert, die sich vom frühen Oldowan durch verbesserte Kernvorbereitungstechnik unterscheidet. Neben den frühesten Faustkeilinventaren, die in Olduvai vor 1,4 Millionen Jahren beginnen, treten auch weiterhin reine Oldowan-Komplexe auf, die nur Kerne, Kerngeräte und zugehörige Abschlagprodukte enthalten. Vermutlich liegen hier aufgabenspezifische Differenzierungen vor. Die Faustkeile sind eher für die Zerwirkung von Wild und die anschließende Hautverarbei-

Tab. 2: Vereinfachte Systematik der Hominiden (= Menschlichen) unter Berücksichtigung des Werkzeugverhaltens

Oberfamilie:	HOMINOIDEA		
Familie:	Pongidae	HOMINIDAE	
Unterfamilie:		AUSTRALOPITHECINAE	HOMININAE
Gattung:		*Australopithecus*	*Homo*
Untergattung:			„Archanthropus“
			„Paläoanthropus“
			„Neoanthropus“
Art:		*A. afarensis*	*(H. habilis)*
		A. africanus	*H. erectus*
		A. robustus	*H. sapiens*
		A. habilis	
Unterart:			*H. s. neanderthalensis*
			H. s. sapiens

tung geeignet, wie Arbeitsspuren an späteren Exemplaren nahelegen (Owen and Unrath 1986). Die faustkeillosen Inventare sind wahrscheinlich weniger spezialisiert und eher auf Pflanzennutzung und -verarbeitung ausgerichtet (Müller-Beck 1982).

Auch die Reste des *Homo erectus* in Bilzingsleben sind morphologisch Archanthropinen. Sie sind spätestens auf 200000 vor heute zu datieren und gehören in das spätere Mittelpleistozän (Mania u. a. 1980, 1986, Mai 1986). Hier besteht die Steingerätindustrie aus einfachen Kernen und Abschlägen am Ufer eines kleineren Sees in einer aufgelockerten Waldlandschaft. Die Geräteproduktion aus Knochen und Geweihen ist gut entwickelt. Es kommen die ersten einfachen Ornamentierungen vor. Die Jagd auf Großhuftiere bis zum Elefanten und der Fischfang bis zum Wels ist archäologisch unzweifelhaft nachweisbar. Etwas älter als die Funde von Bilzingsleben dürfte der Frauenschädel von Steinheim sein, der aber bereits zu den „verfeinerten“ Paläoanthropen zu stellen ist (Müller-Beck 1983). Dahinter steht eine Verringerung der Muskelmassen, so daß zeitliche Überlappungen der zugehörigen morphologischen Merkmale nicht verwunderlich sind und heutigen populationsgenetischen Differenzierungen entsprechen.

Ähnlich verhält es sich bei den Steingerätfunden, wo neben jüngeren Formen auch weiterhin ältere auftreten. So zeigt das Inventar von Terra Amata am Mittelmeerufer bei Nizza vor mindestens 250000, wenn nicht sogar gegen 500000 Jahren vor heute neben gröberen, aus Geröllen gefertigten oldowanartigen „Typen“ und unterschiedlich ausgeformten Faustkeilen sorgfältig kantenbearbeitete Abschlaggeräte, die auch in jüngeren Komplexen kaum auffallen würden. Die Jagd auf Großsäuger inklusive Elefanten ist wieder dokumentiert. Dazu kommen Feuerstellen und Spuren von Hütten oder Windschirmen, die nicht unbedingt zu einem Großbau gehören müssen (Wymer 1984). Die spätmittelpleistozänen Abschlaggeräte aus der Grotte du Lazaret

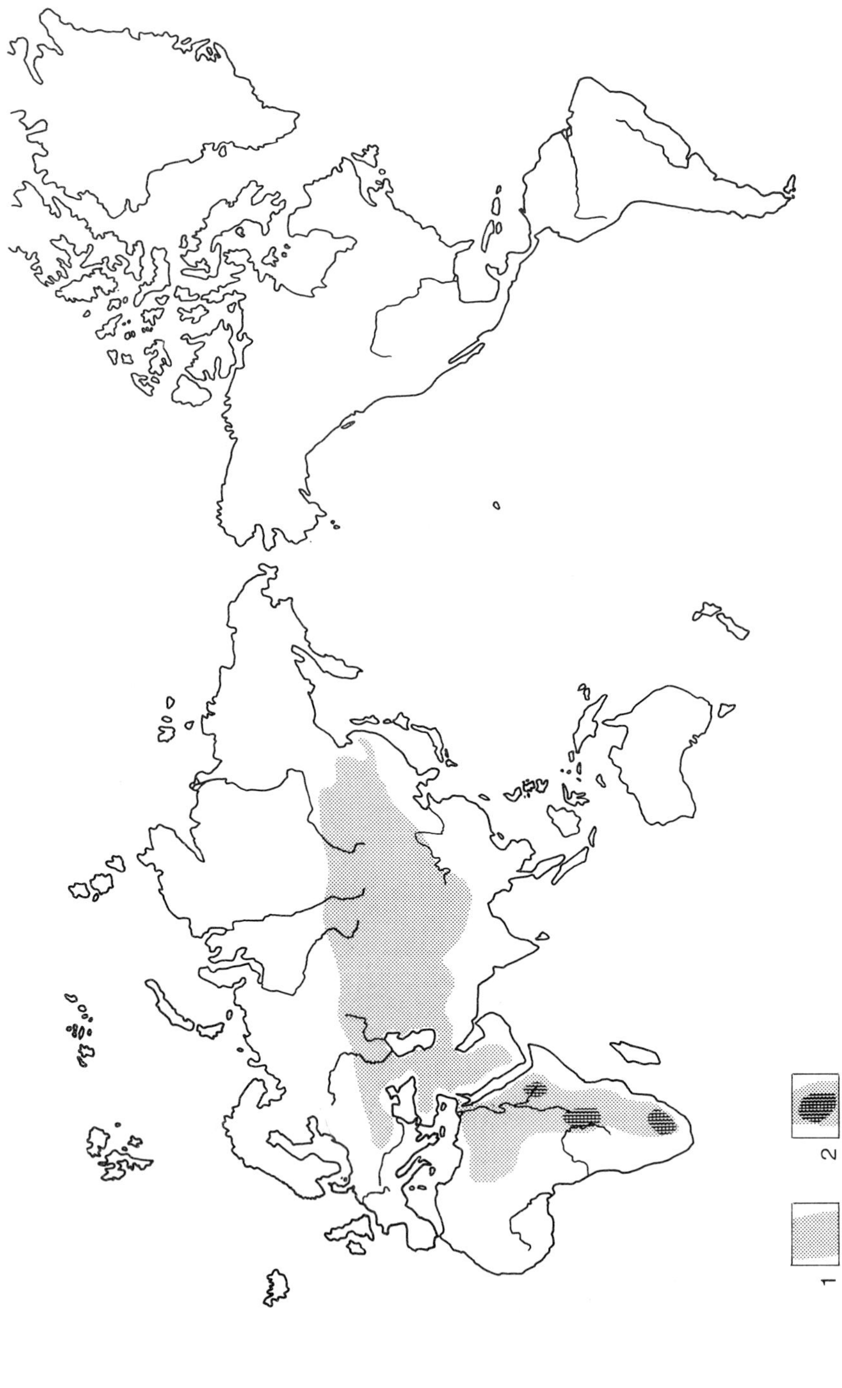
1
2

Karte 2: Die Australopithecinen Afrikas im Übergang vom Pliozän zum Pleistozän.

1. Steppenareale der Alten Welt mit unterschiedlichen Baumbeständen und reichen Graslandfaunen
2. Vorkommen der bisher bekannten Australopithecinen mit Steingerättechniken (s. dazu Text)

Abb. 2: „Ramapithecinen" im Grasland des ungarischen Miozäns.

Karte 3: Die Archanthropinen des späten Alt- und des Mittelpleistozäns mit ihrer Begrenzung auf Tropen und Subtropen und vorwiegend die warm-gemäßigte Zone. Am Ende des Mittelpleistozäns auch im Bereich der kühl-gemäßigten und partiell der subarktischen, sich damals ausdehnenden Klimabereiche.

Abb. 3: Afrikanische Australopithecinen als Pflanzennutzer.

sind deutlich sorgfältiger überarbeitet und sicher gut 100000 Jahre jünger. Damals war es bei Nizza merklich kühler, wie eine ganze Reihe von Beobachtungen erkennen läßt. Neben größeren gleichzeitigen Feuerstellen sind auch hier sicher rekonstruierbare Behausungen noch nicht klar dokumentiert (Wymer 1984).

Als eindeutiger Beleg für die Jagd im heutigen Sinne muß die gut erhaltene Holzlanze von Clacton-on-Sea gelten, die je nach kurzer oder langer Chronologie des Mittelpleistozäns zwischen 200000 und 400000 vor heute zu datieren ist (Wymer 1984). Auch in England sind gleichzeitige Fundstellen mit und ohne Faustkeile bekannt. Die faustkeillose Tradition läuft unter der Bezeichnung „Clactonian" (als morphologisch begründete Definitionseinheit), die faustkeilführende unter „Acheuléen" (nach einem nordfranzösischen Fundort). Die Beutetierreste stimmen überein und reichen von Fischen und Vögeln bis hin zu Pferden, Hirschen, Nashörnern, Wildrindern und Elefanten. Bei Faustkeilinventaren scheinen Steppenelemente zu überwiegen (Wymer 1984), was eine größere Jagdabhängigkeit zeigen könnte.

In der ganzen Alten Welt lassen sich jetzt auf tradierten Erfahrungen beruhende Jagdtätigkeiten erfassen, die die lokale Pflanzennutzung ergänzen (Karte 3). Durch morphologisch erkennbare Differenzierungen der Steingerät-Techniken ergeben sich die ersten großregionalen Kulturprovinzen: 1. Afrika/Südeuropa/Vorderasien, 2. Eurasien nördlich der Alpen und der mittelasiatischen Gebirge, 3. Südasien, 4. Ostasien.

Nach den bisherigen Befunden ist ein technohistorisches Kontinuum im subsaharischen Afrika über die Grenze Australopithecinen/Homininen hinweg klar dokumentiert (Wymer 1984). Ob die Homininen Asiens auch von den Australopithecinen Afrikas abzuleiten sind, wie das häufig angenommen wird, ist noch keineswegs gesichert und auch kaum sehr wahrscheinlich. In Europa als Kontaktzone zwischen Afrika und Asien (die sich technohistorisch und damit auch kulturhistorisch abzuzeichnen beginnt) muß mit Einflüssen aus beiden Richtungen gerechnet werden. Die Grundzüge der Steintechniken deuten das an, auch wenn sich erste europäische Traditionseigenheiten langsam herausbilden. Die Menschen (Bloch 1980) der Alten Welt nutzen jetzt bereits alle Steppenzonen des Südens und auch schon die alpinen Hochlandwälder und die nach Süden verschobene Subarktis Eurasiens (Wymer 1984: Grotte du Lazaret).

4. *Neandertaler und gleichzeitige Jägerkulturen*

Die vor allem in den Umländern des Mittelmeers auftretenden Neandertaler gehören als Unterart des *Homo sapiens (neanderthalensis)* auch mit ihren Vertretern nördlich der Alpen zur jüngeren Gruppe der Paläoanthropen. Sie sind zwischen 130000 und 35000 Jahre vor heute zu datieren. Die „Sapientisierung" ist damit auf breitester Front erfolgt. Das betrifft auch die Morphologie aller anderen Menschenreste der Alten Welt und des etwa vor 50000 bis 40000 Jahren

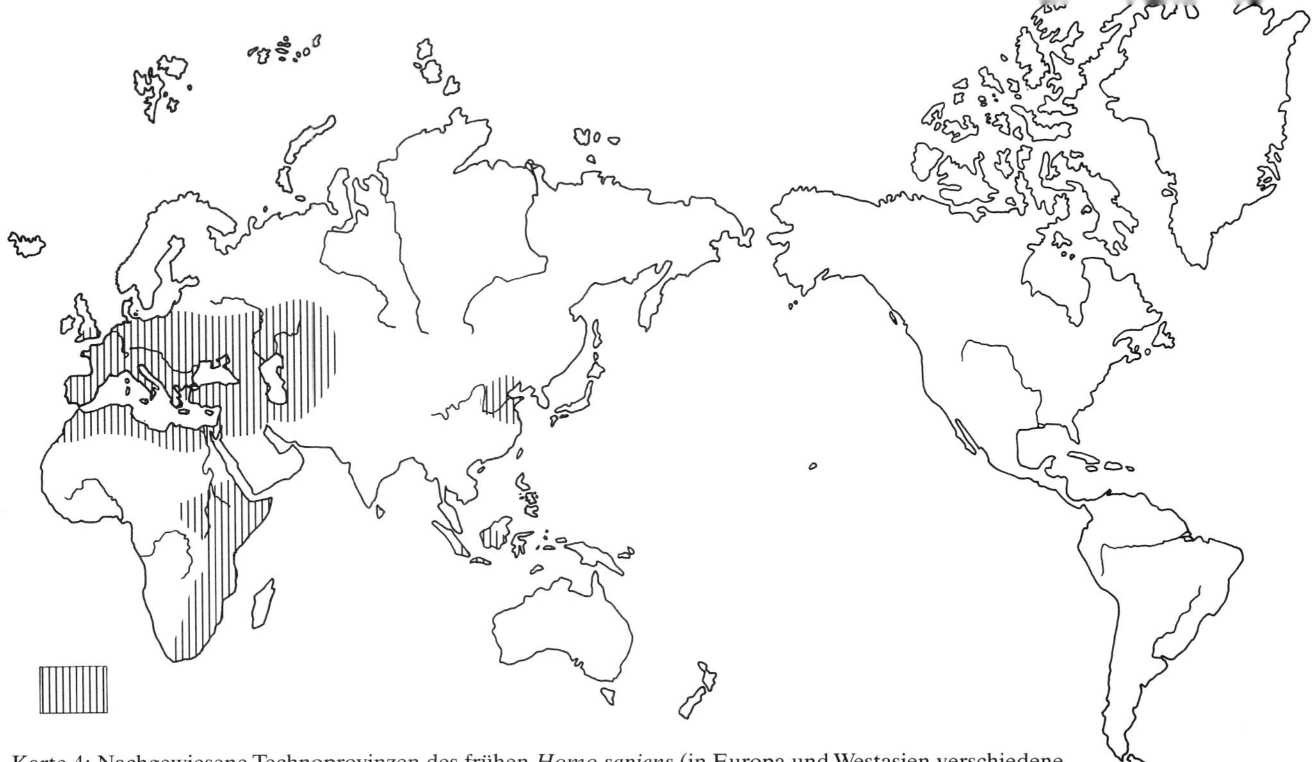

Karte 4: Nachgewiesene Technoprovinzen des frühen *Homo sapiens* (in Europa und Westasien verschiedene Formen des *Homo sapiens neanderthalensis*) in den ersten 90000 Jahren des Jungpleistozäns.

1. Technoprovinz Nordafrika/Europa/Westasien mit entwickelten Steingeräteindustrien und im Norden Waffenspitzen aus Knochen, entwickelte Bekleidungstechnik. Im Norden Daueranpassung an subarktische Verhältnisse mit zunehmender Bedeutung der Jagd.
2. Technoprovinz Subsaharisches Afrika mit späten Faustkeilindustrien und Waffenspitzen ausschließlich aus Stein, einfachere Bekleidungstechniken. Trotz zunehmender Jagd Pflanzennutzung sicher nach wie vor sehr stark.
3. Technoprovinz Nordostasien mit einfachen Steingeräteindustrien (wenig Bifaceformen), aber Anpassung an kühl-gemäßigte Löß-Steppenbedingungen. Wahrscheinlich auch zunehmende Bedeutung der Jagd.
4. Technoprovinz Südostasien mit sehr einfachen Steingeräten und seltenen Bifaceformen, wahrscheinlich erheblicher Anteil der Pflanzennutzung, Jagdintensität noch unbekannt.

erreichten Australiens. Gleichzeitig verstärkt sich die Differenzierung technohistorisch regional immer mehr. In Europa werden erstmals technische und damit auch kulturhistorisch unterschiedliche Entwicklungen im Westen, Süden, Zentrum und Osten faßbar. Auch in Ostasien zeigen die Funde ähnlich kleinräumige Unterteilungen. Offenbar steht einer überall ablaufenden biogenetischen Entfaltung der Gehirndifferenzierung, vor allem im Bereich des vorausdenkenden und planenden Frontalhirns (Armstrong and Falk 1982), das die Schädelmorphologie beeinflußt, eine enger regional eingegrenzte technohistorische Erfahrungs- und Nutzungstradierung gegenüber. Denn analog dazu variieren auch die ökonomisch bedeutsamen Sammelpflanzen und Beutetiere und zugehörigen Technosysteme. Die kleinräumigeren kulturellen Regionen haben sich endgültig von den weitfassenden biogenetischen Formenprovinzen getrennt. Kulturhistorisch werden diese Einheiten unter dem Begriff „Mittelpaläolithikum“ in Eurasien und Nordafrika (nach dem vorhergehenden „Altpaläolithikum“), als “Middle Stone Age” im subsaharischen Afrika und in Südasien (dort davor “Early Stone Age”) gefaßt. Vorschläge, diese jüngeren Begriffe bis ins Mittelpleistozän auszudehnen (Bosinski 1986), zeigen den Zusammenhang mit den altpaläolithischen Grundlagen.

Auch im jungpleistozänen Mittelpaläolithikum Europas stehen faustkeillose Inventare neben faustkeilführenden als nun deutliche Belege für Aktivitätsunterschiede (Wymer 1984). Die Schlagtechnik zur Herstellung der Grundformen hat sich weiter in Richtung auf Rationalisierung der Arbeitsabläufe verfeinert, ebenso die formende Modifikation der Kern- und Abschlaggeräte.

Mit den markanten Abkühlungen ab etwa 80000 vor heute ergeben sich weitere kulturelle Differenzierungen in den von Menschen genutzten, klimatisch unterschiedlichen Regionen bis hin zur Subarktis Nordeurasiens (Tabelle 1, Karte 4). In Salzgitter-Lebenstedt nahe Braunschweig finden sich mit Resten des Neandertalers und gut verarbeiteten Steingeräten Rentier und Mammut neben subarktischen Pflanzenspuren (Wymer 1984). Das Ren erreicht um 50000 kurzfristig die Küsten Südfrankreichs (Laville u. a. 1980). Ähnlich kühle Zonen werden von Menschen jetzt auch in Osteuropa, Südsibirien und Nordchina genutzt (Wymer 1984). Zudem intensiviert sich mit verbesserten Techniken die Ausbeutung von Pflanzen und Tieren der südlicheren Klimazonen, in denen bei zunehmenden Niederschlägen oft die natürliche Produktivität steigt.

Die Jagd auf Großtiere wird im Eem (130000 bis 115000 vor heute) endgültig durch die in einem Waldelefanten gefundene Holzlanze von Lehringen dokumentiert (Thieme und Veil 1985). Leider ist die Pflanzennutzung durch die schlechteren Erhaltungsbedingungen nur unzureichend zu belegen. Mit sehr großer Wahrscheinlichkeit muß nach den bisher erkennbaren Kulturfaktoren mit einer Arbeitsteilung der Geschlechter gerechnet werden. Sie ist auch wegen der Notwendigkeit der schon komplexeren Kleinkinderbelehrung, die damit zu verknüpfen sein dürfte, zu vermuten. Planmäßige Grablegungen seit mindestens 60000 Jahren deuten eine weitere Differenzierung des reflektierenden Denkens an (Wymer 1984).

Die stark zunehmende Zahl der Fundstellen in der Alten Welt, zu der gegen Ende dieser Periode das durch die Menschen erreichte Australien stößt (Laville u. a. 1980, Müller-Beck 1983, Wymer 1984), zeigt, daß die Neandertaler und ihre Zeitgenossen in den ersten Jahrzehntausenden des jungpleistozänen Eiszeitkomplexes den menschlichen Lebensraum weit in subarktische und alpine Zonen hinausgeschoben haben. Ob sie schon Amerika erreichten, wo die Beringstraße um 60000 bis 50000 langfristig trockenfiel (Kahlke 1981), ist noch unklar.

5. Die Menschen des ausgehenden Jungpleistozäns

Die eben beschriebenen Tendenzen setzen sich auch noch nach 35000 vor heute, in der Zeit des *Homo sapiens sapiens*, den eigentlichen Neoanthropen, fort. Die „Sapientisierung" und die zugehörige geschlechtsspezifische Arbeitsteilung als Notwendigkeit der Kinderschulung halten an. Dafür eine kleinräumige Ursprungszone zu suchen ist wenig sinnvoll, die technohistorische Differenzierung nimmt weiterhin in Entsprechung zu den unterschiedlichen Nutzungsräumen zu. Das planende Vorausdenken wird immer bedeutsamer, die schiere Kraft, manifestiert durch die Morphologie der Paläoanthropen, tritt dagegen immer stärker zurück.

Die Grundproduktion und Modifikation der Steingeräte wird stärker rationalisiert. Mit verbesserten Schlagverfahren nimmt die Herstellung schmaler Abschläge (Klingen) in größeren Serien weiter zu, was zu stärkerer Normierung der Werkzeugformen führt. Es bilden sich dabei gut erkennbare Traditionsprovinzen von kulturhistorischer Relevanz. So lassen sich etwa das Aurignacien und das Magdalénien (benannt nach französischen Fundorten) zwischen 35000 und 28000 sowie 16000 und 12000 vor heute in Süddeutschland klar unterscheiden. Nicht so eindeutig gilt das etwa für das in Südfrankreich mit damals besseren Klimaverhältnissen zwischen 28000 und 18000 einzuschiebende Gravettien, das vom Aurignacien dort nicht scharf zu trennen ist. Hingegen zeigt hier das folgende Solutréen (21000 bis 16000) mit sehr typischen Flächenretuschen eine sehr deutliche technomorphologische Eigenständigkeit. Noch zuverlässigere Leitfossilien bilden gelegentlich spezielle Ausformungen der Knochen- und Geweih- bzw. Elfenbeingeräte mit geringerer Laufzeit. Alle jetzt faßbaren Lokalentwicklungen werden in Nordeurasien und Nordafrika als „Jungpaläolithikum", im Bereich der übrigen Alten Welt und in Australien als "Late Stone Age" bezeichnet, das allerdings erst um 20000 in größerem Umfang auch feinere Klingen produziert. Die ab etwa 15000 auch in Amerika auftretenden Funde werden als „paläoindianisch" angesprochen. An den überall stärker normierten Steinwerkzeugen können jetzt auch über die Mikrospurenanalyse der Beanspruchungen Anwendungsfunktionen nachgewiesen werden (Owen and Unrath 1986).

Das in West- und Mitteleuropa verbreitete Magdalénien bildet über einige Jahrtausende eine in sich geschlossene Kulturprovinz, die neben sehr einheitlichen, wenn auch im Detail zeitlich und räumlich gliederbaren Steingerättraditionen überall Nähnadeln und Harpunen für die Fischwaid führt. Der damalige Nordseekontinent entwickelt eigene, weitgehend auf die Renjagd ausgerichtete Traditionen. Weltweit differenzieren sich die Nutzungstechniken weiter. Behausungen werden vor allem in Nordeurasien immer häufiger nachweisbar. Sie reichen von frühen, schweren Hütten bis zu späten, leichten und beweglichen Zelten. Ganze Lagerareale sind in den Lössen Mittel- und Westeuropas, aber auch Osteuropas und in den Sanden der Tieflandebenen erfaßt worden (WYMER 1984). Unter Bims gut geschützt, blieb bei Gönnersdorf im Rheinland ein Lagerplatz aus dem 12. Jahrtausend vor heute erhalten, der wahrscheinlich ein Ritualzentrum für eine ganze Regionalgruppe darstellt (BOSINSKI 1969).

Die geistige Welt wird jetzt nicht nur durch immer häufiger auftretende Bestattungen mit Beigaben faßbar (WYMER 1984, KLIMA 1987), sondern auch durch erhaltene gemalte, gezeichnete, geritzte und geschnitzte Bilder und Plastiken. Am Anfang entstehen im Aurignacien Süddeutschlands kleine Elfenbeintierfiguren, aber auch schon ein menschliches Relief mit grüßender Geste vor rund 30000 Jahren (HAHN 1986) und der Löwenmensch aus dem Stadel im Lonetal, wohl übermenschliche Kräfte symbolisierend. Etwas jünger sind einfache Gravierungen aus Südfrankreich, die stilistisch den Markierungen auf den eben genannten Figuren nahestehen (LEROI-GOURHAN 1965). Danach folgen in Europa, aber auch in Afrika und Asien, neben unterschiedlichen Schöpfungen der Kleinkunst oft komplex kombinierte Wandmalereien. Sie füllen dort, wo gute Lebensmöglichkeiten zur Verdichtung der Bevölkerung führten, ganze Höhlensysteme, wie in Lascaux (LEROI-GOURHAN 1965). Interpretierbarer Höhepunkt ist bisher eine Szene aus dem dortigen „Schacht", die erstmals das Sterben selbst vor schon 12000 Jahren wiedergibt, den auch uns noch tief berührenden Übergang vom Leben zum Tod (MÜLLER-BECK und ALBRECHT 1987).

Auch nahezu ganz Amerika ist noch im Jungpleistozän zur Zeit der Wiedererwärmung, die im 14. Jahrtausend sehr rasch einsetzt, vom Menschen genutzt worden. Die einheimische Fauna, an die Bejagung durch den Menschen nicht gewöhnt, wird unter gleichzeitigem Streß der Klimaveränderungen partiell dezimiert. Wie früh der Mensch Amerika erreichte, bleibt offen. Wahrscheinlich geschah das aber schon vor mehr als 20000 Jahren, als die Bering-Landbrücke wieder trockenfiel (MÜLLER-BECK 1984). Die weltweit zu postulierende Pflanzennutzung ist durch Funde nur selten nachweisbar. Die einzige Ausnahme sind Holzkohlen aus Feuerstellen, die die Ausdehnung der Verbreitung der Menschen über alle Klimaräume hinweg dokumentieren. Um 14000 vor heute hatten sie bereits die sibirische Eismeerküste erreicht. In den Waldsteppen des Vorderen Orients wurde noch vor Ende des Pleistozäns das Sammeln von Körnerfrüchten intensiviert, die dank der trockenen Bedingungen erhalten blieben (BARRACLOUGH 1979).

6. *Klima- und Kulturgeschichte der letzten 10000 Jahre*

Mit Beginn des Holozäns vor 10000 Jahren ist das Eiszeitalter noch keineswegs zu Ende. Nach dem Klimaoptimum vor 7000 bis 6000 Jahren stoßen die Gletscher unter Schwankungen wieder vor. Der Mensch nutzt die jetzt eisfreie Hocharktis und die Hochebenen aller Gebirge sowie die dichteren Teile der tropischen Regenwälder (MÜLLER-BECK 1984). Mit neuen Techniken differenziert sich auch die materielle Ausstattung und die bildnerische Dokumentation der Welterfassung ständig.

Anfangs überwiegt die wildbeuterische Nutzung bei weitem. Geringe Ansätze zur Domestikation von Tieren waren schon erfolgt, wie etwa die Haltung von Jungwölfen als Vorstufe zur regelrechten Hundezucht (MUSIL 1978). Für Lämmer und Jungschweine lassen sich ähnliche Haltungen vermuten. Aber schon vor etwa 9000 Jahren entwickeln sich morphologisch deutlich veränderte Tier- und Pflanzenformen, die über Generationen vom Menschen gehegt und damit „domestiziert" wurden (BARRACLOUGH 1979). Der eigentliche Übergang zum neuen Niveau liegt aber vor der Nachweisbarkeit durch neue Funde. Die kulturelle Wirksamkeit auch in Form einer veränderten Weltsicht setzt indessen erst dann ein, wenn die neuen Faktoren das Leben stärker bestimmen. Die Zahl lokal unterschiedlicher Tradierungen nimmt weiter zu.

Vor 5000 Jahren setzen weltweit deutlich klimatische Verschlechterungen ein, die vor allem dort die kulturelle Entwicklung beeinflussen, wo sie für diese kritische Grenzwerte erreichen. Das gilt vor allem für Arktis, Subarktis und den Norden der gemäßigten Zone, ebenso für die Trockensteppen, die sich wieder ausdehnen. Die jeweiligen regionalen unterschiedlichen Ausbildungen werden naturgemäß auch durch die zuvor erreichten historischen Vorgaben der in Traditionen umgesetzten Erfahrungen mitbedingt (BLOCH 1980). Ausgedehnter Feldbau wird dort möglich, wo die „Düngung" durch die Gunst der Flüsse erfolgt oder wo die Ertragskraft der Böden auch durch intensiveren Anbau nicht gefährdet wird (MEGGERS 1979). Die Flußoase Ägyptens steht neben den früh gewalttätigen Stadtstaaten Mesopotamiens, der Indus-Oase (die bei zunehmender Austrocknung der Quellzonen keinen langen Bestand hat) und der Niederungsebene des Gelben Flusses. In diesen Räumen wird die Spannung zwischen zentralem „städtischem" Ort mit den zugehörigen Dörfern einerseits und der freien Raumnutzung der Jägerkulturen andererseits schon früh bewußt, wie das Gilgamesch-Epos, durchaus auch politisch gemeint, klar dokumentiert (SCHOTT 1986). Dieser Gegensatz baut sich über die nomadischen Viehzüchterkulturen später aus.

Neben diesen neuen Staatenbildungen setzen sich autarke jägerische Differenzierungen weiter fort (Karte 5). Um 5000 vor heute lassen sich an der kanadischen Eismeerküste Bisonjäger nachweisen. Weiter im Westen erreicht die intensivierte küstennahe Meeresnutzung mit ebenfalls ganz neuen Techniken die Beringstraße. Zugleich mit der zunehmenden Abkühlung entwickelt sich ab 4000 vor heute der Komplex der eigentlichen Eskimokulturen bis hinauf in

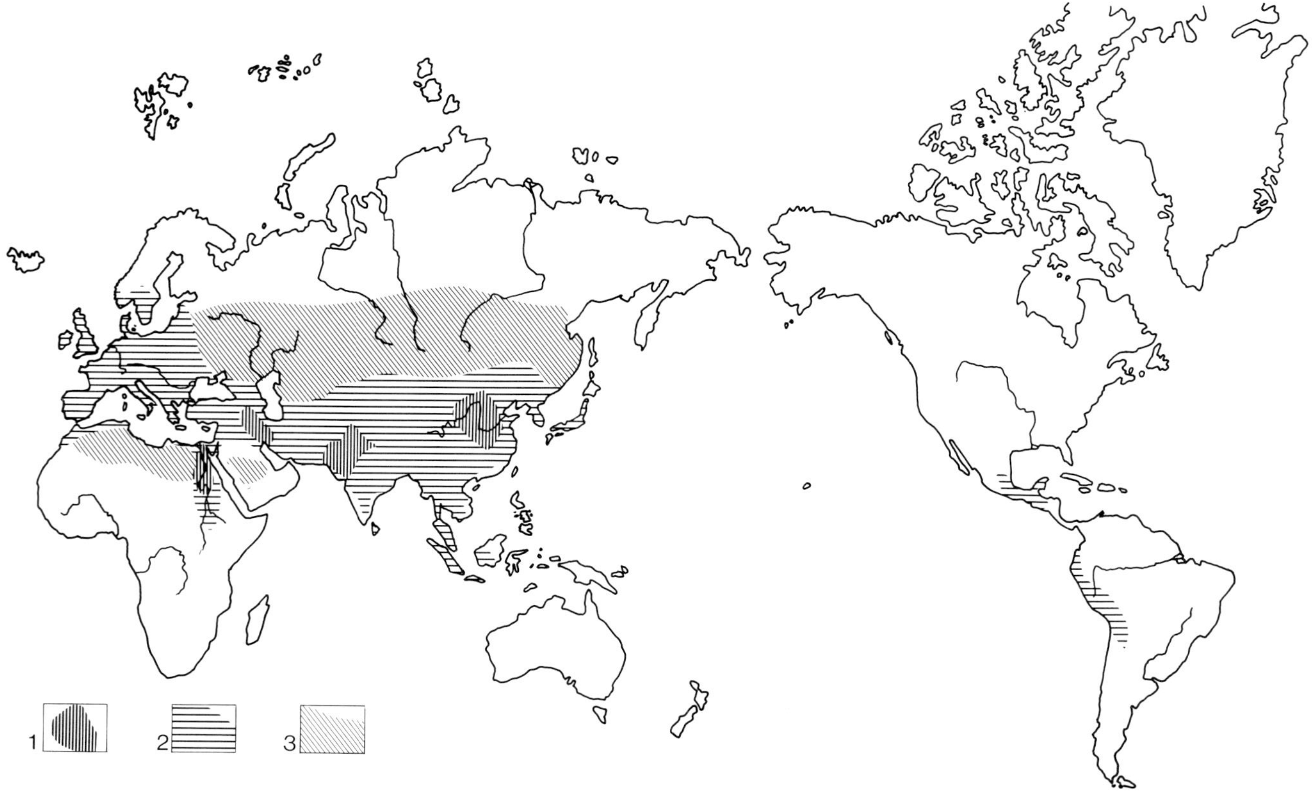

Karte 5: Kulturelle Differenzierung nach Ende des holozänen Atlantikums vor 4000 Jahren (2000 v. Chr.). Jägerkulturen haben sich über alle Kontinente ausgebreitet. Ungenutzt sind lediglich noch Neuseeland, Island und entferntere Inseln der eurasiatischen und amerikanischen Arktis sowie des Pazifiks und Atlantiks. Im Kerngebiet der Alten Welt wurden die Areale ehemaliger Jägernutzung seit etwa 10000 vor heute zunehmend eingenommen von

1. (ab etwa 5000 v. heute) stabilen Systemen von Stadtkulturen (Zentrale Kult-/Machtorte mit zugehörigen Dörfern) mit zunehmendem Handel, zentraler Bevorratung und Verwaltung bei zunehmender Arbeitsteilung;
2. Pflanzenbau auf leichteren Böden und Viehzucht mit häufigem Waldeintrieb in autonomen Dörfern mit beginnender Arbeitsteilung;
3. Viehzucht mit geringem Pflanzenbau in Graslandzonen, häufig nomadisierend mit ebenfalls beginnender Arbeitsteilung, oft stär-

die lebensfeindliche Hocharktis (McGhee 1987). Alle diese Entwicklungen sind mit Veränderungen und Neuschöpfung von regional ebenfalls tradierten und in Bildern, aber zunehmend auch in Texten überlieferten Weltsichten verbunden (Bloch 1980).

Feldbau und Viehzucht breiten sich immer mehr aus, wo sie technisch durchsetzbar sind. Die handwerkliche und kultisch-politische Arbeitsteilung weitet sich bis hin zur Entwicklung von Militär- und zugehörigen Machtstrukturen aus. Die so viel älteren Jägerkulturen verlieren immer mehr an Raum. Dennoch erlebt dort im klimagünstigen Abschnitt vor 1000 Jahren die amerikanische Arktis eine letzte autarke Blüte. Die Übernahme der großen Fellboote, die bis dahin auf die Beringstraßenregion beschränkt waren, führt zur Ausbildung der historischen Inuitkulturen (McGhee 1987) bis hinüber nach Grönland. Dort treffen die Inuit (Neoeskimo) auf die von Europa kommenden Wikinger, die nördlichste Spitze der Pioniere des sich immer stärker ausbreitenden euroasiatischen Welthandels.

Erst vor 500 Jahren kommt es zu auch in der Kulturentwicklung spürbaren Klimaveränderungen, die vor allem umweltkritische Regionen erfassen. Die Beweglichkeit in Arktis und Subarktis wird reduziert, die Austrocknung überweideter Regionen nimmt dramatisch zu, der Druck der Nomadenvölker wird stärker. Mit den europäischen Entdeckungen und kurz darauf folgenden Eroberungen als zwangsläufiger Auswuchs europäischer Weltsicht und Handelspolitik prallen bisher voneinander isolierte Kulturen aufeinander. Als sicher geltende Weltbilder erweisen sich als unzureichend. Die Gewalt von Menschen gegen Menschen erreicht bis dahin ungeahnte Dimensionen. Dennoch gehen nur wenige kleinräumige Kulturtraditionen gänzlich unter (Winter 1975). Die meisten rettet ihre lokale technische Erfahrung und die daraus abgeleitete Überlegenheit noch bis in die erste Hälfte des 20. Jahrhunderts. Sie sind stark genug, um einmündend Teil der Universalgeschichte zu werden (Bloch 1980). Wie sehr auch psychosoziale und damit „philosophische" Konzeptionen der Menschen schon in jägerische Kulturen mit ihren jeweils „eigenen Geschichten" wirksam sind, zeigen neue Mythenforschungen und zugehörige Vergleichsstudien an australischen Befunden (Schlatter 1989). Auch wir Bürger der hochentwickelten Industriestaaten würden daher zu den Verlierern gehören, wenn die kulturellen Traditionen dieser vielen einstigen kleinen „Welten" untergehen müßten. Sie haben Anspruch auf unseren Schutz, wie alle anderen kleinräumigen kulturellen Bausteine der wirtschaftlich einheitlicher werdenden Erde, zu denen auch unsere eigene kulturelle Geschichte als Wurzel unserer geistigen Welt gehört.

Literatur

Aufgeführt werden vor allem zusammenfassende Schlüsselpublikationen des letzten Jahrzehnts.

Albrecht, G.: Die Jäger der späten Eiszeit. In: Müller-Beck, H. (Hrsg.): Urgeschichte in Baden-Württemberg. Stuttgart 1983: 331–353.

Armstrong, E., and D. Falk (Hrsg.): Primate Brain Evolution. Methods and Concepts. New York 1982.

Barraclough, G. (Hrsg.): Knaurs Großer Historischer Weltatlas. München 1979.

Binford, L. R.: Die Vorzeit war ganz anders. Methoden und Ergebnisse der Neuen Archäologie. München 1984.

Bloch, M.: Apologie der Geschichte oder der Beruf des Historikers. Stuttgart 1980.

Bosinski, G.: Der Magdalénien-Fundplatz Feldkirchen-Gönnersdorf, Krs. Neuwied. Grabung 1968. Germania 47, 1969: 1–52.

–: Archäologie des Eiszeitalters. Vulkanismus und Lavaindustrie am Mittelrhein. Mainz 1986.

Campbell, B.: Human Ecology. The Story of our Place in Nature from Prehistory to the Present. New York 1985.

Geyh, M. A.: Physikalische und Chemische Datierungsmethoden in der Quartärforschung. Clausthal-Zellerfeld 1983.

Hahn, J.: Kraft und Aggression. Die Botschaft der Eiszeitkunst im Aurignacien Süddeutschlands? Tübingen 1986.

Hantke, R.: Eiszeitalter. Die jüngste Erdgeschichte der Schweiz und ihrer Nachbargebiete. Band 1: Klima, Flora, Fauna, Mensch, Alt- und Mittel-Pleistozän, Vogesen, Schwarzwald, Schwäbische Alb. Thun 1978.

Kahlke, H.-D.: Das Eiszeitalter. Leipzig 1981.

Klima, B.: Das jungpaläolithische Massengrab von Dolní Věstonice. Quartär 37/38, 1987: 53–62.

Königswald, W. v.: Die Säugetierfauna des süddeutschen Pleistozäns. In: Müller-Beck (Hrsg.): Urgeschichte in Baden-Württemberg, Stuttgart 1983: 167–216.

Laville, H., J.-P. Rigaud and J. Sackett: Rock Shelters of the Perigord. Geological Stratigraphy and Archaeological Succession. New York 1980.

Leakey, M. D.: Olduvai Gorge. Vol. 3: Excavations in Beds I and II 1960–1963. Cambridge 1971.

Leakey, M. D., and Harris, J. M.: Laetolil. A Pliocene Site in Northern Tanzania. Clarendon Press, Oxford 1987.

Leakey, R. E., und R. Lewin: Wie der Mensch zum Menschen wurde. Neue Erkenntnisse über den Ursprung und die Zukunft des Menschen. Hamburg 1978.

Lee, R. B.: The Kung San. Men, Women, and Work in a Foraging Society. Cambridge 1982.

Leroi-Gourhan, A.: Préhistoire de l'art occidental. Paris 1965.

Mai, D. H., u. a.: Bilzingsleben II. Homo erectus – seine Kultur und Umwelt. Berlin 1986.

Mania, D., u. a.: Bilzingsleben I. Homo erectus – seine Kultur und Umwelt. Berlin 1980.

Mania, D., und T. Weber: Bilzingsleben III. Homo erectus – seine Kultur und Umwelt. Berlin 1986.

McGhee, R.: Peopling the Arctic. In: Harris, R. C.: Historical Atlas of Canada, Volume I, From the beginning to 1800. Toronto 1987.

Meggers, B. J.: Prehistoric America. An Ecological Perspective. New York 1979.
Müller-Beck, H.: Klima und steinzeitlicher Mensch. Zum Problem der Abhängigkeit und Anpassung. Veröff. Joachim Jungius-Ges. Wiss. Hamburg 44, 1980: 77–114.
–: Der Mensch – ein Techniker. Uranfänge und Entwicklung der Technik zur menschlichen Lebenssicherung. Kindlers Enzyklopädie: Der Mensch, Zürich 1982: 147–200.
–: Archäologische Beobachtungen zu urgeschichtlichen Sozialstrukturen. Veröff. Joachim Jungius-Ges. Wiss. Hamburg 50, 1983: 41–67.
– (Hrsg.): Urgeschichte in Baden-Württemberg. Stuttgart 1983.
–: Amerika. In: Müller-Karpe, H.: Neue Forschungen zur Altsteinzeit. Forsch. Allg. Vergl. Archäologie 4, 1984: 549–652.
–: Zu den Anfängen menschlicher Jagd. In: Hermann, J., und H. Ullrich: Menschwerdung – biotischer und gesellschaftlicher Entwicklungsprozeß. Berlin 1985: 237–246.
–, und G. Albrecht: Die Anfänge der Kunst vor 30000 Jahren mit Beiträgen von Albrecht, G., G. Bosinski, R. Feustel, J. Hahn, B. Klimá und H. Müller-Beck, Stuttgart 1987.
Musil, R.: Domestication of the Dog already in the Magdalenian? Anthropologie 8, 1978: 87–88.
Owen, L. R., and G. Unrath: Technical Aspects of Microwear Studies on Stone Tools Early Man News 9/10/11, Part I & II, Tübingen 1986.
Reader, J.: Die Jagd nach den ersten Menschen. Basel 1982.
Reader, J., and J. Gurchie: Aufstieg des Lebens. Die ersten 3,5 Milliarden Jahre. Hamburg 1987.
Rodenroth, W.: Steinwerkzeuge des Urmenschen und ihre Handhabungsmöglichkeiten während der Aufrichtung, Early Man News 12/13, Tübingen 1987: 109–136.
Schlatter, G.: Mythos. Streifzüge durch Tradition und Gegenwart. Trickster, München 1989.
Schott, A.: Das Gilgamesch-Epos (Neuausg.: Soden, W. v.). Stuttgart 1986.
Thieme, H., und S. Veil: Neue Untersuchungen zum eemzeitlichen Elefanten-Jagdplatz Lehringen. Ldkr. Verden. Kunde N.F. 36, 1985: 11–58.
Urban, M.: Wettervorhersage: Zunehmend katastrophal. München 1988.
Winter, K.: Shananditti – The Last of the Beothucks. North Vancouver 1975.
Wymer, J.: The Palaeolithic Age. London 1984.

DIE PLEISTOZÄNEN RHEINTERRASSEN UND DEREN BEDEUTUNG FÜR DIE GLIEDERUNG DES EISZEITALTERS IN MITTELEUROPA

Von WOLFGANG BOENIGK

Einleitung

Durch den Klimawechsel von Glazial- zu Interglazialzeiten im Quartär kommt es in der fluviatilen Dynamik zu einem wiederholten Wechsel von Erosion zu Akkumulation. In Verbindung mit der tektonischen Heraushebung der Mittelgebirge im gleichen Zeitraum wird eine Terrassentreppe gebildet, wobei hier unter dem Begriff „Terrasse" nicht nur eine durch den Fluß geschaffene Verebnung verstanden wird, sondern auch die Aufschüttungskörper. So lassen sich die Terrassen ins reine Akkumulationsgebiet verfolgen. Der Übergang vom Hebungs- ins Senkungsgebiet, wo die Terrassentreppe in normale geologische Lagerung übergeht, das heißt mit den älteren Sedimenten an der Basis überlagert durch jüngere Sedimente, wird als Terrassenkreuzung bezeichnet.

Dem Rhein und seinen Terrassen kommt für die Kenntnis der Entwicklung des Quartärs in Mitteleuropa eine besondere Rolle zu, und zwar in zweifacher Hinsicht:

1. ist der Rhein der einzige Fluß in Mitteleuropa, der die Alpen mit der Nordsee verbindet. Diese Verbindung bedeutet für das Quartär auch eine Verknüpfung des alpinen Vergletscherungsgebietes der klassischen Eiszeiten Günz, Mindel, Riß und Würm mit den Vorstößen des Inlandeises im nordeuropäischen Raum, also Elster, Saale und Weichsel (Abb. 1). Die Verbindung gibt die Möglichkeit, über fluviale Sedimente und morphologische Erscheinungen, den Terrassen des Rheins, die stratigraphischen Abfolgen beider Vereisungsgebiete und des dazwischenliegenden Periglazialgebietes miteinander zu korrelieren.

Der zweite Grund für die Besonderheit des Rheinsystems liegt darin, daß das Rheintal in weiten Abschnitten Teil eines großen europäischen Lineaments ist. Diese heute noch aktive Störungszone zieht vom Mittelmeer durch den Rhônegraben weiter durch den Sundgau in den Oberrheingraben. Von dort geht die Verlängerung durch das Mittelrheintal (AHORNER 1970, AHORNER et al. 1983, ORTLAM 1981) in das Senkungsgebiet der Niederrheinischen Bucht, die ihre Fortsetzung durch Zentralgraben und Venlograben der Niederlande bis in die Nordsee findet. Damit ist eine Verknüpfung des Mittelmeerraumes mit der Nordsee gegeben. Durch den Sundgaustrom ist diese Verknüpfung an der Wende Tertiär/Quartär durch fluviale Sedimente dokumentiert, die als

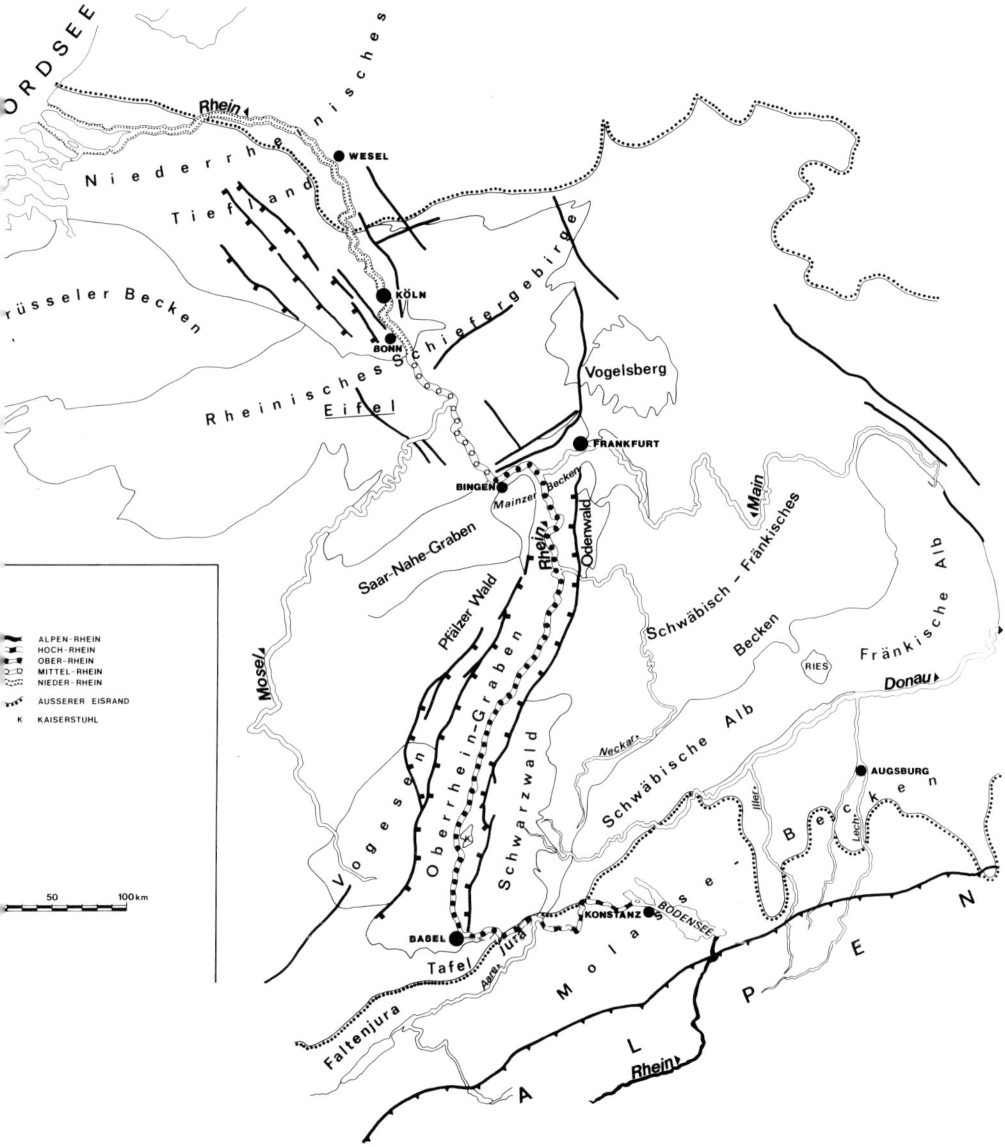

Abb. 1: Das Tal des Rheins und seine Untergliederung.

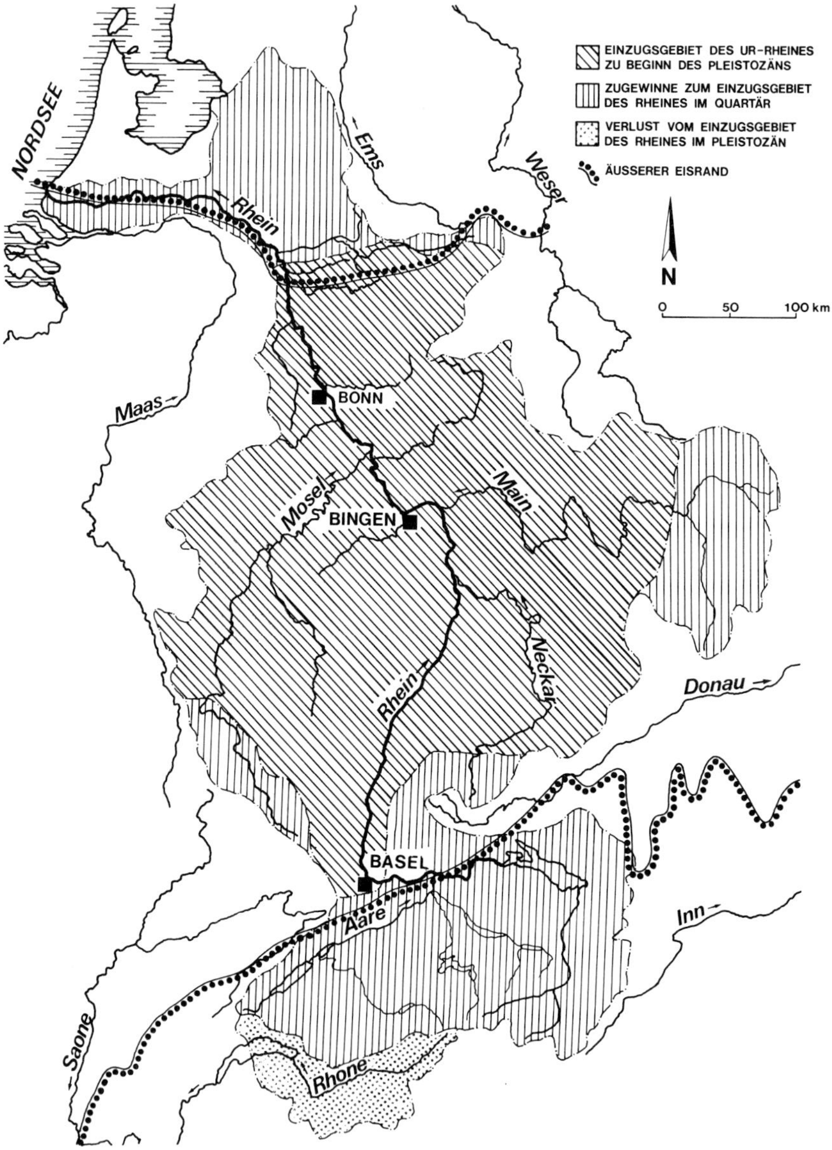

Abb. 2: Das Einzugsgebiet des Rheins in Jungtertiär und Quartär.

Leithorizont die Korrelation der nord- und mitteleuropäischen Quartärgliederung mit der stratigraphischen Abfolge des Mittelmeerraumes ermöglicht.

Der Verlauf des Rheins in einer Störungszone bringt aber nicht nur Vorteile für die Bearbeitung der quartären Ablagerungen. Das kann man schon daran erkennen, daß es nur wenige zusammenfassende Darstellungen (z. B. Quitzow 1974) gibt. Der Grund liegt darin, daß der Lauf des Rheins durch Hebungs- und Senkungsgebiete wesentlich stärker gegliedert ist, als es bei vielen anderen Flüssen der Fall ist. Teile des Rheinlaufes sind sehr alt und haben schon im Tertiär bestanden, andere sind im Rheinsystem relativ jung und erst im Laufe des Quartärs, z. T. durch tektonische Bewegungen, z. T. durch Erosion bzw. Aufschüttungen der Gletscher hinzugekommen (Abb. 2).

Heute gliedert man den Flußlauf (Abb. 1) von der Quelle bis zur Mündung in Alpenrhein, Seerhein, Hochrhein, Oberrhein, Mittelrhein und Niederrhein. Im folgenden sollen die einzelnen Abschnitte kurz vorgestellt werden, wobei der Bereich, der durch die alpinen Vereisungen direkt betroffen ist, der Alpenrhein, das Bodenseegebiet und der Hochrhein, zusammengefaßt wird und der Niederrhein das Gebiet bis zur Mündung in die Nordsee einschließt.

Alpenrhein-Hochrhein

Für das Flußgebiet Alpenrhein-Hochrhein liegt eine eigene Schichtenfolge vor, weil dieses Gebiet im wesentlichen durch die Vorstöße der alpinen Gletscher geformt wurde und nicht wie die flußabwärts gelegenen Bereiche durch rein fluviale Tätigkeit. Die in Tab. 1 angegebene stratigraphische Abfolge geht auf Aktas (1987) zurück. Eine fast identische Auffassung vertritt Villinger (1986). Für die Korrelation der Sedimente des Alpenvorlandes mit denen des Ober-, Mittel- und Niederrheins gibt es zwei markante fluviale Ereignisse: das erste Auftreten von alpinem Material im Rhein nördlich Basels und den Anschluß des Alpenrhein-Hochrheins an den Aare-Rhein.

Für das 1. Ereignis läßt sich als Zeitpunkt das Oberpliozän festlegen, als der nach Westen zum Rhône-System fließende Aare-Sundgau-Strom unterbrochen und alpines Material nach Norden bis in die Niederrheinische Bucht geleitet wurde. In den Senkungsgebieten des Oberrheingrabens bei Sessenheim und am Niederrhein in den Braunkohletagebauen und an der Typlokalität des Reuverian konnte das erste Auftreten alpinen Materials in fossilführenden Sedimenten erfaßt werden (Boenigk 1987).

Das 2. Ereignis, der Anschluß des Alpenrhein-Hochrheins an das Aare-Rhein-System, fand nach Schreiner (1974) und Villinger (1986) mit Beginn der Günz-Eiszeit oder am Ende der Donau-Kaltzeiten statt, nachdem durch die Gletscher eine vermutete Wasserscheide bei Konstanz überwunden wurde.

Neben diesen Marken fluvialer Sedimentation können nur noch paläontologische und paläomagnetische Daten zur Korrelation der Ablagerungen des Alpenvorlandes mit denen des übrigen Rheingebietes herangezogen werden.

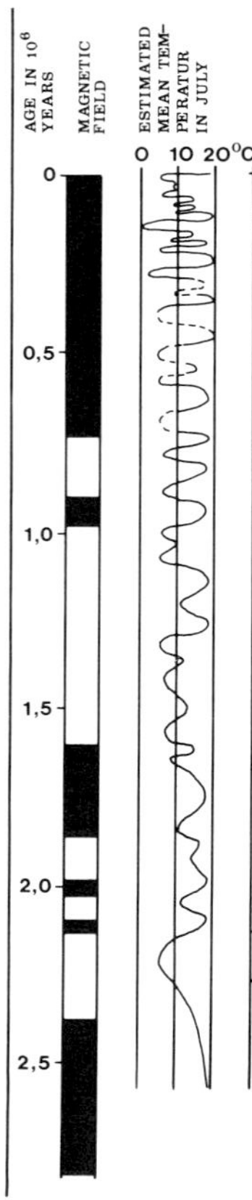

NIEDERLANDE (ZAGWIJN 1985)	PERIOD	NIEDERRHEIN	MITTELRHEIN (TERRASSEN)	OBERRHEIN (KANDLER 1970)	ALPENRHEIN ALPENVORLAND
HOLOCENE	QUARTAERNARY	HOLOZÄN	HOLOZÄN	HOLOZÄN	HOLOZÄN
WEICHSELIAN		NIEDERTERRASSEN	NIEDERTERRASSE jüngere / ältere	T1/2 NIEDERTERRASSEN	WÜRM GLAZIAL
EEMIAN		EEM		T3 85-105 mNN TALWEG-TERRASSE	R-/W- INTERGLAZIAL
SAALIAN		MITTELTERRASSE IV	MITTELTERRASSE untere		RISS - GLAZIAL
HOLSTEINIAN		HOLSTEIN		T4 117-126 mNN	P-/R- INTERGLAZIAL
ELSTERIAN		MITTELTERRASSE III	MITTELTERRASSE mittlere	T5 135-140 mNN	PAAR - GLAZIAL
CROMERIAN Interglacial IV		FRIMMERSDORF			
CROMERIAN Interglacial III		MITTELTERRASSEN I-II	MITTELTERRASSE obere	T6 115-138 mNN MOSBACH GRAU	M-/P- INTERGLAZIAL
		HAUPTTERRASSEN 2 - 3	JÜNGERE HAUPTTERRASSE Unterstufe JHT	T7 165-175 mNN (JHT)	MINDEL-GLAZIAL
CROMERIAN Interglacial II					G-/M- INTERGLAZIAL
CROMERIAN Interglacial I		HAUPTTERRASSE 1			(ROSSHAUPTEN ?)
BAVELIAN Leerdam Interglacial					
BAVELIAN Bavel Interglacial		FRECHEN WARMZEIT III			(UHLENBERG ?)
MENAPIAN		FRECHEN KALTZEIT III			GÜNZ-GLAZIAL
WAALIAN		FRECHEN WARMZEIT II FRECHEN KALTZEIT II	? ↑		D-/G- INTERGLAZIAL (OSTERBUCH ?)
EBURONIAN		FRECHEN WARMZEIT I	ÄLTERE HAUPT-TERRASSEN (3) 2 1 ↓ ?	ÄLTESTPLEISTOZÄNE TERRASSEN	DONAU-GLAZIAL
TIGLIAN		FORTUNA WARMZEIT			B-/D-INTERGLAZIAL
PRAETIGLIAN					BIBER-GLAZIAL
REUVERIUM C B A	TERTIARY	REUVERIUM	KIESELOOLITH TERRASSEN	AVERNENSIS SCHOTTER	OBERE SÜSSWASSER-MOLASSE

Tab. 1: Die stratigraphische Abfolge der quartären Ablagerungen an Niederrhein, Mittelrhein, Oberrhein und Alpenrhein.

Feinkörnige Ablagerungen im Hangenden des älteren Deckenschotters bei Roßhaupten zeigen den Umschlag des Magnetfeldes von der Matuyama-Epoche in die Brunhes-Epoche (TILLMANNS et al. 1986), was den älteren Deckenschotter nur wenig älter als 700000 Jahre datiert.

Der Oberrhein

Der Oberrhein von Basel bis Bingen ist stark geologisch geprägt durch den Oberrheingraben im Süden und das Mainzer Becken im Norden. Er ist am Rhein die Strecke, die die größten Schwierigkeiten bei der Erstellung einer Stratigraphie für das Quartär macht. Generell handelt es sich um ein Senkungsgebiet im Vergleich mit dem nördlich gelegenen Schiefergebirge oder seinen Rändern. Im Detail jedoch sind starke Unterschiede vorhanden. So ist der nördlichste Teil, der Bereich des Mainzer Beckens, kein reines Senkungsgebiet mit einer Terrassenstapelung, sondern ein Gebiet mit Terrassentreppe, und nur die älteren Ablagerungen sind geologisch normal gelagert (KANDLER 1970, SEMMEL 1969). Aber auch im Oberrheingraben ist die Senkungstendenz sehr unterschiedlich, so daß es zu sehr starken Mächtigkeitsschwankungen und teilweise zur Herausbildung einer unvollkommenen Terrassentreppe kommt (BARTZ 1976, BOENIGK 1987, GEISSERT et al. 1976, SCHREINER 1981).

Die in Tab. 1 angegebene Gliederung bezieht sich auf den Bereich des Mainzer Beckens, wo durch KANDLER (1970) und SEMMEL (1969) eine stratigraphische Tabelle für das gesamte Quartär erarbeitet wurde. Doch ergeben sich große Schwierigkeiten bei der Korrelation mit dem Mittel- und Niederrhein. In der Tab. 1 wurde dem Niveau der Jüngeren Hauptterrasse (T 7 nach KANDLER 1970) die größte stratigraphische Bedeutung zuerkannt, weil sie morphologisch zu verfolgen ist und am Oberrhein wie am Niederrhein petrographisch den Anschluß der Aare an das Rheinsystem erkennen läßt (KANDLER 1970, BOENIGK 1978a). Damit entsteht jedoch ein Widerspruch zum Alter der Mosbacher Sande, die einerseits jünger als die T 7 (KANDLER 1970) eingestuft werden, andererseits aber in den feinkörnigen Lagen auf dem groben Mosbach (unteres Mosbach) reverse Magnetisierung besitzen. Die im tieferen Teil des gleichen Horizontes auftretende normale Magnetisierung wird mit dem Jaramillo-Event verknüpft (BOENIGK 1977/78), was deutlich älter ist als die Jüngere Hauptterrasse am Niederrhein. Es muß diskutiert werden, ob im Mainzer Bekken nicht ältere Sedimente morphologisch tief auftreten können wie die „Weisenauer Sande“ (SEMMEL 1983) und nur das „Graue Mosbach“ oder gar nur die T 5 (KANDLER 1970) jünger als die T 7 (Jüngere Hauptterrasse) ist. In der petrographischen Zusammensetzung der Sedimente läßt sich auch am Oberrhein der Anschluß der Alpen an das Rhein-System erfassen. Die pliozänen Arvernensis-Schotter führen noch ein stabiles Schwermineralspektrum. Alpine Schwerminerale stellen sich zum ersten Mal in den endpliozänen Ablagerungen bei Sessenheim ein. Ein Epidot- und Granat-Maximum charakterisieren ebenfalls die in dem Grenzbereich Tertiär/Quartär zu datierenden Weisenauer Sande bei Mainz (SEMMEL 1983).

Der Mittelrhein

Das Mittelrheintal umfaßt die Laufstrecke des Rheins durch das Rheinische Schiefergebirge von Bingen bis Bonn. Dies ist ein junges quartäres Hebungsgebiet, und die Rheinterrassen sind hier im Unterschied zu den südlich und nördlich anschließenden Bereichen klassisch ausgebildet. Man unterscheidet grob 4 Terrassenbereiche. Die höchstgelegenen Verebnungen umfassen die Hochtalhangterrassen (KAISER 1961), die die jungtertiären Terrassen darstellen. Die nächstjüngere Gruppe umfaßt die Hochtalbodenterrassen, die die Gruppe der altquartären Hauptterrassen beschreibt. Auf diese noch weit ausladenden Terrassen folgen mit scharfem Schnitt die Engtalhangterrassen, die auch als Mittelterrassen beschrieben werden; den Abschluß bilden die Engtalbodenterrassen oder Niederterrassen mit dem holozänen Hochflutbett. An dieser Aufteilung hat sich praktisch seit POHLIG (1883) nichts geändert. Fortschritte wurden in der Detailstratigraphie der einzelnen Gruppen und ihrer Datierung gemacht. Relativ einheitlich ist die Auffassung über die beiden jüngeren Gruppen. Jedoch schon bei den Hauptterrassen, bei Zahl und Höhenlage, machen sich unterschiedliche Auffassungen über die Auswirkung von tektonischer Verstellung bemerkbar (BIBUS & SEMMEL 1977, BRUNNACKER & BOENIGK 1983). Das Neuwieder Becken, das das obere Mittelrheintal von Bingen bis Koblenz vom unteren Mittelrheintal von Andernach bis Bonn trennt, wurde von allen Bearbeitern als lokales Senkungsgebiet angesehen. Aber auch am unteren Mittelrhein sind rechtsrheinisch bei Linz und linksrheinisch bei Waldorf lokale Verstellungen nicht zu bestreiten, so daß eine durchhaltende Terrassentreppe für die Hauptterrasse (BIBUS & SEMMEL 1977, BIBUS 1980) als nicht bewiesen betrachtet werden muß. Für eine Korrelation der einzelnen Terrassenreste untereinander, aber auch mit den nördlich und südlich anschließenden Flußabschnitten, müssen neben den morphologischen Kriterien petrographische Beobachtungen am Terrassenkörper selbst und an seinen Lößdeckschichten, die am Mittelrhein mit ihren zahlreichen Tuffeinschaltungen und Böden ein wesentliches Einstufungskriterium darstellen, herangezogen werden. Es gibt 2 petrographische Merkmale, die den Hauptterrassenkomplex begrenzen. Die Hauptterrassen sind im Schwermineralspektrum durch die Dominanz des Epidots geprägt, der durch Ausweitung des Rheineinzugsgebietes bis in die alpine Molasse in die Rheinsedimente gelangt und dadurch eindeutig von den älteren pliozänen Terrassen abgetrennt wird. In sehr geringen Prozentsätzen kann Epidot aus Klüften und paläozoischen Vulkaniten des Schiefergebirges auch in tertiären Ablagerungen auftreten; er ist also kein Leitmineral für alpine Schüttung, aber der Mengenunterschied ist eindeutig. Die 2. petrographische Änderung betrifft die Abgrenzung gegen die Mittelterrassen. Hier gibt der einsetzende Eifelvulkanismus mit seinen Tuffen eine klare Marke. Mineralogische

Unterschiede der einzelnen Förderprodukte geben darüber hinaus Möglichkeiten zur Feinstratigraphie des Mittel- und Jungpleistozäns.

Die Korrelation mit dem Niederrhein kann für die Mittel- und Niederterrassen über die morphologische Position in Verbindung mit der petrographischen Zusammensetzung der Sedimente und den Deckschichten erfolgen. Für die Hauptterrassen ist nur das Niveau der jüngeren Hauptterrasse als Fläche in die Niederrheinische Bucht zu verfolgen, die hier die Oberfläche der HT 2 bzw. HT 3 bildet. Die jüngere Hauptterrasse im Mittelrheintal ist die markanteste Terrasse dieser Region. Das gilt aber nur für die Verebnung. Die Sedimente, die diese Terrasse aufbauen, haben sehr verschiedene Mächtigkeiten von 0 bis > 12 m und mit großer Wahrscheinlichkeit ein sehr unterschiedliches Alter. Ein Beweis kann z. Z. noch nicht erbracht werden, da die petrographischen Daten zu ähnlich bzw. durch Lokaleinflüsse überprägt sind. Die einsetzende Epidotführung kann die pleistozänen von den pliozänen Ablagerungen trennen, wie auch am Niederrhein und im Oberrheingraben. In beiden Regionen zeigt sich allerdings, daß die Epidotführung schon im allerjüngsten Pliozän einsetzt (Boenigk 1987).

Der Niederrhein

Der Rheinlauf von Bonn bis zur Einmündung in die Nordsee wird als Niederrhein bezeichnet. Dieser Flußabschnitt ist wohl der Bereich, der durch seine Nähe zum Vorfluter, der Nordsee, und durch seine Senkungstendenz die vollständigste Überlieferung quartärer Ablagerungen am Rhein aufzuweisen hat. Das Senkungsgebiet ist in sich noch einmal gegliedert in einen südlichen Teil, die Niederrheinische Bucht, wo im Altpleistozän normale geologische Lagerung der Sedimente vorhanden ist, das heißt, die älteren Schichten werden durch jüngere überlagert, und im Mittel- und Jungpleistozän eine ineinandergeschachtelte Terrassentreppe vorliegt, und einen nördlichen Teil, das niederrheinische Flachland, das in großen Teilen niederländisches Gebiet ist. Hier herrscht ausschließlich normale geologische Lagerung. Diese geologischen Unterschiede haben differierende Arbeitsmethoden zur Folge und damit jeweils eine eigene stratigraphische Sequenz erbracht.

Gemeinsam ist beiden Teilgebieten, daß es sich um Aufschüttungsgebiete durch die Flüsse Maas und Rhein handelt. In den Niederlanden wird anhand von Bohrungen auf petrographischer und vor allem pollenanalytischer Basis untergliedert (Zagwijn & De Jong 1983/84, Zagwijn 1974). In der Niederrheinischen Bucht stehen große Aufschlüsse und für das Mittel- und Jungpleistozän eine Terrassentreppe zur Verfügung. Durch die größere Entfernung von der Nordsee sind hier die Ablagerungen grobkörniger; Tonhorizonte fehlen weitgehend, so daß sich die Gliederung im wesentlichen im Altquartär auf sedimentologische und petrographische Parameter (Boenigk 1978 a, b) und im Mittel- bis Jungpleistozän zusätzlich auf morphologische Daten stützt (Brunnacker et al. 1978).

Die Korrelation zwischen der niederländischen Gliederung und der stratigraphischen Abfolge in der Niederrheinischen Bucht (Tab. 1) ist gut. Die Typlokalitäten des Tertiär-Quartär-Grenzbereichs und des Ältestpleistozäns (Reuver, Tegelen, Prätegelen) liegen im deutsch-niederländischen Grenzbereich und sind beiden Abfolgen gemeinsam. Als nächstjüngerer Leithorizont kann die jüngere Hauptterrasse (HT 2) angesehen werden, die sich morphologisch aus der Niederrheinischen Bucht bis in die Niederlande verfolgen läßt und petrographisch als Zone von Weert in der Sterksel-Formation des Cromerkomplexes der niederländischen Gliederung (Zagwijn 1985) auftritt. Die nächstjüngere eindeutige Zeitmarke ist durch das Einsetzen des Eifelvulkanismus gegeben, dessen Tuffe in den Rheinsedimenten der Mittelterrassen durch vulkanische Minerale nachgewiesen werden können.

Im Mittelpleistozän kam es außerdem zu einer Verknüpfung der fluvialen Sedimente des Rheins mit Schmelzwasserablagerungen und Stauchendmoränen des nordischen Inlandeises. Vor allem während des Saaleglazials fand eine intensive Formung des Niederrheingebietes durch das Eis statt (Ruegg & Zandstra 1981, Ehlers & Zandstra 1981, Thome 1959). Diese Überformung läßt sich aus den Niederlanden bis in die Niederrheinische Bucht verfolgen, wo die Stauchendmoränen und Sander sich mit der Krefelder Mittelterrasse (MT 4) verzahnen (Thome 1959) und damit eine klare Verbindung zwischen den nordischen Vereisungen und den Rheinterrassen herstellen. Hinweise auf ältere Vereisungsspuren am Rhein sind selten und die Korrelierung mit den Rheinterrassen ist nicht so eindeutig (Thome 1980).

Zusammenfassung

Der Rhein und seine Terrassen besitzen eine überregionale Bedeutung durch die Verbindung des Alpenraumes mit der Nordsee und damit für das Quartär in der Verknüpfung der alpinen Vereisungen mit den Vorstößen des nordischen Inlandeises.

Für die einzelnen Flußabschnitte des Rheins gibt es mehr oder weniger vollständige Sedimentabfolgen, vor allem für das Mittel- und Jungpleistozän. Die Korrelation untereinander ist noch mit vielen Fragezeichen versehen, doch es gibt eine Marke, die einwandfrei im gesamten Rheinlauf zu beobachten ist. Das ist der Anschluß des Alpengebietes an den Rhein im allerjüngsten Pliozän, im Reuverian B. Die Grenze Tertiär/Quartär wird in dieser Arbeit in den Ausgang des Reuverian bei ca. 2 Mio. Jahren gelegt. Dieser Wert ist höher als die internationale Absprache, die die Grenze bei etwa 1,8 Mio. Jahren zieht. Es wird hier der erprobten stratigraphischen Abfolge mehr Gewicht beigemessen als den recht vagen sogenannten „absoluten Datierungen“.

Ein zweites bedeutsames Ereignis ist der Anschluß des Alpenrheins an das Rheinsystem in oder kurz vor der Günz-Eiszeit. Diese Marke ist leider noch nicht so klar am Ober- bis Niederrhein zu belegen. Vor allem die Fortsetzung der fluvioglazialen Günzschotter in den Oberrheingraben müßte genau erfaßt werden. Für die Ablagerungen vor der Günz-Eiszeit besteht nur eine Verbindung zwischen Aare und Rhein.

Der Vorstoß des Drenthe-Eises an den Rhein ermöglicht die Verknüpfung der nordischen Vereisungen mit den Rheinterrassen, doch auch hier bildet der Oberrheingraben noch eine Lücke in der verbindenden Kette zwischen Alpen und Norddeutschland.

Literatur

Ahorner, L. (1970): Seismo-tectonic Relations between the Graben Zones of the Upper and Lower Rhine Valley. – Graben Problems, Internat. upper mantel project, report 27, 154–316.

Ahorner, L., B. Baier and K.-P. Bonjer (1983): General Pattern of seismotectonic Dislocation and the earthquake-generating Stress Field in Central Europe between the Alps and the North Sea. In: Fuchs (Hrsg.): Plateau Uplift, 187–197, Springer-Verlag; Berlin/Heidelberg.

Aktas, A. (1987): Altquartäre Schotter der Zusam-Platte, Bayerisch Schwaben. Sonderveröff. Geol. Inst. Univ. Köln, 62, 100 S., Köln.

Bartz, J. (1976): Quartär und Jungtertiär im Raum Rastatt. Jh. geol. Landesamt Baden-Württemberg, 18, 121–178, Freiburg im Breisgau.

Bibus, E. (1980): Zur Relief-, Boden- und Sedimententwicklung am unteren Mittelrhein. Frankfurter Geow. Arbeiten, Serie D, 1, 296 S., Frankfurt.

Bibus, E., und A. Semmel (1977): Über die Auswirkung quartärer Tektonik auf die altpleistozänen Mittelrhein-Terrassen. Catena, 4, 385–408, Gießen.

Boenigk, W. (1977/78): Zur petrographischen Gliederung der Mosbacher Sande im Dyckerhoff-Steinbruch, Wiesbaden/Hessen. Mz. Naturw. Arch., 16, 91–126, Mainz.

Boenigk, W. (1978a): Die Gliederung der altquartären Ablagerungen in der linksrheinischen Niederrheinischen Bucht. Fortschr. Geol. Rheinl. u. Westf., 28, 135–212, Krefeld.

Boenigk, W. (1978b): Die flußgeschichtliche Entwicklung der Niederrheinischen Bucht im Jungtertiär und Altquartär. Eiszeitalter und Gegenwart, 28, 1–9, Öhringen/Württ.

Boenigk, W. (1987): Petrographische Untersuchungen jungtertiärer und quartärer Sedimente am linken Oberrhein. Jber. Mitt. oberrhein. geol. Ver., N.F., 69, 357–395, Stuttgart.

Brunnacker, K., W. Boenigk, B. Dolezalek, E. K. Kempf, A. Koči, H. Mentzen, M. Razi Rad und K. P. Winter (1978): Die Mittelterrassen am Niederrhein zwischen Köln und Mönchengladbach. Fortschr. Geol. Rheinl. u. Westf., 28, 277–324, Krefeld.

Brunnacker, K., and W. Boenigk (1983): The Rhine Valley between the Neuwied Basin and the Lower Rhenish Embayment. – In: Fuchs et al. (1983): Plateau Uplift, 62–72, Springer-Verlag, Berlin/Heidelberg.

Ehlers, J., and J. G. Zandstra (1981): Glacigenic Deposits in the southwestern Parts of the Scandinavian Icesheet. Meded. Rijks Geol. Dienst, 34–1/11, 1–72, Roermond.

Geissert, F., F. Menillet, H. Vogt et A. Thevenin (1976): Carte géologique de la France à 1:50000, feuille XXXIX–13–14, Seltz-Wissembourg.

Kaiser, Kh. (1961): Gliederung und Formenschatz des Pliozäns und Quartärs am Mittel- und Niederrhein sowie in den angrenzenden Niederlanden unter besonderer Berücksichtigung der Rheinterrassen. Köln und die Rheinlande. Festschr. z. 33. Deutsch. Geographentag in Köln, 236–278, Wiesbaden.

Kandler, O. (1970): Untersuchungen zur quartären Entwicklung des Rheintales zwischen Mainz/Wiesbaden und Bingen/Rüdesheim. Mainzer Geographische Studien, 3, 92 S., Mainz.

Ortlam, D. (1981): Neue Aspekte zur känozoischen Entwicklung im Nordteil der Mittelmeer-Mjösenzone. Geol. Rundschau, 70, 344–353.

Pohlig, H. (1883): Geologisch-paläontologische Untersuchungen in der Umgebung von Bonn. Verh. Naturhist. Ver. Rheinld. u. Westf., 40, 105–106, 168–169, 225–228, Bonn.

Quitzow, H. W. (1974): Das Rheintal und seine Entstehung. Bestandsaufnahme und Versuch einer Synthese. Centenaire de la Société Géologique de Belgique. L'évolution quaternaire des bassins fluviaux de la mer du nord méridionale, 53–104, Liège.

Ruegg, G. H. J., and J. G. Zandstra (1981): Geology and Archaeology of pleistocene Deposits in the ice-pushed Ridge near Rhenen and Veenendaal. Meded. Rijks Geol. Dienst, 35–2/7, 163–268, Roermond.

Schreiner, A. (1974): Erläuterungen zur Geologischen Karte des Landkreises Konstanz mit Umgebung 1:50000. 2., bericht. Aufl., 286 S., Stuttgart.

Schreiner, A. (1981): Quartär. In: Groschopf, R., G. Kessler, J. Leiber, H. Maus, W. Ohmert, A. Schreiner und W. Wimmenauer: Erläuterungen zur geologischen Karte Freiburg i. Br. und Umgebung 1:50000, 354 S., Stuttgart.

Semmel, A. (1969): Quartär. In: Erl. z. geol. Karte v. Hessen 1:25000, Bl. Hochheim a. M., 3. Aufl., 51–99, Wiesbaden.

Semmel, A. (1972): Fragen der Quartärstratigraphie im Mittel- und Oberrhein-Gebiet. Jber. u. Mitt. oberrhein. geol. Ver., N.F., 54, 61–71, Stuttgart.

Semmel, A. (1983): Die plio-pleistozänen Deckschichten im Steinbruch Mainz-Weisenau. Geol. Jb. Hessen 111, 219–233, Wiesbaden.

Thome, K. N. (1959): Eisvorstoß und Flußregime an Niederrhein und Zuider See im Jungpleistozän. Fortschr. Geol. Rheinld. u. Westf. 4, 197–246, Krefeld.

Thome, K. N. (1980): Der Steinberg. Gletscherablagerungen aus zwei Kaltzeiten (Elster- und Saale-Kaltzeit). Geol. Kt. Nordrh.-Westf. 1:100000, Erl., B. C 4706 Düsseldorf-Essen, 51–54, Krefeld.

Tillmanns, W., A. Koči und K. Brunnacker (1986): Die Brunhes/Matuyama-Grenze in Roßhaupten (Bayerisch Schwaben). Jber. Mitt. oberrhein. geol. Ver., N.F. 68, 241–247, Stuttgart.

Villinger, E. (1986): Untersuchungen zur Flußgeschichte von Aare-Donau/Alpenrhein und zur Entwicklung des Malm-Karsts in Südwestdeutschland. Jber. geol. Landesamt Baden-Württemberg 28, 295–362, Freiburg i. Br.

Zagwijn, W. H. (1974): The paleogeographic Evolution of the Netherlands during the Quaternary. Geologie en Mijnbouw, 53, 369–385, Dordrecht.

Zagwijn, W. H. (1985): An Outline of the Quaternary stratigraphy of the Netherlands. Geologie en Mijnbouw, 64, 17–24, Dordrecht.

Zagwijn, W. H./J. de Jong (1983/84): Die Interglaziale von Bavel und Leerdam und ihre stratigraphische Stellung im niederländischen Früh-Pleistozän. Meded. Rijks Geol. Dienst 37–3, 155–169, Roermond.

Naturwissenschaften, 62, Berlin 1975, S. 118–125.

GROWTH AND DECAY OF THE LAURENTIDE ICE SHEET AND COMPARISONS WITH FENNO-SCANDINAVIA

By Jack D. Ives, John T. Andrews and Roger G. Barry

The history of thought relating to the initiation, growth, and decay of the Laurentide Ice Sheet is traced and the traditional hypothesis of "highland origin and windward growth" is re-examined. Extensive field data from Labrador-Ungava and Baffin Island are reviewed in a climatological context. An alternative conceptual model of "instantaneous glacierization", based on a late Neoglacial extensive snow cover over much of the eastern Canadian Arctic and Subarctic, is proposed. Comparisons with Fenno-Scandinavia are made in the light of this new model.

Introduction

The nature of ice-sheet development has long intrigued scientists from many disciplines, but the first integrated model proposed to account for the inception, growth and ultimate dissipation of the Laurentide and Fenno-Scandinavian ice sheets was put forward in 1943 by Flint. He referred to it as "hypothesis of highland origin and windward growth" [1], and this scheme continues to be widely accepted in North America [2] and in Europe [3]. Field evidence, accumulated gradually over the last twenty years, renders untenable the fundamental concepts of this model and it is our objective to outline the contrary evidence, to suggest a more probable mode of inception, and, in light of this, to make some preliminary comparisons with Fenno-Scandinavia. It is hoped that this review will stimulate further criticism and exchange of ideas from both sides of the North Atlantic, especially since explanation of the growth and dissipation of ice sheets up to $12.6 \times 10^6\,km^2$ in area and $25 \times 10^6\,km^3$ in volume with a periodicity of about 90000 years remains one of the great scientific mysteries of the twentieth century.

Early Ideas of Initiation and Growth of Continental Ice Sheets in North America

By the end of the last century, through the progressive mapping of glacial striations and associated indicators of ice movement, two major centers of ice dispersal, the Keewatin and the Labradorean, had been postulated for North America and the case for a third, the Patrician, was soon to be urged [4]. Daw-

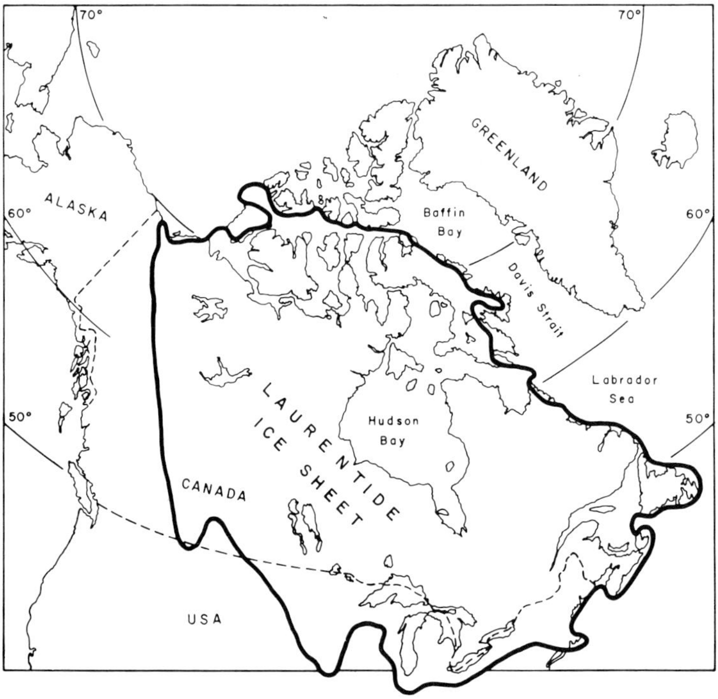

Fig. 1: Generalized outline of the Laurentide Ice Sheet showing its approximate maximum Wisconsin dimensions. The outer limit is not necessarily synchronous for any one Wisconsin stade.

SON, however, was the first to state that ice had moved radially outward from the general area of the Canadian (Laurentian) Shield upon realization, based partly upon the extensive field work of BELL [5], that the older concept of a southerly flow from the north polar region was incorrect [6]. Four years later he proposed the term "Laurentide" for this great ice sheet, although he could not visualize that it had carried easterly derived till uphill to the foot of the Rocky Mountains [7] and assumed that the Great Plains region had been occupied by an iceberg-filled sea. CHAMBERLIN [8] corrected this interpretation and applied the name "Laurentide" to the ice sheet that had occupied northeastern North America from the Rocky Mountain foothills to the Atlantic Ocean. We propose to use the term Laurentide Ice Sheet, as is now conventional amongst North American glacial geologists [1]. We propose to define its general east west extent and southern perimeter in the same manner as proposed by CHAMBERLIN, but to delineate its northern and northeastern extent as approximating the Canadian arctic mainland coast and the general line of the northeast coast of Baffin Island, but with important easterly and southeasterly exceptions (Fig. 1). According to this definition, "Laurentide Ice Sheet" is a geographical name referring to a continental ice cover that grew and dissipated many times throughout the late Cenozoic Period, and apart from this, it carries no time connotations.

As pointed out by FLINT [1], the original concept of a single great Laurentide Ice Sheet had lapsed by the end of the last century. It became common practice to refer to the Keewatin and Labradorean dispersal centers as separate ice sheets. The terms "Keewatin Ice Sheet" and "Labradorean Ice Sheet" invoked a serious misconception since, in the first place, the majority of the glacial striations are forms deriving from the latest phase of glaciation, and secondly, "it appears improbable that these 'centers' were ever the sites of independent glaciers" [1]. Nevertheless, by the early 1920's a group of astute field geologists, working in a vast and largely unexplored region by boat, foot and canoe, had made some crucial observations. BELL, TYRRELL, LOW, TARR, DALY, and COLEMAN [9] in particular, deserve special mention as pioneers in unravelling the glacial geology of the Canadian Arctic and Subarctic. Apart from their exaggeration of the importance of the Keewatin and Labradorean "centers", outlined above, their combined efforts provided a view of the northern and eastern sections of the Laurentide Ice Sheet which had the following salient points: (1) the ice sheet had developed largely *in situ* by coalescence of snowbanks [1], (2) the combined ice sheets had a rather limited northern and northeastern extent, (3) much of the high land along the northeast coast remained ice-free even during the maximum extent of the ice. COLEMAN [10], in particular, argued that high mountain tops in eastern Canada and northern Labrador remained well above the maximum level of the ice sheet and that the Torngat Mountains, specifically, maintained a local and independent glaciation that did not reach above about 700 m.

During the 1930's field work undertaken in Labrador by two men, both from Europe [11], seriously challenged several of the main ideas outlined above, and particularly the contention that the high east coast mountains had not been submerged at the glacial maxima. Despite the controversial nature of the mountain-top field evidence in support of glaciation [12], this set the stage for a major reversal in thought that was synthesized in FLINT's highly influential paper [1], strengthened, indeed, by additional field work in eastern Canada [13]. The main points of FLINT's paper have been reiterated in most English-lan-

[1] It is interesting to note that this concept caused great difficulties in assessments of the climatic processes; resort was made to predictions of massive and sudden upheavals of the northern lands at the time of glacial onset (e.g. [14, 15]) with the most extreme statement being made by Wright [16] who envisaged a wave of epeirogenesis (land uplift) migrating eastward across Canada from the Rockies and causing a concommitant shift in the loci of the ice sheet. Brooks approached the problem of ice sheet initiation by snowline lowering and coalescence of snowbanks over the plateau areas as early as 1926 [17] and must be considered the forerunner of the "new" ideas expressed here.

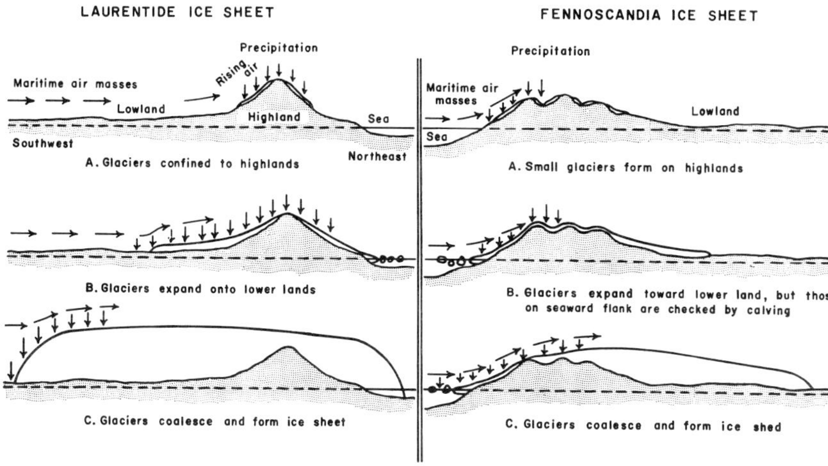

Fig. 2: A series of "mirror-image" cross sections of the Laurentide and Fennoscandian ice sheets showing inception and growth to their maxima as envisaged by Flint [1].

guage texts down to the present. They embrace four simply stated tenets: (1) initiation and growth of ice sheets where glaciers exist today, or else in high mountain areas in eastern North America presently ice-free which, because of altitude, are close to the level of the theoretical regional snowline, (2) growth to windward, with ultimate westward shift of the ice-divide toward Hudson Bay and reversal of flow across the coastal mountains, (3) total inundation of all the high coastal summits and (4) eventual thinning, return of the ice-divide to the mountains, and location of the last surviving ice remnants in those very places where they were believed to have been initiated. Fig. 2 graphically illustrates this model and has been redrawn with minor modifications from FLINT's latest publication [2]. It is based not only upon the theoretical evaluation of the field evidence available in North America during the 1930's but it also draws heavily upon comparisons with pre-World War II data and ideas from Fenno-Scandinavia such that we have dubbed it the "Fenno-Scandian mirror-image model". The deglacierization phases have been omitted from the drawings because of changes in interpretation over the past 20 years. These are discussed further below.

Discussion of the Fenno-Scandian Mirror-Image Model

It must be emphasized that FLINT's model was developed on the basis of geological and climatological knowledge as it existed in both Europe and North America in the 1930's and has remained virtually unchanged ever since. One of the main criticisms that should have become apparent with the rapid post-war increase in the knowledge of general arctic topography was the model's inaccurate portrayal of the east-coast mountains of North America as mountain ranges with western flanks down which the valley glaciers would enlarge "until they reached the lowlands, where they would expand as piedmont glaciers that would later coalesce to form continuous masses" [1]. The high mountainous east coasts of both Labrador-Ungava and Baffin Island are not mountain ranges, but the dissected edges of uplifted and tilted plateau blocks with gentle summit surface slopes to the west and, except for isolated instances, they have no westward sloping valleys and certainly no fringing lowlands in the sense demanded by the model. Consideration of the true topography should have led also to an examination of the total land area lying above a certain critical limit (for instance 600 m) as a base for snow accumulation within the coastal mountain zone, as compared to the vast areas of the Labrador-Ungava and Baffin Island plateaus further west.

Additionally, the model was based on underestimates of present-day precipitation received by the plateau areas, thus injudiciously weakening the earlier ideas that the plateaus themselves may have been the initial gathering grounds for the perennial ice and snow that formed the prime basis of the Laurentide Ice Sheet. The establishment of inland climatological stations over the past 30 years has indicated higher amounts of recorded precipitation, while recent work [18] shows that the measured snowfalls themselves are 30–40% under-representative of actual amounts. The spacing of observing stations leaves the higher plateau areas, e.g. Nain Plateau, Ungava Peninsula, northcentral Baffin Island, as virtual unknowns.

There is, moreover, a lack of climatological/topographical comparability between North America and Fenno-Scandinavia in terms of the glacial inception and growth phases, either directly, or as a mirror-image comparison. The European ice sheet appears to have been centered on the mountains of a northwest seaward coast (Scandinavia) with relatively little build-up eastward into the U.S.S.R. In North America, the mountains of the northwest, namely the Coast Range and the Rocky Mountains, produced an insignificant growth of ice compared with the Laurentide Ice Sheet further east [19]. Considered together it would appear, on theoretical grounds alone, that FLINT's model of Laurentide Ice Sheet initiation and growth is untenable. The argument so far sets the stage for an obvious alternative.

A "New" Model for Laurentide Ice Sheet Initiation and Growth

As already indicated, Keewatin and Labrador-Ungava had been proposed as likely centers for ice-sheet growth *in situ* nearly 100 years ago. Since its initial introduction, however, the Fenno-Scandian mirror-image model seems to have reigned supreme, despite several published criticisms. In 1956, in a much neglected paper, MERCER [20] raised a serious challenge to FLINT's ideas, following

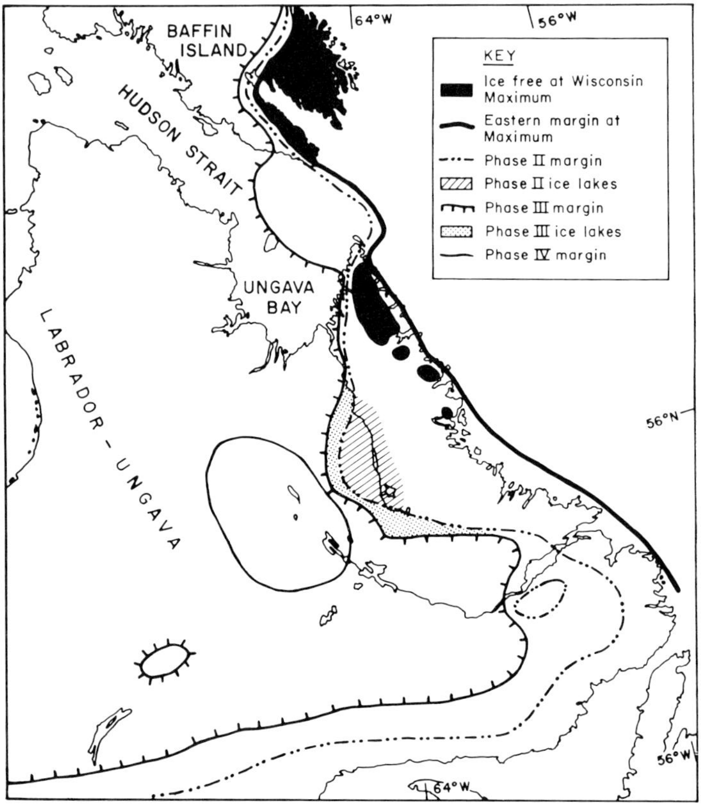

Fig. 3: Schematic retreat phases of the Laurentide Ice Sheet in Labrador-Ungava and southern Baffin Island from its Classical Wisconsin maximum to about 6000 BP. There is no absolute chronological control. The maximum position probably dates from 14000–18000 BP along much of the Labrador coast, but may be as recent as 8500 BP in Baffin Island. Phases II and III probably fall between 8500 and 7000 BP.

field work along the Meta Incognita Peninsula of southern Baffin Island. Part of the reason for this neglect may relate to the controversial identification of late-Wisconsin raised marine shore features up to elevations of 350 m, which tempted Mercer to assume an associated extensive ice cover. Nevertheless, this paper raises the major objections to Flint's hypothesis as outlined in the previous section.

From 1955 to 1958 Ives conducted four seasons of field reconnaissance in central and northeastern Labrador-Ungava that were to lay the foundation for a major study of the glacial history of the eastern Canadian Arctic that is still in process today. The second of these field seasons [21] saw the exploration of the

Torngat Mountains with the objective of testing FLINT's model. It was realized that if FLINT's model was valid, investigation along the western side of the Torngat Mountains should have provided evidence in support of late-Wisconsin ice movement from east to west. In fact, ice-lake shorelines and deltas and associated west-to-east ice-movement forms in the through-troughs and tributary valleys on the Ungava Bay side of the watershed indicated unequivocally that the coastal mountains had become substantially ice-free while a major residual ice sheet lingered on the plateau to the southwest, blocking Ungava Bay and damming a system of lakes along its northeastern margin. This conclusion was subsequently corroborated and enlarged upon [22], and it was shown that the final ice-sheet disintegration in Labrador-Ungava was located close to the geographic center of the great peninsula, far removed from coastal or any highland area [23].

A further result of the Labrador-Ungava studies was the realization that the high coastal summits were not covered by Laurentide ice during the Wisconsin, and may not have been covered for a much longer period, if at all [24] [2]. Fig. 3 provides a schematic outline of the broad pattern of deglaciation for Labrador-Ungava, although so far a good absolute chronology is lacking [25].

Evidence for inception and growth of the ice sheet is more difficult to obtain. Thus, resort was made [27] to a hypothetical consideration of the response of Labrador-Ungava to a lowering of the regional snowline such as can be assumed to have occurred at the onset of each glacial episode. Considering the insignificant area of land above 500–600 m in the coastal mountains, compared with the vast area of the Labrador-Ungava plateau at or above this level, it was concluded that lowering of the regional snowline, while initially generating growth of the tiny coastal cirque glaciers, would induce widespread and rapid expansion and coalescence of permanent snowbanks across the plateau. This would occur long before any significantice mass had been produced in the coastal mountains and would serve to engulf more intensive and localized growth associated with higher land areas such as the Otish and Mealy mountains and the Laurentian Escarpment. Thus the concept of "instantaneous glacierization of a large area of the Labrador-Ungava plateau" was formulated 18 years ago [27].

In 1961, despite lack of an absolute deglaciation chronology for Labrador-Ungava, attention was transferred to Baffin Island. This was prompted by the realization that the Barnes Ice Cap, a residual and topographically anomalous ice mass lying west of the height-of-land and damming large lakes along its northeast margin, provided a present-day analogue to the situation that must have existed in Labrador-Ungava between about 7000 and 9000 BP (cf. Fig. 3). Furthermore, the present-day glaciological condition of Baffin Island was a mirror-image analogue to FRÖDIN's [28] and TANNER's [29] concept of the Scan-

[2] At this point the major discussion on the validity of the Nunatak hypothesis turns to eastern Baffin Island [25].

dinavian glacial condition about the time of DE GEER's [30] supposed Ragunda Separation, with the residual mass of the Fenno-Scandian ice sheet situated well to the east of the mountains [31].

The work in Baffin Island served to consolidate further the "new" model of ice-sheet initiation and growth [32]. It also provided a much fuller understanding of the maximum extent and deglaciation phases of this portion of the Laurentide Ice Sheet together with related glacio-isostatic responses [33]. Quite fortuitously a new form of data providing an important insight into ice-sheet initiation and growth was uncovered. It was found, in the field and through study of air photography, that a large portion of the Baffin Island plateau north of the Barnes Ice Cap was characterized by very scant development of rock lichens. It was realized that these areas, identified on air photographs as discrete light-toned patches, indicated the existence in the not too distant past of extensive, thin sheets and perennial snowbanks. An initial estimate of the area involved [34] suggested that 70% of the plateau surface had been covered by snow and ice compared with a present-day figure of only 1%.

Construction of a lichen-growth curve for this area [35] and ^{14}C dating of organic materials emerging from beneath one of the residual ice patches [36], led to the conclusion that we had recognized the response of Baffin Island to the "Little Ice Age" (300 to 500 years ago). The present-day Glaciation Level (= limit) over Baffin Island [37] is about 200 m above the general level of the plateau surface so that only a relatively slight climatic change is required [38]. Interestingly, it was noted by TARR [39] that "the climatic conditions of Baffin Island and Labrador are wonderfully near those which produce glaciation". While it is apparent that the volume of ice and snow on Baffin Island during the Little Ice Age was comparatively small, the large surface area covered implies an enormous difference in ablation season albedo between then and today. Thus it would appear that during the Little Ice Age north-central Baffin Island reached a threshold situation which, given a more sustained climatic downswing, would have led to "instantaneous glacierization of a large area of the . . . plateau". In the actual case, the threshold was not crossed and so we have a field example of an "abortive glaciation" [40]. It is reasonable to speculate that had the Little Ice Age persisted longer, not only would north-central Baffin Island have "jumped" into ice-sheet formation whilst the glaciers and ice caps along the mountainous east coast would have hardly expanded, but that a widespread snow bank threshold situation would have been achieved shortly thereafter over the Labrador-Ungava and Keewatin plateaus and uplands. Melville Peninsula and the high islands of the Canadian Arctic Archipelago would have shown a comparable and semi-contemporaneous response.

Actual rates of ice-sheet build-up are difficult to determine, but figures of the order of between 2×10^4 years [41] and 5×10^3 years [42] have been suggested. An extremely rapid ice-sheet development is demanded by the work of STEINEN *et al.* [43] on eustatic sea-level changes over the last 125000 years. Between 125000 and 115000 BP, sea level may have fallen by 70 m. It seems most probable that the moisture was derived from southerly and easterly airflows [44], not from westerly depressions as proposed by FLINT and DORSEY [45]. MÜLLER [46] notes that the winter open water in northern Baffin Bay (the North Water) is today surrounded by an extensive glacierized area, a fact also discussed by KOERNER [47]. However, it seems to be at least as significant, if not more critical, that the Labrador Sea–Baffin Bay axis is a frequent line of movement for depressions which yield substantial precipitation over Labrador-Ungava and southeastern Baffin Island [48]. The High Arctic was certainly insignificant in terms of nourishment for the North American ice sheet [49].

Baffin Island would certainly respond first to snowline lowering, followed by Labrador-Ungava and Keewatin. This order appears to be confirmed by DREIMANIS and GOLDTHWAIT [50] who point out that Labrador ice had moved into southern Canada and this was followed by ice moving out from Keewatin. Glacierizing Keewatin *subsequent* to Labrador-Ungava, however, presents a climatological problem in view of LAMB's [51] findings on the empirical relationships between extensive areas of snow cover and the atmospheric circulation [52]. Such questions can now be explored by means of global atmospheric-circulation models with appropriate boundary conditions. This approach has already proved highly rewarding for reconstructions of paleoclimate at the Last Glacial Maximum, as reported elsewhere [53], and further investigations are planned. However, it must be emphasized that such models will not allow us to examine the nature of climatic change and ice-sheet build-up. Alternative schemes are required for this. They must answer the problems raised by LOEWE [54] concerning the apparent need for increased precipitation as well as lower summer temperatures in order to initiate glacierization in Keewatin, Labrador-Ungava and Baffin Island. It is also interesting to note that FRENZEL comes very close to stating the hypothesis of growth and coalescence of snowbanks on the Labrador-Ungava plateau [55], although he does not develop the idea. His work is also remarkable for its almost complete absence of reference to recent North American and Scandinavian publications in the field of glacial geology.

FLINT's latest statement on this issue [2] explains: "The main body of the ice sheet was immigrant into most of the region it covered. Probably it developed originally as a glacier complex over wide areas of the Labrador-Ungava plateau [56] as well as on the plateaus and mountains of Arctic Islands, such as Baffin, Bylot, Devon and Ellesmere, where the highest peak exceeds 2400 m". Despite this statement, his graphic representation of ice-sheet inception and growth [2] remains unchanged. Moreover, TANNER [56] does not refer to the plateau, but firmly cites the Torngat Mountains as the main focus for ice-sheet build-up, a point which we have been at pains to refute for many years. Nevertheless, apart from some few references [57] and our own work, very little attention has been paid to the "instantaneous glacierization" model, although recently DENTON *et al.* [58] have proposed a similar model for Antarctica.

Declining Glacial Hemi-cycle – Laurentide Ice Sheet

Since deglaciation was the last major process to which the Canadian Arctic has been subjected, apart from relatively minor fluvial and periglacial geomorphic modification, it follows that the changing patterns of land, sea, ice-lake and ice-sheet interactions through the last 10000 years are much more easily and precisely traced than prior events. Break-up and dissipation of the Laurentide Ice Sheet and its three main residual masses are depicted in Fig. 4. Much of the information from Keewatin derives from the work of LEE [59] and colleagues in the Geological Survey of Canada [60], the major synthesis for the whole of Canada having been compiled by PREST [61]. Baffin Island-Foxe Basin and Labrador-Ungava were primarily covered by our own work and that of our immediate colleagues and students [62]. The overwhelming conclusion, even down to the present-day existence of the Barnes Ice Cap and its ice-lakes, is that the mountain regions played an insignificant role in the separation of the three major residual ice masses (Baffin Island-Foxe Basin, Keewatin and Labrador-Ungava[3]). The separation was accompanied by the catastrophic incursion of the sea into Hudson Bay about 8000 BP, although we believe that by 9000 BP or so, Hudson Bay was no longer a significant ice center itself [63], thus ensuring the break-up of the Laurentide Ice Sheet *sensu stricto* from its Cockburn Stade moraines [64].

Many details, and even large tracts of the North American arctic-subarctic canvas remain to be filled, but the broad picture would seem incontestable. Some general conclusions are therefore warranted:

1. There is a persistent tendency for many Quaternary workers to assume that the standard chronologies derived from stratigraphic studies in the Great Lakes area are representative of the entire Laurentide Ice Sheet. If an outline map of Baffin Island is superimposed upon a map at the same scale of this classical area, it will be seen that both are of comparable size. Yet there are great differences in ice-sheet perimeter response between the two [65]. Which is the more representative of the Laurentide Ice Sheet for use in intercontinental teleconnections?

2. The vertical extent of ice at the various glacial maxima along the northeast seaboard of North America was far less than is usually assumed in the current literature.

3. As with vertical thickness, so with horizontal extent, the standard literature indicates a much more extensive ice cover along the northeastern rim of the Laurentide Ice Sheet at the maximum of the Classical Wisconsin stade than our own work would indicate. Quite extensive areas of northern and eastern

[3] The Keewatin and Labrador-Ungava residual centers clearly produced the striations and associated ice-movement forms that were incorrectly interpreted by the nineteenth century geologists as evidence for the independent Keewatin and Labradorean ice sheets.

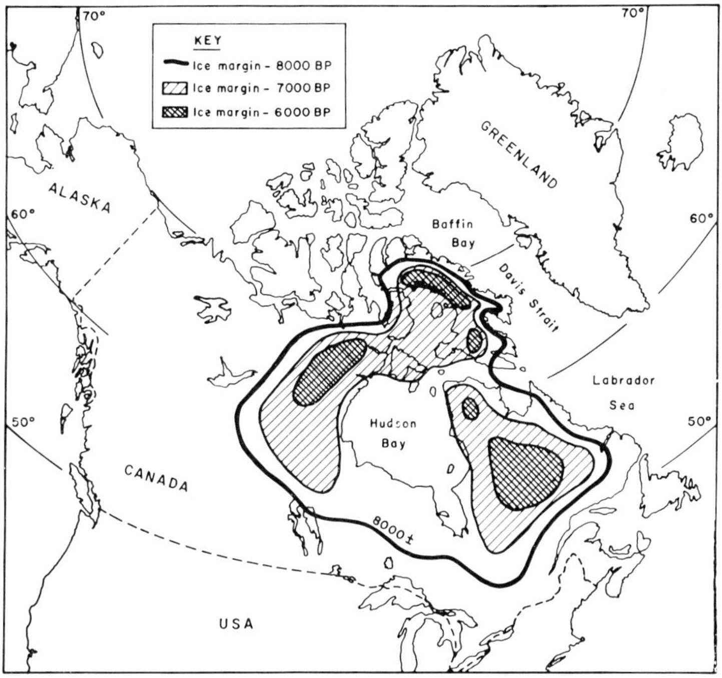

Fig. 4: Schematic representation of the break-up of the Laurentide Ice Sheet following attainment of the Cockburn Stade perimeter between 8000 and 8500 years ago. The Cockburn moraines in Baffin Island and northern Keewatin probably represent an advance of the ice margin, although this was not likely the case along all parts of the perimeter. The separation of the Labradorean and Keewatin-Baffin Island centers was extremely rapid, even catastrophic. The Barnes Ice Cap (not shown) is regarded as a direct relic of the Keewatin-Baffin Island section. Proposed dates for the three phases are approximate as are the relic ice sheet margins.

Baffin Island, and major areas of southeast Baffin Island undoubtedly remained either totally ice free or under the influence of small local ice caps and glaciers independent of the Laurentide Ice Sheet. Reassessment of our early work in northeastern Labrador-Ungava would indicate a comparable situation here. This raises the question of the need for reassessment of Classical Wisconsin maximum ice extent down the entire Labrador coast to Newfoundland and the Shickshock Mountains. The determination of FLINT and his co-workers to assume total inundation of the high mountains of eastern Canada and New England during the Wisconsin deserves to be challenged. Recent work by PREST and GRANT [66] and SLATT [65] would seem to indicate a much reduced outer limit for the Laurentide Ice Sheet than has been in favour these past thirty years.

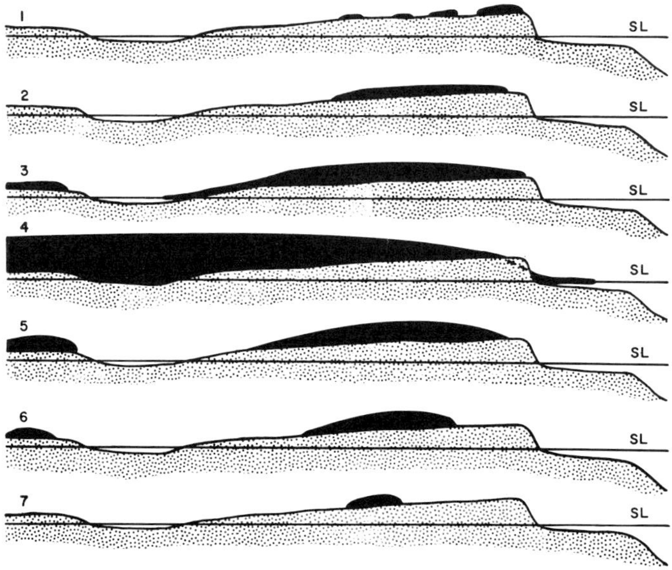

Fig. 5: Growth and decay of the Laurentide Ice Sheet shown in seven phases by schematic east-west cross sections. The cross sections could illustrate events along lines drawn through Baffin Island-Foxe Basin-Melville Peninsula, and through Labrador-Ungava-Hudson Bay-Keewatin. Phases 1, 2, and 3 illustrate the concept of "instantaneous glacierization". Phase 6 could represent the Naskaupi Glacial Lake Phase (Fig. 3, phases II and III), while phase 7 illustrates either Baffin Island today, or Labrador-Ungava about 6000 years BP. The position of present-day sea level is shown on each cross section, no allowance being made for glacio-isostatic movements. The absence of an east-coast mountain range is emphasized (compare Fig. 2).

4. Extremely rapid, even catastrophic, events must be envisaged for both the *initial* growth and dissipation phases.

5. Figure 5 provides a 7-phase schematic illustration of our current concept of Laurentide Ice Sheet initiation, growth and dissipation. Phase 7 could illustrate present conditions in Baffin Island with the residual ice mass representing the Barnes Ice Cap, or conditions prevailing in the Labrador-Ungava area between 6000 and 7000 BP.

Comparisons with Fenno-Scandinavia

The early ideas of ice-sheet growth and development in NORDEN are very adequately summarized by FLINT [1]. It is interesting to note, however, that HOPPE [68] and HOLDAR [69] refuted the older concept of large ice lakes dammed between the mountain chain and a previously supposed residual ice mass to the east, insofar as this applies to Swedish Lapland (Norrbotn). LUNDQUIST [70] has recently demonstrated that beyond the Norrbotn vicinity the older concept of residual ice wasting away east of the mountains is valid. Additionally, he reiterates TANNER'S conclusions that southerly withdrawal of an ice margin across the Finmark Plateau effectively dammed lakes in south-facing and southeast-facing valleys which spilled across the Norwegian frontier into the North Atlantic. This raises difficult questions concerning late-glacial nourishment and melt patterns necessary to account for the quite different modes of deglaciation between northern and southern Scandinavia. Can this be explained by assuming much greater ice-sheet thicknesses in the south at the Wurm II maximum, with the implication that the northern perimeter of the Wurm II Fenno-Scandinavian Ice Sheet compared with that of the Laurentide Ice Sheet in its rather limited extent?

Mention must also be made of the recently accrued evidence suggesting that the Fenno-Scandinavian Ice Sheet extended northward across the shallow Barents Sea to become contiguous with the Svalbard ice sheet. HOPPE [71] and SCHYTT *et al.* [72] indicate that this enlarged ice sheet existed at the Wurm II maximum although this conflicts with growing evidence that the Lofoten Islands and outer Vesterålen supported nunataks at this time [73]. This topic, however, is too extensive and controversial to permit more than passing reference here (for a more detailed discussion cf. [74]).

It is perhaps worth concluding with a further question. Just as it has been possible to demonstrate that the extensive inland plateau areas of the Canadian Arctic and Subarctic were the breeding grounds for the continental ice sheet, would not the Finmark Plateau and upland areas throughout Sweden play at least a comparable role in Fenno-Scandinavia? In other words, we may need a reassessment of current ideas on the mode of initiation and growth of the Fenno-Scandinavian Ice Sheet and testing of the validity of the concept of instantaneous glacierization across wide plateau and upland areas.

Acknowledgements. This paper was written as the introductory part of a research project involved with the development of climatic and geological models for the growth and decay of the Laurentide Ice Sheet, supported by National Science Foundation Grant No. GA 40248. The comparisons with Fenno-Scandinavia were facilitated by a grant to J. D. Ives from the University of Colorado, Council on Research and Creative Work.

Postscript 1987

The decade since our paper was published has seen a phenomenal growth in empirical evidence of glacial-interglacial conditions (DENTON and HUGHES, 1981; PORTER, 1983; SIBRAVA *et al.*, 1986) and in modelling studies of ice sheets and paleoclimate (BIRCHFIELD, 1981; BUDD and SMITH, 1981; MANABE and BROCCOLI, 1985).

In terms of the Laurentide Ice Sheet, there has been a major shift against the concept of a stable single-dome in favour of multiple centres of growth and dispersal. The validity of the single-dome concept was questioned by IVES (1978) based upon a study of weathering zones along the coasts of Labrador and Baffin Island and earlier work in northern Baffin Island-Foxe Basin (Ives and Andrews, 1963). The issue was also raised by Andrews and Peltier (1976) in their analysis of glacio-isostatic recovery rates. In a remarkable return to the ideas of late-nineteenth century geologists, centres are postulated in Baffin Island, Keewatin and Labrador-Ungava (Shilts, 1980; Dyke *et al.*, 1982). It is considered that the major glacial advance in the northeast and northwest Canadian Arctic occurred in the early Wisconsin (Andrews *et al.*, 1986), in accord with the earlier overview of Andrews and Barry (1978) and the model of Boulton (1979) for the whole North Atlantic sector.

There has been continued debate over the role of climate variables in forcing ice sheet growth and decay. Hughes *et al.* (1985) propose that ice sheets in the Northern Hemisphere had a trimodal response; firstly to summer temperature in middle latitude parts of the ice sheets; secondly to sea level; and thirdly to precipitation. They consider that the second and third factors would be more important in the Arctic. However, Ruddiman and McIntyre (1984) stress that neither temperature nor precipitation are unique controls of glaciation. They maintain that the orbital variations and their latitudinal dependence are the first cause. Ocean response, ice-albedo and other feedbacks are also temporally and latitudinally variable.

Ice sheet models demonstrate that a lag in isostatic bedrock response to the ice load and a reduction of precipitation over the high central part of an ice sheet are critical to its growth and eventual decay. In the specific case of the Laurentide Ice Sheet, Budd and Smith (1979) show that topography plays an important role in the climate response. Birchfield *et al.* (1982) model the elevation effect for Baffin Island and conclude "much of the 'instantaneous glacierization' model of Ives *et al.* (1975) is supported by our global energy balance model experiments". However, changes in albedo over the entire Arctic "may be at least as important as plateau effects, as proposed by Koerner (1980)". Likewise, general circulation models demonstrate the effect of major ice sheets in splitting the westerly upper-level flow and at least initially enhancing snow accumulation along the ice sheet margin, due to the fixing of a cyclone track there, as proposed by Andrews and Barry (1978) based on earlier empirical and modelling studies.

[1] Flint, R. F.: Geol. Soc. Am. Bull. 54, 325 (1943).
[2] Flint, R. F.: Glacial and Quaternary Geology. New York Wiley 1971.
[3] Zonneveld, J. I. S.: Arc. Alp. Res. 5, 223 (1973).
[4] Tyrrell, J. B.: Ontario Bur. Mines Ann. Rept. 22 (1), 161 (1913).
[5] Bell, R.: Geol. Surv. Canada, Rept. Prog. 1882–84, 500 (1884).
[6] Dawson, G. M.: Geol. Surv. Canada, Ann. Rept. 2, IR-62R (1886).
[7] Dawson, G. M.: Am. Geol. 6, 152 (1890).
[8] Chamberlin, T. C., in: The Great Ice Age, p. 724 New York: D. Appleton & Co. 1895.
[9] Bell, R.: Geol. Surv. Canada, Rept. Prog. 1882–84, 500 (1884); Coleman, A. P.: Geol. Surv. Canada, Mem. 124 (1921); Daly, R. A.: Harvard Univ. Mus. Comp. Zool. Bull. 38, 205 (1902); Low, A. P.: Geol. Surv. Canada 8, 1 (1896); Low, A. P.: ibid. 13, 10–84D (1900); Low, A. P.: The Cruise of the Neptune. Ottawa: Govt. Printing Office 1906; Tarr, R. S.: Am. J. Sci. (Ser. 4) 3, 315 (1897); Tyrrell, J. B.: Geol. Mag. 4th Ser. 1, 394 (1894); Tyrrell, J. B.: Ontario Bur. Mines, Ann. Rept. 22 (1), 161 (1913).
[10] Coleman, A. P.: Geol. Surv. Canada, Mem. 124 (1921).

[11] Odell, N. E.: Geograph. J. 82, 193, 315 (1933); Odell, N. E.: Am. Geograph. Soc., spec. publ. 22, 187 (1938); Tanner, V.: Acta Geographica 8, 1 (1944).
[12] Odell, N. E.: Geograph. J. 82, 193, 315 (1933).
[13] Flint, R. F., M. Demorest, A. L. Washburn: Am. Geol. Soc. Bull. 53, 1211 (1942); MacClintock, P., Twenhofel, W. H.: ibid. 51, 1729 (1940).
[14] Upham, W.: ibid. 6, 343 (1895).
[15] Crosby, W. O.: ibid. 17, 203 (1896).
[16] Wright, G. F.: The Ice Age in North America. Ohio: Oberlin 1911.
[17] Brooks, C. E. P.: Climate Through the Ages. New York: R. V. Coleman 1926.
[18] Hare, F. K., J. E. Hay: Can. Geogr. 15, (1971).
[19] Flohn, H.: personal communication (1973).
[20] Mercer, J. H.: Am. Geol. Soc. Bull. 67, 553 (1956).
[21] Ives, J. D.: Arctic 9 (3), 213 (1956); 10 (2), 67 (1957).
[22] Andrews, J. T., E. M. Mathew: Geogr. Paper No. 29, Govt. Canada, 5 (1961); Barnett, D. M., J. A. Peterson: Can. Geogr. 8 (4), 173 (1964); Ives, J. D.: ibid. 12, 25 (1958); Geogr. Bull. 12, 47 (1958); Cahiers geogr. Quebec 5, 57 (1959); Geogr. Bull. 14, 44 (1960); Cahiers geogr. Quebec 4 (8), 323 (1960); Løken, O.: Geogr. Bull. 17, 23 (1962); Can. Geogr. 6, 106 (1962).
[23] Derbyshire, E.: Am. Geol. Soc. Bull. 73, 1111 (1962); Grayson, J. F.: Ph. D. thesis, Univ. of Michigan 1956; Henderson, E. P.: Can. Geol. Surv. Bull. 50 (1956); Ives, J. D.: Can. Geogr. 8, 25 (1956); 12, 25 (1958); Cahiers geogr. Quebec 5, 57 (1959); Can. Geogr. 12 (3), 192 (1968); Low, A. P.: Geol. Surv. Can. 8, 1 (1896); Tanner, V.: Acta Geographica 8, 1 (1944).
[24] Ives, J. D., in: Love, A., D. Love (eds.): North Atlantic Biota and Their History, p. 337. London–New York: Pergamon Press 1963; Løken, O.: Can. Geogr. 6 (3–4), 106 (1962).
[25] Andrews, J. T., in: Ives, J. D., R. G. Barry (eds.): Arctic and Alpine Environments, p. 277. London: Methuen 1974; England, J. H., J. T. Andrews: Boreas 2, 17 (1973); Ives, J. D., in: Ives, J. D., R. G. Barry (eds.): Arctic and Alpine Environments, p. 605. London: Methuen 1974; Miller, G. H.: Quat. Res. 3, 561 (1973); Miller, G. H., A. S. Dyke: Geology 2 (3), 125 (1974); Pheasant, D. R., J. T. Andrews: Can. J. Earth Sci. 10, 1621 (1973).
[26] Bryson, R. A., *et al.*: Arct. Alp. Res. 1 (1), 1 (1969); Morrison, A.: Can. J. Botany 48, 1957 (1970); Prest, V. K.: Econ. Geol. Rept. No. 1, Dept. Energy, Mines and Resources, Ottawa, p. 676 (1970).
[27] Ives, J. D.: Arctic 10 (2), 67 (1957).
[28] Frödin, J.: Geol. Fören. Stockh. Förhandl. 43, 53 (1921).
[29] Tanner, V.: Bull. Comm. Geol. Finland 88, 1 (1930).
[30] De Geer, G.: Kungl. Svenska Vetensk-Akad. Handl. 3, 18 (6), 1 (1940).
[31] Holdar, C. G.: Geol. Fören. Stockh. Förhandl. 79, 291 (1957); Hoppe, G.: Geogr. Annaler 41, 193 (1960); Lundquist, J.: Boreas 1 (1), 27 (1972); Lundquist, J.: Sveriges Geol. Undersök., Ser. C 658, 163 p (1971).
[32] Ives, J. D., J. T. Andrews: Geogr. Bull. 19, 5 (1963).
[33] Andrews, J. T., J. T. Buckley, J. H. England: Bull. Geol. Soc. Am. 81, 1123 (1970); Miller, G. H., A. S. Dyke: Geology 2 (3), 125 (1974); Pheasant, D. R., J. T. Andrews: Can. J. Earth Sci. 10, 1621 (1973).
[34] Ives, J. D.: J. Glaciol. 4 (32), 197 (1962).
[35] Andrews, J. T., P. J. Webber: Geogr. Bull. 22, 80 (1964).
[36] Falconer, G.: ibid. 7 (2), 137 (1966).

[37] Andrews, J. T., G. H. Miller: Arctic Alp. Res. 4 (1), 45 (1972).
[38] Andrews, J. T., *et al.*: Nature 239, 147 (1972).
[39] Tarr, R. S.: Am. J. Sci. Ser. 4 3, 315 (1897).
[40] Flohn, H.: Quat. Res. (in press).
[41] Barry, R. G.: Geogr. Bull. 8, 319 (1966); Weertman, J.: J. Glaciol. 38, 145 (1964).
[42] Lamb, H. H., A. Woodroffe: Quat. Res. 1, 29 (1970).
[43] Steinen, R. P., R. S. Harrison, R. K. Matthews: Bull. Geol. Soc. Am. 84, 63 (1973).
[44] Barry, R. G.: Geogr. Ann. 42, 36 (1960); Geogr. Bull. 8, 319 (1966); Leighly, J.: Geogr. Ann. 31, 131 (1949); Tanner, W. F.: J. Geol. 73, 413 (1965).
[45] Flint, R. F., H. G. Dorsey Jr.: Am. J. Sci. 243, 627 (1945).
[46] Müller, F.: Arct. Alp. Res. 5, 231 (1973).
[47] Koerner, R. M.: J. Glaciol. 6, 383 (1966).
[48] Barry, R. G.: Geogr. Ann. 42, 36 (1960); Geogr. Bull. 8, 319 (1966); Quart. J. Roy. Met. Soc. 93, 535 (1967); Inland Waters Branch Tech. Bull. 65, Ottawa (1974); Barry, R. G., S. Fogarasi: Inland Waters Branch Tech. Bull. 13, Ottawa 1968.
[49] Péwé, T. L., R. D. Reger: 24th Int. Geol. Congr. Sect. 12, 187 (1972).
[50] Dreimanis, A., R. P. Goldthwait: Geol. Soc. Am., Mem. 136, 71 (1973).
[51] Lamb, H. H.: Quart. J. Roy. Met. Soc. 81, 172 (1955).
[52] Brinkmann, W. A. R., R. G. Barry: Palaeogeogr., Palaeoclimatol., Palaeoecol. 11, 87 (1972); Flohn, H.: Science (in press).
[53] Barry, R. G.: Arct. Alp. Res. 5, 171 (1973); Williams, J., R. G. Barry: Proc. 24th Alaskan Sci. Conf. 1973 (in press); Williams, J., R. G. Barry, W. M. Washington: J. Appl. Met. 13, 305 (1974).
[54] Loewe, F.: Arct. Alp. Res. 3, 331 (1971).
[55] Frenzel, B.: Climatic Fluctuations of the Ice Ages. Cleveland–London: Case Western Reserve Univ. Press (1973).
[56] Tanner, V.: Acta Geographica 8, 1 (1944).
[57] Lee, H. A., in: Science History and Hudson Bay, Pt. 1, Ch. 9. Ottawa: Queen's Printer 1968; Prest, V. K.: Economic Geol. Rept. No. 1, p. 676. Dept. Energy, Mines and Resources, Ottawa 1970.
[58] Denton, G. H., R. L. Armstrong, M. Stuiver, in: The Late Cenozoic Glacial Ages, p. 267. Yale Univ. Press (1971).
[59] Lee, H. A.: Can. Geol. Surv. Bull. 51 (1959).
[60] Blake, W., Jr.: Can. Geol. Surv. Paper 66–26 (1966); Craig, B. G.: Can. Geol. Surv. Bull. 99 (1964); 122 (1965); Craig, B. C., J. G. Fyles: Can. Geol. Surv. Paper 60–10 (1960).
[61] Prest, V. K.: Economic Geol. Rept. No. 1, p. 676. Dept. Energy, Mines and Resources, Ottawa (1970).
[62] Dyke, A. S.: INSTAAR Occ. Paper, Univ. Colorado, Boulder (in press); England, J. H., J. T. Andrews: Boreas 2, 17 (1973); Miller, G. H.: Quat. Res. 3, 561 (1973); Pheasant, D. R., J. T. Andrews: Can. J. Earth Sci. 10, 1621 (1973).
[63] Paterson, W. S. B.: Rev. Geophys. Space Phys. 10, 885 (1972).
[64] Andrews, J. T., J. D. Ives, in: Climatic Change in Arctic Areas During the Last 10000 years, p. 149. Oulu Univ., Finland 1972; Falconer, G., *et al.*: Geogr. Bull. 7, 137 (1965).
[65] Andrews, J. T., J. D. Ives, in: Climatic Change in Arctic Areas During the Last 10000 years, p. 149. Oulu Univ., Finland 1972; Andrews, J. T., *et al.*: Quat. Res. 2, 303 (1972); Andrews, J. T., *et al.*: Nature 239, 147 (1972); Dyke, A. S.: INSTAAR Occ. Paper, Univ. Colorado, Boulder (in press).

[66] Prest, V. K., D. R. Grant: Can. Geol. Surv. Pap. 69–33, 1 (1969).
[67] Slatt, R. M.: Can. J. Earth Sci. 11 (3), 362 (1974).
[68] Hoppe, G.: Geogr. Ann. 41, 193 (1960).
[69] Holdar, C. G.: Geol. Fören. Stockh. Förhandl. 79, 291 (1957).
[70] Lundquist, J.: Sveriges Geol. Undersök., Ser. C 658, 163 p (1971); Boreas 1 (1), 27 (1972).
[71] Hoppe, G.: Acta Geogr. Lodz. 24, 205 (1970).
[72] Schytt, V., *et al.*: Int. Assoc. Sci. Hydrol. Pub. (General Assembly of Berne) 79 (1968).
[73] Dahl, R.: Geogr. Ann. 45, 122 (1963); Möller, J. J., J. L. Sollid: Norsk Geogr. Tidssk. 26 (3), 101 (1972); Strömquist, L.: Uppsala Univ. Naturgeogr. Inst., Rept. 22 (1973).
[74] Ives, J. D., in: Arctic and Alpine Environments, p. 605. London: Methuen (1974).

References 1987

Andrews, J. T., and W. R. Peltier (1976): Collapse of the Hudson Bay Ice Center and glacio-isostatic Rebound. Geology 4 (2): 73–75.

Andrews, J. T., and R. G. Barry (1978): Glacial Inception and Disintegration during the Last Glaciation. Ann. Rev. Earth Planet. Sci. 6: 205–228.

Andrews, J. T., G. H. Miller, J. S. Vincent, and W. W. Shilts (1986): Quaternary Correlations in Arctic Canada. In: V. Šibrava, D. Q. Bowen, and G. M. Richmond, eds., Quaternary Glaciations in the Northern Hemisphere, Quat. Sci. Rev. 5: 243–249.

Birchfield, G. E., J. Weertman, and A. T. Lunde (1982): A Model Study of the Role of high-latitude Topography in the climatic Response to orbital Insolation Anomalies. J. Atmos. Sci. 39: 71–87.

Boulton, G. S. (1979): A Model of Weichselian Glacier Variation in the North Atlantic Region. Boreas 8: 373–395.

Budd, W. F., and I. N. Smith (1981): The Growth and Retreat of Ice Sheets in Response to orbital Radiation Changes. In: I. Allison, ed., Sea Level, Ice and Climatic Change, Internat. Assoc. Hydrol. Sci., Publ. 131: 369–409.

Denton, G. H., and T. J. Hughes, eds. (1981): The Last Great Ice Sheets. J. Wiley and Sons, New York. 484 pp.

Dyke, A. S., L. A. Dredge, and J. S. Vincent (1982): Configuration and Dynamics of the Laurentide Ice Sheet during the late Wisconsin Maximum. Geogr. Phys. Quat. 36: 5–14.

Hughes, T. J., G. H. Denton, and J. L. Fastook (1985): The Antarctic Ice Sheet: an Analog for Northern Hemisphere Paleo-Ice Sheets? In: M. J. Woldenburg, ed., Models of Geomorphology, Allen and Unwin, Boston. pp. 25–72.

Ives, J. D., and J. T. Andrews (1963): Studies in the Physical Geography for north-central Baffin Island, N. W. T. Geogr. Bull. 19: 5–48.

Ives, J. D. (1978): The Maximum Extent of the Laurentide Ice Sheet along the East Coast of North America during the Last Glaciation. Arctic 31 (1): 24–53.

Koerner, R. M. (1980): Instantaneous Glacierization, the Rate of Albedo Change, and Feedback Effects at the Beginning of an Ice Age. Quat. Res. 13: 153–159.

Manabe, S., and A. J. Broccoli (1985): The Influence of continental Ice Sheets on the Climate of an Ice Age. J. Geophys. Res. 90 (D1): 2167–2190.

Porter, S., ed. (1983): The Late Quaternary Environments of the United States. Vol. 1. The Late Pleistocene. Minnesota University Press, Minneapolis. 407 pp.
Ruddiman, W. F., and A. McIntyre (1984): An Evaluation of ocean-climate Theories on the North Atlantic. In: A. Berger, J. Imbrie, J. Hays, and G. Kukla, eds., Milankovitch and Climate, D. Reidel, Dordrecht. pp. 671–686.
Shilts, W. W. (1980): Flow Pattern in the central North American Ice Sheet. Nature 286: 213–218.
Šibrava, V., D. Q. Bowen, and G. M. Richmond, eds., (1986): Quaternary Glaciations in the Northern Hemisphere. Quat. Sci. Rev. 5: 1–514.

GLIEDERUNG DER EISZEITLICHEN ABLAGERUNGEN IN NORDDEUTSCHLAND

Von Jürgen Ehlers

1. Einleitung

Bereits wenige Jahre nach der Entdeckung der Gletscherschrammen auf dem Muschelkalk von Rüdersdorf war die Vermutung aufgetaucht, daß Norddeutschland – wie die Alpen – dreimal vergletschert gewesen sei (Penck 1879). Diese Auffassung konnte sich jedoch zunächst nicht durchsetzen. Erst als Keilhack (1896) in Berlin und Gottsche (1897) in Hamburg das Vorkommen eines ältesten (dritten) Geschiebemergels in Norddeutschland nachweisen konnten, gelangte die Dreigliederung zu allgemeiner Anerkennung.

Die heute übliche Benennung dieser Vereisungen als Elster-, Saale- und Weichsel-Eiszeit geht nach Woldstedt (1929: 179) auf einen Vorschlag Keilhacks zurück. Im Jahre 1910 wurden erstmals die neuen Bezeichnungen auf Blättern der „Geologischen Karte 1:25000 von Preußen und benachbarten Bundesstaaten" angewendet. In den Erläuterungsheften wurde auf die Bezeichnungen jedoch nicht weiter eingegangen. Erst seit Woldstedt in seinem Lehrbuch und in allen übrigen Veröffentlichungen ab 1927 diese Begriffe verwendete, setzten sie sich allgemein durch.

Dieses Grundschema hat bis heute Gültigkeit behalten (siehe z. B. Liedtke 1981). Die Stratigraphie konnte jedoch in vielen Bereichen verfeinert werden und – vor allem in Anlehnung an Untersuchungsergebnisse aus den Niederlanden – im präglazialen Bereich des Quartärs ergänzt werden.

2. Frühquartär

Die Zeugen kaltzeitlichen Klimas reichen bis in den Übergangsbereich Tertiär/Quartär zurück. Eine mögliche Vergletscherung zu dieser Zeit dürfte jedoch auf den skandinavischen Raum beschränkt gewesen sein. Erst später machte sich der Einfluß der Vereisungen weiter im Süden bemerkbar. Während der Menap-Kaltzeit wurden im deutsch-niederländischen Grenzgebiet kiesige Sande abgelagert, die außer südlichen Geröllen auch bis zu kopfgroße skandinavische Geschiebe enthalten („Komplex von Hatten"). Aus der Menap-Kaltzeit sind auch fluviatile Kiese mit nordischen Geschieben vom Salzstock Gorleben bekanntgeworden (Müller 1986).

Während die Hattem-Schichten noch als Flußablagerungen gedeutet werden,

werden die Weerdinge-Schichten des Cromer-Glazial C bereits als Schmelzwassersande eines nicht allzu fernen Eisrandes angesehen (Ruegg und Zandstra 1977). Obwohl der Cromer-Komplex bei Bohrungen auf dem Salzstock Gorleben offenbar vollständig erhalten geblieben ist, konnten keine moränalen Ablagerungen aus dieser Zeit nachgewiesen werden (Grube et al. 1986).

In Polen wird eine zweiphasige Vereisung (Narew-Vereisung) vor der Elster-Vereisung angenommen (Rzechowski 1986). Auch in Weißrußland liegen Bohrergebnisse vor, die als Nachweis einer Prä-Elster-Vereisung gedeutet werden (Michurinsk-Vereisung; Velichko & Faustova 1986). Die Datierung dieser Vorkommen ist jedoch nicht gesichert (vgl. Ehlers et al. 1984).

3. Elster-Kaltzeit

Während der Elster-Kaltzeit sind erstmals Gletscher von Skandinavien bis an den Rand der Mittelgebirge vorgedrungen. Während dieser Vereisung fand eine völlige Umgestaltung der Landoberfläche statt – weniger durch die unmittelbare Wirkung des Eises als durch den Einfluß seiner Schmelzwässer.

Der Untergrund der südlichen Randgebiete der nordeuropäischen Vereisung ist durchzogen von einem netzartigen System tiefer Rinnen, deren Streichrichtung überwiegend radial vom Zentrum der Vereisung zum Eisrand hin verläuft. Durch seismische Untersuchungen konnte gezeigt werden, daß sich das Rinnensystem am Boden der Nordsee fortsetzt (Cameron et al. 1987).

Die Entstehung der Rinnen ist unterschiedlich gedeutet worden. Teilweise starke Übertiefung und netzartige Verbindung der Rinnen miteinander (vgl. Linke 1983) sprechen gegen eine fluviale Genese. Von der Mehrheit der Bearbeiter wird daher angenommen, daß die Rinnen überwiegend durch subglaziale Schmelzwassererosion entstanden sind (z. B. Kuster und Meyer 1979). Die meisten Rinnen sind noch während der Elster-Kaltzeit mit relativ feinkörnigen Schmelzwassersedimenten verfüllt worden, in denen lediglich an der Basis nennenswerte Mengen von Kies auftreten. Moränenmaterial an der Basis ist selten und wird häufig als Versturz-Material gedeutet. Der scheinbare Mangel an Moränenmaterial an der Basis mag zum Teil darauf zurückzuführen sein, daß die Rinnen fast ausschließlich durch Spülbohrungen erkundet wurden, wobei geringmächtige Moränen leicht als geröllreiche Kieslagen fehlinterpretiert werden. Sehr wahrscheinlich haben Gletscherschurf und subglaziale Schmelzwassererosion bei der Rinnenbildung zusammengewirkt (Ehlers et al. 1984).

Es gibt jedoch auch Rinnen – meist sind es die flacheren –, die überwiegend mit Moränenmaterial gefüllt sind. Grube (1979) leitet daraus ab, daß die flacheren Rinnen überwiegend durch direkten Gletscherschurf geformt worden seien (Glaziellen im Sinne von Gripp 1975), während die über 100 m tiefen Rinnen ihre Entstehung überwiegend der Schmelzwassererosion verdankten. Es gibt aber auch Fälle, in denen Rinnen – auch weit über 100 m unter NN hin-

Abb. 1: Vereisungsgrenzen in Nordwestdeutschland.

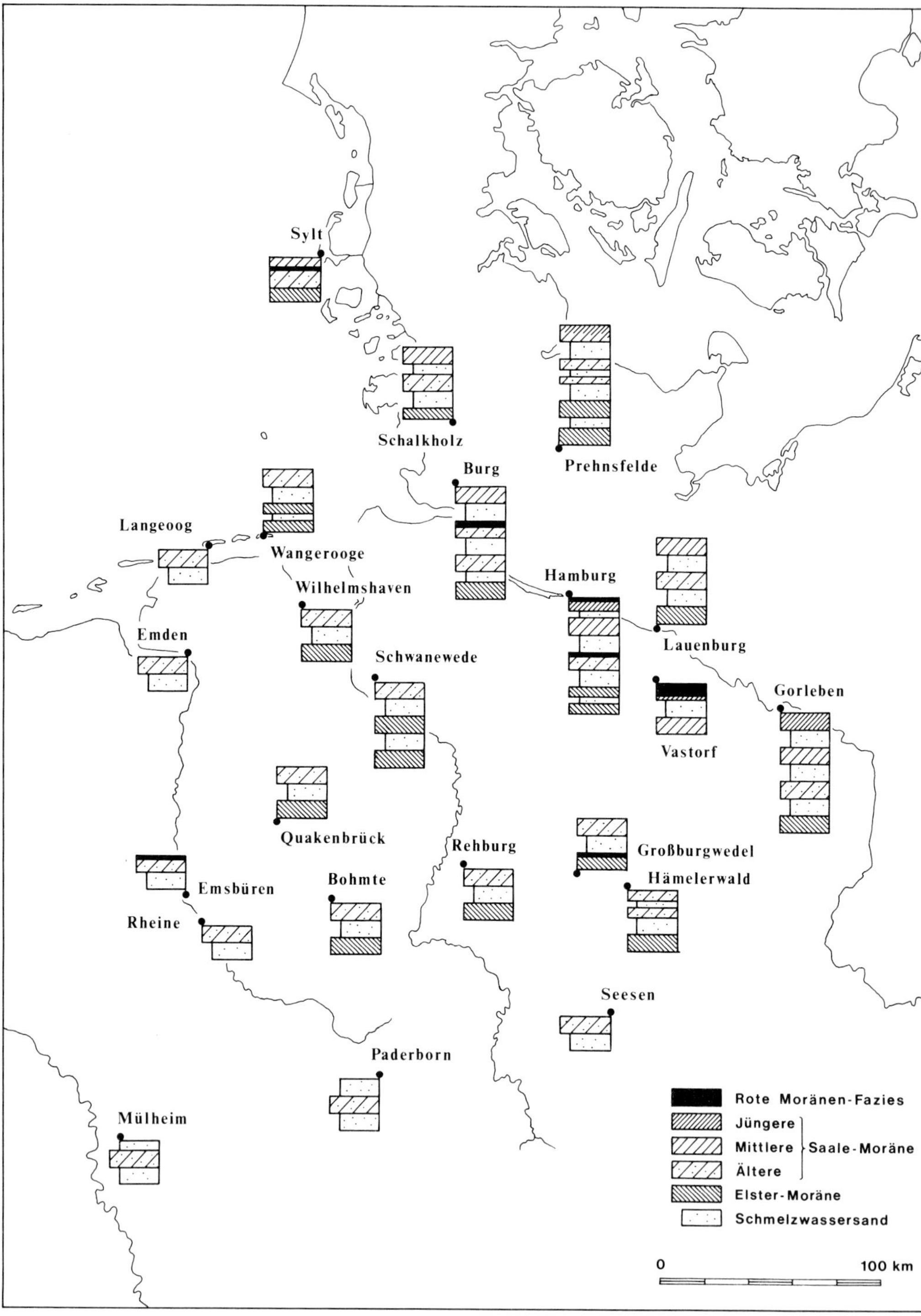

Abb. 2: Schichtenfolge der Elster- und Saale-Eiszeit in ausgewählten Profilen. Quellen: EHLERS 1987; KABEL 1982; LANGE et al. 1979; MEYER 1987; STEPHAN 1980; STEPHAN et al. 1983; sowie Erläuterungen zur Geologischen Karte 1:25000.

abreichende – fast völlig mit Moräne aufgefüllt wurden (z. B. in Südwest-Holstein; freundliche Mitteilung H.-J. STEPHAN).

Als das Elster-Eis abschmolz, bildeten sich in den unverfüllten Resten der Rinnen große Eisstauseen, in denen Schluffe und Tone abgelagert wurden. In Norddeutschland werden diese Schichten als „Lauenburger Ton" bezeichnet. Die Zusammensetzung der Beckensedimente spiegelt den fortschreitenden Abschmelzprozeß des Inlandeises wider. Während die liegenden Partien reich an „dropstones" und eingeschwemmtem Sand sind, nimmt die Sortierung zum Hangenden hin zu; zum Teil ist eine varvenartige Schichtenfolge ausgebildet (EHLERS et al. 1984).

Das Verbreitungsgebiet des „Lauenburger Tons" erstreckt sich von der DDR bis in die Niederlande („Potklei" der Provinzen Groningen und Drente). Ob die Elster-Vereisung bis in die Niederlande vorgedrungen ist, ist bis heute nicht eindeutig geklärt. Zwar setzen sich die tiefen Rinnen bis in die nördlichen Niederlande fort (TER WEE 1983); in der südlichen Nordsee reichen sie bis 53° N, d. h. bis auf die Höhe von Texel. Elster-Grundmoräne ist jedoch nur selten nachzuweisen.

Die Südgrenze der Elster-Vereisung läßt sich oft nicht mit Sicherheit bestimmen. Dies liegt daran, daß die elsterzeitlichen Ablagerungen vielfach von jüngeren Ablagerungen verdeckt sind, teils auch von jüngeren Eisvorstößen erodiert worden sind. Die elsterzeitlichen Rinnen enden etwa an der Linie Diepholz–Nienburg–Celle. In den Stauchmoränen der Rehburger Phase ist westlich der Weser nirgendwo gestauchte Elstermoräne nachgewiesen worden (MEYER 1987). Da die Stauchschuppen zum Teil Schichten des Tertiärs mit erfaßt haben, muß damit gerechnet werden, daß das Elster-Eis diese Linie nicht überschritten hat.

Während früher vielfach angenommen wurde, daß das Elster-Eis im Bereich des Harzes am weitesten nach Süden vorgestoßen sei, sprechen die Ergebnisse neuerer geologischer Kartierungen eher dafür, daß hier wie im westlichen Niedersachsen und Nordrhein-Westfalen der Saale-Vorstoß am weitesten nach Süden gereicht hat (Abb. 1 und 2). Erst weiter im Osten, in Thüringen und Sachsen, hat eindeutig die Elster-Vereisung am weitesten nach Süden gereicht (EISSMANN 1975).

Über die Untergliederung der Elster-Eiszeit ist bisher nur wenig bekannt. Da die jüngeren Eiszeiten jeweils aus mehreren, durch Interstadiale voneinander getrennten Eisvorstößen bestehen, liegt die Vermutung nahe, daß auch in der Elster-Eiszeit mehrere Eisvorstöße stattgefunden haben.

In den großen Braunkohlengruben des sächsisch-thüringischen Raumes sind zwei elsterzeitliche Grundmoränenbänke bekanntgeworden, die sich in der Korngrößenzusammensetzung und im Quarzgehalt unterscheiden. Auch in Nordwestdeutschland sind wiederholt zwei oder mehr durch Sandlagen voneinander getrennte Grundmoränen der Elster-Vereisung gefunden worden. STEPHAN (1981a) war der erste, der auf das Vorkommen von zwei Elster-Moränen im Raum Wacken (westliches Schleswig-Holstein) hinwies. KABEL (1982) bestätigte durch Feinkieszählungen das Vorkommen von zwei verschiedenen Elster-Moränen in Dithmarschen. Auch in der Bohrung Prehnsfelde wurden zwei Elster-Moränen nachgewiesen (Stephan et al. 1983), und in Niedersachsen ist bei der geologischen Kartierung wiederholt eine Aufspaltung der Elster-Moräne beobachtet worden (z. B.: Meyer 1982, 1985). Im Hamburger Raum lassen sich in größeren Gebieten zwei Elster-Moränen auskartieren (Ehlers 1987). Die geschiebekundliche Unterscheidung ist jedoch zumindest schwierig.

4. *Holstein-Warmzeit*

Am Ende der Holstein-Warmzeit drang das Meer offenbar rasch in den norddeutschen Raum vor. Im westlichen Schleswig-Holstein ist der Übergang Elster-Kaltzeit/Holstein-Warmzeit voll marin (Knudsen 1986). Im Raum Wakken und weiter östlich setzte die Transgression erst später ein. Der Zeitpunkt variiert in Abhängigkeit von der Höhenlage des jeweiligen Gebietes.

Die limnischen Holstein-Vorkommen aus der Lüneburger Heide (Kieselgur von Munster, Ohe, Wiechel und Hetendorf) erlauben eine genaue Rekonstruktion der Vegetationsentwicklung. Durch die Untersuchungen Müllers (1974a) und K.-J. Meyers (1974) ist die Länge der Holstein-Warmzeit auf etwa 15000–16000 Jahre bestimmt worden.

Die Frage, ob die Lücke zwischen der Elster- und der Saale-Kaltzeit aus einer oder zwei Warmzeiten besteht, ist noch immer nicht vollständig geklärt. Dücker (1969) und Menke (1968, 1980) haben die warmzeitliche Schichtenfolge von Wacken als Ablagerungen von zwei unabhängigen Warmzeiten gedeutet. Hier wird ein (unvollständiges) marines Holstein durch mehrere Meter mächtige Feinsande sowie eine fast 1 m mächtige Torf- und Gyttjaschicht überlagert. Die organogenen Ablagerungen werden von Dücker und Menke als Wacken-Interglazial bezeichnet und mit dem Dömnitz-Interglazial der DDR gleichgesetzt (Erd 1973).

5. *Saale-Kaltzeit*

Die Untergliederung der Saale-Vereisung ist sehr viel genauer bekannt als die der Elster-Vereisung. Man weiß, daß die Saale-Kaltzeit mit einer längeren nichtglazialen Kaltphase begann, die durch mehrere schwach entwickelte Erwärmungsphasen unterbrochen wurde. In den Niederlanden sind die einzelnen Phasen der Vegetationsentwicklung gut dokumentiert; zwei Interstadiale – Hoogeveen und Bantega – konnten nachgewiesen werden (Zagwijn 1973).

Der Vorstoß der Älteren Saale-Vereisung überzog fast ganz Niedersachsen, querte die Münstersche Bucht (Seraphim 1980; Thome 1980), erreichte den Niederrhein und hinterließ dort gewaltige Stauchmoränen (Siebertz 1983, 1984). Die größte Stauchmoräne der Älteren Saale-Vereisung ist die Rehburger Endmoräne, die sich von den Niederlanden bis über Hannover hinaus nach

Osten verfolgen läßt. Früher wurde sie als Rückzugs-Endmoräne gedeutet; heute gilt ihre Entstehung während der Vorrückphase und ihre anschließende Überfahrung als erwiesen (VAN DER WATEREN 1987).

Der Vorstoß der Älteren Saale-Vereisung hinterließ südwestlich von Weser und Aller in der Regel nur eine Grundmoräne, die sich durch eine Vormacht süd- bis mittelschwedischer Geschiebe und eine sandige Matrix auszeichnet. In den Niederlanden und im westlichen Niedersachsen ist dieser Moräne eine braunrote, tonige Grundmoräne ostbaltischer Fazies aufgesetzt. Vorkommen dieser Fazies konnten inzwischen auch in Hamburg (IWANOFF 1980), in Dithmarschen (STEPHAN 1980) und auf Sylt (KABEL 1982) nachgewiesen werden. In der DDR hat die Saale-1-Moräne ein schwedisch geprägtes Geschiebespektrum. Die rote Fazies der Älteren Saale-Moräne wurde dort bisher nicht nachgewiesen.

Am Ende der Älteren Saale-Vereisung sind die Gletscher vermutlich bis in den skandinavischen Raum hinein abgeschmolzen. Dänemark und Norddeutschland waren eisfrei. Eine Meerestransgression, wie sie für ein Interglazial kennzeichnend wäre, läßt sich für den Bereich der Nordsee nicht nachweisen. Auch fehlen eindeutige organische Ablagerungen aus dieser Zeit. PICARD (1959), STREMME (1960, 1979) und FELIX-HENNINGSEN (1979, 1983) weisen auf das Vorkommen ausgeprägter Bodenbildungen (Bleichlehme) aus dieser Zeit hin, die sie in eine „Treene-Warmzeit" stellen. Eine Korrelation mit dem Odinzovo-Interglazial bei Moskau erscheint jedoch problematisch, da die klimatischen Voraussetzungen für die Bildung der genannten Böden unbekannt sind. FELIX-HENNINGSEN & URBAN (1982) und FELIX-HENNINGSEN (1983) kommen auf Grund pedologischer und palynologischer Untersuchungen zu dem Schluß, daß sich der Bleichlehm während kühl-humider Bedingungen in einer offenen Gras- und Heidelandschaft gebildet haben dürfte. MENKE (1985) hat festgestellt, daß die warmzeitlichen Ablagerungen an der „Treene"-Typuslokalität Muußberge bei Husum wahrscheinlich eemzeitlichen Alters sind.

Die Mittlere Saale-Kaltzeit begann erneut mit der Schüttung von Schmelzwassersanden. Sandschollen, die nur in gefrorenem Zustand transportiert worden sein können, deuten auf das erneut einsetzende Periglazialklima hin (GRUBE und EHLERS 1975). Die Schmelzwassersande der Saale-Vereisung sind nicht wie die der Elster-Vereisung in tief eingeschnittenen Rinnen abgelagert worden, sondern stellen mehrere Zehner von Metern mächtige Sanderschüttungen dar.

Als Haupteisrandlage der Mittleren Saale-Vereisung wird die Lamstedter Endmoräne angesehen. Sie zieht sich vom Rand der Elbtalniederung zunächst als typische Stauchendmoräne in Richtung Süden (HÖFLE und LADE 1983; VAN GIJSSEL 1987), schwenkt dann nach Südosten um und nimmt zunehmend den Charakter einer Satzendmoräne an. LADE (1980) konnte nachweisen, daß die Lamstedter Höhen vom Eis der Mittleren Saale-Vereisung überfahren worden sind. Damit gilt als sicher, daß das Eis bis mindestens zur Altenwalder Geest südlich Cuxhavens gereicht haben muß (HÖFLE und LADE 1983; MEYER 1983).

Die Grundmoräne der Mittleren Saale-Vereisung unterscheidet sich in ihrer typischen Ausbildung von der der Älteren Saale-Vereisung durch mehr Oberkreide-Material (Flint und Schreibkreide), z. T. auch durch mehr paläozoische Kalksteine; der Leitgeschiebeinhalt der beiden Moränen differiert kaum. Das Eis ist aus nordöstlicher Richtung, zwischen Bornholm und Rügen hindurch von der Ostsee her nach Nordwestdeutschland vorgestoßen (Ehlers und Stephan 1983).

Nach der Mittleren Saale-Vereisung setzte eine erneute Abschmelzphase ein, während der der aktive Eisrand bis mindestens in den Bereich der Ostsee zurückverlegt wurde.

Das Eis der Jüngeren Saale-Vereisung stieß aus östlicher Richtung nach Nordwestdeutschland vor. Durch den ungehinderten Schmelzwasserabfluß nach Westen kam es in geringerem Maße zur Aufschüttung größerer Schmelzwassersandkörper als während der vorausgegangenen Saale-Eisvorstöße. Im Hamburger Raum wurde die Senke des Elbtales von den zur Nordsee hin abfließenden Schmelzwässern benutzt (Ehlers 1978).

Lithofaziell gleicht die Jüngere Saale-Grundmoräne in Niedersachsen der ostbaltisch geprägten Deckfazies der Älteren Saale-Moräne, von der sie stratigraphisch jedoch eindeutig getrennt ist (vgl. Meyer 1987). In ihrer Position und lithologischen Zusammensetzung entspricht die Jüngere Saale-Moräne im nordöstlichen Niedersachsen völlig der Saale-II-Moräne in der DDR, d. h. dem Fläming-Stadium (Ehlers et al. 1984).

Die äußersten Endmoränen der Jüngeren Saale-Vereisung auf niedersächsischem Gebiet (z. B. die Harburger Berge) sind großenteils schon älter angelegt und vom Jüngeren Saale-Gletscher nur noch modifiziert worden. Der Schmelzwasseranfall war offenbar gering; die früher als Sander der Jüngeren Saale-Vereisung gedeuteten Flächen haben sich durch die Kartierung zumeist als ältere Schmelzwasserbildungen erwiesen, die von der Grundmoräne der Mittleren Saale-Vereisung überlagert werden (Meyer 1983).

Nach dem Abschmelzen des Gletschers der Jüngeren Saale-Vereisung kam es im Westen Schleswig-Holsteins auch zum Tieftauen der dort unter Schmelzwassersedimenten verborgenen Eisreste des Mittleren Saale-Vorstoßes (Stephan 1974). Viele Hohlformen bildeten sich, in denen später eemzeitliche Sedimente entstanden (Mudden und Torfe). Das ist ein klarer Beweis dafür, daß es zwischen dem Mittleren und dem Jüngeren Saale-Eisvorstoß keine ausgeprägte wärmere Phase gegeben hat.

Es herrscht weitgehend Einigkeit darüber, daß in der Saale-Kaltzeit drei große Eisvorstöße bis nach Nordwestdeutschland vorgedrungen sind, die durch drei Grundmoränen-Pakete vertreten sind. Da diese aber von verschiedenen Autoren in unterschiedlicher Weise zu zwei Stadien (Drenthe- und Warthe-Stadium) zusammengefaßt werden, ergeben sich gewisse Verständigungsschwierigkeiten: In Schleswig-Holstein und Hamburg werden die beiden jüngeren Moränen (Mittlere und Jüngere Saale-Vereisung) zum „Warthe-Stadium" zusammengefaßt. In Niedersachsen werden dagegen die beiden älteren

Moränen (Ältere und Mittlere Saale-Vereisung) zum „Drenthe-Stadium" zusammengefaßt, und nur die Jüngere Saale-Moräne gilt als „Warthe".

Für die Zusammenfassung der beiden älteren Saale-Moränen spricht in erster Linie die Ähnlichkeit in der Geschiebeführung. Die „normale" Drenthe-2-Moräne (Mittlere Saale-Moräne) unterscheidet sich von der „normalen" Drenthe-1-Moräne (Ältere Saale-Moräne) in Niedersachsen hauptsächlich durch einen höheren Flintgehalt. Beide Moränen sind im Lauenburger Elbufer noch deutlich separiert. Weiter nordöstlich im Gebiet der DDR sind sie dagegen nach Meyer (in Anlehnung an Cepek) nicht mehr zu trennen. Dies spräche für einen Eisrückzug allenfalls bis in das Gebiet der westlichen Ostsee.

Für die Zusammenfassung der beiden jüngeren Moränen zum Warthe-Stadium sprechen vor allem eisdynamische Überlegungen. Eissmann (1967) hatte als erster für die Elster-Vereisung die zum Hangenden hin zunehmend östlicher geprägten Geschiebegemeinschaften durch eine Verlagerung der Eisscheide erklärt. Auf ähnlichen Überlegungen Richters (1968) aufbauend, diskutierten Woldstedt und Duphorn (1974) die Möglichkeit der Ausgliederung geschiebestratigraphischer Zyklen im Norddeutschen Vereisungsgebiet:

- Zu Beginn der Vereisung dominiert der norwegische bzw. süd- bis mittelschwedische Einfluß.
- In der zweiten Hälfte der Eiszeiten macht sich – zumindest zeitweise – ein mehr oder weniger starker Einfluß ostfennoskandischer Geschiebe bemerkbar.

Diese Auffassung ist durch das Auffinden der weit verbreiteten roten Drenthe-Moräne und den Fund der ostbaltischen Elster-Moräne sowie durch die Ergebnisse von Geschiebe-Einregelungsmessungen stark unterstützt worden (Ehlers 1981; Ehlers et al. 1984).

Um unnötige Verwirrung zu vermeiden, sollten die Begriffe „Drenthe" und „Warthe" möglichst vermieden werden, bis eine eindeutige Klärung der Verhältnisse erfolgt ist.

6. Eem-Warmzeit

Während der Eem-Warmzeit reichte die marine Transgression in Niedersachsen kaum weiter als die heutige Nordsee. Lediglich im Bereich der Hadelner Bucht lassen sich Meeresablagerungen weiter im Inland (bis in den Raum Bederkesa) nachweisen (Höfle et al. 1985). In Schleswig-Holstein bestand eine Verbindung zwischen Nord- und Ostsee. Die Ostsee drang bis in den Raum Rendsburg–Neumünster vor (Kosack und Lange 1985). Der Meeres-Höchststand dürfte knapp unter dem heutigen Meeresspiegel gelegen haben.

Limnisches Eem findet sich in zahlreichen geschlossenen Hohlformen im Altmoränengebiet sowie in den Flußtälern. Im oberen Luhetal (Niedersachsen) und bei Brokenlande südlich Neumünsters (Schleswig-Holstein) ist Kieselgur abgelagert worden. Nach Untersuchungen Müllers (1974b) dauerte die Warmzeit des Eem etwa 10000–11000 Jahre. Unter terrestrischen Bedingungen wurde ein kräftiges Bodenprofil ausgebildet, das – vor allem unter jüngerer Sedimentbedeckung – an zahlreichen Stellen in Norddeutschland gefunden werden konnte (Stephan 1981b; Felix-Henningsen und Stephan 1982).

7. *Weichsel-Kaltzeit*

Während der Weichsel-Kaltzeit hat das Inlandeis die Elbe nicht mehr überschritten (Abb. 1). In Schleswig-Holstein können drei große Endmoränen-Züge der Weichsel-Vereisung unterschieden werden. Diese wurden von Gripp (1949) als A (Äußere), M (Mittlere) und I (Innere) Eisrandlage bezeichnet. Die M-Moräne ist am kräftigsten ausgebildet; sie bildet den Rand des Lübekker Beckens. Nach Woldstedt und Duphorn (1974) muß sie dem Pommerschen Stadium zugerechnet werden.

Stephan und Menke (1977) unterschieden fünf Weichsel-Grundmoränen, die möglicherweise während dreier größerer Eisvorstöße abgelagert worden sind (vgl. Stephan et al. 1983). Bisher ist es jedoch nicht möglich, diese Einheiten durch ganz Schleswig-Holstein zu verfolgen. Da die Moränen nahezu gleich zusammengesetzt sind, führen lithologische Untersuchungen nicht weiter. Auch eine Korrelation mit der DDR-Stratigraphie ist bisher nicht möglich.

Durch intensive Untersuchungen im unvergletscherten Gebiet war es möglich, die Klimageschichte der Weichsel-Vereisung weitgehend zu rekonstruieren. In geschlossenen Hohlformen sind über den Ablagerungen der Eem-Warmzeit die fossilen Böden einer ganzen Reihe von Interstadialen erhalten geblieben, von denen das älteste, das Brörup-Interstadial, am kräftigsten ausgebildet ist. Eem und Brörup sind häufig durch Torfe vertreten. Das Brörup läßt sich nach Behre und Lade (1986) mit dem St.-Germain-I-Interstadial von Grand Pile in den Vogesen (Woillard 1975) korrelieren.

Die bisher bekannten Befunde deuten darauf hin, daß eine gravierende Klima-Verschlechterung mit einem Eisvorstoß nach Norddeutschland erst gegen Ende der Weichsel-Kaltzeit stattgefunden hat und daß die Vereisung nur etwa von 20000–13000 vor heute gedauert hat.

Literatur

Behre, K.-E., und U. Lade (1986): Eine Folge von Eem und 4 Weichsel-Interstadialen in Oerel/Niedersachsen und ihr Vegetationsablauf. Eiszeitalter und Gegenwart 36: 11–36.

Cameron, T. D. J., M.S. Stoker and D. Long (1987): The History of Quaternary Sedimentation in the UK Sector of the North Sea Basin. Journal of the Geological Society of London 144: 43–58.

Dücker, A. (1969): Der Ablauf der Holsteinwarmzeit in Westholstein. Eiszeitalter und Gegenwart 20: 46–57.

Ehlers, J. (1978): Die quartäre Morphogenese der Harburger Berge und ihrer Umgebung. Mitteilungen der Geographischen Gesellschaft in Hamburg 68: 181 S.

Ehlers, J. (1981): Problems of the Saalian Stratigraphy in the Hamburg Area. Mededelingen Rijks Geologische Dienst 34 (5): 26–29.

Ehlers, J. (1987): Geologische Karte von Hamburg 1:25000, Erläuterungen zu Blatt 2525 Harburg. Hamburg: Geologisches Landesamt.

Ehlers, J., K.-D. Meyer and H.-J. Stephan (1984): Pre-Weichselian Glaciations of North-West Europe. Quaternary Science Reviews 3 (1): 1–40.

Ehlers, J., and H.-J. Stephan (1983): Till Fabric and Ice Movement. In: Ehlers, J. (Hrsg.): Glacial Deposits in North-west Europe: 267–274. Rotterdam: Balkema.

Eissmann, L. (1967): Rhombenporphyrgeschiebe in Elster- und Saalemoränen des Leipziger Raumes. Abhandlungen und Berichte des naturkundlichen Museums „Mauritianum" Altenburg 5: 37–46.

Eissmann, L. (1975): Das Quartär der Leipziger Tieflandsbucht und angrenzender Gebiete um Saale und Elbe. Modell einer Landschaftsentwicklung am Rand der europäischen Kontinentalvereisung. Schriftenreihe für Geologische Wissenschaften 2: 228 S.

Erd, K. (1973): Pollenanalytische Gliederung des Pleistozäns der Deutschen Demokratischen Republik. Zeitschrift für Geologische Wissenschaften 1: 1087–1103.

Felix-Henningsen, P. (1979): Merkmale, Genese und Stratigraphie fossiler und reliktischer Bodenbildungen in saalezeitlichen Geschiebelehmen Schleswig-Holsteins und Süd-Dänemarks. Dissertation, Universität Kiel: 219 S.

Felix-Henningsen, P. (1983): Palaeosols and their stratigraphical interpretation. In: J. Ehlers (Hrsg.): Glacial Deposits in North-west Europe: 289–295. Balkema: Rotterdam.

Felix-Henningsen, P., und H.-J. Stephan (1982): Stratigraphie und Genese fossiler Böden im Jungmoränengebiet südlich von Kiel. Eiszeitalter und Gegenwart 32: 163–175.

Felix-Henningsen, P., and B. Urban (1982): Paleoclimatic Interpretation of an intra-saalian Paleosol, the 'bleached Loam' from the Isle of Sylt, Northwest Germany. Catena 9 (1/2): 1–8.

Gijssel, K. van (1987): A lithostratigraphic and glaciotectonic Reconstruction of the Lamstedt Moraine, Lower Saxony (FRG). In: J. J. M. van der Meer (Hrsg.): Tills and Glaciotectonics: 145–155. Rotterdam: Balkema.

Gottsche, C. (1897): Die tiefsten Glacialablagerungen der Gegend von Hamburg. Vorläufige Mittheilung. Mittheilungen der Geographischen Gesellschaft in Hamburg XIII: 131–140.

Gripp, K. (1949): Glazialmorphologie und geologische Kartierung. Zugleich eine Deutung der Oberflächenformen Ost-Holsteins. Zeitschrift der Deutschen Geologischen Gesellschaft 99: 190–205.

Gripp, K. (1975): 100 Jahre Untersuchungen über das Geschehen am Rande des nordeuropäischen Inlandeises. Eiszeitalter und Gegenwart 26: 31–73.

Grube, F. (1979): Übertiefte Täler im Hamburger Raum. Eiszeitalter und Gegenwart 29: 157–172.

Grube, F., und J. Ehlers (1975): Pleistozäne Flußsedimente im Hamburger Raum. Mitteilungen aus dem Geologisch-Paläontologischen Institut der Universität Hamburg 44: 353–382.

Grube, F., S. Christensen and Th. Vollmer (1986): Glaciations in North-West Germany. Quaternary Science Reviews 5: 347–358.

Höfle, H.-Chr., and U. Lade (1983): The stratigraphic position of the Lamstedter Moraine within the Younger Drenthe substage (Middle Saalian). In: J. Ehlers (Hrsg.): Glacial Deposits in North-west Europe: 343–346. Balkema: Rotterdam.

Höfle, H.-Chr., J. Merkt und H. Müller (1985): Die Ausbreitung des Eem-Meeres in Nordwestdeutschland. Eiszeitalter und Gegenwart 35: 49–59.

Iwanoff, A. (1980): Zur Quartärgeologie im Raum Langenhorn-Glashütte. Unveröffentlichte Diplomarbeit, Universität Hamburg: 170 S.

Kabel, Chr. (1982): Geschiebestratigraphische Untersuchungen im Pleistozän Schleswig-Holsteins und angrenzender Gebiete. Dissertation, Universität Kiel: 231 S.

Keilhack, K. (1896): Die Geikiessche Gliederung der nordeuropäischen Glazialablagerungen. Jahrbuch der Königlich Preußischen Geologischen Landesanstalt für 1895: 111–124.

Knudsen, K.-L. (1986): Foraminiferal Stratigraphy of the Late Elsterian – Holsteinian Sequence in Borings at Eggstedt and the Hamburg Area. INQUA Holstein-Symposium Hamburg Sept. 22–26, 1986. Abstracts: 14–15.

Kosack, B., und W. Lange (1985): Das Eem-Vorkommen von Offenbüttel/Schnittlohe und die Ausbreitung des Eem-Meeres zwischen Nord- und Ostsee. Geologisches Jahrbuch A 86: 3–17.

Kuster, H., und K.-D. Meyer (1979): Glaziäre Rinnen im mittleren und nordöstlichen Niedersachsen. Eiszeitalter und Gegenwart 29: 135–156.

Lade, U. (1980): Quartärmorphologische und -geologische Untersuchungen in der Bremervörder-Wesermünder Geest. Würzburger Geographische Arbeiten 50: 175 S.

Liedtke, H. (1981): Die nordischen Vereisungen in Mitteleuropa. Forschungen zur Deutschen Landeskunde 204 (2. Auflage): 307 S.

Linke, G. (1983): Geologische Übersichtskarte Raum Hamburg 1:50000, Quartärbasis, Blatt 1: Morphologie. Hamburg: Geologisches Landesamt.

Menke, B. (1968): Beiträge zur Biostratigraphie des Mittelpleistozäns in Norddeutschland. Meyniana 18: 35–42.

Menke, B. (1980): Wacken, Elster-Glazial, marines Holstein-Interglazial und Wacken-Warmzeit. In: Stremme, H. E., und B. Menke (Hrsg.): Quartär-Exkursionen in Schleswig-Holstein, IGCP Projekt 24: 26–35. Geologisches Landesamt Schleswig-Holstein: Kiel.

Menke, B. (1985): Eem-Interglazial und „Treene-Warmzeit“ in Husum/Nordfriesland. Geologisches Jahrbuch A 86: 63–99.

Meyer, K.-D. (1982): Geologische Karte von Niedersachsen 1:25000, Erläuterungen zu Blatt Nr. 2524 Buxtehude. Hannover: Niedersächsisches Landesamt für Bodenforschung. 120 S.

Meyer, K.-D. (1983): Saalian End Moraines in Lower Saxony. In: J. Ehlers (Hrsg.): Glacial Deposits in North-west Europe: 275–287. Rotterdam: Balkema.

Meyer, K.-D. (1985): Geologische Karte von Niedersachsen 1:25000, Erläuterungen zu Blatt Nr. 2626 Stelle. Hannover: Niedersächsisches Landesamt für Bodenforschung. 95 S.

Meyer, K.-D. (1987): Ground and End Moraines in Lower Saxony. In: Meer, J. J. M. van der (Hrsg.): Tills and Glaciotectonics: 197–204. Rotterdam: Balkema.

Meyer, K.-J. (1974): Pollenanalytische Untersuchungen und Jahresschichtenzählungen an der holstein-zeitlichen Kieselgur von Hettendorf. Geologisches Jahrbuch A 21: 87–105.

Müller, H. (1974a): Pollenanalytische Untersuchungen und Jahresschichtenzählungen an der holstein-zeitlichen Kieselgur von Munster-Breloh. Geologisches Jahrbuch A 21: 107–140.

Müller, H. (1974b): Pollenanalytische Untersuchungen und Jahresschichtenzählungen an der eem-zeitlichen Kieselgur von Bispingen/Luhe. Geologisches Jahrbuch A 21: 149–169.

Müller, H. (1986): Altquartäre Sedimente im Deckgebirge des Salzstockes Gorleben. Zeitschrift der Deutschen Geologischen Gesellschaft 137: 85–95.

Penck, A. (1879): Die Geschiebeformation Norddeutschlands. Zeitschrift der Deutschen Geologischen Gesellschaft 31: 117–203.

Picard, K. (1959): Gliederung pleistozäner Ablagerungen mit fossilen Böden bei Husum/Nordsee. Neues Jahrbuch für Geologie und Paläontologie, Monatshefte (6): 259–272.

Richter, K. (1968): Klimatische Zyklen im norddeutschen Vereisungsgebiet. Eiszeitalter und Gegenwart 19: 262–267.

Ruegg, G. H. J., und J. G. Zandstra (1977): Pliozäne und pleistozäne gestauchte Ablagerungen bei Emmerschans (Drenthe, Niederlande). Mededelingen Rijks Geologische Dienst (NS) 28 (4): 65–99.

Rzechowski, J. (1986): Pleistocene Till Stratigraphy in Poland. Quaternary Science Reviews 5: 365–372.

Seraphim, E. T. (1980): Über einige neuere Ergebnisse zur Vereisungsgeschichte der Westfälischen Bucht und des Unteren Weserberglandes. Westfälische Geographische Studien 36: 11–20.

Siebertz, H. (1983): Sedimentologische Zuordnung saalezeitlicher Gletscherablagerungen zu mehreren Vorstößen am unteren Niederrhein. Eiszeitalter und Gegenwart 33: 119–132.

Siebertz, H. (1984): Die Stellung der Stauchwälle von Kleve-Kranenburg im Rahmen der saalezeitlichen Gletschervorstöße am Niederrhein. Eiszeitalter und Gegenwart 34: 163–178.

Stephan, H.-J. (1974): Sedimentation auf Toteis in Schleswig-Holstein diskutiert anhand einiger Beispiele. Meyniana 25: 95–100.

Stephan, H.-J. (1980): Glazialgeologische Untersuchungen im südlichen Geestgebiet Dithmarschens. Schriften des Naturwissenschaftlichen Vereins für Schleswig-Holstein 50: 1–36.

Stephan, H.-J. (1981a): Erläuterungen zur ingenieurgeologischen Planungskarte Wakken 1:5000: 1–69. Geologisches Landesamt Schleswig-Holstein: Kiel.

Stephan, H.-J. (1981b): Eemzeitliche Verwitterungshorizonte im Jungmoränengebiet Schleswig-Holsteins. Verhandlungen des Naturwissenschaftlichen Vereins in Hamburg (NF) 24 (2): 161–175.

Stephan, H.-J., Chr. Kabel and G. Schlüter (1983): Stratigraphical Problems in the glacial Deposits of Schleswig-Holstein. In: J. Ehlers (Hrsg.): Glacial Deposits in North-west Europe: 305–320. Balkema: Rotterdam.

Stephan, H.-J., und B. Menke (1977): Untersuchungen über den Verlauf der Weichsel-Kaltzeit in Schleswig-Holstein. Zeitschrift für Geomorphologie N. F., Supplement-Band 27: 12–28.

Stremme, H. E. (1960): Bodenbildungen auf Geschiebelehmen verschiedenen Alters in Schleswig-Holstein. Zeitschrift der Deutschen Geologischen Gesellschaft 112: 299–308.

Stremme, H. E. (1979): Böden, Relief und Landschaftsgeschichte im nordwestdeutschen Raum. Zeitschrift für Geomorphologie, Neue Folge, Supplement-Band 33: 216–222.

Thome, K. N. (1980): Der Vorstoß des nordeuropäischen Inlandeises in das Münsterland in der Elster- und Saale-Eiszeit – Strukturelle, mechanische und morphologische Zusammenhänge. Westfälische Geographische Studien 36: 21–40.

Velichko, A. A., and M. A. Faustova (1986): Glaciations in the East European region of the USSR. Quaternary Science Reviews 5: 447–461.

Wateren, D. van der (1987): Structural Geology and Sedimentology of the Dammer Berge Push Moraine, FRG. In: Meer, J. J. M. van der (Hrsg.): Tills and Glaciotectonics: 157–182. Rotterdam: Balkema.

Wee, M. W. ter (1983): The Elsterian Glaciation in the Netherlands. In: Ehlers, J. (Hrsg.): Glacial Deposits in North-west Europe: 413–415. Balkema: Rotterdam.

Woillard, G. (1975): Recherches palynologiques sur le Pleistocène dans l'est de la Belgique et dans les Vosges Lorraines. Acta Geographica Lovaniensia 14: 118 S.

Woldstedt, P. (1929): Das Eiszeitalter. Grundlagen einer Geologie des Diluviums. Stuttgart: Enke. 406 S.

Woldstedt, P., und K. Duphorn (1974): Norddeutschland und angrenzende Gebiete im Eiszeitalter. Köhler: Stuttgart. 500 S.

Zagwijn, W. H. (1973): Pollenanalytic Studies of Holsteinian and Saalian Beds in the Northern Netherlands. Mededelingen Rijks Geologische Dienst 24: 139–156.

Quaternary Research, 23 (2), 1985, S. 154–174.

EROSION OF THE LAURENTIDE REGION OF NORTH AMERICA BY GLACIAL AND GLACIOFLUVIAL PROCESSES

By M. BELL and E. P. LAINE

Collection of seismic reflection data from continental margins and ocean basins surrounding North America makes it possible to estimate the amount of material eroded from the area formerly covered by Laurentide ice sheets since major glaciation began in North America. A minimum estimate is made of 1.62×10^6 km^3, or an average 120 m of rock physically eroded from the Laurentide region. This figure is an order of magnitude higher than earlier estimates based on the volume of glacial drift, Cenozoic marine sediments, and modern sediment loads of rivers. Most of the sediment produced during Laurentide glaciation has already been transported to the oceans. The importance of continental glaciation as a geomorphic agency in North America may have to be reevaluated. Evidence from sedimentation rates in ocean basins surrounding Greenland and Antarctica suggests that sediment production, sediment transport, and possibly denudation by permanent ice caps may be substantially lower than by periodic ice caps, such as the Laurentide. Low rates of sediment survival from the time of the Permo–Carboniferous and Precambrian glaciations suggest that predominance of marine deposition during some glacial epochs results in shorter lived sediment because of preferential tectonism and cycling of oceanic crust versus continental crust.

Introduction

The theory of deep erosion due to continental glaciation (WHITE 1972) has not been well received in the literature (GRAVENOR 1975; SUGDEN 1976, 1978; HIGGS 1978; RUTTER 1980). These authors raise many important issues which suggest that the original concept of shallow erosion (FLINT 1971) is the more correct theory. Some of these issues are (1) the presence of a large Paleozoic sedimentary basin under Hudson Bay and the Foxe Basin; (2) the presence of heavy minerals and rock fragments of Canadian shield rocks in Nebraskan-age tills; (3) evidence of Paleozoic unroofing of the Precambrian shield in sediments from the continental shelf of Labrador.

Central to this debate is the demonstration of the existence or nonexistence of the huge amounts of glacial sediments required by the deep-erosion theory. FLINT (1971) estimated 25 m of erosion for the Fennoscandian Shield based principally on terrestrial glacial sediments, although he warned that the figure may not be reliable because of unknown amounts of glacial-marine sediment and other complicating factors. The first attempt to estimate the volume of glacial-marine sediments was by MATTHEWS (1975) who used isopach maps to compare volumes of Cenozoic sediment along the continental margin of North

America. He concluded that the data did not support the theory of glacial exhumation of the Canadian Shield, although he did state that a final determination awaited a precise estimate of the volume of Pleistocene sediments alone. RUDDIMAN (1977) suggested that glacial-marine sediments are principally ice-rafted detritus and calculated that the volume of ice-rafted detritus in the North Atlantic is equivalent to 16 m of uncompacted material eroded from North America and Greenland.

These estimates, however, do not adequately reflect the large volumes of glacial-age sediments in continental margin deposits and abyssal-plain turbidites. LAINE (1980) determined the volume of glacial-age turbidites and margin deposits in the western North Atlantic and estimated which portions of Greenland and North America were the source areas for this sediment. Based on low-frequency seismic profiles and Deep Sea Drilling Project (DSDP) drill holes, he calculated that 55–95 m of rock have been eroded by continental glaciation from eastern North America and southern Greenland.

The greatest uncertainty in LAINE's work was his determination of the source area of marine sediments. Although a multidome reconstruction of the Wisconsin-age Laurentide Ice Sheet (SHILTS *et al.* 1979; ANDREWS 1982) sheds much light on the problem (LAINE and BELL 1982), it is difficult to calculate the percentage of sediment derived from eastern North America that was deposited in the Gulf of Mexico rather than in the North Atlantic. Such a calculation would be particularly uncertain for the earliest ice sheets, which probably differed in both size and shape from the Wisconsin-age Laurentide Ice Sheet. This difficulty can be overcome by calculating the total glacial sediment derived from the entire Laurentide region since the initiation of major glaciation in the Northern Hemisphere.

Method

The volume of sediment derived from the Laurentide region since glaciation began can be calculated by identifying those areas that received sediment, estimating the volume of that sediment which is of glacial age, and subtracting non-Laurentide sediment inputs. Estimation of these sediment volumes has been made possible by the large number of seismic and DSDP studies carried out in the last 15 yr. This paper is based primarily on published reports of these recent investigations.

Definition of Glacial Age

Based on interpretation of oxygen-isotope records and the age of ice-rafted debris in the North Atlantic, major Northern Hemisphere glaciation is considered to have begun 3 my ago (BERGGREN 1972; KENNETT 1977; SHACKLETON and OPDYKE 1977). There is evidence of earlier Northern Hemisphere glaciation, at least as early as the late Miocene, from ice-rafted debris in the Arctic Ocean

(HERMAN 1974, 1979; CLARK *et al.* 1979). The stability of the $^{18}O/^{16}O$ record between 5 and 3 my in comparison with the large fluctuations of the record from 3 my to the present (KENNETT 1977) indicates that the erosive capability of ice sheets during these early glaciations was small. Therefore, the glacial age for North America will be defined in this paper as the period since 3 my ago.

Contribution by Fluvial and Glaciofluvial Erosion

Some component of Laurentide marine sediments may have been derived from erosion by interglacial streams and by streams draining the Laurentide region while the ice sheets were not at their maximum extents (proglacial streams). Unfortunately, it is not possible to distinguish between fluvially eroded and glacially eroded marine sediments on seismic profiles, making a determination of the relative efficacy of the two processes difficult.

This difficulty may only be a matter of definition. Any weathered regolith capable of being eroded by the low-gradient streams typical of the Laurentide region was probably stripped off by the earliest glaciations. Such regolith is generally absent in glaciated parts of North America (FLINT 1971) and modern streams must work against fresh bedrock surfaces that are harder to erode. Modern stream loads in the Laurentide region are probably principally derived from stratified glacial drift, a material that is easy to erode because of its unconsolidated consistency and high porosity. Thus continental glaciation works in consort with fluvial erosion in the Laurentide region by providing the only sediment which these low-gradient streams can effectively erode.

GORDON (1979) has investigated the Holocene (postglacial) erosion rate of central New England. Based on the volume of recent sediment in the Long Island Sound, he calculated an erosion rate of only 10×10^{-2} kg/m^2/yr or an average regional denudation of 0.4 cm/1000 yr, indicating that the low-gradient streams now draining this glaciated region are unable to erode the land significantly. GORDON also suggested that what little sediment these rivers do carry is almost entirely derived from stratified drift, principally glacial lake sediments, with practically no contribution from compact till. Thus, in central New England, fluvial transport is working in consort with earlicr glacial erosion in the interglacial denudation of the region.

Our approach is to estimate the effect of continental glaciation on total denudation rates, either by direct erosion by overriding ice or by preparing sediment for later fluvial erosion and transport. The distinction between fluvial and glacial processes is unimportant in estimating total denudation and, in our analysis of glacial-age sediments, no attempt is made to distinguish between sediments of glaciofluvial or direct glacial origin. Only in the Gulf of Mexico Province, where much sediment was received from areas unaffected by glaciation, is it necessary to correct for a significant contribution from fluvial processes.

Contribution of the Dissolved Load

Marine terrigenous sediment results from the oceanic deposition of material carried as the suspended load of rivers. However, a significant fraction of the products of denudation are moved in the dissolved load. Worldwide delivery of dissolved sediment to the oceans is currently about 3.5 × 10^9 tons/yr (MEYBECK 1979), as compared to 13.5 × 10^9 tons/yr of suspended matter (MILLIMAN and MEADE 1983). Although these numbers are uncorrected for atmospheric additions to the dissolved load and for anthropogenic influences on both dissolved and suspended sediments, the 1:4 ratio between dissolved and suspended fluxes illustrates the importance of chemical processes in denudation.

A considerable portion of denudation in the Laurentide region since the beginning of continental glaciation possibly is a result of chemical erosion. However, there is not complete agreement on the effect glaciation has on chemical denudation rates. EDMOND (1973) and HURD (1977) showed through cogent argument and experimental evidence that Antarctic glaciation contributes almost nothing to the dissolved silica budget of the Antarctic Ocean. MEYBECK (1979) subsequently concluded that glaciers were globally a negligible source of dissolved material, principally on the basis of EDMOND's and HURD's work. REYNOLDS and JOHNSON (1972), on the other hand, measured a chemical denudation rate in the alpine watershed of South Cascade Glacier in the North Cascade Range that was more than twice as large as the global average for chemical denudation and several orders of magnitude higher than EDMUND's, HURD's, and MEYBECK's estimates for glaciated regions.

The Laurentide region may also be dissimilar to the situation in Antarctica. Transport of sediment from Antarctica to the world's oceans is almost entirely by drifting ice as opposed to flowing water. As the drifting ice melts, the sediment is deposited into polar waters that are cold and already saturated in dissolved silica, effectively preventing dissolution of sediment as it filters down to the ocean floor (HURD 1977). Thus, there is little opportunity for the weathering products of Antarctic glaciation to be converted into dissolved ions. In contrast, much or even most of the sediment produced by Laurentide glaciation is carried to the oceans by flowing water in the form of meltwaters or proglacial or interglacial streams. While in river transport, considerable dissolution of glacial sediments, especially fine-grained "glacial flour," is possible. Suspended-load sediments derived from the Laurentide region may also experience substantial dissolution of silica in relatively warm waters of the Gulf of Mexico and North Atlantic and dissolution of carbonate at abyssal depths below the calcium carbonate compensation depth. This suggests that chemical denudation of the Laurentide region since glaciation began has proceeded at a much faster rate than chemical processes in Antarctica. These major differences in style between glacial sediment transport in the Laurentide and Antarctic regions means that Antarctica should not be used as a model for the influence of continental glaciation on chemical erosion in North America.

The most accurate approach would be to measure dissolved contributions directly. Unfortunately, it is very difficult to trace the fate of dissolved ions from a specific source once they reach ocean waters. Any ions from a given source region that remain in solution as a component of ocean salinity are indistinguishable from ions derived from any other region. In addition, the only significant way that dissolved $CaCO_3$ and, to a lesser extent, dissolved SiO_2 are removed from seawater and incorporated into sediments is by the action of foraminifera, radiolaria, and other marine organisms (BROECKER 1974). These organisms extract ions from seawater to construct their shells and, upon death, their skeletal debris sinks to the ocean floor, creating biogenic sediment. This process is controlled by marine environmental conditions such as the location of nutrient-rich upwelling currents, and may occur many thousands of kilometers away from the original sources of SiO_2, and $CaCO_3$. Thus, it is hard to estimate the contributions over time of a specific source to ocean salts and biogenic sediments.

Most of the terrestrially derived marine deposits surrounding North America contain a large percentage of biogenic sediment. For reasons just discussed, many of the ions comprising biogenic sediment may have a non-Laurentide origin. Because of the difficulty in estimating the Laurentide contribution to biogenic sediments, we subtract the biogenic component from all estimated sediment volumes. For similar reasons, no attempt will be made to estimate the Laurentide ions that are still in solution as ocean salts. If chemical erosion rates in the Laurentide region do respond to glaciation in a manner dissimilar to those in Antarctica, our estimate of denudation based on physical erosion rates must then be regarded as a minimum estimate of the total denudation.

Volume of Laurentide Glacial-Age Sediment

Three main ocean areas received glacial-age sediment derived from the area of North American continental glaciation: the Gulf of Mexico, the western North Atlantic, and the Canadian Arctic seas (Fig. 1). The Gulf of Mexico and the western North Atlantic have been well covered by seismic surveys and drilling projects, and reliable estimates of sediment volumes can be made in these areas. In the Canadian Arctic, information on glacial-age sediment volumes is still preliminary and consequently the accuracy of the volume estimates suffers. (A detailed account of how these estimates were calculated is given in the Appendix).

Gulf of Mexico

Approximately 35 % of the Mississippi River drainage basin was glaciated by at least one advance of Laurentide ice (FLINT 1948, 1971, Fig. 18–11). However, the Mississippi in the past has carried and today still carries sediment derived

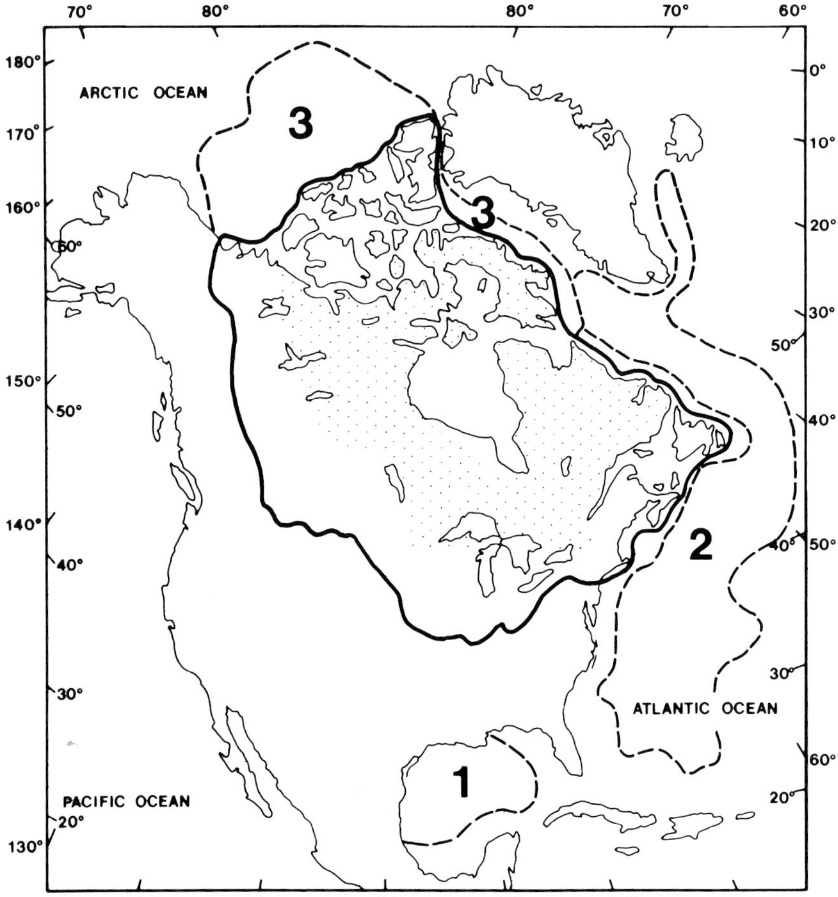

Fig. 1: Areas which received sediment derived from the Laurentide region of North America: (1) Gulf of Mexico, (2) western North Atlantic, and (3) Canadian Arctic. Heavy line circles the Laurentide region.

from portions of the Laurentide region not currently drained by the Mississippi River. During initial stages of retreat, the area drained by the Mississippi River was much increased due to ice damming of the Great Lakes/St. Lawrence River and the Lake Winnipeg/Saskatchewan drainage systems (KENNETT and SHACKLETON 1975; BRYSON *et al.* 1969, Fig. 2). In addition, as the ice sheets advanced, debris from northern latitudes was transported south (GRAVENOR 1975). The location in Ohio and Indiana of the greatest average glacial drift thicknesses (FLINT 1971, Table 7a) suggests that much material derived from more northern

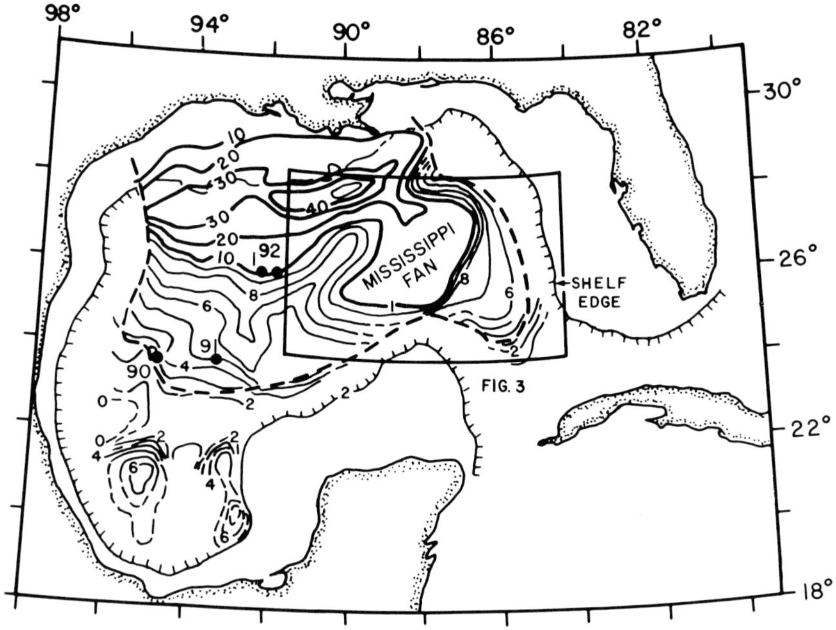

Fig. 2: Isopach map of Pleistocene sediments (10^3 m) in the Gulf of Mexico (after Stuart and Caughey, 1977). Dashed line encloses area of Mississippi-dominated sedimentation, based on DSDP information and heavy-mineral studies of Davies and Moore (1972). Large numbers indicate location of DSDP sites used for making biogenic corrections. Isopach lines are averaged through region of salt intrusion in the Sigsbee Scarp and Rise.

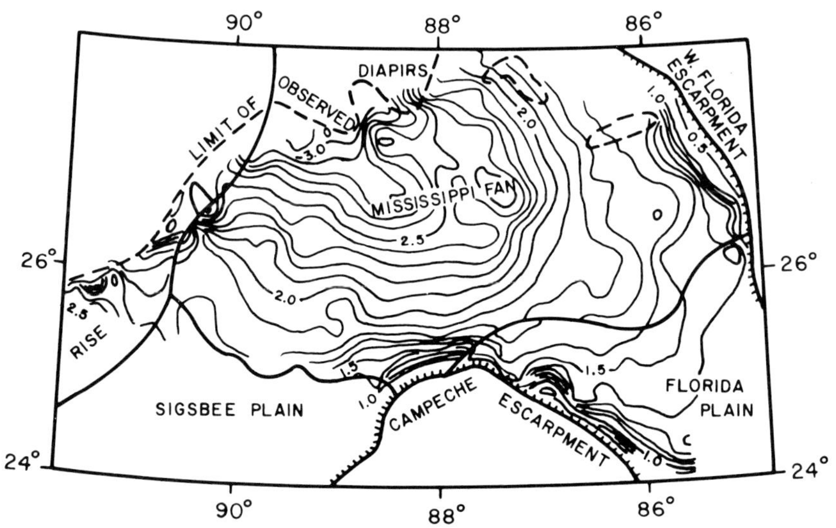

Fig. 3: Isopach map of Pleistocene-age unit A (10^3 m) on the Mississippi Fan (from Moore *et al.*, 1978). Note that these isopachs are considerably larger than the isopachs for the same area of Figure 2.

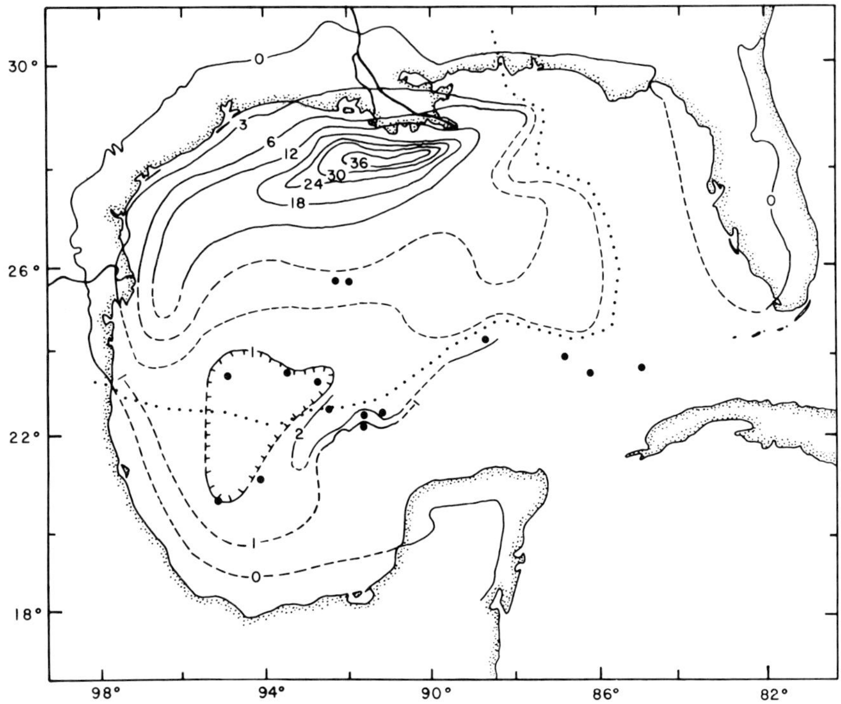

Fig. 4: Isopach map of Pliocene sediments (10^2 m) in the Gulf of Mexico, compiled from many sources. The zero-isopach line is from Cook and Bally (1975), the solid isopachs in the northern half of the Gulf are from Woodbury *et al.* (1973), and the solid isopachs in the southern half of the Gulf are from DSDP core sites (solid dots). Dashed lines indicate isopachs inferred by assuming that Pliocene sedimentation patterns were similar to Pleistocene patterns. Dotted line indicates area of probable Mississippi-dominated sedimentation.

areas was in this manner carried to and deposited in the Mississippi drainage basin. Thus, glacial sediment originating from a large portion of the total Laurentide region can be found in the Gulf of Mexico.

Based on Pleistocene isopach maps of Stuart and Caughey (1977) and Moore *et al.* (1978) (Figs. 2 and 3) and on Pliocene stratigraphic information from many sources (Fig. 4), the volume of glacial-age sediments delivered by the Mississippi River to the Gulf of Mexico was calculated. Corrections for the biogenic component were derived from DSDP sites in the area. A correction was made, using the Miocene preglacial sedimentation rate of the Gulf of Mexico (derived from Fig. 5) to account for the contribution from nonglaciated portions of the Mississippi drainage. In addition, corrections were made for contributions to the Gulf from rivers other than the Mississippi and from alpine

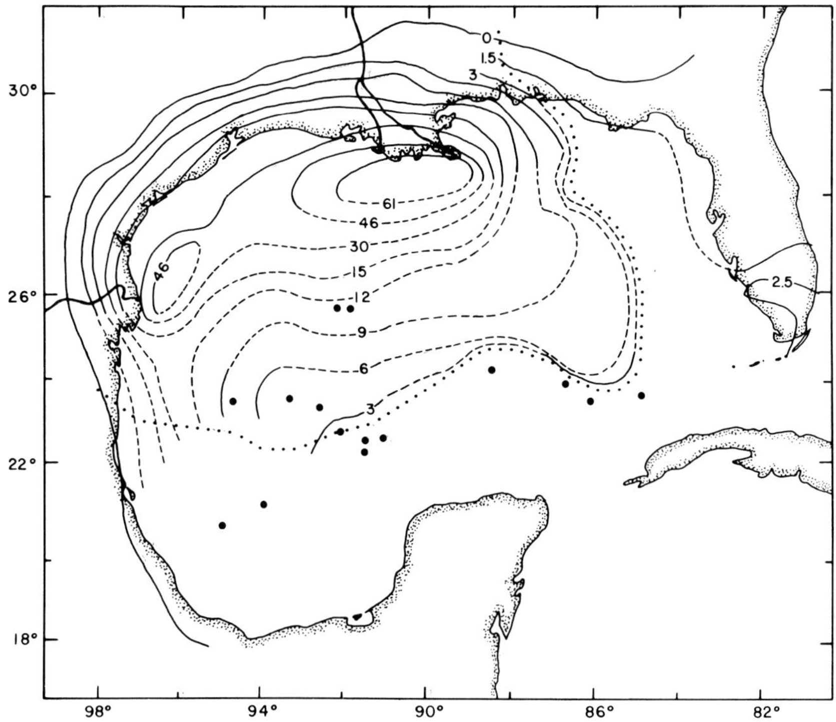

Fig. 5: Isopach map of Miocene sediments (10^2 m) in the Gulf of Mexico, compiled from many sources. The zero-isopach line is from Cook and Bally (1975), the solid isopachs in the nearshore regions are from Rainwater (1964), and the solid isopachs in the deep Gulf are inferred from DSDP core sites (solid dots). Dashed lines indicate isopachs inferred by assuming that Miocene sedimentation patterns were similar to Pleistocene and Pliocene patterns. Dotted line indicates area of sediments included in the calculations of the text.

glaciation in the Mississippi drainage basin. These calculations, summarized in the Appendix, yield an estimate of 7.4×10^5 km^3 of terrigenous sediment in the Gulf of Mexico derived from the Laurentide region in the last 3 my.

Western North Atlantic Basin

Laine (1980) calculated that the amount of glacial-age terrigenous sediment in the western North Atlantic north of the Blake/Bahama Rise is 1.01 $\times 10^6$ km^3. He estimated that only 2% of this sediment was derived from land that was not glaciated. The bulk of the sediment originated in the Laurentide region, with a much smaller contribution from southern Greenland. Based on the Quaternary history of the Greenland Sea (Eldholm and Windisch 1974; Johnson *et al.* 1975; Talwani *et al.* 1976; Vogt *et al.* 1981), a correction can be made for the small Greenland contribution. Also, seismic work on the continental margin of North America (Jansa and Wade 1974; Uchupi and Austin 1979; Umpleby 1979) reveals that the Quaternary section north of George's Bank is thicker than Laine (1980) estimated for this region. Applying corrections for these sources outside the Laurentide region and for this additional sediment on the continental margin, we estimate a volume of 1.2×10^6 km^3 of Laurentide terrigenous sediment in the western North Atlantic (Appendix).

Canadian Arctic

The Pliocene and Pleistocene history of the Canadian Arctic is still poorly understood; however, preliminary work has shown that the volume of glacial-age terrigenous sediment is probably large. For example, a thick wedge of Pliocene/Pleistocene glacial-age sediment (the Beaufort Formation) is present along the margin of the continental shelf of the Canadian Arctic Islands, with a thickness up to 1800 m off Ellef Ringes Island (Menely *et al.* 1975; Miall 1975). Based on these preliminary reports, the volume of Laurentide sediment is estimated to be 2.5×10^5 km^3 for the Canadian Arctic Islands continental shelf (Appendix).

A large amount of glacial-age sediment from the Laurentide and Cordilleran regions likely is present in the Mackenzie Delta as well. The Mackenzie drains the most extensive glaciated terrain of any river in North America and currently moves about 100×10^6 tons/yr of suspended sediment (Milliman and Meade 1983). Although the Pliocene/Pleistocene stratigraphy of this region is not yet well established, seismic profiling in the area shows that the Beaufort Formation extends into the Mackenzie Delta as a thick wedge of clastic sediments out to and beyond the shelf edge (Hawkins and Hatelid 1975).

Large amounts of glacial-age terrigenous sediments derived from North American and Eurasian sources may also underlie the Canada and Makarov Basins of the Arctic Ocean. More than 1100 m of stratified unconsolidated sediments blanket the Marakov Basin directly adjacent to the Lomonosov Ridge (Blasco *et al.* 1980), implying a high sedimentation rate. In the adjacent Alpha Ridge area, the thin sediment cover is principally late Miocene to recent glacial-marine sediment (Clark *et al.* 1979), which may imply that the unconsolidated cover in the Marakov Basin is also glacial-marine. In the Canada Basin, sediments have been variously reported as 2–4 km (Mair 1980) and up to 8 km thick (Grantz *et al.* 1981); a significant portion may be glacially derived.

Although it seems likely that a substantial quantity of glacial-age sediment derived from North America is present in the deep Arctic Ocean and Mackenzie Delta, no reliable estimates can yet be made for these regions.

Glacial Sediments on Land

The volume of Laurentide glacial sediment on land in drift, loess, river sands, lake sediments, and fjord sediments is estimated to be about 1.6×10^5 km^3 (Appendix).

Average Depth of Erosion

Compaction of Sediments

In order to compute the volume of solid rock removed from the Laurentide region (with no distinction between rock and regolith), it is necessary to correct for the lower density of marine terrigenous sediments and glacial sediments on land. Based on the variation in density of terrigenous sediments with depth below the sea floor (HAMILTON 1976) and assuming a crustal density of 2.7 g/cm^3, correction factors for compaction have been calculated for each glacial sediment province (Table 1). Because data are unavailable below 1.3 km depth, in the calculation of the dotted line in Figure 6, the density value at 1.3 km depth was used for all depths greater than 1.3 km. This density, 2.32 g/cm^3, provides a minimum estimate for all densities of deeper terrigenous marine sediment.

Average Contribution of Physical Erosion

The average contribution of glacial-age physical erosion can be calculated by dividing the volume of glacial-age terrigenous sediment by the area of the Laurentide region. That total volume, after applying compaction, source area, and biogenic sediment corrections, is 1.62×10^6 km^3 (Table 1). Several factors

Table 1: Volume of Glacial-Age Terrigenous Sediment Derived from the Laurentide Region

Region	Total glacial-age (km^3)	Total biogenic corrected (km^3)	Total source corrected (km^3)	Compaction correction (%)	Total Laurentide sediment (km^3)
Gulf of Mexico	1.34×10^6	1.04×10^6	7.40×10^5	78.7	5.82×10^5
Western North Atlantic	1.50×10^6	1.34×10^6	1.17×10^6	65.2	7.63×10^5
Arctic Islands	2.5×10^5	2.5×10^5	2.5×10^5	68	1.7×10^5
Glacial sediment on land	1.84×10^5	1.84×10^5	1.84×10^5	57	1.05×10^5
Total					1.62×10^6

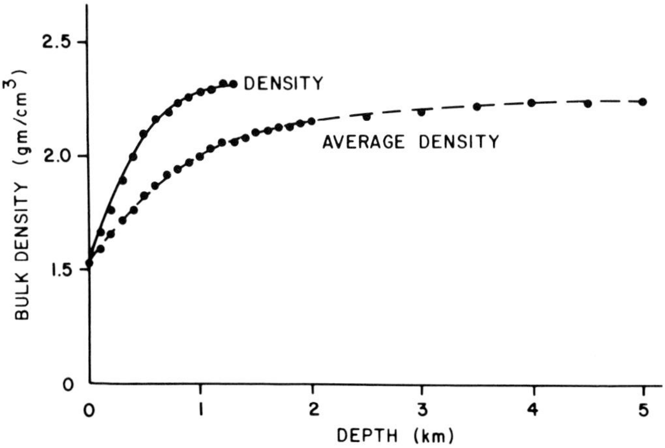

Fig. 6: *In situ* bulk density versus depth of terrigenous marine sediments (solid line; data from Hamilton, 1976) and the average density of terrigenous sediment above a given depth (dashed line). Average densities including sediment from greater than a 1.3-km depth are calculated low (see text for explanation).

included in the calculation require that this figure be regarded as a minimum estimate.

(1) No calculation was made for sediment in the Canada and Marakov Basins of the Arctic Ocean and in the Mackenzie Delta.

(2) No correction was made for SiO_2, $CaCO_3$, and other solids carried as suspended load but lost through solution in warm marine waters or at abyssal depths.

(3) Corrections for compaction of sediments thicker than 1.3 km were calculated low.

(4) The volume of Pleistocene sediment in unit B of the Mississippi fan (MOORE *et al.* 1978) was not included (Appendix).

(5) No calculation was made for Laurentide sediment south of the Blake/Bahama Outer Ridge (LAINE 1980).

(6) No calculation was made for sediment in between the Canadian Arctic Islands, in the Kane Basin, or in the Lincoln Sea (Appendix).

The Laurentide region may be defined as the area reached by any advance of continental ice sheets in eastern North America, including the Ellesmere/Baffin ice complex. FLINT (1971) has calculated this area to be 13,386,964 km^2; however, this figure may be too large. ENGLAND (1976) has argued for only minimal ice cover of the Queen Elizabeth Islands by the late Wisconsin Franklin ice complex. In contrast, BLAKE (1970) and MAYEWSKI *et al.* (1981) support FLINT's view of extensive coverage of the Queen Elizabeth Islands. FLINT's figure probably provides a maximum estimate of the size of the Laurentide region. Dividing the volume of sediment (1.62×10^6 km^3) by the source area (13,386,964 km^2) yields a minimum estimate of an average depth of 120 m of rock physically eroded from the Laurentide region in the last 3 my.

Average Depth of Erosion

MILLIMAN and MEADE (1983) have calculated modern suspended sediment yields to the oceans (in tons/km^2/yr) for the entire globe, based on fluvial sediment loads. Using MILLIMAN and MEADE's figures, we estimate an average yield of about 20 tons/km^2/yr for the Laurentide region. Assuming a bedrock density of 2.7 g/cm^3, this is approximately equivalent to 22 m of physical erosion in 3 my by fluvial processes (Appendix). The near-order-of-magnitude difference with our estimate based on terrigenous sediment volumes indicates that fluvial processes alone can not be responsible for 120 m of physical erosion; this large amount of erosion is a result of continental glaciation. As discussed previously, glaciation works in consort with fluvial erosion by providing the only material which the low-gradient streams on the shield are capable of eroding. Thus, at the broadest level, all 120 m of erosion can be attributed to processes associated with continental glaciation. These processes include (1) the stripping of regolith by early ice sheets, (2) abrasion and plucking of bedrock by ice sheets of all ages, (3) fluvial erosion of residual drift, with limited bedrock erosion, and (4) sediment transport to the oceans by interglacial, proglacial, and meltwater streams, and by calving ice.

The 120 m estimate of physical erosion is much larger than previous estimates by AMBROSE (1964), FLINT (1971), GRAVENOR (1975), SUGDEN (1976), RUTTER (1980), and KASZYCKI and SHILTS (1980). These authors argue that continental glaciation has removed only some few tens of meters of rock and weathered regolith from North America. A rough check of the accuracy of the estimate can be made by recalculating the value using only the well-documented terrigenous sediment volumes in the Gulf of Mexico and the western North Atlantic, leaving out glacial sediment on land and the more speculative estimate for the Canadian Arctic. Using only these two regions, the estimate of the average depth of erosion would be about 100 m.

The 120 m figure represents 15 times as much erosion as was calculated from the volume of glacial sediment on land alone (Table 1). This supports the contention of WHITE (1972) and LAINE (1980) that the oceans serve as the main repository of sediment from glaciated areas.

Because of the inclusion of minimizing factors in the calculations, the average depth of erosion is probably substantially more than 120 m. As discussed earlier, chemical erosion, which cannot be measured directly, is likely also to be significant. However, an estimate of the thickness of material removed chemically may be derived by extrapolating the current regional rate of chemical denudation back over the past 3 my. Using data of MEYBECK (1979), the present average rate of chemical erosion in the Laurentide region is calculated to be

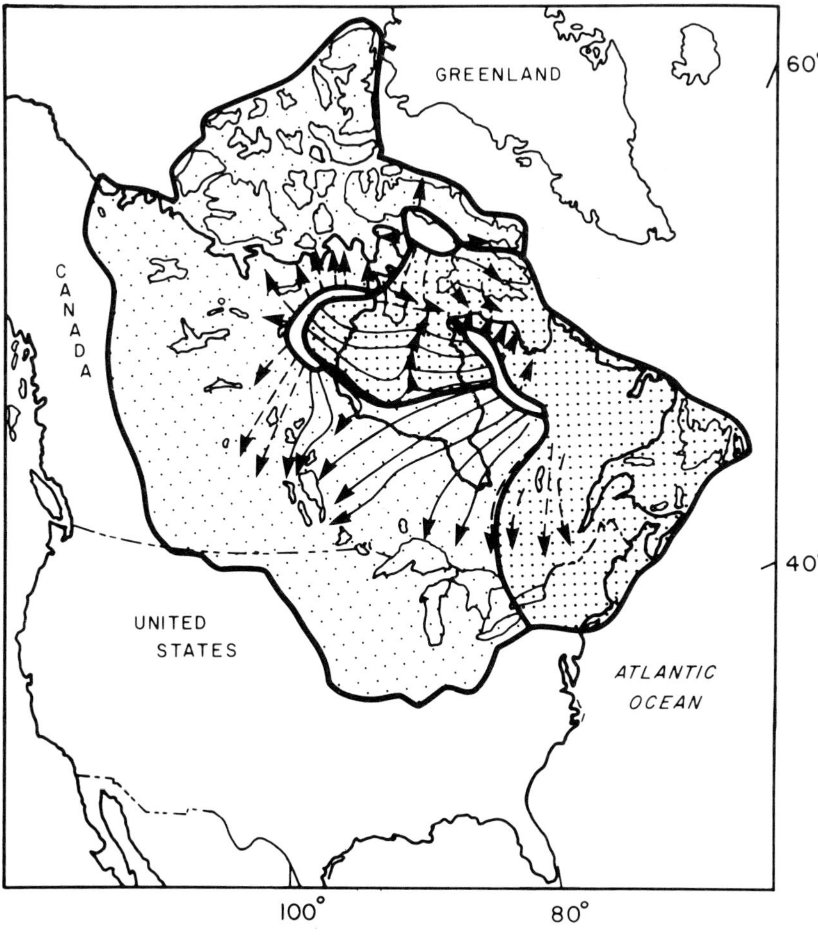

Fig. 7: Area of the Laurentide region that was a sediment source for western North Atlantic (exclusive of the Davis Strait and Baffin Bay). Multidome reconstruction of flow lines after Shilts (1980; Fig. 3) and Andrews and Miller (1979; Fig. 4).

16.7 tons/km^2/yr (Appendix). This rate may be altered during periods of extensive ice coverage. Although land covered by ice during glacial advances probably experiences little direct chemical erosion, dissolution of the increased amounts of fine-grained suspended sediments carried by streams during glaciation (Reynolds and Johnson 1972) may have amplified overall chemical contributions from the Laurentide region. Because of this effect, the present rate of chemical erosion probably provides a minimum estimate for the last 3 my. Therefore, if the rate is extrapolated (Appendix), chemical erosion accounts for 18.6 m of rock (average density of 2.7 g/cm^3) removed from the Laurentide region. Therefore, the total average denudation of the Laurentide region over the last 3.0 my, including both chemical and physical processes, is at least 139 m.

A multidome reconstruction of the Laurentide Ice Sheet (SHILTS *et al.* 1979; ANDREWS 1982) can be used to estimate the true average depth of denudation in one portion of the Laurentide region. The estimate of sediment volume is most precise for the western North Atlantic. Assuming that Wisconsin-age flow lines are fairly representative of all glacial advances (a debatable assumption; e.g., DENTON and HUGHES 1981), the source area for western North Atlantic sediments can be defined (Fig. 7). LAINE and BELL (1982) calculated 140 m of physical erosion based on a multidome reconstruction. When the thick Quaternary deposits on the northeast North American continental margin excluded by LAINE (1980) and LAINE and BELL (1982) are included in the calculations (Appendix), 183 m of physical erosion is estimated. If chemical erosion within the source area is allowed for, over 200 m of total denudation is possible.

Thus, denudation of a low-relief region by processes associated with continental glaciation appears to be much more effective than by fluvial processes alone. The importance of glaciation in shaping the morphology of the Laurentide region should therefore be reevaluated. However, this higher estimated rate of erosion is still considerably lower than rates in areas of active tectonic uplift. For example, a denudation rate of 70 cm/1000 yr, or 2100 m/3 my, has been calculated for the Himalayas, based on the sediment yield of the Ganges River and on sediment volumes in the Bay of Bengal (CURRAY and MOORE 1971).

Erosion During a Single Glaciation

KASZYCKI and SHILTS (1980, unpublished data) calculated an average depth of physical erosion of 2–10 m on the Keewatin Peninsula and southeast Ontario for the last major glacial–interglacial cycle. These figures are consistent with an average depth of physical erosion of 120–183 m for the last 3 my. Evidence from oxygen-isotope records suggests that the duration of the average glacial cycle is about 100,000 yr (HAYS *et al.* 1976). Thus, perhaps at least 25 ice sheets have advanced since the beginning of major continental glaciation in North America about 3 my ago. Assuming 6 m of physical erosion for the whole Laurentide region during each glaciation, we arrive at an average of 150 m of physical erosion.

Multiple tills in the Hudson Bay/James Bay region deposited since the last interglaciation suggest that the oxygen-isotope record, which represents a global average, is a simplification of the history of the fluctuating Laurentide Ice Sheet (ANDREWS *et al.* 1983). A more complicated history of pulses and advances might increase the amount of glacial erosion in the Laurentide region. Also, ANDREWS (1982) has suggested that rates of erosion may have been greatest for the earliest ice sheets. Sedimentation rates of 35 cm/1000 yr for the Pliocene and 10 cm/1000 yr for the Pleistocene at DSDP Site 113 in the Labrador Basin support this contention (LAINE and BELL 1982). Site 113 received sediment primarily from turbidites, as opposed to bottom currents or floating ice, and therefore the sedimentation rates may directly reflect rates of erosion. If these early glacial advances eroded more than the 6 m used in the previous calculation and if ice sheets do fluctuate more than the oxygen-isotope record indicates, a 183-m total depth of physical erosion seems conceivable. Thus, the 2 to 10-m figure of KASZYCKI and SHILTS is well within the range necessary to reach a 120- to 183-m average depth of physical erosion.

Sediment Production by Permanent Ice Sheets

Sediment production by permanent ice sheets, such as the Antarctic Ice Sheet, may differ from that by periodic ice sheets, such as the Laurentide, either due to differences in processes of erosion or transportation of sediment to the oceans. Although calculation of glacial-age sediment volumes in ocean basins surrounding Greenland and Antarctica is not now possible based on the published literature, some insight into the relative rates of sediment production may be inferred from modern sedimentation rates. It should be noted, however, that relative sedimentation rates do not necessarily reflect relative sediment production rates because of differences in size, shape, and location of ocean basins receiving sediment from permanent and periodic ice sheets.

Seismic reflection work off the southeast margin of Greenland (JOHNSON *et al.* 1975) suggests that the amount of Quaternary sediment there is small compared with that along the northeast margin of North America (JANSA and WADE 1974). The sedimentation rate in the Greenland Sea, which receives sediment only from Greenland and Iceland, has been only 3–4 cm/10^3 yr for the last 300,000 yr (ELDHOLM and WINDISCH 1974). If this rate is extended back 3 my, it is equivalent to only 100 m of sediment. This figure is consistent with results from DSDP holes drilled at Sites 346, 347, 348, and 351 (TALWANI *et al.* 1976). A further check may be found in the work of VOGT *et al.* (1981), who have calculated a rate for the entire Greenland–Norwegian Sea area of only 2 cm/1000 yr over the last 3 my.

A similar situation exists off Antarctica. In 9 of 10 DSDP holes drilled near Antarctica (DSDP Legs 28 and 35), the depth to late Miocene sediments is less than 300 m (the other is 490 m). The sedimentation rates over the last 7 my at these 9 drill sites are all less than 3.9 cm/10^3 yr. Much of this sediment contains a high percentage of biogenic material making the rate of terrigenous sediment deposition even smaller.

In comparison, Pleistocene sedimentation rates are much higher in the western North Atlantic north of the Blake-Bahama Outer Ridge. Sedimentation rates of 4.5–27.4 cm/1000 yr are reported from DSDP Sites 111, 112, 113, 382, and 383 on the abyssal plains. Sites 6–8, 102–108, and 384–388, located on the Bermuda Rise, the Continental Rise and the Blake/Bahama Outer Ridge, showed more variable rates, of 0–20 cm/1000 yr (EWING *et al.* 1969; PETERSON *et al.* 1970; HOLLISTER *et al.* 1972; LAUGHTON *et al.* 1972; BENSON *et al.* 1978; TUCHOLKE *et al.* 1979). LAINE (1980) has estimated a minimum average sedimentation rate of 7 cm/1000 yr over the last 2.8 my in the western North Atlantic. Evidently, the effect of a permanent ice sheet, as opposed to a periodic ice sheet, is to *lower* the sedimentation rates.

Sediment Production During Ancient Ice Ages

The presence of at least 1.62×10^6 km^3 of terrigenous sediment derived from the Laurentide region in the past 3 my (Table 1) indicates that periodic ice sheets can result in high rates of sediment production. It might be expected that ancient glacial epochs would also have followed this pattern and left us with large volumes of sedimentary rock. However, the geologic record shows that the Permo-Carboniferous and late Precambrian glacial epochs are associated with the lowest sediment survival rates of the past 700 my (Fig. 8).

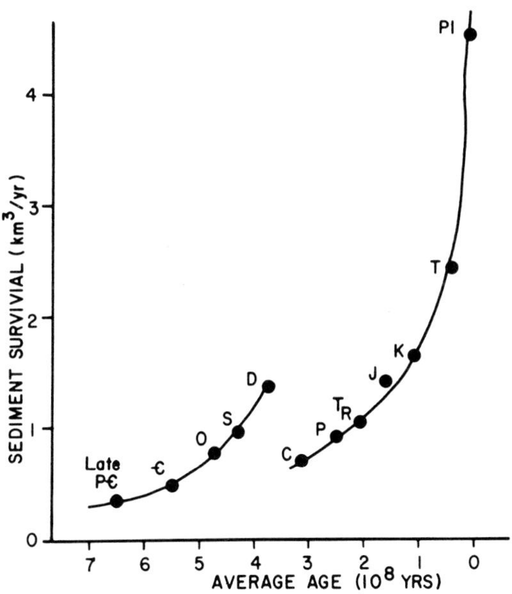

Fig. 8: Sediment survival (in km^3/yr) through time (after Gregor, 1970). Note how the major discontinuity in the graph corresponds to the time of the Permo-Carboniferous glaciations.

These low rates of sediment survival may be a consequence of predominantly marine deposition of sediments during glacial epochs. The evidence presented in this paper agrees with the conclusion of LAINE (1980) that 90–95% of sediment from glaciated areas is being deposited in the ocean. In addition, due to low stands of sea level, most sediment from non-glaciated areas is also being deposited in ocean basins. Similar conditions may have affected patterns of sediment deposition during ancient glacial epochs. Since ocean basins are subject to more subduction than continental land masses, a disproportionally small amount of sediment from ancient glacial epochs would have survived the constant cycling of plates. Thus, the late Precambrian and Permo–Carboniferous ultimately appear on the record as times of low sediment survival.

Due to its recency, the Pleistocene has the highest sediment survival rate of all geologic epochs. As a result of glaciation, most of this sediment lies on the deep ocean floors and continental margins. With future subduction of the sea floor, most Pleistocene sediments ultimately will be recycled or tectonized, and the Pleistocene may appear on the record as a period of low, as opposed to high, sediment survival–if not a major unconformity.

Conclusions

(1) A minimum average of 120 m of rock has been physically eroded in the last 3 my from the area covered by Laurentide ice sheets. This estimate suggests that substantial denudation of the Canadian Shield has occurred as a result of glacial and glaciofluvial processes.

(2) Because of the many minimizing factors included in the estimate of 120 m of erosion, the true figure may be as high as 175–200 m.

(3) The ocean basins are the main repositories of glacial-age sediment.

(4) The effect of permanent ice sheets in comparison with periodic ice sheets may be to lower sedimentation rates in adjacent ocean basins.

(5) The predominance of marine sedimentation during glacial epochs may result in their ultimate appearance on the geologic record as the times with the lowest rates of sediment survival.

Appendix

Calculation of Laurentide Glacial-Age Sediment Volumes

Gulf of Mexico

Data for the region of the Gulf of Mexico that is dominated by Mississippi sedimentation (the dashed line in Fig. 2 and the dotted lines in Figs. 4 and 5) were derived from DSDP Legs 1 and 10 site reports (EWING 1969; WORZEL *et al.* 1973) and from heavy mineral provenance studies of DAVIES and MOORE

(1970). The volume of Pleistocene sediment within this region was calculated from the generalized isopach map of STUART and CAUGHEY (1976) (Fig. 2) and, in the Mississippi Fan, from the more detailed study of Pleistocene seismic unit A by MOORE *et al.* (1978) (Fig. 3). Throughout the area of their survey, MOORE *et al.* found considerably greater thicknesses of Pleistocene sediment, possibly indicating that STUART and CAUGHEY underestimated sediment thickness in other regions. Some Pleistocene sediment is also present in unit B (MOORE *et al.* 1978) but was not included in our calculations. Assuming a similar region of Mississippi dominance during the Pliocene in the Gulf of Mexico, a Pliocene volume of 5.75×10^6 km^3 was calculated from Figure 4. Northern Hemisphere glaciation was active for only the last 1.2 my of Pliocene time (1.8 to 3.0 my), about 40% of the total span of the Pliocene (1.8 to 4.8–5.0 my) (BENSON, 1978; SHERIDAN *et al.* 1983). The extension of turbidite sedimentation into the late Pliocene of the Gulf of Mexico (WORZEL and BRYANT 1973) indicates that sedimentation rates were overall higher during the glacial portion of the Pliocene. Therefore, the glacial-age Pliocene sediment is probably at least 50% of the total Pliocene sediment.

The total volume of glacial-age sediments in the Mississippi-dominated portion of the Gulf of Mexico was calculated to be 13.4×10^5 km^3. This volume was corrected for biogenic sediments based on the Pliocene and Pleistocene record of undisturbed DSDP Sites 90 and 91 in the deep Gulf and the Pleistocene record of Sites 1 and 92 for all nearshore sediments shoreward of the 800 m Pleistocene isopach (Pliocene sediment was not recovered in near shore sites because of the extreme thickness of the Pleistocene section). Siliceous microfossils are generally absent in Gulf sediments younger than early or middle Miocene (SANFILLIPPO and RIEDEL 1972) so a correction is necessary only for biogenic carbonate. Two carbonate corrections were used, 32.3% for the deep Gulf and 18.3% for all sediments shoreward of the 800-m Pleistocene isopach. After correcting for biogenic contributions, the volume of terrigenous sediment in the Mississippi-dominated region is 10.42×10^5 km^3.

Almost all of this sediment was likely deposited by the Mississippi as its depositional center migrated along the Gulf Coast shelf edge (WOODBURY *et al.* 1973), with a small amount derived from other rivers. Information on modern fluvial sediment fluxes into the Gulf of Mexico indicates that the Mississippi is by far the biggest contributor of sediment to the Gulf of Mexico. MILLIMAN and MEADE (1983) estimate that the Mississippi River moved an average 210×10^6 tons/yr of suspended sediment (38% through the Atchafalaya branch) from 1963 to 1979; HOLEMAN (1968) estimated 344×10^6 tons/yr (35% through the Atchafalaya branch) from 1949 to 1966; and DOLE and STABLER (1909) estimated 385×10^6 tons/yr (419×10^6 short tons/yr, with no estimate of additional sediment moved down the Atchafalaya branch). In the years before 1949, discharges of around 500×10^6 tons/yr were often recorded (HOLEMAN 1968; CURTIS *et al.* 1973). The smaller numbers in recent years are an artifact of reservoir construction and other human activities (MILLIMAN and MEADE 1983;

HOLEMAN 1968) and suggest that the early stream load estimates of DOLE and STABLER may provide the most accurate information regarding the relative importance of the Mississippi through time. Assuming a load for the Atchafalaya branch similar to the relative loads measured by HOLEMAN (1968) and MILLIMAN and MEADE (1983) (36.5%), the Mississippi River drainage basin in 1909 averaged 525.5×10^6 tons/yr (571.9×10^6 short tons/yr) or 93% of all sediment discharged from the United States Gulf Coast (DOLE and STABLER 1909, Table 1). Much of the other 7% of non-Mississippi sediment from the United States and additional sediment from Mexican rivers has been deposited in regions not covered by the region of Mississippi-dominated sedimentation, suggesting that at least 93% of the sediment enclosed by the Mississippi-dominated region originated from the Mississippi.

The contribution of erosion in the non-Laurentide drainage of the Mississippi was estimated from the preglacial Miocene sediment isopachs in the Gulf of Mexico (Fig. 5). The area of the preglacial Mississippi drainage was 77% as large as that of today (FLINT 1971, Fig. 9–3) and roughly approximated the size and coverage of the 65% of total Mississippi drainage which has not been covered by Laurentide ice. The region of Mississippi dominated sedimentation in the Gulf was also smaller, partly due to the decreased size of the drainage basin and partly because the Miocene Rio Grande was a major carrier of sediment and built large deltas north of its present mouth (RAINWATER 1964). We chose to overestimate the importance of erosion in the non-Laurentide Mississippi drainage by assuming the same Miocene region of Mississippi-dominated sedimentation as in the Pliocene and thus including much sediment that actually originated in the Rio Grande drainage. The total volume of Miocene sediment in this region of the Gulf is 1.6×10^6 km^3 or 2.7×10^6 km^3 per 3 my. Assuming similar compaction and content of biogenics in the Miocene section, this volume of sediment represents a sedimentation rate that is about 20% of the glacial-age sedimentation rate. Since compaction of the Miocene section is undoubtedly greater than that for the Pliocene/Pleistocene section, the assumption of similar compaction may offset the inclusion of sediment derived from the Miocene Rio Grande.

A small portion of the non-Laurentide drainage of the Mississippi may have experienced accelerated erosion over the last 3 my because of alpine glaciation. Approximately 50,750 km^2 of glaciated alpine terrain in the Rocky Mountains is drained by the Mississippi, representing just 1.5% of the total modern Mississippi drainage and about 4.5% of the Laurentide area currently drained by the Mississippi (FLINT 1948, 1971; Fig. 18–11; MONTAGNE 1972). Since the Mississippi has carried sediment from a much larger portion of the Laurentide region than it presently drains as a result of damming of the St. Lawrence, Mackenzie, and Hudson Bay drainage systems during glacial retreat, the contribution of alpine glaciation is probably less than 4.5% of the total volume of sediment.

Using the 4.5% figure for an alpine glaciation correction and applying the

Table 2: Volume of Glacial-Age Terrigenous Sediment in the Gulf of Mexico Derived from the Laurentide Region

Age	Volume of glacial-age sediments (10^5 km^3)	Volume corrected for biogenics (10^5 km^3)
Pleistocene	10.5	8.2
Pliocene[a]	2.88	2.22
Total	13.4	10.42
Volume corrected for sources other than Mississippi (7%)		9.69
Volume corrected for nonglacial contribution (20%)[b]		7.75
Volume corrected for contribution of alpine glaciation (4.5%)		7.40

[a] Only includes Pliocene sediments younger than 3 my.
[b] Based on the Miocene preglacial sedimentation rate.

7% correction for non-Mississippi inputs to the Gulf of Mexico and the 20% correction for erosion in the non-Laurentide region, the total volume of glacial-age terrigenous sediment in the Gulf of Mexico derived from the Laurentide region is estimated to be 7.40 × 10^6 km^3 (Table 2).

Western North Atlantic

The volume of glacial-age terrigenous sediment in areas of the western North Atlantic dominated by Laurentide sedimentation was calculated by LAINE (1980) to be 1.01 × 10^5 km^3. This figure includes sediment derived from southern Greenland and a small amount (2%) of sediment from nonglaciated areas (LAINE 1980). Greenland likely only contributed terrigenous sediment to the Labrador and Newfoundland basins and continental margin provinces of LAINE (1980). The contribution to the Labrador and Newfoundland basins province may be estimated by comparison with the Greenland Sea which receives sediment only from Greenland and Iceland and contains an average of just 100 m of glacial-age sediment (ELDHOLM and WINDISCH 1974; TALWANI *et al.* 1976; VOGT *et al.* 1981). Assuming no complications due to differences in basin morphology and transport, 100 m can be removed from the Labrador and Newfoundland basins province of LAINE as an estimate of the Greenland contribution to this province. LAINE's estimate for the continental margin of Greenland was extrapolated from thicknesses found off eastern North America south of George's Bank (LAINE 1980). Greenland's contribution to the continental mar-

Table 3: Volume of Glacial-Age Terrigenous Sediment in the Western North Atlantic Derived from the Laurentide Region

	Area (10^4 km^2)	Thickness (m)	Total volume (10^4 km^3)	Biogenic, corrected (10^4 km^3)
Sohm abyssal plain[a]	110	320	35	34
Hatteras abyssal plain[a]	30	200	6.0	5.1
Nares abyssal plain[a]	10	150	1.5	1.3
Continental rise[a]	8	285	2.3	2.0
Labrador and Newfoundland basins[a]	130	390	51	46
Continental margin[a]	130	96	12	10
Bermuda rise[a]	67	47	3.2	2.9
Total			111.0	101.3
Correction for sources outside glaciated regions (2 %)[a]			108.8	99.3
Correction for contribution	130[b]	100[b]	–13.0	–12.0
of southern Greenland	33[c]	96[c]	– 3.2	– 2.7
Additional continental margin	96.8	(500–96)	+39.1	+32.5
Total			134.9	117.1

[a] Data from Laine (1980).
[b] Labrador and Newfoundland basins correction.
[c] Continental margin correction.

gin province may be removed by simply subtracting the relative percentage coverage of Greenland's continental margin (25 %).

The Quaternary section of the continental margin north of George's Bank was reestimated and added to the continental margin province of Laine based on new reports of seismic investigations (Jansa and Wade 1974; Uchupi and Austin 1979;Umpleby 1979). The section has a doubly lensoid cross section with thicknesses up to 2000 m along the shelf edge, generally thin sediments on the middle slope (100–500 m), and thick deposits, often greater than 1800 m, along the rise. Overall, it may average about 500 m. For the same region, Laine (1980) provided a minimum estimate of the average thickness of 96 m. Thus, an additional 404 m (500–96 m) may be added to the portion of the continental margin province north of George's Bank.

When these corrections for nonglacial sources, southern Greenland, and additional continental margin sediment are made, the volume of glacial-age terrigenous sediment in the western North Atlantic derived from the Laurentide region is estimated to be 1.17×10^6 km^3 (Table 3).

Canadian Arctic Islands

Thick sequences of Pliocene/Pleistocene clastic sediments (the Beaufort Formation) are present along the margin of the Canadian Arctic Islands with thicknesses up to 1800 m (MENELY *et al.* 1975; MIALL 1975). In both the Davis Strait and western Baffin Bay, there are over 6100 m of late Eocene and younger fluvial and deltaic sediments (BEH 1975). Because Baffin Island was a major ice dispersal center, probably much of the 6100 m is of glacial age. The thickness of the glacial-age section along the whole margin of the Arctic Islands may be similar to the continental margin of northeastern North America and average about 500 m. Multiplying by the area of margin considered (5.25×10^5 km^2) yields an estimate of at least 2.5×10^5 km^3 of sediment. Due to the general nature of this calculation, no correction for biogenic sediments was made.

Laurentide Glacial Sediment on Land

The average thickness of glacial drift in North America ranges from about 2 to 60 m (FLINT 1971) with an overall average of about 7–8 m. Thus, the total volume of drift on the 13,386,964 km^2 Laurentide region is about 1×10^5 km^3.

Additional Laurentide sediment is present in river sands with a major portion in the Mississippi embayment. From the frontispiece of FISK's work on the Mississippi (FISK 1944), the embayment is estimated to contain 1×10^4 km^3 of sediment. Assuming that about 20 % of this sediment has a non-Laurentide origin (Appendix: Gulf of Mexico), the Laurentide contribution is 8×10^3 km^3. Laurentide sediment in other river sands may triple this number.

An additional 1.8×10^4 km^3 of glacial sediment can be found in the Great Lakes (THOMAS *et al.* 1973; DELL 1974; WICKHAM *et al.* 1978; LINEBACK *et al.* 1979; JOHNSON 1980). There may be as much as 4×10^4 km^3 of sediment on the bottom of Baffin Island fjords (J. T. ANDREWS 1983, personal communication). Also, at least 1.6×10^6 km^2 of central North America is underlain by loess ranging from a few centimeters to 35 m thick (FLINT 1971), and perhaps averaging

Table 4: Laurentide Glacial Sediment on Land

Sediment type	Volume (10^5 km^3)
Glacial drift	1.0
River sands (including Mississippi embayment)	0.24
Lake sediment in the Great Lakes	0.18
Sediment in Baffin Island fjords	0.4
Loess	0.016
Total	1.84

1 m. The total volume of all glacial sediment on land is estimated to be 1.84×10^5 km^3 (Table 4).

Chemical Erosion of Laurentide Region

Rates of chemical erosion in the Laurentide region were derived from MEYBECK (1979) and are corrected for the contribution of oceanic cyclic salts and atmospheric CO_2 (Table 5). If average chemical erosion e is 16.7 tons/km^2/yr, then total chemical erosion equals

$$e/g \times t = 18.6 \text{ m}$$

where t is 3×10^6 yr and g is an average specific gravity of 2.7 g/cm^3.

Table 5: Chemical Erosion of Laurentide Region

Morphoclimatic region	% Total area	Chemical erosion rate[a] (tons/km^2/yr)
Temperate humid	7	35
Temperate	8	28
Taiga humid	23	15.5
Tundra and taiga	60	14
Arid	2	3
Average		16.7

[a] Data from Meybeck (1979).

Table 6: Modern Suspended Sediment Yield in the Laurentide Region

Region	% Total area	Suspended sediment yield[a] (tons/km^2/yr)*
Canadian Shield	48	8
Mackenzie drainage basin	15	55
St. Lawrence drainage basin	11	4
Canadian Arctic Islands	11	1
Mississippi drainage basin	10	59
Atlantic coast	5	17
Average		19.4

[a] Data from Milliman and Meade (1983).

Modern Suspended Sediment Yield in the Laurentide Region

Rates of modern suspended sediment yield in the Laurentide region are available from the recent global compendium of this kind of information by MILLIMAN and MEADE (1983) (Table 6). Using an average figure for the entire region and applying it to the equation above,

$$e/g \times t = 21.6\ \text{m}$$

where e is 19.4 tons/km^2/yr.

Acknowledgments

Many thanks go to GARTH VOIGT, JULIE FISHER, and NANCY FRIEDRICH, who critically read early drafts of this paper, and to Verbatim Inc., who graciously donated the use of their word processing services free of charge. Thanks also to SIDNEY QUARRIER and DIANE MAYERFELD for their patience and understanding during the rewrite of the manuscript, and to KATIE McCAULEY for her long hours spent drafting the figures. This work was originally begun as part of the first author's bachelor's degree honors thesis at Wesleyan University, Middletown, Connecticut. Partial support of the research was provided by Grant N00014-81-C-0062 of the Office of Naval Research.

References

Ambrose, J. W. (1964): Exhumed Paleoplains of the Precambrian Shield of North America. American Journal of Science 262, 817–857.

Andrews, J. T. (1982): Comment on New Evidence from Beneath the Western North Atlantic for the Depth of Glacial Erosion in Greenland and North America by E. P. Laine. Quarternary Research 17, 123–124.

Andrews, J. T., and G. H. Miller (1979): Glacial Erosion and Ice Sheet Divides, Northeastern Laurentide Ice Sheet, on the Basis of the Distribution of Limestone Erratics. Geology 7, 592–596.

Andrews, J. T., W. W. Shilts, and G. H. Miller (1983): Mutiple Deglaciations of the Hudson Bay Lowlands, Canada since Deposition of the Missinabi (last-interglacial?) Formation. Quaternary Research 19, 18–37.

Beh, R. L. (1975): Evolution and Geology of Western Baffin Bay and Davis Strait, Canada. In: Canada's Continental Margins and Offshore Petroleum Potential (Yorath, C. J., E. R. Parker, and D. J. Glass, Eds.). Canadian Society of Petroleum Geology Memoir 4.

Bell, M. (1980): The Average Depth of Glacial Erosion in North America. Unpublished BA thesis, Wesleyan University, Middletown, Conn.

Bell, M., and E. P. Laine (1980): More Evidence from the Deep Sea on the Depth of Glacial Erosion in North America. EOS 61 (17), 276.

Benson, W. E., R. E. Sheridan, *et al.* (Eds.) (1978): Initial Reports of the Deep Sea Drilling Project. 44. U.S. Govt. Printing Office, Washington, D.C.

Berggren, W. A. (1972): Late Pliocene–Pleistocene Glaciation. In: Initial Reports of the Deep Sea Drilling Project, 12 (A. S. Laughton, W. A. Berggren, *et al.*, Eds.), pp. 953–963. U.S. Govt. Printing Office, Washington, D.C.

Blake, W., Jr. (1970): Studies of Glacial History in Arctic Canada. I. Pumice, Radiocarbon Dates, and Differential Postglacial Uplift in the Eastern Queen Elizabeth Islands. Canadian Journal of Earth Sciences 7, 634–664.

Blasco, S. M., C. F. M. Lewis, and B. D. Bornhald (1980): Surficial Geology and Geomorphology of the Lomonosov Ridge. EOS 61 (17), 253.

Boyce, R. E. (1973): Carbon and Carbonte Analyses, Leg 10. In: Initial Reports of the Deep Sea Drilling Project, 10 (Worzel, J. L., W. Bryant, *et al.*, Eds.), pp. 641–642. U.S. Govt. Printing Office, Washington D.C.

Broecker, W. S. (1974): Chemical Oceanography. Harcourt Brace Jovanovich, New York.

Bryson, R. A., *et al.* (1969): Radiocarbon Isochrones on the Disintegration of the Laurentide Ice Sheet. Arctic and Alpine Research 1, 1–14.

Clark, D. L., R. R. Whitman, and S. D. Mackey (1979): Late Cenozoic Lithostratigraphy of the Central Arctic Ocean. EOS 60 (18), 373.

Cook, T. D., and A. W. Bally (Eds.) (1975): Stratigraphic Atlas of North and Central America. Princeton Univ. Press, Princeton, N.J.

Curray, J. R., and D. G. Moore (1971): Growth of the Bengal Deep-Sea Fan and Denudation in the Himalayas. Geological Society of America Bulletin 82, 563–572.

Curtis, W. F., J. K. Culbertson, and E. B. Chase (1973): Fluvial-Sediment Discharge to the Oceans from the Conterminous United States. U.S. Geological Survey Circular 670.

Davies, D. K., and R. W. Moore (1970): Dispersal of Mississippi Sediment in the Gulf of Mexico. Journal of Sedimentary Petrology 40, 339–353.

Dell, C. I. (1974): The Stratigraphy of Northern Lake Superior Late-glacial and Postglacial Sediments. In: Proceedings 17th Conference on Great Lakes Research, pp. 179–192.

Denton, G. H., and T. J. Hughes (Eds.) (1981): The Last Great Ice Sheets. Wiley, New York.

Dole, R. B., and H. Stabler (1909): Denudation. U.S. Geological Survey Water-Supply Paper 234, 78–93.

Edmond, J. M. (1973): The Silica Budget of the Antarctic Circum-Polar Current. Nature (London) 241, 391–393.

Eldholm, O., and C. C. Windisch (1974): Sediment Distribution in the Norwegian–Greenland Sea. Geological Society of America Bulletin 85, 1661–1676.

England, J. H. (1976): Late Quaternary Glaciation of the Eastern Queen Elizabeth Islands. N. W. T., Canada: Alternative models. Quaternary Research 6, 185–202.

Ewing, M., J. L. Worzel, *et al.* (Eds.) (1969): Initial Reports of the Deep Sea Drilling Project. U.S. Govt. Printing Office, Washington, D.C.

Fairbridge, R. (1979): Traces from the Desert: Ordovician. In: Winters of the World (John, B., Ed.), pp. 131–153. Wiley, New York.

Fisk, H. N. (1944): Geological Investigation of the Alluvial Valley of the Lower Mississippi River. Mississippi River Commission, Corps of Engineers, U.S. War Dept.

Flint, R. F. (1948): Glacial Map of North America. Geological Society of America Special Paper 60.

Flint, R. F. (1971): Glacial and Quaternary Geology. Wiley, New York.

Gordon, R. B. (1979): Denudation Rate of Central New England determined from Estuarine Sedimentation. American Journal of Science 279, 632–642.

Grantz, A., S. Eittreim, and O. T. Whitney (1981): Geology and Physiography of the Continental Margin North of Alaska and Implications for the Origin of the Canada

Basin. In: The Ocean Basins and Margins, 5 (Nairn, A. E. M., M. Churkin, F. G. Stehi, Eds.), pp. 439–492. Plenum, New York.

Gravenor, C. P. (1975): Erosion by Continental Ice Sheets. American Journal of Science 275, 594–604.

Gregor, B. (1970): Denudation of the Continents. Nature (London) 228, 273–275.

Hamilton, E. L. (1976): Variations of Density and Porosity with Depth in Deep-Sea Sediments. Journal of Sedimentary Petrology 46, 280–300.

Hawkins, T. J., and W. G. Hatelid (1975): The Regional Setting of the Taglu Field. In: Canada's Continental Margins and Offshore Petroleum Potential (Yorath, C. J., E. R. Parker, and D. J. Glass, Eds.). Canadian Society of Petroleum Geology Memoir 4.

Hays, J. D., J. Imbrie, and N. J. Shackleton (1976): Variations in the Earth's Orbit: Pacemaker of the Ice ages. Science (Washington, D.C.) 194, 1121–1132.

Herman, Y. (1974): Arctic Ocean Sediments, Microfauna, and the Climatic Record in Late Cenozoic Time. In: Marine Geology and Oceanography of the Arctic Seas (Herman, Y., Ed.). Springer-Verlag, New York.

Herman, Y. (1979): Late Cenozoic Global Tectonic–Climatic and Hydrologic Events Related to Arctic Paleoceanography. EOS 60 (18), 374.

Higgs, R. (1978): Provenence of Mesozoic and Cenozoic Sediments from the Labrador and West Greenland Continental Margins. Canadian Journal of Earth Sciences 15, 1850–1860.

Holeman, J. H. (1968): The Sediment Yield of Major Rivers of the World. Water Resources Research 4, 737–747.

Hollister, C. D., J. I. Ewing, *et al.* (Eds.) (1972): Initial Reports of the Deep Sea Drilling Project, 11. U.S. Govt. Printing Office, Washington, D.C.

Hurd, D. C. (1977): The Effect of Glacial Weathering on the Silica Budget of Antarctic Waters. Geochimica et Cosmochimica Acta 41, 1213–1222.

Jansa, L. F., and J. A. Wade (1974): Geology of the Continental Margin off Nova Scotia and Newfoundland. In: Offshore Geology of Eastern Canada, Geology Survey of Canada Paper 74–32 (2), 51–105.

Johnson, G. L., G. L. Sommerhoff, and J. Egloff (1975): Structure and Morphology of the West Reykjanes Basin and the Southeast Greenland Continental Margin. Marine Geology 18, 175–196.

Johnson, T. C. (1980): Late-Glacial and Post-Glacial Sedimentation in Lake Superior based on Seismic-Reflection Profiles. Quaternary Research 13, 380–391.

Kaszycki, C. A., and W. W. Shilts (1980): Glacial Erosion of the Canadian Shield: Calculation of Average Depths. Atomic Energy of Canada Limited, Technical Record TR-106.

Kennett, J. P. (1977): Cenozoic Evolution of Antarctic Glaciation, the Circum-Antarctic Ocean, and their Impact on Global Paleoceanography. Journal of Geophysical Research, 82, 3843–3860.

Kennett, J. P., R. E. Houtz, *et al.* (1975): Introduction and explanatory remarks. In: Initial Reports of the Deep Sea Drilling Poject, 29 (Kennet, J. P., R. E. Houtz *et al.*, Eds.), pp. 3–16. U.S. Govt. Printing Office, Washington, D.C.

Kennett, J. P., and N. J. Shackleton (1975): Laurentide Ice Sheet Meltwater Recorded in Gulf of Mexico Deep-Sea Cores. Science (Washington, D.C.) 188, 147–150.

Laine, E. P. (1980): New Evidence from Beneath the Western North Atlantic for the Depth of Glacial Erosion in Greenland and North America. Quaternary Research 14, 188–198.

Laine, E. P., and M. Bell (1982): Reply to Andrew's Comment. Quaternary Research 17, 125–127.

Laughton, A. S., W. A. Berggren, *et al.* (Eds.) (1972): Initial Reports of the Deep Sea Drilling Project, 12. U.S. Govt. Printing Office, Washington, D.C.

Lineback, J. A., C. I. Dell, and D. L. Gross (1979): Glacial and Postglacial Sediments in Lakes Superior and Michigan. Geological Society of America Bulletin 90, 781–791.

Mair, J. A. (1980): Structures of the Arctic Ocean. EOS 61 (17), 276.

Matthews, W. H. (1975): Cenozoic Erosion and Erosion Surfaces of eastern North America. American Journal of Science 275, 818–824.

Mayewski, P. A., G. H. Denton, and T. J. Hughes (1981): Late Wisconsin Ice Sheets of North America. In: The Last Great Ice Sheets (Denton, G. H., and T. J. Hughes, Eds.), pp. 67–178. Wiley, New York.

Menely, R. A., D. Hanno, and R. K. Merritt (1975): The northwest Margin of the Sverdrup Basin. In: Canada's Continental Margins and Offshore Petroleum Potential (Yorath, C. J., E. R. Parker, and D. J. Glass, Eds.). Canadian Society of Petroleum Geology Memoir 4.

Meybeck, M. (1979): Concentrations des eaux fluviales en elements majeurs et apports en solution aux oceans. Revue de Geographie Physique et de Geologie Dynamique 21, 215–246.

Miall, A. D. (1975): Post-Paleozoic Geology of Banks, Prince Patrick and Eglinton Islands, Arctic Canada. In: Canada's Continental Margins and Offshore Petroleum Potential (Yorath, C. J., E. R. Parker, and D. J. Glass, Eds.). Canadian Society of Petroleum Geology Memoir 4.

Milliman, J. D., and R. H. Meade (1983): World-Wide Delivery of River Sediment to the Oceans. Journal of Geology 91, 1–23.

Montagne, J. M. (1972): Quaternary System, Wisconsin Glaciation. In: Geological Atlas of the Rocky Mountains, pp. 257–260. Rocky Mountain Assoc. of Geologists, Denver.

Moore, G. T., G. W. Starke, L. C. Bonham, and H. O. Woodbury (1978): Mississippi Fan, Gulf of Mexico–Physiography, Stratigraphy, and Sedimentational Patterns. In: Framework, Facies, and Oil-Trapping Characteristics of the Upper Continental Margin. American Association of Petroleum Geology Studies in Geology 7.

Nelson, H. C., P. M. Hopkins, and D. W. Scholl (1974): Tectonic Setting and Cenozoic Sedimentary History of the Bering Sea. In: Marine Geology and Oceanography of the Arctic Seas (Herman, Y., Ed.). Springer-Verlag, New York.

Peterson, M. N. A., et al. (Eds.) (1970): Initial Reports of the Deep Sea Drilling Project, 2. U.S. Gov. Printing Office, Washington, D.C.

Rainwater, E. H. (1964): Regional Stratigraphy of the Gulf Coast Miocene. Gulf Coast Association of Petroleum Geologists Transactions 14, 81–124.

Reynolds, R. C., and N. M. Johnson (1972): Chemical Weathering in the Temperate Glacial Environment of the North Cascade Mountains. Geochimica et Cosmochimica Acta 36, 537–554.

Ruddiman, W. F. (1977): Late Quaternary Deposition of Ice-Rafted Sand in the Subpolar North Atlantic (lat. 40° to 65° N). Geological Society of America Bulletin 88, 1813–1827.

Rutter, N. W. (1980): Erosion by Pleistocene Continental Ice Sheets in the Area of the Canadian Shield. Atomic Energy Control Board, Ottawa, Ontario.

Sanfillippo, A., and W. R. Reidel (1972): Cenozoic Radialaria (exclusive of theoperids, artostrobiids and amphipyndacids) from the Gulf of Mexico, Deep Sea Drilling Project: Leg 10. In: Initial Reports of the Deep Sea Drilling Project, 10 (Worzel, J. L., W. Bryant, et al., Eds.), pp. 475–612. U.S. Govt. Printing Office, Washington, D.C.

Shackleton, J. J., and N. D. Opdyke (1977): Oxygen Isotope and Palaeomagnetic Evidence for Early Northern Hemisphere Glaciation. Nature (London) 270, 216–219.
Sheridan, R. E., F. M. Gradstein, et al. (Eds.) (1983): Initial Reports of the Deep Sea Drilling Project, 76. U.S. Govt. Printing Office, Washington, D.C.
Shilts, W. W. (1980): Flow Patterns in the Central North American Ice Sheet. Nature (London) 286, 213–218.
Shilts, W. W., C. M. Cunningham, and C. A. Kaszycki (1979): Keewatin Ice Sheet: Re-Evaluation of the traditional Concept of the Laurentide Ice Sheet. Geology 7, 537–541.
Stuart, C. J., and C. A. Caughey (1976): Seismic Facies and Sedimentology of Terrigenous Pleistocene Deposits in Northwest and Central Gulf of Mexico. American Association of Petroleum Geology Memoir 26, 249–275.
Sugden, D. E. (1976): A Case Against Deep Erosion of Shields by Ice Sheets. Geology 4, 580–582.
Sugden, D. E. (1978): Glacial Erosion by the Laurentide Ice Sheet. Journal of Glaciology 20, 367–391.
Talwani, M., G. Udintsev, et al. (Eds.) (1976): Initial Reports of the Deep Sea Drilling Project, 38 U.S. Govt. Printing Office, Washington, D.C.
Thomas, R. L., A. L. W. Kemp, and G. F. M. Lewis (1973): The Surficial Sediments of Lake Huron. Canadian Journal of Earth Sciences 10, 226–271.
Tucholke, B. E., P. R. Vogt, et al. (Eds.) (1979): Initial Reports of the Deep Sea Drilling Project, 43. U.S. Govt. Printing Office, Washington, D.C.
Uchupi, E., and J. A. Austin (1979): The Stratigraphy and Structure of the Laurentian Cone Region. Canadian Journal of Earth Science 16, 1726–1752.
Umpleby, D. C. (1979): Geology of the Labrador Shelf. Geological Survey of Canada Paper 79–13.
Vail, P. R., R. M. Mitchum, and S. Thompson (1977): Seismic Stratigraphy and Global Changes of Sea Level, part 4: Global Cycles of Relative Changes of Sea Level. American Association of Petroleum Geology Memoir 26, 83–97.
Vogt, P. R., R. K. Perry, R. H. Feden, H. S. Fleming, and N. Z. Cherkis (1981): The Greenland–Norwegian Sea and Iceland Environment: Geology and Geophysics. In: The Ocean Basins and Margins, 5 (Nairn, A. E. M., M. Churkin, and F. G. Stehi, Eds.), pp. 493–598. Plenum, New York.
White, W. A. (1972): Deep Erosion by Continental Ice Sheets. Geological Society of American Bulletin 83, 1037–1056.
Wickham, J. T., D. L. Gross, J. A. Lineback, and R. L. Thomas (1978): Late Quaternary Sediments of Lake Michigan. Illinois Geological Survey Environmental Geology 84.
Woodbury, H. O., I. B. Murray, P. J. Pickford, and W. H. Akers (1973): Pliocene and Pleistocene Depocenters, Outer Continental Shelf, Louisiana and Texas. American Association of Petroleum Geology Bulletin 57, 2428–2439.
Worzel, J. L., and W. R. Bryant (1973): Regional Aspects of Deep Sea Drilling in the Gulf of Mexico Leg 10. In: Initial Reports of the Deep-Sea Drilling Project, 10 (Worzel, J. L., W. R. Bryant, et al., Eds.), pp. 737–748. U.S. Govt. Printing Office, Washington, D.C.
Worzel, J. L., W. Bryant, et al. (Eds.) (1973): Initial Reports of the Deep Sea Drilling Project, 10. U.S. Govt. Printing Office, Washington, D.C.
Worzel, J. L., W. Bryant, et al. (Eds.) (1973): Initial Reports of the Deep Sea Drilling Project, 10. U.S. Govt. Printing Office, Washington, D.C.

Wright, A. E., and F. Moseley (1975): Ice Ages: Ancient and Modern–a Discussion. In: Ice Ages: Ancient and Modern (A. E. Wright, and F. Moseley, Eds.), pp. 301–312. Seel House, Liverpool.

Eiszeitalter und Gegenwart, 29, Hannover 1979, S. 9–22. (Mit Ergänzungen.)

VERBREITUNG, URSACHEN UND FÜLLUNG GLAZIAL ÜBERTIEFTER TALABSCHNITTE AN BEISPIELEN IN DEN OSTALPEN

Von Dirk van Husen

Kurzfassung

Im untersuchten Raum konnte ein Zusammenhang zwischen dem Auftreten ausgedehnter, glazial übertiefter Becken und der Ausdehnung aktiver Gletscherzungen gefunden werden. Jene liegen im Zehrgebiet dieser und sind möglicherweise auf die hohe Fließgeschwindigkeit des Eises und dessen starke Anreicherung mit Moränenschutt zurückzuführen.

Die Auffüllung der Becken erfolgte sehr rasch im beginnenden Spätglazial und war zur Zeit der Wiederbewaldung bereits abgeschlossen. Dabei kamen petrographische Unterschiede im Einzugsgebiet der Flüsse stark zum Tragen.

Abstract

In the investigated area there could be found a connexion with the appearance of extended glacially overdeepened basins and the extent of active glaciers. Those are lying in the ablation area of these and are probably due to the high velocity of ice flow as well as to its high load with morainic debris.

By the beginning of Late Glacial Time the basins were very quickly refilled. At the time of reforestation this process was already completed. Petrographic differences in the drainage areas of the rivers were of important influence.

Einleitung

Die vorliegende Arbeit stellt die etwas erweiterte Fassung des Vortrages gleichen Titels im Rahmen des Edith-Ebers-Symposiums in Rosenheim dar.

An drei durch künstliche Aufschlüsse und Detailkartierungen des Autors einigermaßen bekannten Beispielen aus den Ostalpen wird die Gestaltung und Verbreitung der glazial übertieften Becken und deren Füllung dargelegt.

Zweck dieser Arbeit ist primär die Erfassung alter, bis heute nur in einzelnen verstreuten Arbeiten niedergelegter und in neuerer Zeit hinzugekommener Daten. Darüber hinaus soll auch der Versuch unternommen werden, aus der regionalen Verteilung in bezug auf die Erstreckung der Lokalgletscher und Eisstromnetze zu einer möglichen Erklärung der Entstehung der größeren, glazial übertieften Wannen zu gelangen.

An dieser Stelle möchte ich allen im Text namentlich genannten Personen, die mir noch unpublizierte neue Daten zur Verfügung stellten, herzlich für ihr Entgegenkommen danken.

Salzburger Becken

Das Zungenbecken des Salzachgletschers zwischen Golling im S und den Endmoränen im N stellt einen Modellfall von Stamm- und Zweigbecken dar (Penck & Brückner 1909; 157ff.). Das Stammbecken selbst ist eine ca. 2–3 km breite Rinne, die am morphologischen Nordrand der Alpen endet (Abb. 1).

Im nördlichen Abschnitt war die Tiefe des Beckens durch einige Tiefbohrungen schon länger bekannt (Prey 1959). Der Untergrund wurde in 262 m Tiefe, ca. 1 km weiter nördlich bereits in 198 m erbohrt.

Östlich dieser beiden Bohrungen steigt der Untergrund, wie aus anderen Bohrungen bekannt ist, steil zum Mönchsberg hin an. Durch die zwei Bohrungen der Stieglbrauerei, die nahe der Beckenmitte stehen, scheint die absolute Tiefe des Beckens auf der Höhe von Salzburg gut erfaßt zu sein, obwohl Tiefenaufschlüsse weiter westlich fehlen.

Weiter im S gab die 1976 abgeteufte Bohrung Vigaun V1 der ÖMV A.G. Wien einen weiteren Fixpunkt der Tiefenlage der Felssohle. Die für die Fragestellung der Übertiefung und Füllung des Beckens aussagefähigen Daten dieser Bohrung wurden mir freundlicherweise von Direktor Dr. Kröll zur Verfügung gestellt. Eine genauere Auswertung der Ergebnisse wird noch durch die ÖMV A.G. Wien erfolgen.

Die am südlichen Rand der Ortschaft Vigaun stehende Bohrung erreichte nach 338 m den Untergrund (Oberalmer Schichten) und dürfte unter der Annahme eines U-förmigen Talquerschnittes ebenso wie die bei Salzburg bereits weitgehend die volle Tiefe des Beckens im Raum Hallein angeben.

Noch weiter im S wurde bei Golling an der Mündung der Lammer in die Salzach im Zuge von Grundwassererschließungsarbeiten der Fels in 161 m Tiefe erbohrt (H. Brandecker 1982). Da aber unmittelbar nordwestlich davon der Felsuntergrund im Bereich des Flusses noch zutage tritt (Brandecker 1974; Taf. I), handelt es sich hier wahrscheinlich eher um eine Fortsetzung der sicher subglazial angelegten Tiefenrinne der Salzach in Fortsetzung der Salzachöfen als bereits um den glazial übertieften Beckenuntergrund.

Aus den vorliegenden Bohrungen und Vergleichen mit anderen Becken läßt sich der Verlauf des glazial übertieften Felsuntergrundes des Stammbeckens des Salzachgletschers im großen rekonstruieren (Abb. 1).

Die glaziale Übertiefung setzt südlich Golling am Nordrand des Ofenauer Berges ein. Der Ansatzpunkt ist hier durch zwei Umstände gegeben. Einerseits überwand das aus dem Pongau nach N abfließende Eis den aus dickbankigem Dachsteinkalk aufgebauten Riegel zwischen Hagen- und Tennen-Gebirge, der auch eine deutliche Querschnittsverengung darstellt, mit einem starken Ge-

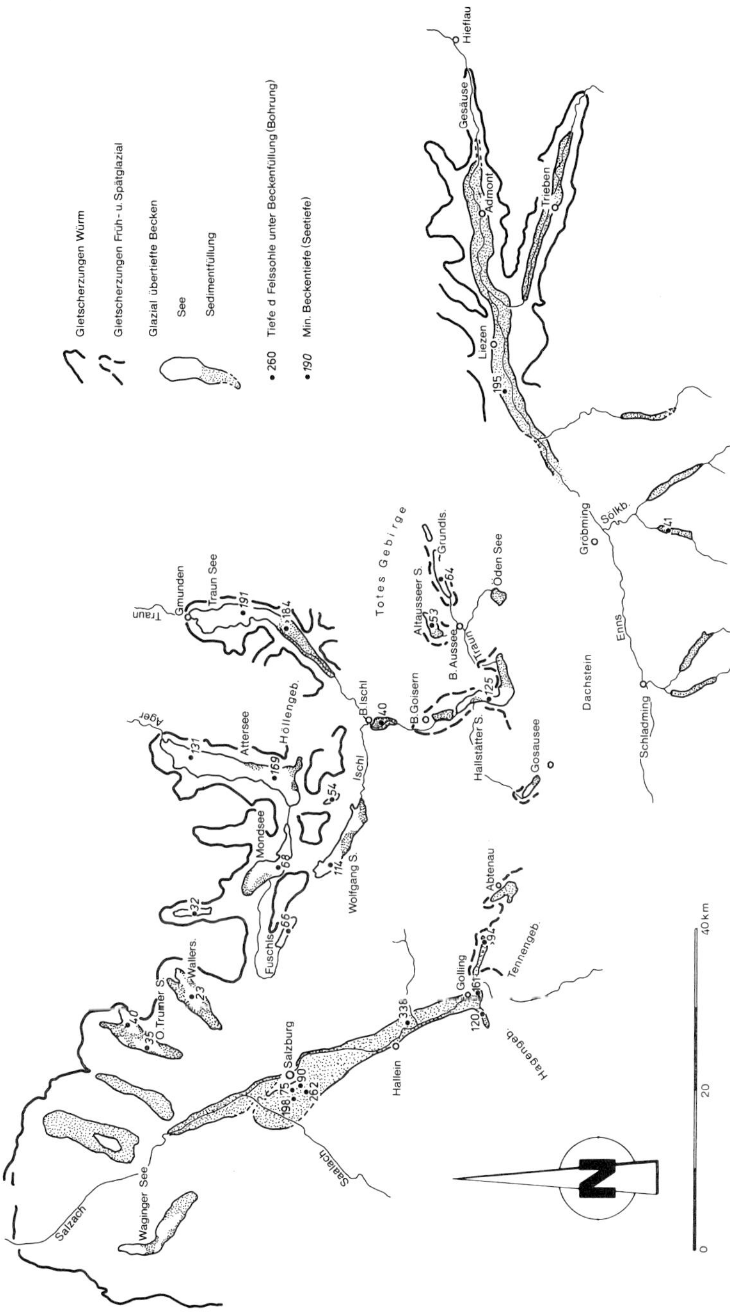

Abb. 1: Die Verbreitung der glazial übertieften Zungenbecken (an Salzach, Traun und Enns).

fällsbruch. Dieser ist zumindest für die Würmeiszeit durch die riesigen Strudeltöpfe am Ofenauer Berg (Haserodt 1965) belegt.

Andererseits stellt die steil nach N abtauchende Schichtung des Dachsteinkalkes mit ihrer leichter ausräumbaren Juraauflage eine günstige Konstellation für eine glaziale Übersteilung der Stufe dar.

In der weiteren Folge sinkt dann der Felsuntergrund bald auf jene Tiefe ab, die durch die Bohrung Vigaun erfaßt ist und wahrscheinlich auch die generelle Tiefenlage der Beckensohle im mittleren Beckenabschnitt markiert.

Über den genaueren weiteren Verlauf der Felssohle gibt es aber leider keine Aufschlüsse, da Bohrungen fehlen. Das übertiefte und heute durch junge Sedimente verfüllte Becken verläuft als 2–3 km breiter, grabenartiger Streifen weiter nach NNW. Diese Form war der Grund für Überlegungen einer präglazialen tektonischen Anlage des Beckens (zusammenfassende Darstellung bei Del-Negro 1966: 171), die vom Gletscher nur noch überformt worden wäre.

Abgesehen von tektonisch bedingten Voraussetzungen, die bereits zur Anlage des präglazialen Salzachtales führten, ist aber die heutige Form und Sohlenlage des Beckens doch durchaus auf die Gletscherarbeit zurückzuführen. Es ist wahrscheinlich durchweg in die weitgehend eben gelagerten, gleichmäßig ausgebildeten Oberalmer Schichten eingesenkt, die auch in der Bohrung Vigaun V1 im Liegenden der quartären Sedimente angefahren wurden.

Daraus, und im Vergleich mit der Sohlenentwicklung anderer Täler (Trauntal), wird wahrscheinlich zumindest in diesem Bereich, abgesehen von kleineren Schwankungen, mit einem weitgehend ebenen Verlauf der Beckensohle und steilen Flanken zu rechnen sein.

Die Tiefenrinne verläuft dann westlich der inselartig aus den jüngeren Aufschüttungen aufragenden Hügel um Hellbrunn und Rainberg-Mönchsberg weiter, Richtung Max Glan-Sitzenheim.

Hier wurde der Untergrund in den zwei Bohrungen der Stieglbrauerei angefahren, über die Prey (1959) ausführlich berichtete.

Die südliche beim Kugelhof erreichte in 262 m Tiefe den Felsuntergrund und zeigt damit an, daß sich die generelle Höhenlage der Felssohle 16 km nördlich Vigaun innerhalb der Kalkalpen noch nicht wesentlich verändert hat. In der ca. 1 km weiter nördlich liegenden Bohrung wurde aber bereits in 198 m Mergel, wahrscheinlich Flysch (Prey 1959; 221), im Untergrund erbohrt. Ob es sich dabei um eine örtliche Aufragung oder, was wahrscheinlicher scheint, um ein Ausheben der Rinne gegenüber ihrem Nordende handelt, kann nicht mit Sicherheit gesagt werden.

In der geradlinigen Fortsetzung der Rinne treten dann NW Salzburg die Würmgrundmoräne und in der weiteren Folge auch ältere quartäre Sedimente auf. Prey (1959) parallelisiert auf Grund des Geschiebeinhalts erstere mit der Grundmoräne, die in den Bohrungen unmittelbar dem Felsuntergrund aufliegt. Daher scheint es wahrscheinlich, daß durch die beiden Bohrungen das Ende des Stammbeckens zur Würmeiszeit mit dem nach N aushebenden Untergrund erfaßt wurde. Es ist aber genau der Bereich, wo der Salzachgletscher aus dem relativ engen inneralpinen Tal ins Vorland austritt und sich, im W durch den Saalachgletscher behindert, hauptsächlich nach E ausbreitete. Dadurch kam es sicher zu einer deutlichen Abnahme der Fließgeschwindigkeit und einem Erlahmen der Tiefenerosion gegenüber dem kanalartigen Stammbecken südlich von Salzburg.

Wie mächtig hier die Würmgrundmoräne ist, und ob die Rinne in früheren Eiszeiten noch etwas weiter nach N reichte, kann nicht gesagt werden, da Aufschlüsse völlig fehlen.

Die an das Stammbecken direkt und fingerförmig anschließenden Zweigbekken (Abb. 1) stellen teils subglaziäre Rinnen (z. B. Oichental, WEINBERGER 1955: 11) oder seichtere Wannen in den quartären Sedimenten dar, über deren Übertiefung kaum etwas bekannt ist. Einige Hinweise geben die Wassertiefen der Seen (Waller-, Matt-, Obertrumer See).

Auffüllung

Mit Ende des Hochglazials wurde der Bereich der Zweig- und des Stammbeckens sehr rasch eisfrei. Die Becken füllten sich mit Seen, die teilweise mit Schottern und Schluff verfüllt wurden (Ibmer Moor) oder noch bis heute erhalten sind. Die Entwicklung dieser Seen in ihrer Beziehung zum See des Stammbeckens wurde von WEINBERGER (1955: 23) und DELNEGRO (1966: 203ff.) genau beschrieben.

Die Sedimente des Stammbeckens sind durch die erwähnten Tiefenbohrungen der Stieglbrauerei (PREY 1959), der ÖMV A.G. bei Vigaun und umfangreiche Grundwasseruntersuchungen (BRANDECKER 1974) so weit bekannt, daß der Versuch, ein Gesamtbild der Verfüllung zu entwerfen, berechtigt scheint (Abb. 2).

Das hangendste Sediment im Becken bilden im Mittel 20 m mächtige Kiese, die von S nach N mit stetig abnehmender Mächtigkeit den ganzen Raum überziehen. Sie gehen in einer mehrere Meter mächtigen Übergangsschicht in die liegenden Schluffe über, mit denen sie sich auch randlich verzahnen. Sie stellen die zu einer letztlich geschlossenen Schotterdecke verwachsenen groben Einschwemmungen der Salzach und ihrer Nebenbäche nach Abschluß der Seephase im Stammbecken dar.

Darunter liegen in den Bohrungen westlich des Mönchsberges mächtige schluffige Seesedimente, die fast die ganze Mächtigkeit der Beckenfüllung ausmachen. Sie wurden in den drei Tiefbohrungen im Bereich um 140 m von Feinsandlagen mit eingestreuten kleinen Geröllen unterbrochen, die PREY (1959: 220) im Gegensatz zu STUMMER (1947) aus mehreren Gründen auf Einschwemmungen vom Rand oder auch von schwindendem Gletschereis deutet und nicht als Ablagerungen älterer Eiszeiten, da ja auch Hinweise auf höhere Lagerungsdichte der liegenden Schluffe fehlen.

Eine Interpretation der in den Schluffen auftretenden *Picea*-Pollen als Hinweis auf Sedimentreste älterer Eiszeiten kann nicht vorgenommen werden. Wie an den Vorkommen älterer Seesedimente ersichtlich ist, bestand nach dem Abschmelzen des Mindel- und Rißgletschers jeweils ein See mit etwas höherem Wasserstand als nach dem Würmhochglazial. Da aber auch in diesen Seen ähnliche Sedimentationsraten und daher ähnlich rasche Verfüllung wie nach der Würmeiszeit anzunehmen ist, ist ein autochthones Vorkommen von *Picea*-Pollen auch in diesen Sedimenten nicht zu erwarten.

Im Liegenden der Schluffe folgt dann über der Felssohle dichte Grundmoräne in Verbindung mit Sand- und Schlufflagen, die Prey (1959: 220) durch den Vergleich der Geschiebezusammensetzung für die des Würmgletschers ansieht.

Prinzipiell den gleichen Aufbau der Beckenfüllung zeigen die Bohrungen in Kaltenhausen und bei Vigaun im Raum Hallein.

In der Bohrung Vigaun wurde im Liegenden ein rund 100 m mächtiges Paket von dichter Grundmoräne und Schottern im Hangenden der Oberalmer Kalke angefahren. Darüber folgen wieder die glimmerreichen, schluffigen Seesedimente, die aber von drei, 20, 7 und 40 m mächtigen, schluffführenden Kieslagen unterbrochen werden. Bei diesen handelt es sich wahrscheinlich um Einschüttungen (subaquatische Gleitungen vom Schwemmkegel der Taugel), da sie sich durch höhere Wasserführung und deutlich niedrigere seismische Geschwindigkeit von der liegenden Grundmoräne (ca. 3000/sec.) unterscheiden.

Neben diesen weiter in das Becken ausgreifenden Einschüttungen sind durch Erschließung von Grundwasservorkommen mächtigere Deltaablagerungen, die sich mit den feinkörnigen Sedimenten verzahnen, auch an den Mündungen der kleineren Seitenbäche erschlossen worden (Brandecker 1974; 12ff.).

Ebenso konnte im Raum Golling eine ausgedehntere, mächtige Deltabildung der Salzach, Lammer und des Torrener Baches erschlossen werden (H. Brandecker 1982).

Zeugen älterer, weiter nach N ausgreifender Deltabildungen stellen die konglomerierten Deltaschotter westlich Golling (Torrener Nagelfluh) dar. Sie und ähnliche Bildungen, die im ganzen Beckenbereich randlich auftreten, sind Zeugen von Stauseen, die unmittelbar nach dem Eisrückgang früherer Eiszeiten mit höherem Wasserspiegel als der im Spätwürm das Becken von Salzburg erfüllten (D. van Husen 1987b).

Die Auffüllung des letzteren erfolgte wahrscheinlich sehr rasch, wie aus der geringen räumlichen Ausdehnung der sich mit der schluffreichen Beckenfüllung verzahnenden, grobkörnigen Deltabildung der einmündenden Bäche ablesen läßt.

Als einen weiteren Hinweis für eine solche rasche Sedimentation im Vergleich mit der Füllung im Ennstal kann noch die sehr geringe Pollenkonzentration in den Sedimenten (Prey 1959: 221f.) und das Fehlen anderer Fossilien angesehen werden. Auf alle Fälle war die Füllung zur Zeit der Bildung der höchsten Terrasse (Friedhofsterrasse) beendet (D. van Husen 1987b).

Ob die Füllung des Beckens, abgesehen von den randlich auftretenden, sicher älteren Sedimenten zur Gänze aus denen des Würm-Spätglazials besteht oder auch solche älterer Eiszeiten im Untergrund noch erhalten sind, kann nicht sicher beantwortet werden. Obwohl das völlige Fehlen von sicheren Grundmoränenablagerungen innerhalb der Schluffe in allen Bohrungen kein absolutes Kriterium (Diskussionsbemerkung Prof. Dr. B. FRENZEL) darstellt, so fehlen auch Hinweise auf höhere Lagerungsdichte liegender Sedimentanteile, die auf eine Vorbelastung durch Gletscherzungen hindeuten würden. Darüber hinaus wäre ihre Erhaltung in dem engen, trogartigen Becken mit seinen geradlinigen Flanken und Verlauf, das vom Gletscher mit großer Geschwindigkeit durchflossen wurde, schwer vorstellbar.

Trauntal

Im Gegensatz zum Salzachgletscher erreichte der Traungletscher in der Würmeiszeit nur noch den Alpennordrand und trat in den vorangegangenen Eiszeiten nur wenig ins Vorland ein. Der Grund für die wesentlich geringere Ausdehnung liegt hauptsächlich darin begründet, daß der Traungletscher in seinem Einzugsgebiet nur auf die niedrigeren Nördlichen Kalkalpen beschränkt blieb und kaum Zuzug aus den Zentralalpen hatte. Überdies spaltete sich der Eisstrom im Raum Bad Ischl–St. Gilgen in vier Gletscherzungen auf.

Dadurch kam es zur Ausbildung von vier Zungenbecken, die die großen Salzkammergutseen beinhalten, an denen Erstreckung und Ausformung jener recht gut ablesbar ist (Abb. 1 und 2).

Im Bereich des unteren Trauntales, das zwischen Mitterweißenbach und Ebensee einer großen Störung nach N wahrscheinlich der von GEYER (1917) vermuteten Blattverschiebung folgt, setzt die Übertiefung nordwestlich der Felsschwelle beim Bhf. Langwies (VAN HUSEN 1977) ein. Die Eintiefung erfolgte im Bereich von massigem Hauptdolomit, Wettersteinkalk und Dachsteinkalk, innerhalb derer sie noch ihren höchsten Wert von > 191 m erreicht (Abb. 2). Erst nach der Grenze Kalkalpen–Flysch hebt das Becken zu den Würmendmoränen von Gmunden hin aus. Auffällig ist das trogartige Querprofil mit steilen Wänden und einer breiten, sedimentbedeckten Sohle, die über den ganzen See zu verfolgen ist und erst im Bereich des Flysches in eine dann bald aushebende Rinne übergeht (J. SCHNEIDER 1987).

Im Bereich der Zunge des Attersees, deren Ernährung hauptsächlich durch das Mitterweißenbachtal und die Schwarzensee-Furche erfolgte (VAN HUSEN 1977), setzt die Übertiefung an der Grenze Kalkalpen–Flysch ein, dürfte aber auch im Äußeren Weißenbachtal bereits wirksam sein. Die auffällige Bindung des Einsatzes der glazialen Tiefenerosion am Südende des Attersees hat ihren Grund darin, daß der Traungletscher hier in ein erst E–W an der Grenze Flysch–Kalkalpen, dann nach N verlaufendes Tal (ähnlich der Aurach am Nordrand des Höllengebirges) übertrat und die vorhandene Gefällsstufe überarbeitete.

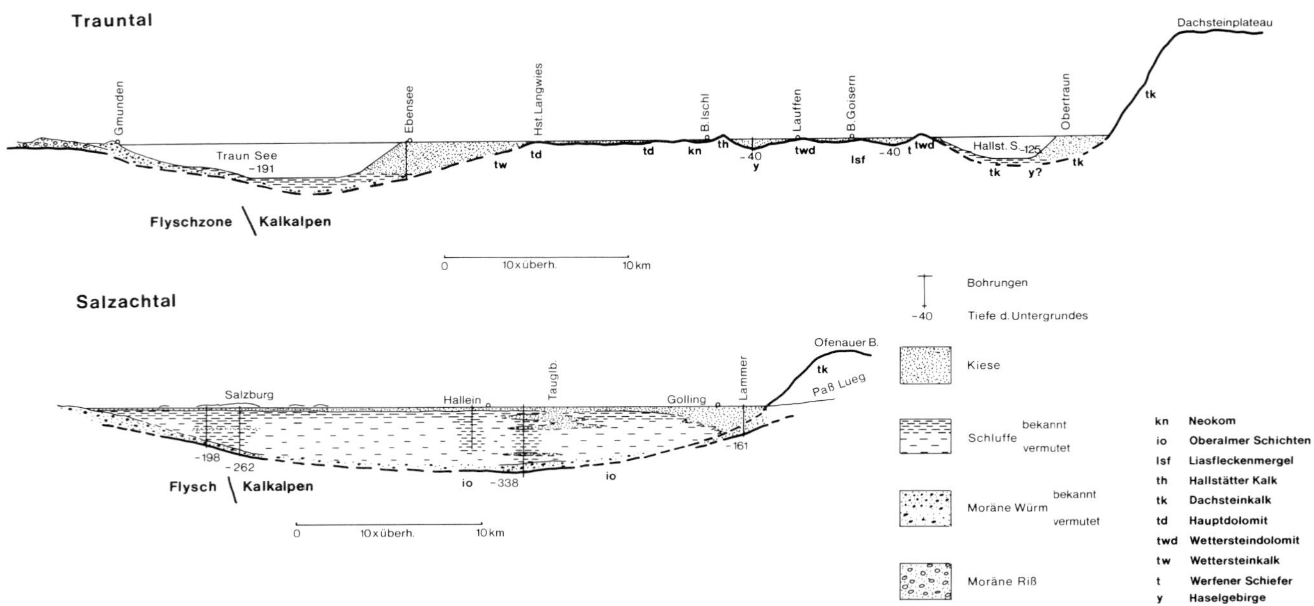

Abb. 2: Gesamtbild der Verfüllung von Trauntal und Salzachtal.

Das Becken des Attersees ist ebenso eine steilwandige Wanne, die erst am nördlichen See-Ende zu den Endmoränen hin rasch aushebt. Ihre Sohle ist durch Aufragungen von resistenten Sandsteinen der Muntigler Serie (z. B. Laichberg) (J. SCHNEIDER 1987) und durch eine Massenbewegung beim Stockwinkel (D. VAN HUSEN 1987) stärker gegliedert.

Ein Ast des Traungletschers verlief das Ischltal aufwärts über St. Gilgen bis zum Fuschlsee. Der glazial übertiefte Bereich beginnt im Ischltal auf der Höhe von Strobl. Die Erosion setzt somit erst mitten in dem von Gosau- und Flyschgesteinen gebildeten Talbereich ein, ohne daß ein Zusammenhang mit Strukturen oder petrographischen Unterschieden zu erkennen wäre.

Ist die Haupterosionswirkung im Ostteil des Wolfgangsees eher rinnenförmig auf den Nordrand beschränkt, so ist nach der Verdeckung durch das Zinkenbachdelta im Westteil bereits wieder das steilwandige Querprofil mit einer sedimentbedeckten Sohle ausgebildet. Aus dem Bereich St. Gilgen floß ein nicht unerheblicher Teil des Eises gegen N ab. Der verbleibende Rest erfüllte noch das Becken des Fuschlsees. Das nach N abfließende Eis vereinigte sich mit dem am Südende des Attersees abgespaltenen und nach W fließenden Eisstrom. Vereinigt schürften sie die flache Wanne des Mondsees aus.

In der weiteren Folge erfüllte diese Gletscherzunge noch das Becken von Talgau und, nach seitlichem Überfließen einer R/W-interglaziale Sedimente (W. KLAUS 1975 und 1987) enthaltenden Schwelle nördlich Mondsee, das des Irrsees.

Neben diesen im Zungenbereich liegenden, langgestreckten Wannen, die auffälligerweise um den Bereich der Schneegrenze während der beiden letzten Eiszeiten ihren Anfang haben, treten im Trauntal noch ähnliche Formen im S auf.

So stellt der fjordartig am Nordrand des Dachsteinmassivs eingesenkte Hallstätter See eine langgestreckte Wanne mit steilen Wänden und ebener Sohle dar. Sie ist (max. Tiefe 125 m) bis auf einen kleinen Bereich (wo möglicherweise Haselgebirge auftritt) südlich Hallstatt (Abb. 2) durchwegs in Dachsteinkalk eingetieft.

An der Südostabdachung des Toten Gebirges stellen der Altausseer See und der Grundlsee gleiche Formen dar. Ihre Tiefe scheint hauptsächlich von der Größe des Einzugsgebietes der Gletscherzungen abzuhängen.

Einerseits könnten diese Seebecken als glazial übertiefte Bereiche unter den bereits präglazial vorhandenen hohen Steilstufen am Rand der Dachsteinkalkplattformen angesehen werden, was wahrscheinlich für die kleinen, sehr tiefen Becken (Toplitzsee und Hinterer Gosausee), kaum aber bei den weiter entfernten Bereichen (Grundlsee) zutreffen dürfte.

Andererseits liegen diese Becken aber alle im Zungenbereich kräftiger Lokalgletscher, wie sie während der Würmvereisung zweimal über längere Zeit bestanden (VAN HUSEN 1977). Demnach könnten diese Bereiche durchaus als Zungenbecken von Gletschern angesehen werden, die dieser wahrscheinlich auch während früherer Eiszeiten relativ rasch erreichbaren Gletschergröße entsprechen.

Zwischen den übertieften Bereichen im S des Einzugsgebietes der Traun und den Zungenbecken im N sind im Trauntal durch die Bohrungen der Salinenverwaltung noch kleinere Becken von rund 40 m Tiefe zwischen den obertägig verfolgbaren Schwellen bekannt (Abb. 2).

Die Verbreitung der Becken und Schwellen zeigt bis auf das Becken südlich Bad Ischl (über Haselgebirge) keinen Zusammenhang mit der petrographischen Zusammensetzung und der damit verbundenen Erodierbarkeit des Untergrundes, wobei auch weiche Gesteine (Liasfleckenmergel) als Schwellenbildner auftreten.

Ebenso wirkt sich auch der Zusammenfluß großer Eisströme wie des vom Dachstein (über den Hallstätter See) mit dem vom Toten Gebirge und dem Mitterndorfer Becken über den Pötschenpaß nicht in einer Steigerung der Erosionsleistung am Gletschergrund aus.

An der Einmündung des Eisstromes des Rettenbachtales bei Bad Ischl konnten sich die weichen Neokomsandsteine und weiter westlich Gosaukonglomerate und Mergel erhalten, die zu langgestreckten Rundhöckern geformt wurden.

Auffüllung

Die Auffüllung der glazial übertieften Becken des Trauntales erfolgte hauptsächlich durch die Traun, wobei die Nebenbäche nur ganz selten eine wesentliche Rolle spielten.

Die kleineren Wannen bei Bad Ischl und Bad Goisern wurden, wie aus den Bohrungen der Salinenverwaltung bekannt ist, mit schluffreichen Schottern und Sanden, sicher unmittelbar nach dem Eisrückzug, verfüllt.

In den beiden großen Wannen, die von der Traun durchströmt werden (Traun und Hallstätter See), kam es zur Ausbildung von Deltaablagerungen bei Ebensee und Obertraun. Die Bildungen dieser beiden ausgedehnten Aufschüttungen erfolgte wahrscheinlich sehr rasch und in der Hauptsache noch bevor sich eine geschlossene Gehölzvegetation mit Ende der Böllingschwankung (van Husen 1977) im Tal der Traun ausbreiten konnte und damit die Schuttanlieferung stark reduziert wurde. Eine Erfüllung der Seebecken mit Schluffen unterblieb, da die Traun im Gegensatz zur Salzach und Enns als rein kalkalpiner Fluß eine wesentlich geringere Belastung mit Feinstoffen aufweist.

Über den inneren Aufbau dieser Deltaschüttungen und ob darin auch ältere Sedimente eingeschlossen sind, kann keine Aussage getroffen werden, da Bohrungen fehlen. Da aber im Trauntal, wie eine Detailkartierung 1:10000 (van Husen 1977) zeigte, auch in gegen Gletschererosion geschützten Lagen nur ganz geringe Reste von Sedimenten älterer Eiszeiten erhalten sind, möchte ich eher auf das Fehlen solcher Sedimente gerade in besonders stark und rasch durchflossenen Bereichen schließen. Eine Wasserbohrung in der Talmitte bei Ebensee mit 184,5 m Endteufe erschloß nur fore set- und bottom set-Ablagerungen und möglicherweise einige Meter Grundmoräne (P. Baumgartner 1983).

In den anderen Seebecken kam es an der Einmündung der Bäche zur Ausbildung durchweg kleinerer Deltas. Eine Ausnahme bildet nur das Delta des Zinkenbaches am Südufer des Wolfgangsees.

Ennstal

Im Mitterennstal ist der Bereich der übertieften Felssohle nicht so deutlich zu erfassen wie in den beiden vorher beschriebenen Tälern (Abb. 3).

In der Längstalfurche ist als sicher übertiefter Abschnitt der Raum zwischen Gesäuse und Grimming anzunehmen, dessen Felssohle durch die Tiefbohrung bei Wörschach in 195 m auf 444 m ü. NN in ungefähr der gleichen Höhe wie bei Hieflau (443 m ü. NN) unterhalb des Gesäuses festgelegt ist (Abb. 3).

Ebenso dürfte der Abschnitt des Paltentales zwischen Strechau und Tregelwang eine glaziale Übertiefung aufweisen (Abb. 1).

Diese Talabschnitte decken sich aber ebenso wie im Trauntal mit dem Zehrgebiet des würmzeitlichen Gletschers, der nur noch als schmale Zunge ins Gesäuse eindrang und auf dem Sattel der Buchau seine Endmoränen hinterließ (van Husen 1968).

Neben diesen Zungenbecken finden sich im Einzugsgebiet der Enns in den großen, bis zum Hauptkamm der Niederen Tauern zurückgreifenden Seitentälern auffallende, langgestreckte Talweitungen. Sie sind alle durch im Fels angelegte, längere, enge und teilweise schluchtartige Talstrecken vom Ennstal getrennt. In zwei dieser Talweitungen (Sölktäler) wurden für eine Kraftwerksgruppe der STEWEAG Sondierbohrungen durchgeführt, deren Ergebnisse mir Prof. Dr. E. Clar freundlicherweise zur Verfügung stellte.

Es zeigte sich, daß im Tal des Kleinsölkbaches 450 m südlich der projektierten Sperrenstelle, die ein über die ganze Talbreite geschlossenes Felsprofil aufweist, die Felssohle bereits 41,4 m übertieft ist. Ebenso wurde im Tal des Großsölkbaches südlich der im Fels angelegten Engstrecke ein Absinken der Felssohle festgestellt, ohne diese aber zu erreichen. Auf Grund dieser Beobachtungen scheint es berechtigt zu sein, auch für die gleichgestalteten Talabschnitte der übrigen Täler eine glaziale Übertiefung in den Talweitungen anzunehmen.

Ein Zusammenhang mit leichter ausräumbaren Gesteinen kann im Bereich der Nordabdachung der Niederen Tauern mit ihren streng E–W verlaufenden Gesteinszügen und Strukturen nicht gegeben sein.

Im Gegensatz zu den übertieften Bereichen im südlichen Trauntal fehlen hier auch die präglazial angelegten Gefällsstufen, die für die Bildung dieser Becken herangezogen werden könnten. Es handelt sich demnach, wie ich annehmen möchte, auch hier um Zungenbecken kräftiger Lokalgletscher der einzelnen Täler, die auch im gleichen Größenverhältnis zum Eisstrom des Hochglazials stehen wie die des Trauntales. Die Zeit der endgültigen Formung dürfte demnach ebenso die gleiche wie dort sein.

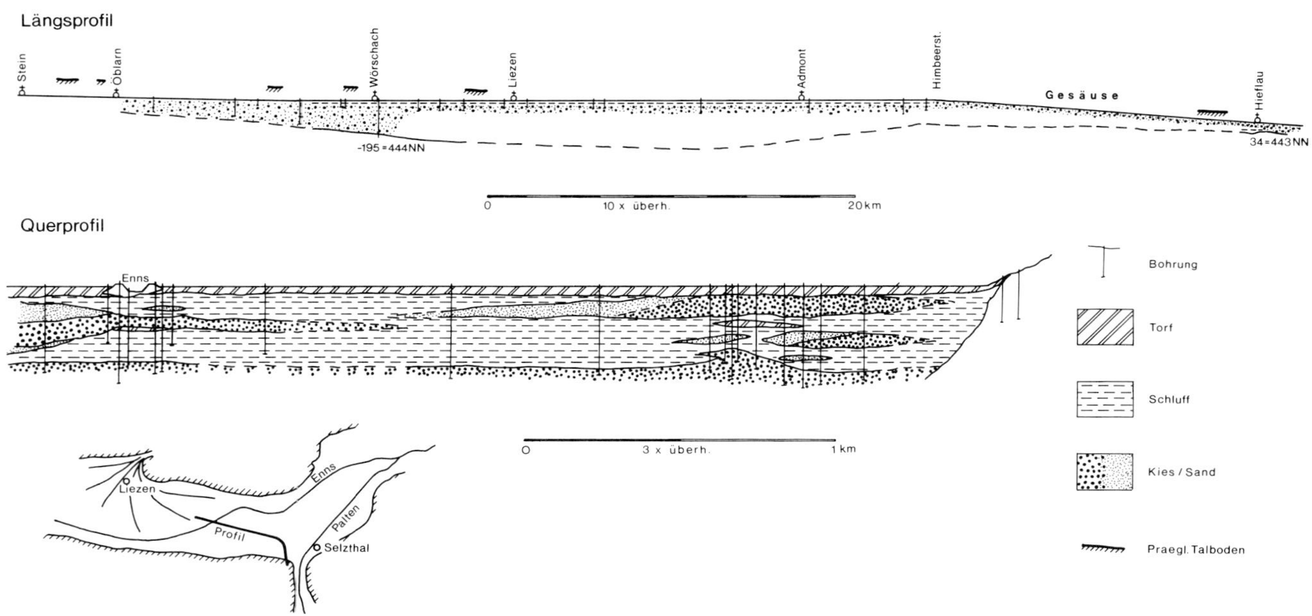

Abb. 3: Längs- und Querprofil durch das Ennstal.

Auffüllung

Das Zungenbecken des Ennstales stellt sich heute nach seiner Füllung als sehr gefällsarme, hauptsächlich von mühsam meliorierten Sümpfen und Mooren bedeckte Talniederung dar, in der nur die Schwemmkegel der seitlichen Zubringer den Siedlungsraum bilden.

Die obersten 50 m der Sedimente des Zungenbeckens sind vor allem durch die Untersuchungen für einen Grundwasserspeicher und in jüngster Zeit durch die Sondierungen für den Bau der Pyhrn-Autobahn recht gut bekannt geworden.

Die Ergebnisse für den Autobahnknoten Selzthal der Pyhrn-Autobahn stellte mir freundlicherweise Dr. O. HOMANN zur Verfügung. Sie zeigen unter einer mehrere Meter mächtigen Torfauflage für die obersten 20–25 m der Bekkenfüllung eine mächtige Schluffschicht, die sich randlich mit den gröberen Einschüttungen des Palten- und Pyhrnbaches verzahnt (Abb. 3). Sie weist auf eine ruhige Sedimentation in einem See im Ennstal hin, in dem wahrscheinlich bei wechselnden Wasserständen die seitlichen Einschüttungen verschieden weit ausgreifen konnten. Auf diese wechselnden Wasserstände weisen auch geringmächtige Torflagen im Sedimentkörper hin.

Diese Sedimentabfolge liegt einer wahrscheinlich im ganzen Ennstal oberhalb des Gesäuses verbreiteten gröberen Kiesschicht auf. Durch die Verzahnung können die Grundwasser aus dem Bereich der Zubringer in die tieferen Grundwasserstockwerke im Ennstal eintreten, wodurch artesisch gespanntes Grundwasser auftritt, das im Raum Selzthal örtlich bis 4 m über die Oberfläche ansteigt.

Die zur Untersuchung des Grundwasserspeichers im Ennstal von der Ennskraftwerke AG Steyr niedergebrachten Bohrungen ergaben prinzipiell den gleichen Aufbau der hangendsten Sedimentabfolge zwischen Irdning und Gesäuseeingang.

Im Zuge dieser Untersuchungen wurde an 20 Standorten durch Jahre die Spiegelhöhe des gespannten Grundwassers beobachtet. Dabei ergab sich, daß der zuerst knapp unter der Oberfläche liegende Grundwasserspiegel im Bereich Wörschach über das heutige Talniveau ansteigt. Weiter talabwärts nimmt die Höhe ständig bis auf rund 10 m (bei Admont) über Talniveau zu. Eine genaue Auswertung der Messungen im Vergleich mit den örtlichen meteorologischen Bedingungen ergab einen differenzierten Feinablauf der Ganglinien des Grundwassers in Abhängigkeit von örtlichen Niederschlägen und Schneeschmelzen (PLATZL 1960), aber im ganzen ein generell geringeres Gefälle der Grundwasseroberfläche als die heutige Enns.

Eine Deutung der Verhältnisse kann am ehesten dadurch erfolgen, daß die abdichtende oberste Schluffschicht und die mit ihr verzahnten Schwemmkegel in einem See zur Ablagerung kamen, der das Ennstal bis in den Raum Stainach erfüllte. In diesem wurde das hangende, weitgehend das ganze Ennstal hin nach oben abdichtende Schluffpaket mit seinem komplizierten Internaufbau abgelagert. Der Grund dafür, daß unter dieser Schicht kein absolut zusammenhängender Grundwasserkörper in den liegenden gröberen Sedimenten auftritt, liegt wahrscheinlich darin, daß oberhalb der starken seitlichen Einschüttungen kleinere Becken mit Feinsedimenten entstanden, die lokale dichtende Barrieren darstellen.

Der Stau des bis in den Raum Stainach reichenden Sees, dessen Sedimente den Abschluß der Auffüllung des übertieften Bereiches des Ennstales darstellen, muß am Gesäuseeingang erfolgt sein. Im Gegensatz zu BISTRITSCHAN (1952) möchte ich den Grund für diesen Rückstau nicht in großen Bergstürzen am Gesäuseeingang, sondern in einer riesigen Massenbewegung suchen.

Bei der Neuaufnahme der Gesäuseberge durch K. BÜCHNER (1973) stellte sich heraus, daß der Dachsteinkalk der Haindlmauer einen Teil des Reichensteins darstellt, der seit der Gosauzeit nach N abwanderte und heute auf Werfener Schichten liegt. Da aber der Ennsgletscher zur Würmeiszeit noch ins Gesäuse eindrang, kam es sicher am Gesäuseeingang zu einer nennenswerten Erosion, die nach dem Abschmelzen des Eises zu Bewegungen der Kalkmasse der Haindlmauer geführt haben wird.

Dadurch kam es zu einer ständigen Höherlegung des Gesäuseeinganges und abschließend auch zu einer längerfristigen Abriegelung, als durch grobblockige Bergsturzmassen möglich wäre, während sich die schluffreichen hangendsten Sedimente im Ennstal ausbildeten.

Das Alter des Sees konnte durch palynologische Untersuchungen an Proben aus den Bohrungen für die Pyhrn-Autobahn, die Dr. I. DRAXLER, Geol. B.-A. durchführte, näher bestimmt werden.

Der *Pinus*-Wald, der damals an den Hängen des Ennstales stockte, wies eine Waldgrenze in rund 400 m über dem Tal auf, wie durch den hohen Prozentsatz an Zirbe und das massive Auftreten von Kräutern *(Artemisia)* angezeigt wird. Ebenso weist das Auftreten von *Hippophaë* auf eine erst kürzlich erfolgte Besiedelung des Rohbodens hin.

Dieses Vegetationsbild spricht für Verhältnisse, wie sie im Vergleich mit dem benachbarten Trauntal (DRAXLER 1977) das letztemal im Alleröd im Raum des Ennstales geherrscht haben können.

Zusammenfassung der Ergebnisse

Abgesehen von den Gesteins- und topographisch bedingten Stellen am Südende des Attersees und des Salzburger Stammbeckens finden wir im hier dargestellten Raum eine Bindung der großen glazial übertieften Wannen an die Erstreckung des Zehrgebietes des Eisstromnetzes. Am deutlichsten ist diese im Trauntal entwickelt, wo die Gletscherzungen der beiden letzten Eiszeiten kaum über die innerhalb des Alpenkörpers liegenden Becken hinaus vordrangen und es daher nicht mehr zur Ausbildung von Zweigbecken kam.

Ein zweiter Bereich mit langgestreckten, glazial übertieften Wannen findet sich im S des Einzugsgebietes der Traun, die ebenso wie die nördlichen keinen Zusammenhang mit dem Aufbau und den Strukturen des Untergrundes aufweisen. Sie liegen aber, wie eine Detailkartierung zeigte, alle im Zungenbereich kräftiger Lokalgletscher, die während der Aufbau- sowie der Abschmelzphase des hochglazialen Würmeisstromnetzes über längere Zeit Bestand hatten. Es scheint sich bei dieser Gletschergröße um eine relativ rasch erreichbare Größenordnung zu handeln, die möglicherweise auch während früherer Eiszeiten öfter auftrat.

Belege für größere, glazial übertiefte Bereiche in gleicher Position konnten kürzlich auch in südlichen Nebentälern des Ennstales gefunden werden. Ob solche auch in den Nebentälern anderer Flußsysteme zu finden sind, wird sich erst durch weitere Aufschlüsse klären lassen.

Diese glazial übertieften Becken zeigen alle die gleiche Form langgestreckter Wannen mit steilen Wänden und einer weitgehend ebenen Sohle, die kaum vom Aufbau des Untergrundes beeinflußt wird. Eine Erklärung für die Entstehung dieser offensichtlich an den Zungenbereich gebundenen Becken kann möglicherweise darin gesehen werden, daß der Gletscher im Bereich der Grenze Nähr- zu Zehrgebiet seine größte Horizontalgeschwindigkeit und damit wohl auch größte Erosionskraft entwickelt, die außerdem noch durch die relative Zunahme des Moränenmaterials im Zuge des Abschmelzens unterstützt wird.

Die Wiederauffüllung begann unmittelbar nach dem Eisrückzug und war selbst in großen Becken wie dem Salzburger Stammbecken in so kurzer Zeit abgeschlossen, daß sich noch keine nennenswerte Vegetation in der Umgebung des Sees entwickeln konnte.

Im Ennstal hingegen dauerte die Sedimentation, bedingt durch die ständige Höherlegung des Gesäuseeinganges durch eine Großhangbewegung, länger an. Sie war aber, wie die palynologische Untersuchung ergab, bereits knapp nach der Ausbreitung der Gehölzvegetation im Alleröd ebenso beendet. Der durch diesen Mechanismus gegenüber dem prämindelzeitlichen Talboden stark verflachte Talverlauf führte zu weitflächigen Sumpf- und Moorbildungen, wie sie auch aus anderen Tälern mit ähnlichen Bedingungen (z. B. Pinzgau) bekannt sind.

Ebenso rasch wurden die großen Deltas im Hallstätter See und Traunsee aufgeschüttet. Da aber der Traun im Gegensatz zu den aus Kristallingebieten kommenden Flüssen die hohe Belastung mit Schwebstoffen fehlt, kamen nur gröbere Sedimente zur Ablagerung, die entsprechend ihrer geringen Menge nur verhältnismäßig kleine Areale bedecken.

Literatur

Baumgartner, P. (1983): Bohrung Ebensee (aus Projekt: Grundwasserreserven im mittleren Trauntal, Bad Ischl bis Ebensee). In: Schäffer, G.: Führer zur Arbeitstagung der Geologischen Bundesanstalt 1983, 49, Abb. 44, Wien.

Bistritschan, K. (1952): Zur Geologie der Talauffüllungen des Mitterennstales. Verh. Geol. B.-A.: 232–235; Wien.

– (1956): Die Talalluvionen des Mitterennstales. Verh. Geol. B.-A., 194–198; Wien.

Brandecker, H. (1974): Hydrogeologie des Salzburger Beckens. Steir. Beitr. z. Hydrogeologie, 26: 5–39; Graz.

–, und V. Maurin (1982): Die Trinkwasserreserven des südlichen Salzburger Beckens und seiner Umrahmung. Österr. Wasserwirtsch. 105–122, Springer: Wien.

Büchner, K.-H. (1973): Ergebnisse einer geologischen Neuaufnahme der nördlichen und südwestlichen Gesäuseberge (Ober-Steiermark, Österreich). Mitt. Ges. Geol. Bergbaustud., 22: 71–95; Wien.

DelNegro, W., E. Ebers und L. Weinberger (1966): Der pleistozäne Salzachvorlandgletscher. Veröff. Ges. Bayer. Landesk. e. V., 116 S.; München.

Draxler, I. (1977): Pollenanalytische Untersuchungen von Mooren zur spät- und postglazialen Vegetationsgeschichte im Einzugsgebiet der Traun. Jahrb. Geol. B.-A., 120: 133–163; Wien.

Geyer, G. (1917): Über die Querverschiebung am Traunsee. Verh. Geol. R.-A.: 67–69; Wien.

Hasenrodt, K. (1965): Riesengletschertöpfe am Nordausgang des Kalkhochalpen-Durchbruchstales der Salzach bei Golling (Salzburg). Mitt. Geograph. Ges. München, 50: 161–173; München.

Husen, D. van (1968): Ein Beitrag zur Talgeschichte des Ennstales im Quartär. Mitt. Ges. Geol. Bergbaustud., 18: 249–286; Wien.

– (1977): Zur Fazies und Stratigraphie der jungpleistozänen Ablagerung im Trauntal. Jahrb. Geol. B.-A., 120: 1–130; Wien.

– (1987a): Die Entwicklung des Traungletschers während des Würm-Glazials. In: van Husen, D.: Das Gebiet des Traungletschers, Oberösterreich. Eine Typregion des Würm-Glazials. Mitt. Komm. f. Quartärforschg. Österr. Akad. Wiss., 7, 19–35, Wien.

– (1987b): Quartäranteil auf der Geologischen Karte der Republik Österreich 1:50000, Bl. 94, Hallein. In: Plöchinger, B.: Geol. Karte der Republik Österreich 1:50000, Bl. 94, Hallein. Geol. B.-A., Wien.

Klaus, W. (1975): Das Mondsee-Interglazial, ein neuer Florenfundpunkt der Ostalpen. Jahrb. O. Ö. Musealv., 120: 315–344; Linz.

– (1987): Das Mondsee-Profil: R/W-Interglazial und vier Würm-Interstadiale in einer geschlossenen Schichtfolge. In: van Husen, D.: Das Gebiet des Traungletschers, Oberösterreich. Eine Typregion des Würm-Glazials. Mitt. Kom. f. Quartärforschg. Österr. Akad. Wiss., 7, 3–18, Wien.

Penck, A., und E. Brückner (1909): Die Alpen im Eiszeitalter. 1: 393 S.; Leipzig (Tauchnitz).

Platzl, M. (1960): Die Grundwasserverhältnisse im mittleren Ennstal. 100 Jahre Ennsregulierung, Festschr.: 22–29; Wien (Natur und Technik).

Prey, S. (1959): Zwei Tiefbohrungen der Stieglbrauerei in Salzburg. Verh. Geol. B.-A.: 216–224; Wien.

Schneider, J. (1987): Die sedimentologische Entwicklung des Attersees und Traunsees im Spät- und Postglazial. In: van Husen, D.: Das Gebiet des Traungletschers, Oberösterreich. Eine Typregion des Würm-Glazials. Mitt. Komm. f. Quartärforschg. Österr. Akad. Wiss., 7, 51–78, Wien.

Stummer, E. (1947): Der Aufbau des Salzburger Zungenbeckens. Mitt. Ges. Salzburger Landeskunde, 86/87: 81–82; Salzburg.

Weinberger, L. (1955): Exkursion durch das österreichische Salzachgletschergebiet und die Moränengürtel des Irrsee- und Attersee-Zweiges des Traungletschers. Verh. Geol. B.-A.: 7–34; Wien.

Verh. naturwiss. Ver. Hamburg, N. F., 23, 1979, S. 69–79.

ZUR MORPHOGENESE UND SEDIMENTATION IM QUARTÄREN VEREISUNGSGEBIET NORDWESTDEUTSCHLANDS[1]

Von FRIEDRICH GRUBE

A. Einleitung

Das heutige Landschaftsbild Norddeutschlands wurde durch Exaration der Inlandgletscher, glazifluviale Erosion und andererseits durch die Sedimentation glazigener, glazifluvialer und glazilimnischer Lockergesteine geprägt.

Die Entwicklung der Erforschung der Inlandvereisungen Norddeutschlands wurde von KAISER 1975 und GRIPP 1975 anschaulich dargestellt. Die Schlamm-, Flut- und Drifthypothesen dominierten in Norddeutschland bis zu TORELLS Vortrag 1875 über die nordeuropäischen Inlandvergletscherungen. Viel früher hatte man sich bereits in Skandinavien und in der Schweiz mit dem Gedanken einer größeren Ausdehnung der Gletscher im Quartär vertraut gemacht. Mit Hilfe dieser Arbeitstheorie konnten nicht nur der Ferntransport der Findlinge (erratische Blöcke, Geschiebe), die Schrammen von Rüdersdorf und Velpke (RICHTER 1961), sondern auch die Stauchmoränenwälle, die übertieften Täler von den Glaziellen über die Tunneltäler bis zu den Fjorden Norwegens zwanglos erklärt werden. Gleiches gilt für die Drumlin- und Oslandschaften. Selbst der Formenkreis der sichelförmigen Ausbrüche auf Geschieben und Felsflächen (z. B. SCHULZ 1962, SCHWARZBACH 1978) läßt sich am besten durch Gletscherwirkung deuten.

Die Schwerpunkte der Erforschung der Gletschersedimente lagen auf dem Sektor der Glazialmorphologie, Geschiebekunde und Stratigraphie, während die Lithogenese der Moränen erst in jüngster Zeit an Bedeutung gewinnt.

Die Untersuchung der Geschiebe hat eine Fülle von paläontologischen, petrographischen und paläogeographischen Erkenntnissen gebracht (siehe Zeitschrift für Geschiebeforschung bzw. Zt. f. Geschiebeforschung u. Flachlandgeologie 1925–1944. Der Geschiebesammler 1966 bis heute). Mit Hilfe der Geschiebezählung wird versucht, die unterschiedliche Zusammensetzung der quartären Sedimente für die Quartärstratigraphie zu nutzen (MEYER 1965, SCHLÜTER 1978, HÖFLE 1979).

Neben den Geschieben stand der auffallende glazigene Formenschatz der

[1] Vortrag, gehalten auf der Konferenz der Regionalgruppe von International Association for Quaternary Research (INQUA) „Glacigenic deposits in the southwest parts of the Scandinavian icesheet", Hamburg, 18.–20. 5. 1978.

Moränenlandschaft im Vordergrund der wissenschaftlichen Diskussion, wobei die linearen Zonen der Endmoränenwälle die Grundlage für die Einteilung des Quartärs in Norddeutschland bildeten („Endmoränenstratigraphie").

B. Geomorphologie

Die Erforschung der Glazialmorphologie ist eine der wichtigsten Untersuchungsmethoden zur Rekonstruktion pleistozäner Vergletscherungen. Mit Hilfe großmaßstäbiger Karten sowie durch Luftbildauswertungen und gründliche Geländeuntersuchungen läßt sich eine Fülle von Erkenntnissen über die Endphase einer Vergletscherung gewinnen, wenn die postglazialen Veränderungen durch Schmelzwässer, Toteis, Wind, Solifluktion usw. berücksichtigt werden. Die Geomorphologie erlaubt die flächenhafte Interpretation auch der Gebiete zwischen den Aufschlüssen. Bei einem Gleichgewicht zwischen Eisnachschub und Abschmelzen im Zehrgebiet kommt es zu Stillstandslagen des Gletschers, während schwankende Zufuhr aus dem Nährgebiet zu negativer oder positiver Veränderung der Gletscherfront führt. Die ehemaligen Eisrandlagen zeichnen sich zum Teil durch morphologische Wälle aus; als Beispiele seien die Dammer Berge, die Hüttener Berge und die Ra-Moräne in Südnorwegen genannt. Im Streichen klingen diese eindrucksvollen Moränenzüge anscheinend unmotiviert aus, so daß eine Kartierung mit morphologischen Methoden nicht weitergeführt werden kann. Die Ursachen der fehlenden Vollformen sind vielfältiger Art: lokal begrenzte Stauchung einer Gletscherzunge, Überfahrung durch einen jüngeren Gletschervorstoß, schwindendes Toteis usw. Daher ist nicht jede Eisrandlage durch eine Endmoräne gekennzeichnet. An der äußersten Verbreitungsgrenze der Moränensedimente der Weichsel-Vergletscherung nördlich Hamburgs wird die flache Altmoräne von der durch Drumlins und Hohlformen reliefierten Jungmoräne nicht durch eine Endmoräne getrennt (Grube 1969).

Nach der räumlichen Beziehung zur Gletscherfließrichtung werden im Gebirge oder im Randbereich der durch Gletscherloben gegliederten Inlandgletscher die Endmoränen in Seiten-, Mittel-, Gabelmoränen usw. untergliedert (Abb. 1). Eine Übersicht der Endmoränentypen im nördlichen Mitteleuropa stellte Liedtke (1975: 22) zusammen.

Im Hinterland des Eisrandes finden sich verbreitet Grundmoränen-Landschaften (-ebenen, -flächen), deren ursprüngliche Morphologie im allgemeinen nicht mehr rekonstruiert werden kann. Bereits während des Abschmelzens des Gletschereises setzen Abtragungsprozesse ein, die im Laufe der Periglazial-, Interstadial- und Warmzeitperioden zu einer Einebnung führen. Es entsteht die gealterte Grundmoränenebene. Nur in großen Aufschlüssen oder durch ein sehr dichtes Bohrnetz läßt sich die primäre Oberfläche der Grundmoräne rekonstruieren, wenn die Abtragungsvorgänge nicht zu stark waren. In den Baugruben für den Neubau des Elbe-Seitenkanals südlich Uelzen war

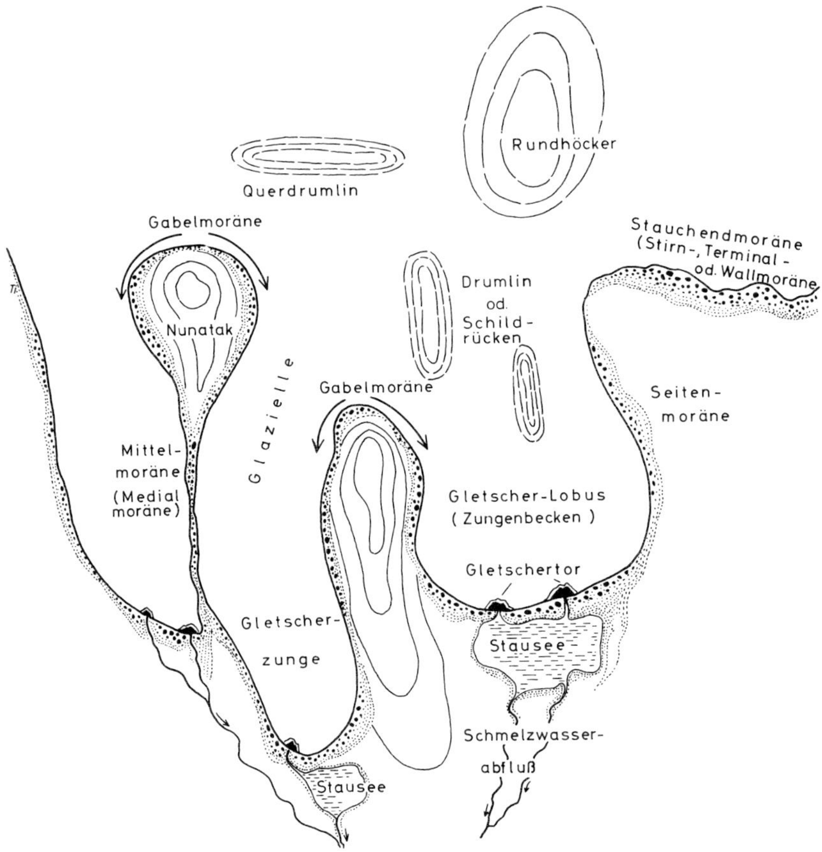

Abb. 1: Morphologischer glazigener Formenschatz in der Randzone eines Inlandgletschers.

die Elster-Moräne mit zahlreichen Buckeln und Hohlformen aufgeschlossen. Während die Kuppen teilweise Erosionserscheinungen aufwiesen, waren die Hohlformen mit glazifluvialen, glazilimnischen und Solifluktions-Sedimenten gefüllt.

In der frischen Jungmoräne können die charakteristischen Voll- und Hohlformen der Weichsel-Vergletscherung am anschaulichsten studiert werden. Die stromlinienförmigen Kuppen gehören überwiegend zu den Drumlins (Rückenbergen oder Schildrücken), die im allgemeinen parallel, seltener quer zur Fließrichtung der Gletscher verlaufen. Ein Teil der Vollformen kann durch Moränenaufpressung, durch Stauchung oder durch Ansammlung von Ablations-Moränenschutt entstanden sein. Die sog. Jahresmoränen dürften ebenfalls in diesen Formenkreis gehören. Zu den Hohlformen des glazigenen Formenschatzes werden die Glazielle von Gripp (1975), die zahlreichen Thermokarst-Senken (Galon 1977) und vor allem die Zungenbecken (Plöner See u. a.) gerechnet.

Glazigene Eisrandlagen bestehen aus dem austauenden Gletscherschutt und/oder aus aufgestauchten älteren Sedimenten, die parallel zur Gletscherstirn streichen.

Der von Saussure 1779 eingeführte Begriff Moräne (Kaiser 1975) wird in vielen Sprachen zur Kennzeichnung glazigener Oberflächenformen verwendet: Endmoräne, Grundmoränenebene (-fläche, -landschaft) usw. Mühe bereitet die exakte Analyse des Aufbaus einer Moräne, um bei den zahlreichen Konvergenzerscheinungen ein sicheres Urteil zu erlangen. Bei den talquerenden Blockwällen oder der Ra-Moräne in Südnorwegen gibt es keine erheblichen Probleme der Deutung. Dagegen kann ein Moränenwall in Norddeutschland nur durch die Auswertung großer Aufschlüsse oder zahlreicher Bohrungen richtig gedeutet werden (z. B. Ehlers 1978). Oft finden sich Pseudoendmoränen oder Pseudo-Drumlins, die in Wirklichkeit nichts anderes sind als Erosionshügel. In Drumlingebieten ermöglichen nur gründliche quartärgeologische Untersuchungen eine Unterscheidung von schuttbedeckten Rundhöckern, den "crag-and-tail"-Großformen und den aus autochthonen Gletschersedimenten aufgebauten „echten“ Drumlins. Oberflächenparallele Scherflächen sind in den Schildrücken nicht selten; besonders der Kern zeichnet sich meist durch eine intensive Zerscherung aus. Bei der Kartierung einer Grundmoränenlandschaft sollten außer der Oberfläche auch Basis und Mächtigkeit der Grundmoräne erfaßt werden. Die Stratigraphie ist hierbei unbedingt zu berücksichtigen; gelegentlich liegen zwei verschieden alte Grundmoränen unmittelbar aufeinander. Charakteristisch für die Basisflächen der quartären Gletschersedimente sind unregelmäßig gestaltete geschlossene Hohlformen (Becken und Rinnen).

Die Ergebnisse der glazial-geomorphologischen Aufnahmen bilden die Grundlage für die räumliche Rekonstruktion der quartären Gletscher. Die quartärgeologische Kartierung liefert die petrographischen und stratigraphischen Basisdaten, während die Auswertung der Strukturen und Texturen Rückschlüsse auf die Genese der Gletschersedimente ermöglicht.

C. Sedimentologie der Gletscherablagerungen

Die Genese der Gletschersedimente stand in Norddeutschland nie im Vordergrund wissenschaftlicher Betrachtung. In der Quartärkartierung dominierte die Darstellung der Petrographie (Geschiebemergel – Geschiebelehm), die Unterscheidung von glazigenen, glazifluvialen, glazilakustrinen, äolischen Sedimenten usw. und die Erkennung der Stratigraphie. Sedimentpetrographische und bodenmechanische Untersuchungen sind in großer Zahl an Serienproben vorgenommen worden, wurden im allgemeinen bisher jedoch nicht in genetische Überlegungen einbezogen.

Die Gletschersedimente werden in Norddeutschland teils als „Geschiebemergel“, teils als „Moräne“ bezeichnet. Eine Trennung der Termini Moräne für morphologische Einheiten und Till (Agassiz 1842, Kaiser 1975) für die Gletscherablagerungen ist im Gegensatz zum modernen angloamerikanischen Sprachgebrauch in Deutschland bisher ungewöhnlich (German 1973, Grube 1976).

Bei der Aufnahme zahlreicher Aufschlüsse des Tiefbaus sowie der Stein- und Erdenindustrie konnten die Ablagerungen der nordischen Inlandgletscher häufig beobachtet und im Maßstab 1 : 50 bis zu 1 : 250 kartiert werden. Die räumliche Darstellung einzelner Moränen wurde durch die Auswertung der Geländebefunde und zahlreicher Bohrverzeichnisse ermöglicht.

Die Grundmoräne eines Inlandgletschers zeichnet sich durch ein regional einheitliches Sediment aus, wenn man von den Fremdschollen, z. B. aus älteren Quartärsedimenten einschließlich umgelagertem Geschiebemergel in der Basiszone der Moräne, absieht. Einzelne Grundmoränen können als Leithorizonte über größere Bereiche Nordwestdeutschlands verfolgt werden.

Nach den im Grundbau vorliegenden Erfahrungen unterscheiden sich die Eigenschaften der Gletschersedimente erheblich. Der im Hamburger Raum verbreitete Typ der Elster-Moräne steht im Grenzbereich zwischen Locker- und Festgestein, d. h. befindet sich im Übergang zum Tillit. Dagegen zeichnen sich die Weichselmoränen durch eine weichere Beschaffenheit aus.

Noch stärker als die Grundmoräne sind im norddeutschen Vereisungsgebiet die Sohlmoränen (Abb. 2) verbreitet. Unter einer Sohlmoräne ist das gesamte zerscherte und gestauchte Sediment unter der Grundmoräne bis zu der Gleitfläche zu verstehen, unter der der Untergrund nicht mehr in die Bewegung des Eises einbezogen worden ist. Der gestauchte, an Fremdschollen reiche Teil der Sohlmoräne wird im angelsächsischen Raum als “deformation till” bezeichnet. Der aus zerschertem Grundmoränen-Material bestehende Teil der Sohlmoräne wird Schermoräne genannt. Die Schermoräne ist von zahlreichen Lagerklüften durchsetzt, ist im allgemeinen etwas grobkörniger als die gleich alte Grundmoräne und zeichnet sich durch eine ausgezeichnete Einregelung der Geschiebe-Langachsen aus. Der Kontakt zur Grundmoräne ist fließend, die Mächtigkeit der Schermoräne schwankt von wenigen Zentimetern bis mehreren Metern. Innerhalb dieser Moräne befinden sich einzelne Fremdschollen, aber auch Ansammlungen von gestauchtem Material aus dem nahen oder ferneren Untergrund. Diese „Stauchmoränen“ sind durch den örtlich rasch wechselnden Aufbau im Aufschluß besonders auffallend. Die Mächtigkeiten betragen bis über 20 m, und einzelne Schollen können in zusammenhängender Lagerung über Hunderte von Metern im Aufschluß verfolgt werden. Erstaunlich ist die Erhaltung von Primärstrukturen von Schrägschichtung und Wattensedimenten mit doppelklappigen Muscheln. Während in den echten Stauchendmoränen die Streichrichtung senkrecht zur Fließrichtung des Gletschers dominiert, kann in den subglazialen Stauchmoränen nicht selten umlaufendes Streichen beobachtet werden. Ungenügend untersucht ist bisher das Streichen der Langachsen dieser Schollen.

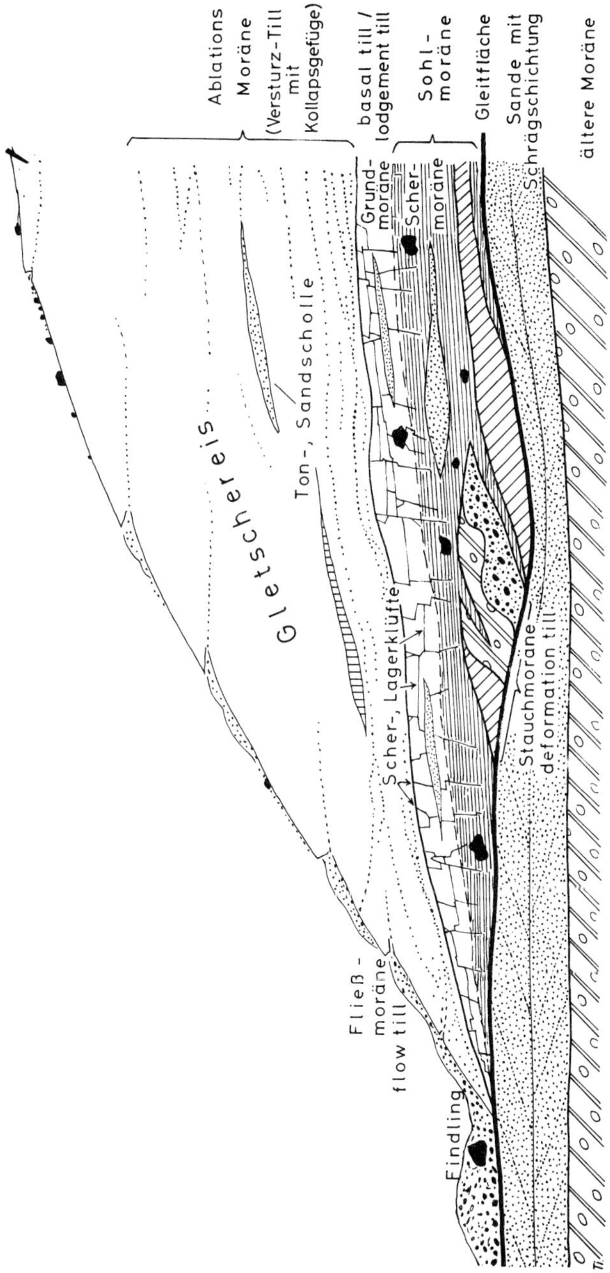

Abb. 2: Genetische Begriffe der Gletschersedimente.

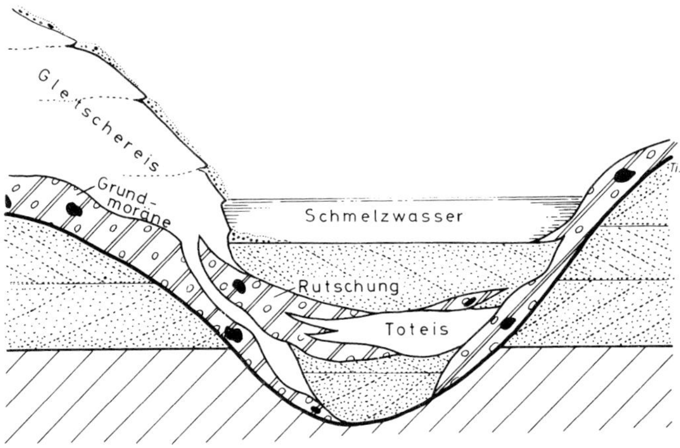

Abb. 3: Glazifluviale Sedimentation im stagnierenden Eis (Kames).

Durch Erosion kann die Grundmoräne abgetragen werden, so daß manchmal nur noch die liegende Sohlmoräne erhalten bleibt. Daher ist es nicht verwunderlich, daß die im Hangenden der Grundmoräne zu erwartende Ablationsmoräne nur noch in wenigen Aufschlüssen beobachtet werden kann, so z. B. im Anfahrtschacht für die Schildstrecke des Elbtunnels bei Övelgönne (Elster-Kaltzeit) und in einer Sandgrube bei Dassendorf/Bergedorf (Fuhlsbüttler Stadium, jüngere Saale-Kaltzeit). Die Ablationsmoräne zeichnet sich durch ein sehr kompliziertes Gefüge aus, das auf ein Verstürzen aus dem schmelzenden Eis hindeutet. Diese Moräne besteht aus Geschiebemergel, Sand- und Kieslinsen, Fremdschollen und glazilakustrinen Ablagerungen. Die Mächtigkeiten bleiben im Bereich von 1 m und weniger.

Die Genese der Fließmoränen (flow till) kann im Zehrgebiet rezenter Gletscher beobachtet werden. Beim Austauen bleibt der Gletscherschutt nicht in der ursprünglichen Lage erhalten, sondern wird rollend und stürzend umgelagert, Übergänge zur Ablationsmoräne sind wahrscheinlich. Der Einfluß der Schmelzwässer ist erheblich. Daher gehört dieser Moränentyp auch nicht zu den häufigen Gletscherablagerungen in Norddeutschland, selbst wenn man die Rand- und Satzendmoränen zur Fließmoräne rechnen will. Die Randmoränen sind beschränkt auf die äußerste Randzone der in einzelne Loben gegliederten Inlandgletscher. Die Randmoräne der Weichsel-Kaltzeit ist im Norden Hamburgs grobkörniger und blockreicher als der bindige Geschiebemergel im Gletscherhinterland. Ob die „verschwemmte Grundmoräne" Heubergers (1979) identisch mit einer Fließmoräne oder mit dem Ablationstill ist, bedarf weiterer Klärung. Die Fließmoränen leiten genetisch zu den Denudations-Sedimenten (Fließerden, Solifluktionsschuttmassen) über. Auch der Schuttmantel eines Pingos besteht aus einer Pseudo-Fließmoräne. Bei verfeinerten Aufnahmen im

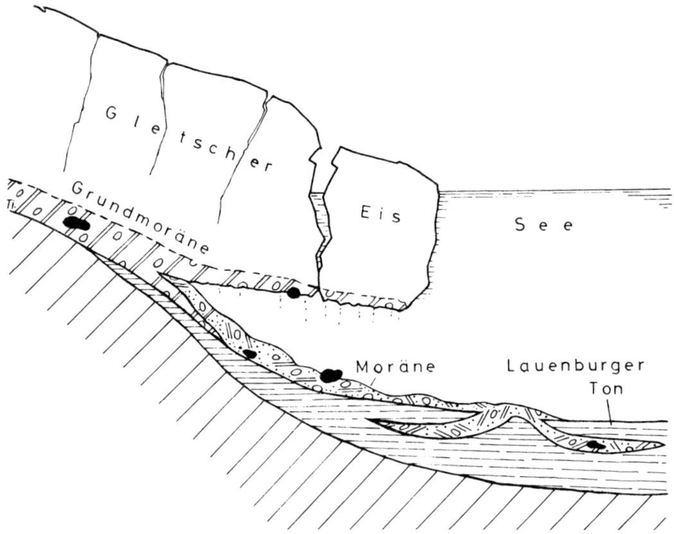

Abb. 4: Gletscher – Beckenkontakt mit der Bildung glazilakustriner Moräne.

Gelände dürften die Sedimente von druckverflüssigtem Eis (melt out till) häufiger als bisher erkannt werden.

Nur in einem Sonderfall konnte bisher die Verzahnung von durch Toteis verstürzten glazifluvialen Sedimenten und Moränenbänken in einem Aufschluß bei den Sülfelder Tannen (Neritz bei Bad Oldesloe) beobachtet werden (Abb. 3). Dieser Aufschluß wurde auf der Exkursion der Regionalkonferenz 1978 vorgeführt. In die von Klüften und Verwerfungen durchsetzten Schmelzwassersande sind einzelne schrägliegende Geschiebemergelbänke eingelagert. Die Landschaft in der Umgebung dieser Sandgrube setzt sich aus Kuppen und einzelnen unregelmäßigen Rinnen zusammen – eine typische Kames-Morphologie. Der aus der Endphase der Vergletscherung stammende Geschiebemergel kann als Stagnations- oder Kamesmoräne bezeichnet werden.

Wegen der Dominanz terrestrischer Gletschersedimente in Norddeutschland ist es nicht verwunderlich, daß der glaziale Kontakt mit lakustrinen oder marinen Sedimenten nicht so häufig nachgewiesen werden kann wie z. B. an den schwedischen und norwegischen Westküsten oder in East Anglia. Im Hamburger Raum sind jedoch einige Beispiele bekanntgeworden.

Verzahnungen des Lauenburger Tons mit Geschiebemergel der Elster-Kaltzeit in Hamburg-Övelgönne/Othmarschen und in Harburg werden als subaquatische Moräne (Abb. 4) oder synchrone Sedimentation von Beckenablagerungen und Fließmoränen gedeutet. Die weichselzeitliche „Schluff-Brekzie“ vom Brothener Ufer (Ehlers 1976) dürfte ebenfalls eine Variante der glazial beeinflußten lakustrinen Sedimente sein.

In Norddeutschland wird überwiegend nur mit Fernmoränen gerechnet. Alle Inlandgletscher brachten Gesteinsschutt aus Skandinavien und dem Ostseeraum mit. Wenn diesem Gletschersediment mit „nordischem Material" auffallend viel einheimisches Gestein beigemengt ist, wird von einer Lokalmoräne gesprochen. So sind aus dem Bereich der Salzstöcke Lieth und Stade und deren westlichem Vorland permische Geschiebe bekannt. Dagegen gibt es keine Schreibkreide-Lokalmoräne auf den Salzstöcken von Lägerdorf und Hemmoor. In Hemmoor finden sich lediglich in der Elstermoräne einige seltene Kreideschollen. Flint- und Schreibkreide-Geschiebe der norddeutschen Moränen dürften überwiegend aus der westlichen Ostsee stammen; daher können auch die an kretazischen Geschieben reichen Geschiebemergel nicht als Lokalmoränen aufgefaßt werden. Das gleiche gilt für die gut untersuchten Jura-Geschiebe der Ahrensburger Geschiebesippe (siehe WEITSCHAT 1976), die aus dem Raum zwischen Oldesloe – Segeberg – Ahrensburg – Mölln bekanntgeworden sind und als Schrapnell-Geschiebe gedeutet werden.

Als „Restmoränen" werden Anreicherungen von nordischen Findlingen (erratische Blöcke) bezeichnet, die nach der Abtragung der Grund- und Sohlmoränen übriggeblieben sind. Auf den Hochflächen Norwegens, am südlichen Rand der großen nordischen Gletscher, aber auch auf oberflächennah anstehendem Miozän/Pliozän in Norddeutschland (z. B. Eggerstedt, Stellingen und andere Gebiete im westlichen Hamburg) wurden „Restmoränen" beobachtet. Grundsätzlich kann jede Grund- und Sohlmoräne vor dem Auskeilen in eine „Restmoräne" übergehen.

D. Zusammenstellung einiger Begriffe der glazigenen Sedimente in Nordwestdeutschland

Morphologie	Sedimentpetrographie und Genese
a) Randzone der terrestrischen Inlandgletscher	
Endmoräne (Stirnmoräne) (Moränenwall)	Toteismoräne Satzendmoräne (Ton bis Blöcke) Fließmoräne gestauchte Endmoräne (Geschiebemergel, Blockschutt usw.)
Gletscherlobus Zungenbecken	Randmoräne Grund- und Sohlmoräne (Till)
Seitenmoräne Gabelmoräne Mittelmoräne	Rand- und Fließmoräne, gestauchte Moräne

glazigene Kames	Kamesmoräne
Jahresmoräne	Rand- und Grundmoräne

b) Randzone der Inlandgletscher mit lakustrinem oder marinem Kontakt

—	lakustrine oder marine Moräne, subaquatischer Till

c) Formenschatz und Sedimente des Inlandeises

(kuppige)	Ablationsmoräne (Till)
Grundmoränen-Landschaft	Grundmoräne
(-Ebene, -Fläche)	Geschiebemergel, verwitterter Geschiebelehm
—	Sohlmoräne einschließlich der Scher- und Stauchmoräne
Drumlin-Landschaft	Grund- und Sohlmoräne mit Kern aus älterem Gestein

d) Zusammensetzung der Moränen

—	Fernmoräne
—	Lokalmoräne

e) Residualbildungen

—	Restmoräne

E. Zusammenfassung

Während von der morphologischen Arbeitsrichtung her zahlreiche Beiträge zur Erforschung der quartären Vergletscherungen in Norddeutschland publiziert wurden, stand die genetische Betrachtung der Gletschersedimente im Hintergrund. Bei der Interpretation der pleistozänen Sedimente spielen die Grund- und Sohlmoränen flächenmäßig eine wesentliche Rolle. Unter dem Begriff „Sohlmoräne" werden die subglazialen Stauch- und Schermoränen zusammengefaßt. Sonderformen der Gletscherablagerungen sind Fließmoränen (flow till), Randmoränen, Kamesmoränen und subaquatische Moränensedimente (waterlain till).

Literatur

Dreimanis, A. (1978a): The Problems of waterlain Tills. INQUA Commission on Genesis and Lithology of Quaternary Deposits, Symposium 1978, ETH Zürich, Abstracts, p. 11.

Dreimanis, A. (1987b): Terminology and genetic Classification of Tills or Moraines currently used in Europe and North America. – Contribution of the Department of Geology University of Western Ontario, London, Kanada, 453: 1–16.
Ehlers, J. (1976): Exkursionsführer DEUQUA-Tagung 1976 in Hamburg, Exkursion B 1, 4. 9. 1976, Brodtener Ufer, 4 S.
– (1978): Die quartäre Morphogenese der Harburger Berge und ihrer Umgebung. Mitt. geogr. Ges. Hamburg, 68. 181 S.
Galon, R. (1977): Über den Wert der Glazialforschung auf Island für die Erklärung der letzteiszeitlichen Landschaftsformen in Mitteleuropa und anschließenden Gebieten. Nova Acta Leopoldina Halle (Saale), NF 47 (227): 53–63.
German, R. (1973): Sedimente und Formen der glazialen Serie. Eiszeitalter und Gegenwart, 23/24: 5–15. Öhringen.
Gripp, K. (1929): Glaciologische und geologische Ergebnisse der Hamburgischen Spitzbergen-Exkursion 1927. Abh. naturw. Ver. Hamburg, 22: 147–247.
– (1974): Untermoräne – Grundmoräne – Grundmoränenlandschaft. Eiszeitalter und Gegenwart, 25: 5–9. Öhringen.
– (1975): 100 Jahre Untersuchungen über das Geschehen am Rande des nordeuropäischen Inlandeises. Eiszeitalter und Gegenwart, 26: 31–73. Öhringen.
Grube, F. (1969): Zur Geologie der weichselzeitlichen Gletscherrandzone von Rahlstedt – Meiendorf. Abh. naturw. Ver. Hamburg, NF 13: 141–194.
– (1976): Geomorphologie, Stratigraphie und Aufbau der Inlandgletscher-Sedimente im Raum Hamburg. DEUQUA Hamburg.
Heuberger, H. (1979): Zur Nomenklatur der Glazialablagerungen aus ostalpiner Sicht. Abh. Verh. naturwiss. Ver. Hamburg, NF 23.
Höfle, H.-C. (1979): Klassifikation von Grundmoränen. Abh. Verh. naturw. Ver. Hamburg, NF 23.
Kaiser, K. (1975): Die Inlandeis-Theorie, seit 100 Jahren fester Bestandteil der Deutschen Quartärforschung. Eiszeitalter und Gegenwart, 26: 1–30. Öhringen.
Liedtke, H. (1975): Die nordischen Vereisungen in Mitteleuropa. Forsch. dtsch. Landeskunde, 240: 160 S., Bonn.
Meyer, K.-D. (1965): Das Quartärprofil am Steilufer der Elbe bei Lauenburg. Eiszeitalter und Gegenwart, 16: 47–60. Öhringen.
Richter, K. (1961): Das Alter der Gletscherschrammen von Velpke. Eiszeitalter und Gegenwart, 12: 125–130. Öhringen.
Schlüter, G. (1978): Geschiebezählungen im Altmoränengebiet von Schleswig-Holstein. Der Geschiebesammler, 11 (2/3): 3–12, Hamburg.
Schulz, W. (1962): Sichelförmige Marken auf Quarzitgeschieben von Feldberg in Mecklenburg und Halle (Saale). Geologie, 11 (8): 1102–1106. Berlin.
Schwarzbach, M. (1978): Glazigene Sichelmarken als Klimazeugen. Eiszeitalter und Gegenwart, 28: 109–118. Öhringen.
Weitschat, W. (1976): Exkursionsführer DEUQUA-Tagung 1976 in Hamburg, Exkursion B 1, 4. 9. 1976. Ahrensburger Geschiebesippe, 4 S.

Boreas 14 (2), 1985, S. 101–105.

REVISION OF THE LATEGLACIAL SWEDISH VARVE CHRONOLOGY

By Bo Strömberg

A survey of the revised lateglacial varve chronology is given. Almost all revisions are based on new, independent measurements not yet finished. Compared with the old time scale, the preliminary datings (calendar years ± a margin of error) of the ice margin retreat are 'older', mainly due to the fact that the postglacial varve chronology has been extended by 365 years. This implies that the so-called zero year (sensu De Geer 1940: limit of late glacial and beginning of postglacial varve sedimentation), earlier estimated at 6,923 B. C. (Nilsson 1964), is now dated 7.288 B. C. According to the new time scale, deglaciation from Stockholm to the area of zero-year formation in Indalsälven's valley lasted about 1,190 ± 40 years, compared with 1,073 years in De Geer's (1940) time scale or 1,092 in Järnefors' (1963). Preliminary varve graph correlations, which are still very weak concerning the Fennoscandian moraine zone, indicate that the ice receded from Högsby, northwest of Kalmar, at approximately 10,700 + 200 − 300 B. C. At localities just to the north of the Fennoscandian moraines, deglaciation started about 8,750 + 50 − 150 years B. C. according to the new varve measurements, and the ice front receded in southern Stockholm 8,470 + 40 − 140 B. C. Varve dating now gives older ages (calendar years) than ^{14}C-dating: about 200–400 years older regarding some ice margin positions in south Sweden.

For a succession of years attempts have been made to improve the Swedish time scale – the late- and postglacial clay-varve chronology (cf. Strömberg et al. 1981; Kristiansson 1982). Prominent weak parts have been the subject of revision earlier, especially during the 1950's and 1960's concerning the lateglacial part. Fieldwork was traditionally done with a shovel (Borell and Offerberg 1955), but also with the recently introduced foil core sampler (Järnefors 1963; Nilsson 1968). However, apparent or likely errors remained, and one of the most urgent tasks for the Swedish co-operation in the IGCP was considered to be an improvement of the varve chronology by a comprehensive, new revision. This work started ten years ago, economically aided by the Swedish National Science Research Council, the Swedish Geological Survey, and by the home departments of the researchers. Most researchers participating in the revision are from the departments of Quaternary Geology and Physical Geography in Stockholm and from the Geological Survey.

The aim of the revision is to strengthen all weak parts of the time scale by new field measurements, as far as possible. Furthermore, an attempt should be made to resolve the most inportant problem: connecting of the postglacial varve chronology to present time with the help of varved sediments at the mouth area of Ångermanälven's valley. This connection, earlier calculated (LIDÉN 1938), could then be based on a real varve counting.

The revision should have been brought to a close in 1983, but some problems had still to be resolved. However, the main features of the 'new' time scale are discernible, and can be summarized (cf. Fig. 1, where authors and auditors are recorded). As the margin of error increases from present time backwards, the presentation starts with the postglacial part and ends with the older, lateglacial time scale in southern Sweden.

Connecting of the time scale to the present has been accomplished recently (CATO 1985a, 1985b). Measurements made after sampling of varved sediments at the mouth area of Ångermanälven at the sea bottom as well as on land, extend the time scale by 365 years. RAGNAR LIDÉN's old, unpublished measurements of postglacial varve series in Ångermanälven's valley have been checked and graphs have been drawn (LIDÉN † and CATO, in press). This check verifies LIDÉN's (1938) data, and no change is needed in this part of the time scale. The total number of postglacial varves has now (early 1985) been settled at 1,984 A. D. + 7,288 B. C., if the so-called zero year is included (sensu DE GEER 1940, this varve is the limit of lateglacial and the beginning of postglacial varve sedimentation). Earlier the age of the zero varve was estimated at 6,923 B. C. (NILSSON 1964). A margin of error for the 9,272 calendar years has been estimated at + 0 − 100 (CATO 1985a).

New measurements between Stockholm and Sundsvall demonstrate that this younger part of the lateglacial time scale has to be extended by about 100 years. Deglaciation from southern Stockholm to the area in Indalsälven's valley where the zero-year varve was formed lasted about 1,190 years (estimated at 1,191 ± 40 years), compared with 1,073 years in DE GEER's (1940) time scale or with 1,092 years in the earlier revision (JÄRNEFORS 1963; NILSSON 1964). On the section Stockholm–Sundsvall the revised chronology consists of three parts: about 100 new measurements between Stockholm and Uppsala, checks of DE GEER's (1940) and JÄRNEFORS' (1963) graphs and correlations concerning Uppsala–Tärnsjö, southwest of Gävle, and about 250 new measurements in more than 150 sites between Tärnsjö and Njurunda at Sundsvall.

A great number of measurements between Stockholm and Uppsala were needed, as the clay sedimentation occurred in brackish water ('symmict', sometimes indistinct varves, formed during the Yoldia stage of the Baltic), and was influenced by the bedrock topography ('fissure valley landscape'). Some varve limits are difficult to determine and correlation of the graphs is complicated by the 'local' differences in varve thickness. According to the correlations, deglaciation from Stockholm to Uppsala lasted about 175 years (with a 10-years margin of error); 25 years more than calculated by DE GEER (1940).

Uppsala – Gävle is an area of very flat country, and the clay sedimentation here is regular. Checks of the earlier revision (JÄRNEFORS 1963) and new measurements verify the correctness of the time scale. Several varve measurements have now been made in the northern part of this area. They exhibit a detailed

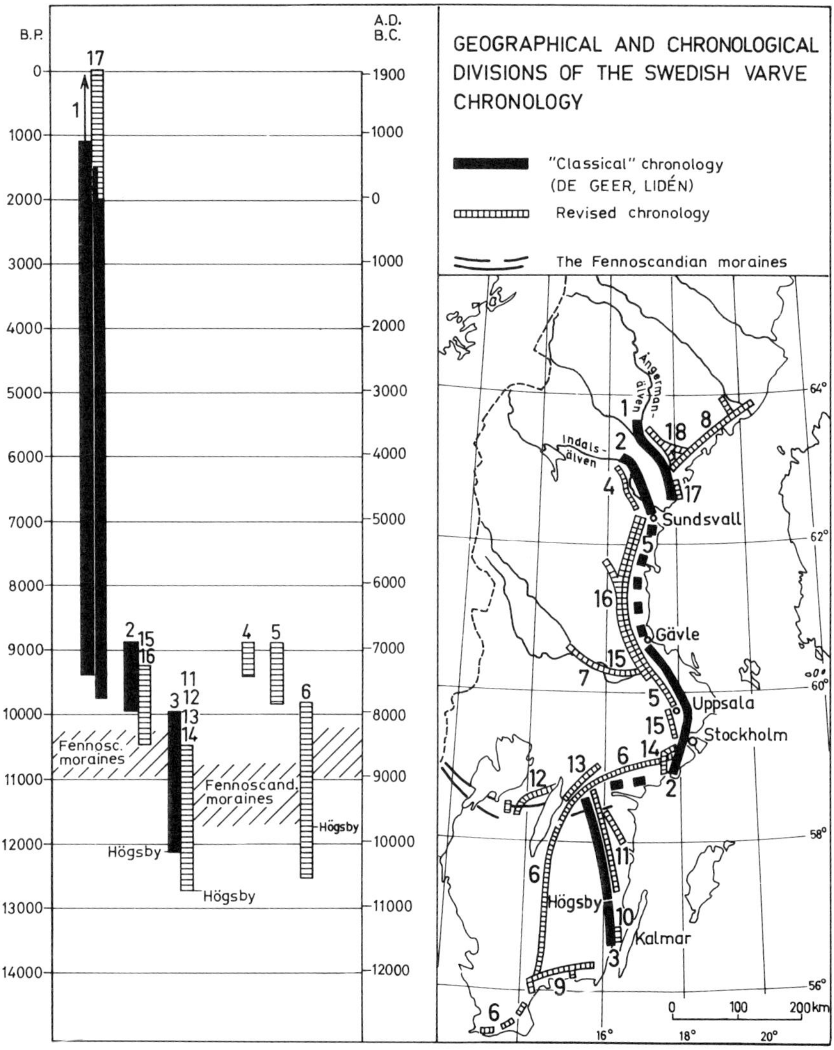

Fig. 1: The Swedish time scale 1984 (modified from Fromm 1970). 1 = Lidén 1913 and 1938. 2 = De Geer, 1940. 3 = De Geer, unpublished. 4 = Borell & Offerberg 1955. 5 = Järnefors 1963. 6 = Nilsson 1968. 7 = Fromm 1964. 8 = Hörnsten 1964 and Bergström 1968. 9 = Ringberg 1979 and Ringberg & Rudmark 1985. 10 = Rudmark 1975. 11 = Kristiansson 1982 and unpublished. 12 = Caldenius 1944, Strömberg 1977, 1985 and unpublished. 13 = Perhans, unpublished. 14 = Brunnberg, unpublished. 15 = Strömberg, unpublished. 16 = Forssmark, unpublished. 17 = Cato 1985a. 18 = Fözö 1980.

picture of the receding ice margin with very deep calving bays at the main meltwater courses (FROMM 1945, 1964; STRÖMBERG 1981).

The need for a new revision of the time scale between Gävle and Sundsvall was emphasized by LUNDQVIST (1975): some correlations (DE GEER 1940; JÄRNEFORS 1963) of varve graphs are weak, and recession lines based on varve data are not always in accordance with the testimony by e. g. glacial striae. The main problem in this area is the restricted occurrence of clay, and the fact that only very thin varves were formed even quite close to the ice margin and in the vicinity of the meltwater courses. As the varve graphs become indistinct, most correlations must be based on characteristic 'drainage varves', which have been recorded in and outside the main river valleys. However, graphs from two river valleys with different and metachronous drainage varves are difficult to correlate. The deglaciation time from Gävle (Valbo) to Njurunda, south of Sundsvall, was established to be about 275 years, but a rather wide margin of error must still be considered (± 30 years).

To the south of Stockholm fieldwork is still in progress. Preliminary correlations have been made of graphs from this area and from areas to the southwest, down to the vicinity of the Fennoscandian moraines. To make a connection possible with Västergötland and W Östergötland, correlations were partly based on a change in the colour of the clay, which is caused most probably by the change from freshwater to brackish water sedimentation. The registration of this change starts with DE GEER's (1940) classical varve − 1,073, now designed − 1,191 ± a margin of error estimated at 40 years. A considerable number of corrections will be made of some of the correlations published by NILSSON (1968), but there is only a slight change of the main time scale (PERHANS in STRÖMBERG et al. 1981).

On the other hand, considerable changes of the time scale will be needed in the Fennoscandian moraine zone. For several reasons the graphs from this area are difficult to correlate (cf. STRÖMBERG 1985), despite the supply of many new, long varve series. In addition to stagnation and oscillation of the ice margin during deglaciation, indicated by the correlations made by NILSSON (1968), there are now indications of at least 150 years more of stagnation in the northern part of the Fennoscandian moraine zone. Judging from circumstances in Västergötland, the total deglaciation time in the moraine belt was more than 650 years.

From the southern parts of the Fennoscandian moraine zone in Östergötland to Högsby, NW of Kalmar (Fig. 1), new measurements have been made (KRISTIANSSON 1982) and the earlier time scale (NILSSON 1968) has been extended by about 250 years. Recently, clay varve measurements have been made in order to connect local time scales in Blekinge (RINGBERG 1971, 1979) and in the Kalmar area (RUDMARK 1975) – see RINGBERG and RUDMARK (1985). The last revision will refer to a connection between the Kalmar and Högsby areas.

In summary, the Swedish time scale should be extended by about 1,000 years at the Högsby recession line, compared with NILSSON's (1968) data. Compared with DE GEER's data – unpublished concerning southern Sweden – the extension is about 700 years. The figures include an estimated correction of the present varve chronology for the Fennoscandian moraine zone, and must be considered to be uncertain. With an estimated margin of error of + 200 – 300 years, the time of ice recession from Högsby should then have been at about 10,700 B. C.

Varve datings of the ice recession from the area just to the north of the Fennoscandian moraine zone and of the postglacial sedimentation, however, should be essentially correct. This part in the time scale (according to NILSSON 1968) has been extended by about 465 + 50 – 150 years, and deglaciation to the north of the Fennoscandian moraines should then have started about 8,750 + 50 + 150 years B. C.

In spite of the uncertainty it is tempting to compare these varve datings with ^{14}C-datings of corresponding ice margin positions. ^{14}C-data concerning deglaciation in south Sweden were compiled by BERGLUND (1979), LAGERLUND et. al. (1983) and FREDÉN (1985). Recently datings were also made in the northern part of the Fennoscandian moraine belt, to the west of Mount Billingen, Västergötland (BJÖRCK and DIGERFELDT 1984). All these statements imply that the south Swedish ice-marginal zones have so to speak become older than earlier thought; their ^{14}C-ages have increased by 200–600 years.

Chronostratigraphically the Fennoscandian ice marginal formations belong to the Younger Dryas, now dated at about 10,900–10,200 ^{14}C-years B. P. (BERGLUND 1979: 103–105). At northern Billingen the most distinct climatic amelioration, after a cold phase in Younger Dryas, was recorded biostratigraphically as early as about 10,500 ^{14}C-years B. P. (BJÖRCK and DIGERFELDT 1984). The varve chronology now dates the end of Younger Dryas at about 10,700 calendar years B. P. (morphologically and clay-stratigraphically defined as the end of stagnation at the northern Fennoscandian moraines; the transition to the subsequent rapid and uncomplicated ice recession). Probably the same event is recorded biostratigraphically as a transition from cold to warm. At Högsby ^{14}C-datings are lacking, but extrapolation of ^{14}C-data from western Sweden should date an ice recession line at Högsby approximately at 12,500–12,600 ^{14}C-years B. P. An expected varve dating of this recession line is probably in the region of 12,800 + 200 – 300 calendar years B. P.

Even though these varve datings are preliminary, a tendency is obvious: in the revised lateglacial varve chronology, ice recession lines and the Fennoscandian moraines become 'older' than by ^{14}C-dating. This is an indication that ^{14}C-ages are somewhat too low 10,000–12,000 years ago, analogous to the conditions 2,000–7,000 years ago, as shown by dendrochronology (SUESS 1979). It is hoped that the Swedish time scale will become a more precise corrective of the ^{14}C-method when the revision has progressed further.

References

Berglund, B. (1979): The Deglaciation of southern Sweden 13,500–10,000 B. P. Boreas 8, 89–118.
Bergström, R. (1968): Stratigrafi och isrecession i södra Västerbotten. Sver. Geol. Unders. C 634. 76 pp.
Björck, S. and G. Digerfeldt (1984): Climatic Changes at Pleistocene/Holocene Boundary in the Middle Swedish Endmoraine Zone, mainly inferred from Stratigraphic Indications. In: Mörner, N.-A. and W. Karlén (eds.): Climatic Changes on a Yearly to Millennial Basis. 37–56. Reidel Publ. Co., Dordrecht.
Borell, R. and J. Offerberg (1955): Geokronologiska undersökningar inom Indalsälvens dalgång mellan Bergeforsen och Ragunda. Sver. Geol. Unders. Ca 31. 1–24.
Caldenius, C. (1944): Baltiska issjöns sänkning till Västerhavet. En geokronologisk studie. Geol. Fören Stockh. Förh. 66. 366–382.
Cato, I. (1985a): On the definitive Connection of the Swedish Time Scale with the present. Sver. Geol. Unders. Ca (in press).
Cato, I. (1985b): The definitive Connection of the Swedish Geochronological Time Scale with the present, and the new Date of the Zero-Year in Döviken, northern Sweden. Boreas 14, 117–122.
De Geer, G. (1940): Geochronologia Suecica Principles. Sven. Vetenskapsakad. Handl. 3:18 (6), 367 pp.
Fözö, I. (1980): Ådalen. Den geologiska utvecklingen vid slutet av istiden. Länsstyrelsen i Västernorrlands län. Mimeographed report. 64 pp. Sundsvall.
Fredén, C. (1985): Marine Shell Deposits in the Region of Uddevalla and Lake Vänern. Sver. Geol. Unders. C. (in press).
Fromm, E. (1945): Om isrecessionen i sydöstra Dalarna. Geol. Fören. Stockh. Förh. 67, 555–557.
Fromm, E. (1964): The Ice Recession through southern Dalecarlia. Geol. Fören. Stockh. Förh. 86. 173–174.
Fromm, E. (1970): An Estimation of Errors in the Swedish Varve Chronology. In: Olsson, I. U. (ed.) Radiocarbon Variations and Absolute Chronology, 163–172. Proceedings of the 12 Nobel Symposium. Uppsala. Almqvist & Wiksell. Stockholm.
Hörnsten, Å. (1964): Ångermanlands kustland under isavsmältningsskedet. Preliminärt meddelande. Geol. Fören. Stockh. Förh. 86, 181–205.
Järnefors, B. (1963): Lervarvskronologien och isrecessionen i östra Mellansverige. Sver. Geol. Unders. C 594, 1–67.
Kristiansson, J. (1982): Varved Sediments and the Swedish Time Scale. Geol. Fören. Stockh. Förh. 104, 273–275.
Lagerlund, E., G. Knutsson, M. Åmark, M. Hebrand, I.-O. Jönsson, B. Karlgren, J. Kristiansson, P. Möller, J. M. Robison, P. Sandgren, T. Terne and D. Waldemarsson (1983): The deglaciation Pattern and Dynamics in South Sweden, a preliminary Report. Lundqua Report 24, 1–7.
Lidén, R. (1913): Geokronologiska studier öfver det finiglaciala skedet i Ångermanland. Sver. Geol. Unders. Ca 9, 1–39.
Lidén, R. (1938): Den senkvartära strandförskjutningens förlopp och kronologi i Ångermanland. Geol. Fören. Stockh. Förh. 60, 397–404.
Lidén, R. † and I. Cato in press: Ragnar Lidén's postglacial Varve Chronology from the Ångermanälven Valley, northern Sweden. Sver. Geol. Unders. Ca.

Lundqvist, J. (1975): Ice Recession in central Sweden, and the Swedish Time Scale. Boreas 4, 47–54.
Nilsson, E. (1964): Geochronological Investigations in southern Sweden. Geol. Fören. Stockh. Förh. 86, 162–170.
Nilsson, E. (1968): Södra Sveriges senkvartära historia. Sven. Vetenskapsakad. Handl. 4: 12 (1). 117 pp.
Ringberg, B. (1971): Glacialgeology och isavsmältning i östra Blekinge. Sver. Geol. Unders. C 661. 174 pp.
Ringberg, B. (1979): Varve Chronology of the glacial Sediments in Blekinge and northeastern Skåne, southeastern Sweden. Boreas 8, 209–215.
Ringberg, B., L. Rudmark (1985): Varve Chronology based upon glacial Sediments in the Area between Karlskrona and Kalmar, southeastern Sweden. Boreas 14, 107–110.
Rudmark, L. (1975): The Deglaciation at Kalmarsund, southeastern Sweden. Sver. Geol. Unders. C 713, 88 pp.
Strömberg, B. (1977): Einige Bemerkungen zum Rückzug des Inlandeises am Billingen (Västergötland, Schweden) und dem Ausbruch des Baltischen Eisstausees. Z. Geomorph. N. F., Supplementband 27, 89–111.
Strömberg, B. (1981): Calving Bays. Striae and Moraines at Gysinge-Hedesunda. Central Sweden. Geog. Ann. 63 A. 149–154.
Strömberg, B. (1985): New Varve Measurements in Västergötland, Sweden. Boreas 14, 111–115.
Strömberg, B., J. Kristiansson, K.-E. Perhans, L. Brunnberg, B. Forssmark and I. Cato (1981): Revisionen av den svenska lervarvskronologin. IGCP Project 73/1/24. Den senaste nedisningens förlopp med särskild hänsyn till deglaciationen i Sverige, 59–92. Symposium, January 1981.
Suess, H. E. (1979): A Calibration Table for conventional radiocarbon Dates. In: Berger R. and H. E. Suess (eds.): Radiocarbon Dating, 777–784. Proceedings of the 9th International Conference 1976. University of California Press.

DAS ENSEMBLE DER PERIGLAZIÄREN FORMEN IN DREIDIMENSIONALER SICHT

Von Johannes Karte

1. *Einführung*

Periglaziäre Formen, insbesondere die typischen periglaziären Kleinformen oder Frostbodenformen, entstehen durch eine Vielzahl frostdynamischer Prozesse, wie Gefrier-, Regelations- und Auftauvorgänge, bei intensiver Bodengefrornis im oberflächennahen Substrat und an der Landoberfläche. Dabei kann es sich um Dauerfrostboden (Permafrost), jahreszeitliche, kurzperiodische und tageszeitliche Bodengefrornis oder Kammeis handeln. Zum periglaziären Formenschatz im engeren Sinne gehören Formen der Kongelikontraktion, der frostbedingten Sortierung, Kryoturbation und Gelisolifluktion, Blockgletscher, Frosthügelformen sowie an austauenden Permafrost gebundene Formen („Thermokarst").

Rezent treten sie in unterschiedlicher Ausprägung, Häufigkeit und Vergesellschaftung in der polaren periglaziären Zone sowie in den periglaziären Höhenstufen subpolarer, mittlerer und niederer Breiten auf. Seit den klassischen Arbeiten Trolls (1944) wird versucht, aus den Regelhaftigkeiten der großräumigen Formenverbreitung und ihres zonalen, hypsometrischen und peripher-zentralen Wandels Rückschlüsse auf ihre klimatischen und aklimatischen Bildungsvoraussetzungen zu ziehen (vgl. auch Poser 1977, Karte 1979). Zunehmend werden diese Untersuchungen durch direkte Messungen der formbildenden Prozesse und der sie steuernden Milieufaktoren ergänzt.

Aufgrund ihrer genetischen Bindung an spezifische frostklimatische Voraussetzungen kommt diesen Formen zugleich eine wichtige Funktion als Indikatoren für diese Klimavoraussetzungen zu. Daraus folgend haben sich fossile Frostbodenformen als wesentliche und aussagekräftige Indikatoren für die ehemaligen Klima- und Bodengefrornisverhältnisse im pleistozänen Periglaziär erwiesen.

In ihrer räumlichen Verbreitung, Ausprägung und Vergesellschaftung kommt periglaziären Formen darüber hinaus eine Leitformenfunktion für die räumliche Ausdehnung und regionale Gliederung des Periglaziärs zu. In der folgenden Zusammenstellung wird ein globaler Überblick über die rezenten periglaziären Formengesellschaften und ihren zonalen und hypsometrischen Wandel gegeben. Dieser Überblick beschränkt sich auf die typischen Frostbodenformen. Mesoformen, wie z. B. Kryoplanationsterrassen oder Glatthänge, eignen sich aufgrund ihrer komplexeren Morphogenese und längeren Formungsdauer weniger gut als Leitformen des Periglaziärs und periglaziärer Klimavoraussetzungen (vgl. Poser & Schunke 1983).

2. Geographische und klimageomorphologische Definition des Periglaziärs

Ursprünglich nur für das frostklimatisch geprägte Umland der pleistozänen Inlandvereisungen verwendet, hat der Begriff „periglazial" oder „periglaziär" heute eine umfassende geographische und klimageomorphologische Bedeutung. Er bezieht sich auf die planetarische Zone und Höhenstufe im Gebirge, in der weitverbreitete intensive Bodengefrornis morphodynamisch so wirksam ist, daß auf allen edaphisch geeigneten Standorten typische periglaziäre Formen regelhaft vorkommen (Karte 1979). Entscheidendes qualitatives Kriterium ist dabei die morphodynamische Wirksamkeit der Bodengefrornis, die bei unterschiedlichen klimatischen Bodengefrornistypen gegeben sein kann.

Einhelligkeit besteht dahingehend, daß das Verbreitungsgebiet des Dauerfrostbodens, das gegenwärtig annähernd 20% der Festlandsoberfläche der Erde ausmacht, integraler Bestandteil des Periglaziärs ist. In der Zone des diskontinuierlichen und sporadischen Dauerfrostbodens ist dieser mit intensiver saisonaler Bodengefrornis vergesellschaftet, die räumlich über die Permafrostgrenze hinausreicht. Unbestritten ist, daß die morphodynamische Wirksamkeit von Permafrost und intensiver saisonaler Bodengefrornis in vieler Hinsicht ähnlich ist. Umstritten ist jedoch, wie weit das Periglaziär in die Zone und Höhenstufe der saisonalen, kurzperiodischen oder sogar nur tageszeitlichen Bodengefrornis reicht.

Das regelhafte Auftreten von Frostbodenformen auf allen dafür geeigneten Standorten und die regelhafte räumliche Vergesellschaftung unterschiedlicher Formentypen haben sich als geeignete Abgrenzungskriterien gegenüber weniger intensiv frostdynamisch geprägten Regionen erwiesen. Morphodynamisch entspricht diese Abgrenzung weitgehend der Gelisolifluktionsgrenze.

Bei globaler Betrachtungsweise unterliegt das Ensemble der periglaziären Formen einem klimatisch bedingten zonalen, hypsometrischen und peripherzentralen Wandel. Dieser Wandel wird jedoch häufig von der Vegetationsverbreitung gesteuert und auch großregional entscheidend von edaphischen Faktoren, wie z. B. der Verfügbarkeit von frostempfindlichem Substrat als Folge früherer geomorphologischer oder geologischer Vorgänge, oder durch die geologisch unterschiedliche Dauer periglaziärer Milieubedingungen modifiziert (vgl. Schunke 1980).

3. Die periglaziäre Zone

Die polare periglaziäre Zone erstreckt sich so weit über das Permafrostgebiet hinaus, wie Gelisolifluktionsformen und andere typische, an saisonale Bodengefrornis gebundene Frostbodenformen noch im Meeresspiegelniveau regel-

Abb. 1: Legende zu den Blockbildern.

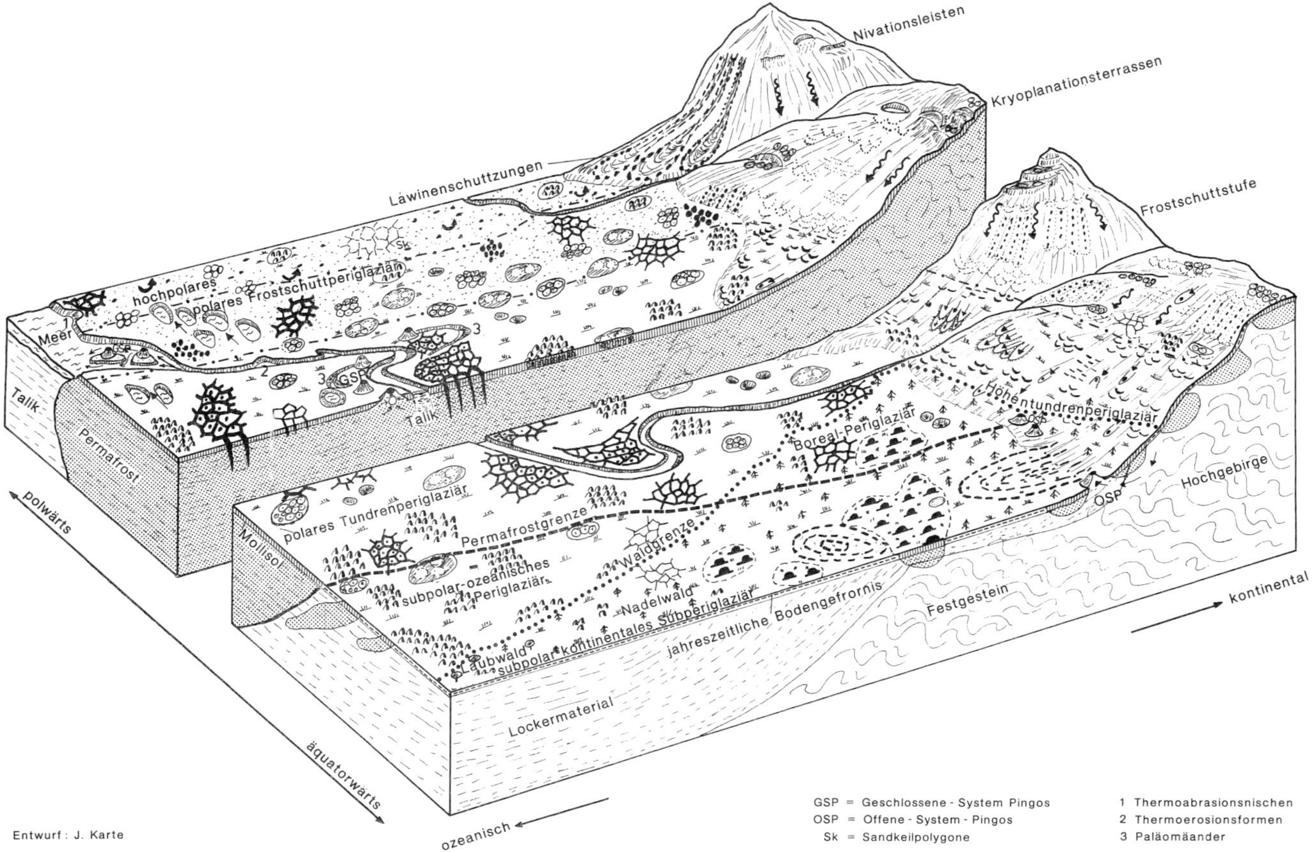

Abb. 2: Schematisches Blockbild zur Gliederung und Formenvergesellschaftung der rezenten periglaziären Zone.

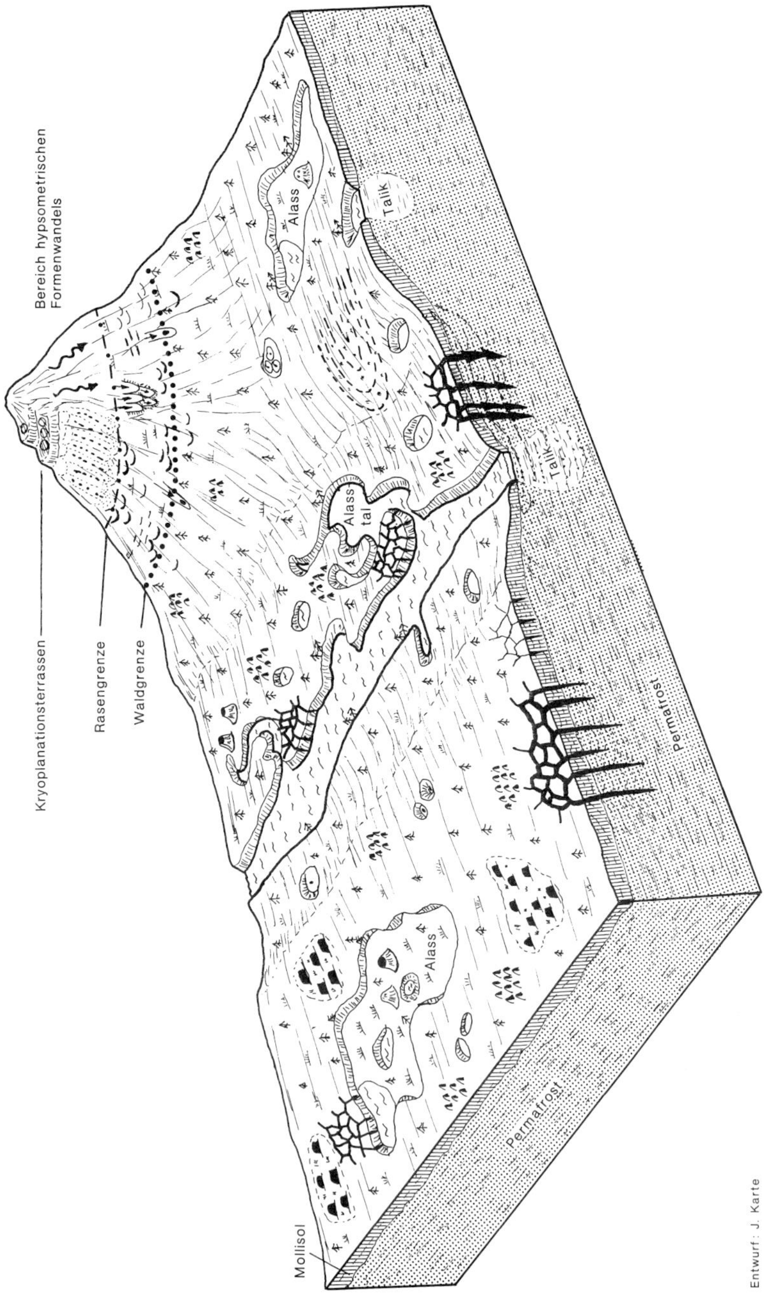

Abb. 3: Schematisches Blockbild zur periglaziären Formengesellschaft des Boreal-Periglaziärs.

haft vergesellschaftet auftreten. Vor allem im humiden, ozeanisch geprägten Periglaziär (z. B. SW-Alaska) sind diese Voraussetzungen gegeben, während sich mit zunehmender Kontinentalität und Aridität die Grenze der periglaziären Zone der Permafrostgrenze annähert.

Mit äquatorwärts ansteigender Untergrenze dieser Formenvergesellschaftung geht die periglaziäre Zone höherer Breiten in die periglaziäre Höhenstufe mittlerer und niederer Breiten über. Nach dieser Definition gehört beispielsweise das Periglaziär Islands nicht zur polaren periglaziären Zone, sondern zur subpolaren periglaziären Höhenstufe, da Formen der Gelisolifluktion erst ab einer Höhenlage von 150–200 m regelhaft mit anderen Frostbodenformen vergesellschaftet auftreten (SCHUNKE 1975).

Bei einer Betrachtung in globalem Maßstab hat sich gezeigt, daß entlang der Grenzen des Periglaziärs sehr unterschiedlich zusammengesetzte Frostbodenformengesellschaften auftreten, die auch klimatisch unterschiedlich zu interpretieren sind. Folgende Modelle räumlicher Typen der periglaziären Zone lassen sich unterscheiden (Abb. 1, 2, 3).

Das *subpolar-ozeanische Periglaziär* umfaßt den küstennahen humiden Randbereich der periglaziären Zone, in dem bei nahezu geschlossener Tundrenvegetation intensive jahreszeitliche Bodengefrornis, sporadischer und diskontinuierlicher Dauerfrostboden auftreten. Neben Erdbülten und Formen der gebundenen Gelisolifluktion gehören zum Ensemble der periglaziären Formengesellschaft Frostspaltenmakropolygone und Mollisolfrostkeile sowie Palsas im Übergang zu kontinentaler geprägtem Frostregime und Offene-System-Pingos in Verbindung mit diskontinuierlichem Dauerfrostboden. Bei fehlender Vegetation und in Hochlagen treten Strukturbodenformen hinzu.

Mit weiter zunehmender Kontinentalität setzt das von Waldtundra, borealem Nadelwald und Torfmooren bedeckte *subpolar-kontinentale Periglaziär* ein, in dem bei intensiver saisonaler Bodengefrornis und sporadischem sowie diskontinuierlichem Dauerfrostboden Palsas und Strangmoore vorherrschen. Dazu gesellen sich gelegentlich Frostspaltenmakropolygone, Erdbülten und Strukturbodenformen. Formen der Gelisolifluktion sind nur oberhalb der Waldgrenze anzutreffen, wo mit Ausnahme der Palsas und Strangmoore auch die übrigen Frostbodenformen häufiger werden. In Verbindung mit Dauerfrostboden finden sich vor allem im polwärtigen Randbereich auch Pingos, saisonale Frosthügel und Thermokarstphänomene. Die meisten dieser Formen sind an sehr spezifische lokale Standortbedingungen gebunden und daher insgesamt recht selten.

Unter hochkontinentalen Klimavoraussetzungen greifen der kontinuierliche Dauerfrostboden weit äquatorwärts, der boreale Nadelwald dagegen polwärts vor. Aus dieser Vergesellschaftung und den damit verbundenen Frostbodenformen ergibt sich das *hochkontinentale Boreal-Periglaziär*, in dem vorwiegend Pingos, Eiskeilpolygone und Thermokarstphänomene, weniger häufig Frostspaltenmakropolygone, Erdbülten, Palsas und saisonale Frosthügel auftreten.

Weite Bereiche des Boreal-Periglaziärs werden oberhalb der Waldgrenze von einer Höhenstufe überragt, in der Formen der Frostschuttbildung vorherrschen, gelegentlich auch Eiskeilpolygone, Pingos und Strukturböden vorkommen, insgesamt wegen zu geringer Feuchtigkeit typische Periglaziärerscheinungen aber recht selten sind.

Polwärts gehen die bisher genannten Typen des Periglaziärs in das *polare Tundrenperiglaziär* über, das von kontinuierlichem Dauerfrostboden unterlegen ist. Zur periglaziären Formengesellschaft gehören Erdbülten, Formen der gebundenen Gelisolifluktion und Formen, die einen kontinuierlichen Dauerfrostboden voraussetzen: Eiskeilpolygone, Pingos, Thermokarstphänomene. Im Vergleich dazu treten Frostspaltenmakropolygone, Sortierungserscheinungen und Palsas an Häufigkeit zurück, auch wenn sie nicht völlig fehlen. Im pol- und höhenwärtigen Übergangsbereich zum Frostschuttperiglaziär gewinnen bei zurücktretender Vegetationsbedeckung nichtsortierte Feinerdekreise ("non-sorted circles"), Spaltenmikropolygone, Strukturböden sowie Kleinformen der halbgebundenen und ungebundenen Gelisolifluktion an relativer Bedeutung. In Höhenlagen überwiegen die Formen des Frostschuttperiglaziärs. Insgesamt weist das Tundrenperiglaziär die größte Vielfalt an verschiedenen Frostbodenformentypen auf, auch wenn neben dem hypsometrischen kaum ein peripher-zentraler Wandel der Formengesellschaften ausgeprägt ist.

Im polwärts sich anschließenden *polaren* und *hochpolaren Frostschuttperiglaziär* geht bei abnehmender Vegetationsbedeckung und zunehmender Verschärfung des Frostregimes die Formenvielfalt zurück. Das Formeninventar ähnelt dem des Tundrenperiglaziärs, jedoch ändert sich der relative Anteil der verschiedenen Formentypen am auftretenden Gesamtinventar. Insbesondere Sortierungserscheinungen gewinnen an Bedeutung. Auf weiten Flächen treten jedoch überhaupt keine typischen Periglaziärerscheinungen auf, und weite Hangbereiche werden von amorphen Wanderschuttdecken eingenommen.

4. *Die periglaziäre Höhenstufe*

Die bisherigen Modellvorstellungen über die periglaziäre Höhenstufe orientieren sich vorwiegend an den Hochgebirgen Europas und Afrikas (Poser 1977, Hagedorn 1980). Dagegen ist die Kenntnis der Hochgebirge Amerikas und Asiens noch lückenhaft. Grundsätzlich ist zu berücksichtigen, daß sich in Hochgebirgen aufgrund der Vertikalerstreckung zwar die Klimavoraussetzungen auf kleinerem Raum ändern als in den planetarischen Zonen, andererseits in dieser räumlichen Größenordnung aber auch aklimatische Faktoren stärker hervortreten und die typisch periglaziäre Morphodynamik von einer vorwiegend gravitativ bestimmten Hochgebirgsmorphodynamik überprägt wird.

In den Hochlagen des *Subpolargebietes* und der *mittleren Breiten* weist die periglaziäre Höhenstufe eine Dreigliederung auf, die im wesentlichen durch das höhenwärtige Zurücktreten der Vegetationsbedeckung bewirkt wird. Die

Untergrenze wird durch die regelhafte Vergesellschaftung von unterschiedlichen Formentypen der Makrogelisolifluktion angezeigt. Diese Untergrenze steigt im allgemeinen äquatorwärts und mit zunehmender Kontinentalität an. Nur in subpolaren Hochgebirgen mit Permafrost sinkt die periglaziäre Höhenstufe mit zunehmender Kontinentalität ab (KING 1984). Oberhalb einer unteren Stufe mit vorherrschenden Formen der gebundenen Gelisolifluktion treten in einer mittleren Stufe Formen der gebundenen und ungebundenen Gelisolifluktion sowie unterschiedliche Strukturbodenformentypen auf. In der oberen Periglaziärstufe treten Kleinformen der gebundenen Gelisolifluktion weitgehend zugunsten der amorphen Schuttdecken, Kleinformen der ungebundenen Gelisolifluktion und Strukturböden zurück. Blockgletscher weisen auf ein periglaziäres Milieu mit sporadischem oder diskontinuierlichem Dauerfrostboden hin.

Mit dem Übergang in die Hochlagen der *winterfeuchten Subtropen* setzt die untere Periglaziärstufe höherer Breiten aus, so daß nur noch eine Zweigliederung besteht, deren Untergrenze durch die Vergesellschaftung von Formen der halbgebundenen Gelisolifluktion mit Strukturböden festgelegt ist. Zum entscheidenden Begrenzungsfaktor wird die zunehmende Aridität und mangelnde Bodenfeuchte während der Frostperiode. Starke lokale und regionale Abwandlungen des zonentypischen Höhenstufenmodells werden zur Regel. Die periglaziäre Höhenstufe ist zumeist nur als „klimatisch-potentielle" periglaziäre Höhenstufe ausgebildet. In den Hochlagen der *warm-ariden Zone* gibt es zwar vereinzelte Frostbodenerscheinungen, aber diese bezeugen keine weitverbreitete, morphodynamisch wirksame Bodengefrornis, so daß es hier keine periglaziäre Höhenstufe in morphodynamischem Sinne gibt. Diese in den Hochgebirgen Afrikas und Vorderasiens erarbeitete Auffassung (MENSCHING 1977; HAGEDORN 1980) wird durch neuere und zukünftige Arbeiten auf den zentralasiatischen Hochplateaus und weiteren Hochgebirgen, in denen weitverbreiteter Permafrost nachgewiesen ist, differenziert (FRENCH 1982; CHENG 1983; PÉWÉ 1986).

In den *feuchten inneren Tropen* wird die periglaziäre Höhenstufe durch die Vergesellschaftung von Kleinformen der ungebundenen Mikrogelisolifluktion, der Kammeissolifluktion sowie Strukturbodenminiaturformen gekennzeichnet. Diese Höhenstufe setzt an der Obergrenze der flächenhaften Vegetationsbedeckung ein.

Insgesamt weisen die periglaziären Höhenstufen in den verschiedenen Breitenlagen und Klimaregionen deutliche Eigenständigkeit auf, die sich auch in unterschiedlichen klimatischen Schwellenwerten widerspiegelt: entlang der Untergrenze steigt die Jahresmitteltemperatur der Luft von −2 °C im Subpolargebiet auf bis zu + 5 °C in den Mittelbreiten und geht in den inneren Tropen auf nahe 0 °C zurück.

Tab. 1: Klimatische Zeigerwerte periglaziärer Formen

Periglaziäre Formen	Hinweis auf Jahresmitteltemp. der Luft	Hinweis auf Mitteltemp. des kältesten Monats	Hinweis auf Jahresniederschlag	Andere Klimahinweise	Kältesumme in °C	Wärmesumme in °C
Eiskeilpolygone	< − 4°C bis − 8°C	< − 20°C	> 50 bis 500 mm	Schnelle Temperaturerniedrigung im Frühwinter bei dünner Schneedecke	2600–> 7000	100–1000
Sandkeilpolygone	< − 12°C bis < − 20°C		< 100 mm	Schnelle Temperaturerniedrigung in kaltariden Klimaten		
Mollisolfrostkeile	< 0°C bis < − 4°C	< − 8°C		Schnelle Temperaturerniedrigung in gemäßigt-kontinentalen Klimaten	1000–> 7000	1000–2000
Zellenböden (hochpolar)	< − 10°C				2300–> 7000	100–1500
Erdbülten, Thufur	< + 3°C			Gemäßigte Temperaturerniedrigung im Frühwinter	700–3800	500–3000
Saisonale Frosthügel	< − 1°C bis < − 3°C					
Nichtsortierte Feinerdekreise, Mudpits	< − 2°C		> 400 bis 800 mm		1000–> 7000	200–1000

Palsas	< 0°C bis < − 3°C		Kontinentale Klimate mit dünner Schneedecke	1000–> 7000	300–2200
Pingos, geschlossenes System	< − 5°C			2700–7000	< 100–1500
Pingos, offenes System	< − 1°C			2300–> 7000	250–1700
Blockgletscher	< + 2°C bis 0°C	< 1200 mm	Kontinental geprägtes Klima	1000–5000	300–1000
Formen des austauenden Dauerfrostbodens („Thermokarst“)	< − 1°C			800–> 7000	< 100–3700
Strukturböden	< − 4°C bis < + 3°C			1500–> 7000	200–1500
Kleinformen der Gelisolifluktion	< − 2°C				

5. Folgerungen für das pleistozäne Periglaziär

Wie bereits eingangs erwähnt, können aus räumlich-vergleichenden Untersuchungen der Verbreitung und Vergesellschaftung von periglaziären Formen die klimatischen Zeigerwerte dieser Formen abgeleitet werden. In der Tabelle 1 sind entsprechende klimatische Schwellenwerte, vorwiegend Mittelwerte der Lufttemperatur und des Jahresniederschlags, zusammengefaßt. Neuerdings wird auch versucht, die klimatischen Zeigerwerte periglaziärer Formen durch Wärme- und Kältesummen zu definieren (Harris 1982), die sich ebenfalls als aussagekräftige Parameter erwiesen haben.

Im Sinne eines vorsichtigen Aktualismus lassen sich diese Schwellenwerte dazu heranziehen, fossile Frostbodenstrukturen paläoklimatisch zu interpretieren. Bei einer Übertragung auf eiszeitliche Verhältnisse ist jedoch zu berücksichtigen, daß das aktualistische Prinzip nur bedingt anwendbar ist, denn die verschiedenen Teilregionen des rezenten und pleistozänen Periglaziärs weisen signifikante individuelle Besonderheiten auf (vgl. Boardman 1987).

Von besonderem Interesse sind fossile Frostbodenstrukturen, die zweifelsfrei auf ehemaligen Dauerfrostboden hinweisen. Dazu gehören fossilisierte Eiskeilstrukturen, Pingorelikte, mächtige diapirartige Substratdeformationen, die beim Austauen von bodeneisreichem Permafrost entstehen, und fossile Blockgletscher. Auch fossile Kryoturbationen mit flacher Untergrenze in permeablem Substrat weisen auf ehemaligen Dauerfrostboden hin. Andere fossile Periglaziärerscheinungen wie Mollisolfrostkeile, Frostrisse, geringmächtige Kryoturbationen ohne scharfe Untergrenze oder über impermeablem Substrat sowie Solifluktionsschuttdecken belegen zwar ein ehemaliges scharfes Bodengefrornisregime, aber nicht zweifelsfrei einen ehemaligen Dauerfrostboden. Sie können auch bei intensiver saisonaler Bodengefrornis entstanden sein. Abschließend sei erwähnt, daß es neben diesen mehr geologischen auch noch eine Reihe von pedologischen und geomorphologischen Hinweisen auf ehemals intensive Bodengefrornis gibt (Karte 1981).

Literatur

Boardman, J. (ed.): Periglacial Processes and Landforms in Britain and Ireland. Cambridge 1987.

Cheng, G.: Vertical and horizontal Zonation of high-altitude Permafrost. In: Permafrost. Fourth International Conference. Proceedings. Washington 1983, S. 136–141.

French, H. M.: Periglacial Geomorphology and Permafrost. Progress in Physical Geography 6, 1982, S. 275–281.

Hagedorn, J.: The montane periglacial Zone and its morphological lower Limit. Z. f. Geom., N. F., Suppl. Bd. 36, 1980, S. 96–103.

Harris, S. A.: Distribution of zonal permafrost Landforms with freezing and thawing Indices. Biul. Pery., 29, 1982, S. 163–182.

Karte, J.: Räumliche Abgrenzung und regionale Differenzierung des Periglaziärs. Bochumer Geogr. Arb. 35, 1979, Paderborn.

Karte, J.: Zur Rekonstruktion des weichselhochglazialen Dauerfrostbodens im westlichen Mitteleuropa. Bochumer Geogr. Arb. 40, 1981, S. 59–71, Paderborn.

King, L.: Permafrost in Skandinavien. Untersuchungsergebnisse aus Lappland, Jotunheimen und Dovre/Rondane. Heidelberger Geogr. Arb. 76, 1984, Heidelberg.

Mensching, H.: Bemerkungen zum Problem einer „periglazialen" Höhenstufe in den Gebirgen der ariden Zone im nördlichen Afrika. Abh. Gött. Ak., Math.-Phys. K., 3. Folge 31, 1977, Göttingen, S. 290–299.

Péwé, T. L.: China expands research in frozen Ground: a Report of the third Chinese Conference on Permafrost. Z. f. Gletscherkd. u. Glazialgeologie, 22, 1986, S. 89–95, Innsbruck.

Poser, H. (ed.): Formen, Formengesellschaften und Untergrenzen in den heutigen periglazialen Höhenstufen der Hochgebirge Europas und Afrikas zwischen Arktis und Äquator. Abh. Gött. Ak., Math.-Phys. K., 3. Folge 31, 1977, Göttingen.

Poser, H., E. Schunke (eds.): Mesoformen des Reliefs im heutigen Periglazialraum. Bericht über ein Symposium. Abh. Gött. Ak., Math.-Phys. K., 3. Folge 35, 1983, Göttingen.

Schunke, E.: Die Periglazialerscheinungen Islands in Abhängigkeit von Klima und Substrat. Abh. Gött. Ak., Math.-Phys. K., 3. Folge 30, 1975, Göttingen.

Schunke, E.: Aktuelle Morphodynamik in den periglazialen Höhenstufen der Subarktis Nordamerikas und Europas. In: Jentsch, C., und H. Liedtke (eds.): Höhengrenzen in Hochgebirgen. Arb. aus dem Geogr. Inst. d. Universität d. Saarlandes 29, 1980, S. 159–174, Saarbrücken.

Troll, C.: Strukturböden, Solifluktion und Frostklimate der Erde. Geol. Rdsch. 34, 1944, S. 545–694, Stuttgart.

PERIGLAZIALE FORMEN UND SEDIMENTE

Von ARNO SEMMEL

1. Einleitung

Der Teil Mitteleuropas, der während der pleistozänen Kaltzeiten nicht von Eis bedeckt war, ist durch die periglazialen Formungsvorgänge in sehr typischer Weise geprägt worden. Vor allem in den Mittelgebirgen entstand ein charakteristisches „Periglazial-Relief". Hierzu gehören einmal die terrassierten Täler, die als Folge klimatisch bedingten Wechsels zwischen Akkumulation und Erosion gedeutet werden, zum anderen aber auch die sehr häufig zu beobachtende periglaziale Asymmetrie von Hohlformen sowie die Zerdellung der Hänge und die äolischen Denudations- und Akkumulationsformen. Seit langem sind die aufgeführten Erscheinungen auch Gegenstand geomorphologischer Forschung (z. B. SALOMON 1917; SOERGEL 1921; KESSLER 1925). In geomorphologischen Lehrbüchern finden sie relativ wenig Beachtung (z. B. MACHATSCHEK 1973; LOUIS und FISCHER 1979). Möglicherweise wirkt sich hier bis heute die dominierende Rolle A. PENCKS aus, der die geomorphologische Bedeutung periglazialer Formung in Mitteleuropa nicht sehr hoch einschätzte. Um so beachtlicher ist, daß trotzdem BÜDEL (1937) sich mit einer Arbeit über die periglaziale Verwitterung und Abtragung im ehemals nicht vereisten Gebiet Mitteleuropas am Penckschen Institut habilitierte und mit dieser und einer weiteren Arbeit (BÜDEL 1944) für die Periglazial-Forschung wegweisend wurde. Nach dem Kriege lieferten POSER (z. B. POSER und MÜLLER 1951) wesentliche Beiträge zur geomorphologischen Periglazial-Forschung in Mitteleuropa. Ein deutschsprachiges Standardwerk allgemeiner Periglazialforschung, vergleichbar etwa den Büchern von TRICART (1970) oder WASHBURN (1979), fehlte, sieht man von dem zumindest umfangmäßig hiergegen abfallenden Werk von WEISE (1983) ab. Eine knappe Darstellung der Geomorphologie der mitteleuropäischen pleistozänen Periglazialgebiete ist bei SEMMEL (1985: 52ff.) gegeben worden.

Die anschließenden Ausführungen können sich, dem vorgegebenen Manuskriptumfang entsprechend, nur auf die dominierenden periglazialen Formen und Sedimente in Mitteleuropa konzentrieren. Weniger häufig vorkommende Erscheinungen werden nur erwähnt und nicht ausführlicher diskutiert.

2. *Periglaziale Täler*

Die mitteleuropäischen Täler im ehemals nicht vergletscherten Gebiet zeichnen sich durch ihre Terrassierung und breite Talböden aus. Die Terrassierung ist dadurch bedingt, daß steilere Hangpartien mit Verflachungen wechseln, die aus Schottern oder Felsterrassen bestehen. SOERGEL (1921) deutete diesen Wechsel als klimatisch verursacht. Lange Zeit hielt sich die Auffassung, in den Warmzeiten sei Einschneidung, in den Kaltzeiten Akkumulation erfolgt, so etwa noch LOUIS und FISCHER (1979: 280). Im völligen Gegensatz dazu steht die These von BÜDEL (zuletzt 1981: 79ff.), die Periglazialgebiete seien die Zone exzessiver fluvialer Tiefenerosion. Für Mitteleuropa nimmt BÜDEL an, daß im feuchtkalten Frühglazial jeweils Tiefenerosion, im trockenkalten Hochglazial dagegen jeweils Akkumulation stattgefunden hat. Am Beispiel vieler periglazialer Täler in Mitteleuropa läßt sich m. E. zweifellos zeigen, daß in der letzten Kaltzeit ein mehrfacher Wechsel von Tiefenerosion und Akkumulation erfolgte (SEMMEL 1961; 1984; HEINE 1970; RICKEN 1982; GÖRG 1984), der offensichtlich mit klimatischen Schwankungen einherging. Deshalb erscheint es bedenklich, wenn eine Gleichsetzung von pleistozäner Terrassen- und Kaltzeitenzahl versucht wird. Ebenso läßt sich aber auch nicht aus dem Nichtübereinstimmen der Zahl der Kaltzeiten mit der Zahl der Terrassen ableiten, daß die Terrassenbildung tektonisch und nicht klimatisch bedingt sei (z. B. MACHATSCHEK 1955: 92). Für die ganz überwiegende Zahl der Schotterterrassen ist die periglaziale Entstehung mit Kaltzeitindikatoren (u. a. Fauna, synsedimentäre Frostbodenstrukturen, Verknüpfung mit Löß und Solifluktionsschutt) nachzuweisen.

Daß tektonische Bewegungen die Talentwicklung auch im Pleistozän stark beeinflußt haben, läßt sich am Beispiel des Mittelrhein- und des Mittelmaintals zeigen (SEMMEL 1984: 65). Während im ersten Fall die cromerzeitlichen Terrassen weit über dem heutigen Talboden liegen, erreichte am Mittelmain die ältere Eintiefung bereits das Niveau der heutigen Aue. Ebenso ist nicht auszuschließen, daß die für das Quartär insgesamt augenfällige tiefe Einschneidung nicht nur klimatische, sondern auch tektonische Ursachen hat. Unbestreitbar bleibt nämlich das Vorkommen stark eingetiefter mitteltertiärer Täler im Rheinischen Schiefergebirge (zusammenfassende Darstellung bei SEMMEL 1984a), das belegt, daß für dic Tiefenerosion nicht unbedingt der „Eisrindeneffekt" i. S. von BÜDEL erforderlich ist. Als starker Erosionsimpuls können sich auch im Pleistozän die klimatisch verursachten Meeresspiegelabsenkungen ausgewirkt haben (ROHDENBURG 1968), es bleibt aber wohl fraglich, ob sie sich über junge tektonische Senken hinweg bis in die Quellgebiete der größeren Flußsysteme durchgesetzt haben. Um diesen Problemkreis solider diskutieren zu können, sind in den meisten Tälern weitere Untersuchungen mit dem Ziel einer sicheren Terrassen-Parallelisierung auszuführen. Insbesondere müßte geklärt werden, inwieweit die erstmals von BIRKENHAUER (1971) für das Mittelrheintal beschriebene Niveaukonstanz der altpleistozänen Terrassen auch außerhalb des Rheinischen Schiefergebirges verbreitet ist.

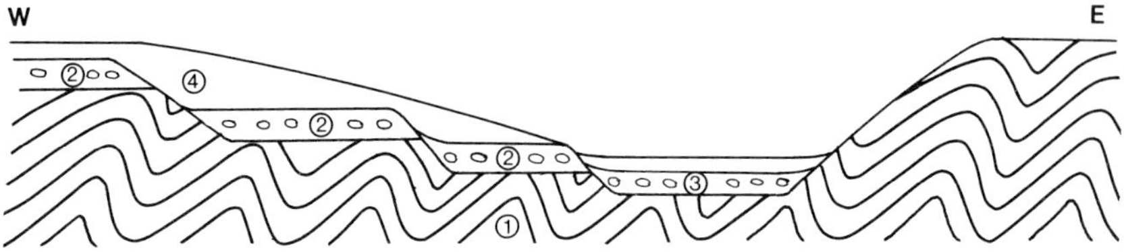

Abb. 1: Schematischer Schnitt durch ein periglazial-asymmetrisches Tal.
1 = präquartäres Gestein, z. B. Tonschiefer;
2 = ältere pleistozäne Terrassen;
3 = jungpleistozäne Terrasse mit Auenlehm;
4 = Lößdecke

Weite Talstrecken zeichnen sich durch eine sekundäre Asymmetrie im Sinne von Poser und Müller (1951) aus. Der ostexponierte Hang ist flach, der Gegenhang steiler. Diese Asymmetrie wurde durch die Ostwanderung der Tiefenlinien des Talbodens während des Pleistozäns hervorgerufen. Maßgeblichen Anteil hatten m. E. daran der vorherrschende Westwind, der die Wasserläufe nach Osten abdrängte, und das jeweils frühe Auftauen des Hangfußes des westexponierten Hanges. Durch den letztgenannten Vorgang wurde in diesem Teil des Talbodens wahrscheinlich am ehesten Erosion durch fließendes Wasser möglich. Außerdem war hier vermutlich auch die Schneedecke am dünnsten (vgl. dazu auch Semmel 1985: 85). In keinem Fall kann die Asymmetrie durch die stärkere Abtragung auf dem flacheren ostexponierten Hang entstanden sein, denn hier sind ältere Schotterterrassen und eine oft recht mächtige Lößdecke mit fossilen Böden erhalten geblieben. An anderer Stelle sind entsprechende Beispiele von Talquerschnitten aus verschiedenen Mittelgebirgen der Bundesrepublik dargestellt worden (Semmel 1985: 83ff.). Das auf dem flachen Hang sich entwickelnde sekundäre Hohlformennetz trägt mit Selbstverstärkungseffekt zusätzlich zur Ostwanderung des Haupttales bei. Mit zunehmender Verlagerung der Tiefenlinie nach Osten vergrößert sich das Niederschlagsgebiet und damit in der Regel der Oberflächenabfluß auf dem ostexponierten Hang, was wiederum zur Verstärkung der Abdrängung des Haupttals nach Osten führt. Auf Abb. 1 ist ein schematischer Querschnitt eines solchen Tals dargestellt.

Hervorragende Beispiele für die Wirkung der periglazialen asymmetrischen Talentwicklung führt Büdel (1944; 1981) von glazifluvialen Schotterfeldern der vorletzten Kaltzeit im nördlichen Alpenvorland an. Zu korrigieren ist m. E. nur die Annahme Büdels (1981: 234), der Löß habe auf den flachen, ostexponierten Hängen die „kryogene Abtragung" weiter verstärkt. Eigene Untersuchungen bei Edeltalhaus auf dem Neukirchener Feld südwestlich Altöttings zeigten, daß an vielen Stellen der Jungwürmlöß mit den typischen Naßböden auf diesen Hängen erhalten blieb und darunter sogar Reste von Mittel- und Altwürm-Böden zu finden sind. Deshalb kann von einer starken Abtragung keine Rede sein, es überwog eindeutig die Akkumulation. Insofern ist also auch Weise (1983: 127) zuzustimmen, wenn er in Anlehung an Karrasch (1970: 260ff.) folgert, der Löß spiele keine entscheidende Rolle bei der Entstehung der Talasymmetrie.

Während bei den bisher beschriebenen Formen die Ostwanderung der Tiefenlinien mit zunehmender Tieferlegung der Talböden verbunden ist, gibt es viele Beispiele, die anzeigen, daß die Tiefenerosion seit dem Altpleistozän nicht zugenommen hat. In diesem Zusammenhang sei auf entsprechende Formen in Mainfranken verwiesen (Semmel und Stäblein 1971), in denen sich wahrscheinlich die schon erwähnte altpleistozäne Taleintiefung des Mains auswirkte.

3. *Dellen und ähnliche Hohlformen*

Als typisch periglaziale Formen gelten die Dellen. Diese sind unter Acker heute bekanntlich oft stark verändert, vielfach entstanden durch die Verfüllung von Kerben sogenannte „Kulturdellen“ (vgl. hierzu Rathjens 1979: 88), die von der Form her manchmal nur schwer von den echten Periglazialdellen zu unterscheiden sind. Mit Hilfe der Bodenveränderungen, die eine Kulturdelle im Querschnitt aufweist, ist dies jedoch ohne Schwierigkeiten möglich, und bei anthropogen überformten Periglazialdellen gelingt es auf diese Weise häufig sogar, die Veränderungen quantitativ zu erfassen (vgl. hierzu Semmel 1977: 56ff.; 1983: 56ff.). Hierbei muß zwischen Formen im Löß und ähnlichen Substraten einerseits und Formen in anderen Gesteinen andererseits unterschieden werden. Gelegentlich kommen auch Mischformen vor.

Periglazialdellen im Löß sind dadurch entstanden, daß die periglaziale Lößsedimentation wiederholt von Abtragungsphasen unterbrochen wurde (vgl. entsprechende Beispiele bei Rohdenburg 1968a; Semmel 1968). Diese Vorgänge können sich bis in das liegende Gestein ausgewirkt haben. Mit Hilfe der Lößstratigraphie läßt sich die Entwicklung häufig sehr gut rekonstruieren. Eine letzte, besonders kräftige Abtragungsphase ist demnach für das frühe Jungwürm (vor mehr als 20000 Jahren) anzunehmen. Nach Beendigung der pleistozänen Lößsedimentation entstanden Böden, die heute unter Wald in der Regel als Parabraunerden ausgebildet sind. Die gesamte Delle wird also von einem Boden überzogen, der einen 30 bis 50 cm mächtigen tonärmeren Oberboden und einen tonreicheren Unterboden besitzt, der bis 400 cm Tiefe erreichen kann (Semmel 1983: 54ff.). Anthropogene Veränderungen entstehen überwiegend durch Bodenerosion, die den Oberboden und auch den Unterboden teilweise oder völlig abtragen kann. Auf der Abb. 2 sind derart veränderte Profile am Beispiel eines Dellenquerschnittes dargestellt. Ähnliches gilt auch für Periglazialdellen im Geschiebemergel, der älter als die letzte Eiszeit ist.

Periglazialdellen in anderen Gesteinen sind mit Solifluktionsschutt bedeckt, der sich in der Regel in den lößlehmhaltigen Deckschutt, den stark lößlehmhaltigen Mittelschutt und den lößfreien Basisschutt gliedern läßt (Semmel 1968:

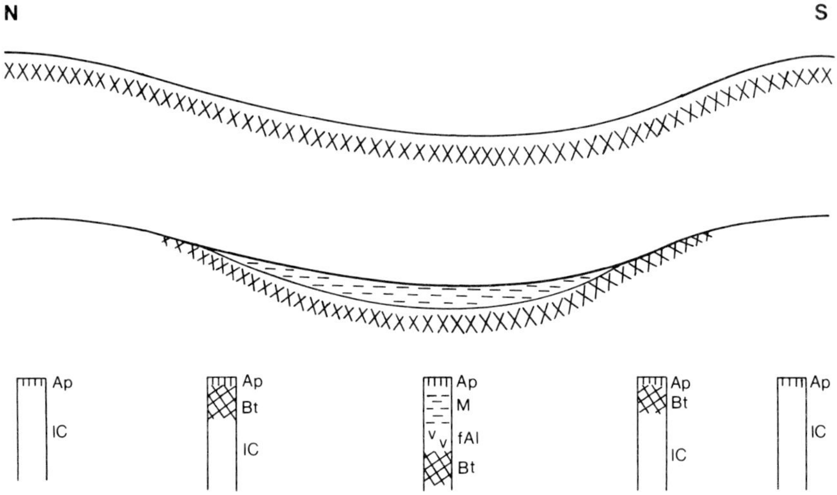

Abb. 2: Periglaziale Delle im Löß und anthropogene Überformung.
Das obere Profil entspricht dem unveränderten Zustand mit durchgehender Ausbildung einer Parabraunerde aus Löß; das untere Profil ist durch die Bodenerosion infolge Beakkerung stark verändert. Die ursprüngliche Parabraunerde ist nur noch fossilisiert unter kolluvialer Bedeckung im Zentrum der Delle erhalten, seitlich davon teilweise und sogar völlig abgetragen. Die Säulenprofile stellen außen jeweils Pararendzinen und daneben stark erodierte Parabraunerden dar.

96ff.). In symmetrischen, meist annähernd west/ost-orientierten Dellen verteilt sich die Schuttdeckenabfolge in der auf Abb. 3 dargestellten Weise. Im höchsten Teil des Dellenlängsprofils liegt im Zentrum des Querschnitts Deckschutt auf dem Basisschutt über anstehendem Gestein. Bei Dominanz von tonarmen Gesteinen sind basenarme Braunerden im Deckschutt entwickelt, bei tonreicheren Gesteinen erhöht sich vor allem im Basisschutt der Tongehalt, so daß der Deckschutt als tonärmerer Oberboden und der Basisschutt als tonreicherer Unterboden angesprochen werden können. Solche Böden nennt man auch „Phäno-Parabraunerden". Hoher Tongehalt und Verdichtungen im Basisschutt haben auch Staunässebildung zur Folge. Auf den höheren Teilen der Dellenflanken liegt der Deckschutt oft direkt auf dem im Verband anstehenden festen Gestein. Bei sandigen Substraten dominieren hier Braunerden, bei sehr tonigen Gesteinen Braunerde-Pelosole.

In mittleren und tieferen Teilen des Dellenlängenprofils schaltet sich im Querschnittszentrum vielfach der stark lößlehmhaltige Mittelschutt zwischen Deck- und Basisschutt ein. In dieser relativ geschützten Position ist wohl primär mehr Lößlehm akkumuliert worden und erhalten geblieben. Als Böden dominieren Parabraunerden und Pseudogleye.

Bei Beackerung wird der Deckschutt auf Dellenflanken schnell erodiert,

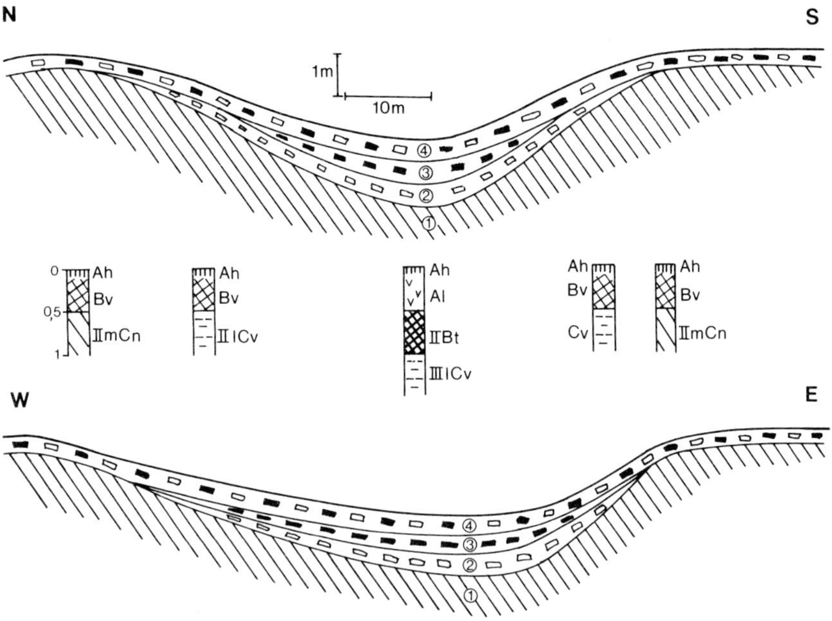

Abb. 3: Symmetrischer (oben) und asymmetrischer (unten) periglazialer Dellenquerschnitt in Festgesteinen.
1 = Festgestein; 2 = Basisschutt; 3 = Mittelschutt; 4 = Deckschutt.

und im Querschnittszentrum sammelt sich Kolluvium an. Es treten im Prinzip ähnliche Veränderungen wie bei den Lößdellen ein.

Innerhalb der einzelnen Schuttdecken liegt häufig Mehrschichtigkeit vor. Während ich lange Zeit annahm, daß der Deckschutt im wesentlichen in der Jüngeren Tundrenzeit gebildet wurde (er überwanderte allerödzeitlichen Laacher Bimstuff und enthält diesen), die anderen Fließerden dagegen älter seien, vertritt neuerdings Fried (1984: 56) die Auffassung, daß stellenweise alle drei Schuttdecken Laacher Bimstuff enthalten und deshalb jungtundrenzeitliches Alter besitzen könnten. Ansonsten sei ausdrücklich darauf hingewiesen, daß in manchen Profilen Mittel- und Basisschutt in mehrfachem Wechsel übereinander liegen und in ihnen sowohl reine Lösse als auch verspülte Substrate vorkommen können.

Drehen die Längsachsen der Dellen aus der Ost-West-Orientierung heraus, so stellen sich bei Vorhandensein des stark lößlehmhaltigen Mittelschutts asymmetrische Verteilungsmuster der Schuttdecken ein, wie sie schon bei den asymmetrischen Tälern beschrieben wurden. Auf dem flacheren ostexponierten Hang ist der Mittelschutt wesentlich weiter verbreitet als auf dem steileren Gegenhang (vgl. Abb. 3). Fehlt der Mittelschutt, so liegt auf dem flachen Hang Deckschutt über Basisschutt. Letzterer kann auf dem steileren Hang fehlen.

Laut KARRASCH (1970) herrscht in Höhenlagen oberhalb ca. 600 m NN bei den Dellen entgegengesetzte Asymmetrie vor, der steilere Hang ist also nach Osten exponiert. Dies könnte als Auswirkung intensiverer Frostverwitterung und kräftigerer Solifluktion gedeutet werden, die den „wärmeren" Hang stärker erfaßt als den Gegenhang und zu seiner Verflachung führt. In diesen Höhen kommen auch „Frostkliffs" vor.

Die Dellen gehen häufig in größere Trockentäler über, die besonders auf durchlässigen Gesteinen anzutreffen sind (Sandstein, Kalkstein). Deren Durchlässigkeit ist während der kaltzeitlichen Abschnitte, in denen Dauerfrostboden ausgebildet war, unterbunden gewesen, so daß ein wesentlich stärkerer Oberflächenabfluß mit entsprechender Abtragung möglich war.

Außerdem sei noch erwähnt, daß stellenweise periglaziale Pedimente gefunden wurden, also Fußflächen, die durch Abtragung entstanden. Aus Rheinhessen beschreiben z. B. BECK (1976) und PLASS et al. (1977), aus dem südlichen Niedersachsen BRUNOTTE (1978) solche Formen.

4. Äolische Formen

Ein wichtiger periglazialer Formungsvorgang ist ohne Zweifel die Windwirkung. Sie ist insbesondere in den Altmoränenlandschaften seit langem bekannt und untersucht worden. Neben den Deflationswannen weisen die weit verbreiteten Steinpflaster mit Windkanter auf die Wirkung der Ausblasung hin. Die korrelaten Sedimente kommen in Form von großen Dünenzügen, aber noch häufiger als relativ geringmächtiger „Decksand" vor. Für das Gebiet nördlich des Dümmer Sees erarbeitete z. B. MEYER (1981) ein Standardprofil solchen Decksandes (vgl. Abb. 4), das mit den Befunden in den Niederlanden vergleichbar ist. Besondere geomorphologische Bedeutung wird der „Steinsohle" zugemessen, die wohl an vielen Stellen den Beginn eines äolischen Formungsabschnittes anzeigt (vgl. auch SIEBERTZ 1987). In vielen Dünen findet man schwache Bodenbildungen, die dem Bölling- und dem Alleröd-Interstadial zugeordnet werden. Die Flugsande und ihre feineren Derivate, die Sandlösse, sind häufig nach ihrer äolischen Sedimentation verspült worden (GLATTHAR und LIEDTKE 1981). PYRITZ (1972) gibt Kriterien an, wonach ein großer Teil der Dünen im Niedersächsischen Tiefland durch anthropogene Eingriffe im Holozän entstand.

Das gilt sicher auch für einen großen Teil der Dünen in der Oberrheinischen Tiefebene. Dort bildet die Basis des äolischen Sandkomplexes ebenfalls eine geschichtete Serie von Sand und sandigem, kalkhaltigem Schluff (BECKER 1967). Darüber folgt dann der eigentliche Dünensand. In der nördlichen Oberrheinischen Tiefebene ist nachzuweisen, daß der größte Teil der Dünen seit dem Ende des Pleistozäns nicht mehr in Bewegung gewesen ist, denn ein sandig-lehmiges Decksediment mit unterschiedlichen Anteilen von Laacher Bimstuff überzieht die Dünen. Nur an wenigen Stellen ist der Tuff von größeren

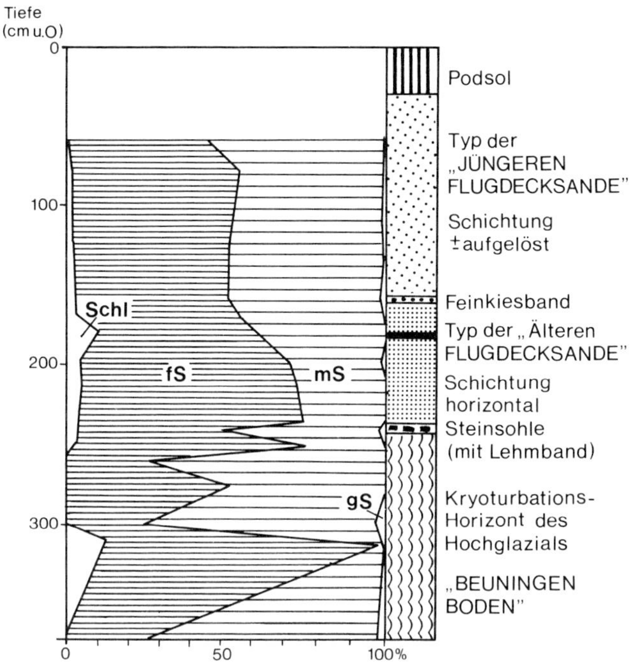

Abb. 4: Profil hoch- und spätglazialer Flugdecksande aus der nordwestdeutschen Altmoränen-Landschaft (aus MEYER 1981).

Flugsandmengen noch überdeckt worden. An der Basis des Decksediments kommen Kryoturbationstaschen vor, die manchmal reinen Laacher Bimstuff enthalten (SEMMEL 1969: 93).

Größere und mächtigere Verbreitung als der Flugsand hat in unseren ehemals periglazialen Gebieten der Löß. Es sind indessen meines Wissens bisher keine typischen Lößdünen beschrieben worden, wie sie z. B. aus Südosteuropa bekannt sind (z. B. ROHDENBURG 1968a: 89ff.).

Die mächtigsten Lößdecken liegen in ausgesprochener Leeposition. Typische Beispiele sind die bereits beschriebenen ostexponierten Hänge asymmetrischer Täler. Aber auch am Fuß sehr steiler Luvlagen wie überhaupt am Fuß langer Hänge kommen mächtigere Lößdecken vor. THÜNE und STÖHR (1980) sehen den rheinhessischen Löß als von Ostwinden sedimentiert an. Ähnliche Befunde werden bereits von SCHÖNHALS (1953) aus dem nördlichen Böhmen mitgeteilt (vgl. zu dieser Diskussion SEMMEL 1985: 85ff.).

Lößdecken, die Dünen ähnlich sind, scheint es im südlichen Taunusvorland zu geben. Es handelt sich dabei um Vorkommen, die bis zu acht Meter über ihre Terrassenunterlage ansteigen (Abb. 5). Die Frage der Entstehung solcher Vorkommen ist bereits früher diskutiert worden (SEMMEL 1969: 91f.). Das hier

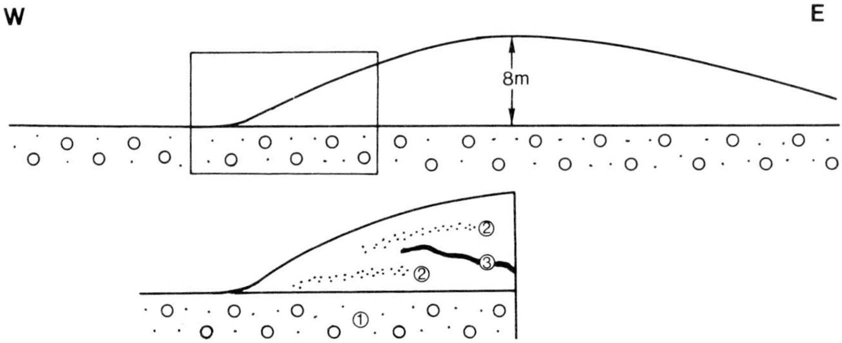

Abb. 5: Durch Aufwehung entstandene Lößkante im südlichen Taunusvorland. Über pleistozänem Terrassenkies (1) liegt Löß mit eingewehten Sandbändern (2), die nach Osten alsbald aussetzen. Der Eltviller Tuff (3) wird im Westen von einer jüngeren Sandlage und jüngerem Löß geschnitten. Diese Situation ist am besten zu erklären, wenn eine Aufwehung von Westen angenommen wird. Demnach stellt die Geländekante keine Abtragungs-, sondern eine äolische Akkumulationsform dar.

wiedergegebene Beispiel läßt die Deutung zu, daß es sich bei der Lößkante nicht um eine Abtragungs-, sondern um eine Akkumulationsform handelt. Die Form der Einlagerung von kleinen Sandbändern und des Eltviller Tuffes kann in dieser Weise wohl nur an der Luvseite einer „Düne" erfolgt sein. Wahrscheinlich sind solche Formen häufiger als bisher bekannt, weil sie als Abtragungskante gedeutet werden.

Literatur

Beck, N. (1976): Untersuchungen zur Reliefentwicklung im nördlichen Rheinhessen. Erdkde. 30: 73–83, Bonn.

Becker, E. (1967): Zur stratigraphischen Gliederung der jungpleistozänen Sedimente im nördlichen Oberrheingraben. Eiszeitalter u. Gegenwart, 18: 5–50, Öhringen.

Birkenhauer, J. (1971): Vergleichende Betrachtung der Hauptterrassen in der Rheinischen Hochscholle. Köln. geogr. Arb., Festschr. K. Kayser: 99–140, Köln.

Brunotte, E. (1978): Zur quartären Formung von Schichtkämmen und Fußflächen im Bereich des Markoldendorfer Beckens und seiner Umrahmung (Leine-Weser-Bergland). Gött. geogr. Abh. 72: 138 S., Göttingen.

Büdel, J. (1937): Eiszeitliche und rezente Verwitterung und Abtragung im ehemals nicht vereisten Teil Mitteleuropas. Pet. geogr. Mitt., Erg.-H. 229: 1–83, Gotha.

Büdel, J. (1944): Die morphologischen Wirkungen des Eiszeitklimas im gletscherfreien Gebiet. Geol. Rdsch. 34: 482–519, Berlin.

Büdel, J. (1981): Klima-Geomorphologie. 2. Aufl.: 304 S., Berlin.

Fried, G. (1984): Gestein, Relief und Boden im Buntsandstein-Odenwald. Frankf. geowiss. Arb. D 4: 201 S., Frankfurt a. M.

Glatthar, D., und H. Liedtke (1981): Abluale Talverfüllung in der Hollenbecke nördlich Osnabrück. Boch. geogr. Arb. 40: 112–115, Paderborn.

Görg, L. (1984): Das System pleistozäner Terrassen im unteren Nahetal zwischen Bingen und Bad Kreuznach. Marb. geogr. Schr. 94: 202 S., Marburg.

Heine, K. (1970): Fluß- und Talgeschichte im Raum Marburg. Bonner geogr. Abh. H. 42: 195 S., Bonn.

Karrasch, H. (1970): Das Phänomen der klimabedingten Reliefasymmetrie in Mitteleuropa. Gött. geogr. Abh. 56: 229 S., Göttingen.

Kessler, P. (1925): Das eiszeitliche Klima. 210 S., Stuttgart.

Louis, H., und K. Fischer (1979): Allgemeine Geomorphologie. 4. Aufl.: 814 S., Berlin.

Machatschek, F. (1955): Das Relief der Erde. 2. Aufl.: 531 S., Berlin.

Machatschek, F.: Bearbeiter Graul, H., und C. Rathjens (1973): Geomorphologie. 10. Aufl.: 256 S., Stuttgart.

Meyer, H. H. (1981): Zur klimastratigraphischen und morphogenetischen Auswertbarkeit von Flugdecksandprofilen im norddeutschen Altmoränengebiet – erläutert an Beispielen aus der Kellenberg-Endmoräne (Landkreis Diepholz). Boch. geogr. Arb. 40: 21–30, Paderborn.

Plass, W., H. D. Scheer und A. Semmel (1977): Lößsedimente und rote Böden im Altpleistozän Rheinhessens. Catena 4: 181–188, Gießen.

Poser, H., und Th. Müller (1951): Studien an den asymmetrischen Tälern des niederbayerischen Hügellandes. Nachr. Ak. Wiss. Gött., Math.-Phys. Kl., Jg. 1951 1: 1–32, Göttingen.

Pyritz, E. (1972): Binnendünen und Flugsandebenen im Niedersächsischen Tiefland. Gött. geogr. Abh. 61: 153 S., Göttingen.

Rathjens, C. (1979): Die Formung der Erdoberfläche unter dem Einfluß des Menschen. 160 S., Stuttgart.

Ricken, W. (1982): Quartäre Klimaphasen und Subrosion als Faktoren der Bildung von Kies-Terrassen im südwestlichen Harzvorland. Eiszeitalter u. Gegenwart 32: 107–136, Hannover.

Rohdenburg, H. (1968): Zur Deutung der quartären Taleintiefung in Mitteleuropa. Die Erde 99: 297–304, Berlin.

Rohdenburg, H. (1968a): Jungpleistozäne Hangformung in Mitteleuropa. Gött. bodenkdl. Ber. 6: 3–107, Göttingen.

Salomon, W. (1917): Die Bedeutung der Solifluktion für die Erklärung der deutschen Landschafts- und Bodenformen. Geol. Rdsch. 7: 30–41, Leipzig.

Schönhals, E. (1953): Gesetzmäßigkeiten im Kornaufbau von Talrandlössen mit Bemerkungen über die Entstehung des Lösses. Eiszeitalter u. Gegenwart 3: 19–86, Öhringen.

Semmel, A. (1961): Die pleistozäne Entwicklung des Weschnitztales im Odenwald. Frankf. geogr. H. 37: 425–492, Frankfurt a. M.

Semmel, A. (1968): Studien über den Verlauf jungpleistozäner Formung in Hessen. Frankf. geogr. H. 45: 133 S., Frankfurt a. M.

Semmel, A. (1969): Quartär. Erl. geol. Kte. Hessen 1:25000 Bl. 5916 Hochheim a. M.: 51–99, Wiesbaden.

Semmel, A. (1977): Grundzüge der Bodengeographie. 1. Aufl.: 120 S., Stuttgart.

Semmel, A. (1983): Grundzüge der Bodengeographie. 2. Aufl.: 123 S., Stuttgart.

Semmel, A. (1984): Geomorphologie der Bundesrepublik Deutschland. 4. Aufl.: 192 S., Stuttgart.

Semmel, A. (1984a): Reliefentwicklung im Rheinischen Schiefergebirge. Zur präquartären Entwicklung. Tg. Ber. u. wiss. Abh. 44. Dt. Geogr. Tg. Münster 1983: 71–74, Wiesbaden.

Semmel, A. (1985): Periglazialmorphologie. Ertr. Forsch. 231: 116 S., Darmstadt.
Semmel, A., und G. Stäblein (1971): Zur Entwicklung quartärer Hohlformen in Franken. Eiszeitalter u. Gegenwart 22: 23–34, Öhringen.
Siebertz, H. (1987): Die stratigraphische und paläogeographische Bedeutung der Steinsohle in den pleistozänen Sedimenten des Niederrheins und angrenzender Gebiete. Decheniana 140: 193–203, Bonn.
Soergel, W. (1921): Die Ursachen der diluvialen Aufschotterung und Erosion. 74 S., Berlin.
Thüne, W., und W. Th. Stöhr (1980): Zur Frage von Zirkulationsanomalien in Mitteleuropa während der Eiszeiten aufgrund von Lößablagerungen. Berl. geowiss. Abh. A 19: 235–236, Berlin.
Tricart, J. (1970): Geomorphology of cold Environments. 320 S., London.
Washburn, A. L. (1979): Geocryology. 406 S., London.
Weise, O. (1983): Das Periglazial. 199 S., Berlin–Stuttgart.

Deutsche Übersetzung von: Periglacial slopewash and sedimentation in Northwestern Germany during the Würm (Weichsel) Glaciation. – Permafrost – Fourth International Conference, Fairbanks 1983, Proceedings, Washington 1983, 715–718.

ABLUALE ABSPÜLUNG UND SEDIMENTATION IN NORDWESTDEUTSCHLAND WÄHREND DER WEICHSEL-(WÜRM-)EISZEIT[1]

Von Herbert Liedtke

Im norddeutschen Tiefland gibt es geomorphologisch zwei deutlich unterschiedliche Landschaftseinheiten: die Jungmoränen- und die Altmoränenlandschaft.

Während die Jungmoränenlandschaft durch frische Oberflächenformen gekennzeichnet ist, die die eiszeitlichen Hinterlassenschaften noch klar erkennen lassen, die sogar ein so bewegtes Relief besitzen, daß man von einer „Holsteinischen Schweiz“ spricht, hat die Altmoränenlandschaft nur völlig ausdruckslose Oberflächenformen, die sich durch geringe Hangneigungen und große, fast ebene Diluvialplatten auszeichnen. Nicht einmal die großen Endmoränenzüge, die in der Jungmoränenlandschaft häufig sehr klar hervortreten, lassen sich genau erkennen. In den Auffassungen der geologischen Bearbeiter gibt es Differenzen bis 15 km hinsichtlich des Verlaufs dieser Endmoränen, falls nicht überhaupt ganz abweichende Meinungen auftreten.

Selbst die sonst so deutlichen Grenzen der Urstromtäler gegen benachbarte Areale sind stellenweise geomorphologisch nicht sicher zu ermitteln, und selbst die Sander sind mehr zu folgern als zu beweisen. Ihr Zusammenhang mit den Eisrandlagen ist meist unklar. Insgesamt kann man von fast völlig ausgelöschten glazialen Oberflächenformen sprechen, in welchen oft sogar typisch geologische Ablagerungen nicht mehr vorhanden sind.

Warum sind in den Altmoränengebieten die Grundzüge des Glazialreliefs verschwunden? Warum sind die Rinnen und Zungenbecken nicht mehr sichtbar? Warum ist die Landschaft so trostlos flach?

Die Beantwortung ist leicht: Es war das periglaziale Klima mit Dauerfrost und fehlender Vegetation, das diese Verhältnisse ermöglichte und das in der letzten Eiszeit im Vorland der Vereisung die Nivellierung herbeiführte.

Aber wann erfolgte dieser Vorgang, und wie erfolgte er? Im allgemeinen wird die Solifluktion für den Abtragungsvorgang verantwortlich gemacht. Aber in den Gebieten mit Festgesteinen kennt man die begrenzte Wirksamkeit der Solifluktion inzwischen recht gut und weiß, daß dadurch verhältnismäßig wenig in den Grundzügen des Reliefs verändert worden ist. Außerdem gibt es große Areale reiner Sande, die für die Solifluktion wenig geeignet sind, weil ihnen Feinmaterial fehlt. Die „Versandung“ in ehemaligen Grundmoränenarealen

[1] Leicht überarbeitet und ergänzt um Glatthaar & Liedtke (1986).

zeigt, daß hier nicht einfache kryogene Verlagerung von Material erfolgte, sondern daß zugleich eine Selektion stattgefunden hat: Blöcke und grobe Sande blieben am Ort, Feinsande, Schluffe und Tone wurden abtransportiert. Deshalb kommt nicht der Solifluktion, sondern der Abspülung die Hauptrolle bei der Nivellierung des Glazialreliefs in Altmoränengebieten zu. Das feinere Material (Tone, Schluffe und Feinsande) wurde oberflächlich in der frühsommerlichen Auftauphase abgespült und verlagert, das gröbere blieb am Ort. Diesen Vorgang nenne ich *Abluation* (lat. abluere = abspülen) und verstehe darunter einen periglaziär-aquatischen denudativen Spülprozeß auf Hängen und eine Ablagerung des Materials am Fuß solcher Hänge dort, wo das Gefälle nachläßt. Dieser Vorgang erklärt für Norddeutschland die Verschüttung weiter glazialer Becken, aus denen gelegentlich kleine Grundmoräneninseln hervorblikken. Das Material wurde in periglaziär-fluvialen Tälern transportiert, so daß sich eine Dreiteilung solcher Täler ergibt: im Oberlauf denudative Abluation, im Mittellauf Durchtransport und im Unterlauf und Vorland akkumulative Abluation.

Der Nachweis für Zerschneidung und Auffüllung

Welche *Tatsachen* kann man zum Beweis der hier aufgeführten Thesen anführen? Hierzu wird das Altmoränengebiet der Dammer Berge in Nordwestdeutschland vorgestellt, das zwischen Bremen und Osnabrück liegt. Es besteht aus gestauchten Sanden und Kiesen und trug eine dünne Grundmoränendecke. Die Reliefverhältnisse waren infolge der Stauchung beachtlich und betragen noch heute rund 100 m zwischen dem höchsten Punkt 146 m und den tiefsten Lagen, die zwischen 45 und 50 m liegen. Dieses Gebiet war während der ganzen Weichseleiszeit periglaziären Bedingungen ausgesetzt. Dabei wurde die ursprüngliche Grundmoränendecke beseitigt; von ihr blieben nur einige Findlinge übrig. In den liegenden gestauchten Sedimenten wurden die sandigen Bereiche erodiert, die kiesigen blieben als Rücken stehen, denn sie wirkten wie Härtlinge. Das erodierte Material wurde in Tälern abgeführt, die zum Teil ehemaligen glazialen Rinnen folgten, wie eine geomorphologische Kartierung dieses Gebietes zeigt (Galbas, Klecker und Liedtke 1980).

Diese Täler zeigen einen kastenförmigen Talquerschnitt; ihr Längsgefälle ist +/− ausgeglichen. Ein Aufschluß zeigt folgenden Aufbau:

0,5 – 0,8 m	Geschiebesand
2,5 m	im Oberlauf Feinsande, sehr gut sortiert, im Mittellauf Fein-Mittelsande mit einzelnen Kieslagen, mit scharfer Grenze auf einem
0,6 m	Basiskonglomerat; dieses ist deutlich gegen das Liegende aus gestauchten Sanden und Kiesen abgesetzt.

Das Basiskonglomerat mit großen roten Buntsandsteinplatten bis 0,5 m Länge in einem nur 5 m breiten Talboden des Oberlaufes beweist, daß hier in einer Zerschneidungsphase mit kräftiger Wasserführung unterschiedlich grobes Material transportiert wurde, von welchem das größte liegenblieb, weil es

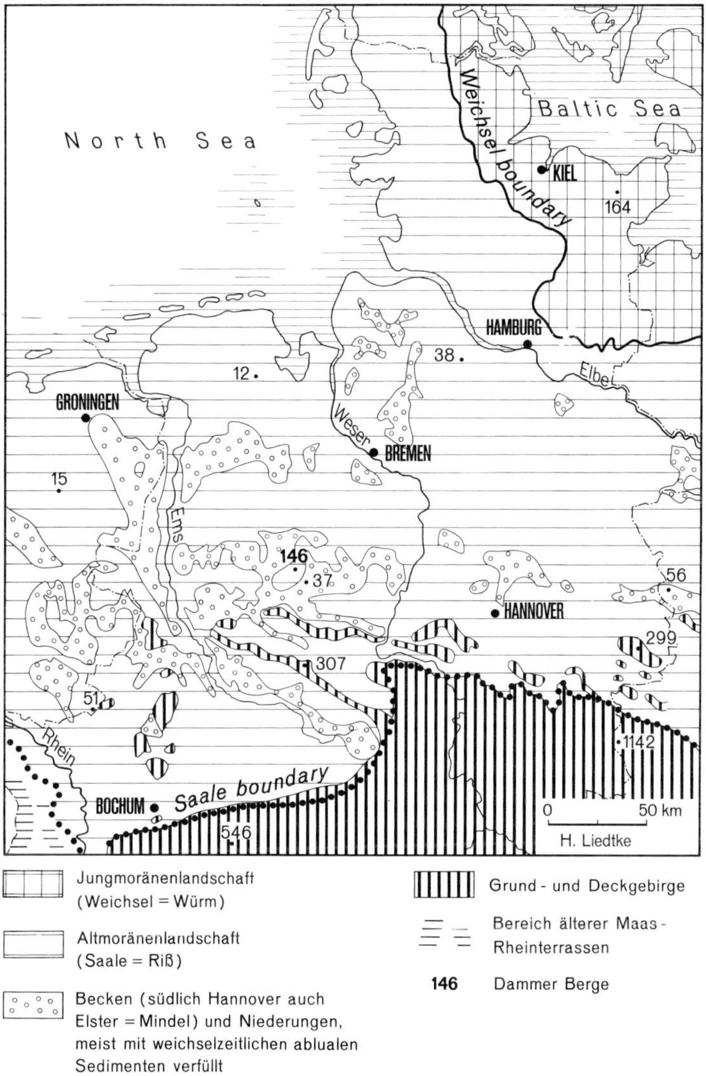

Abb. 1: Jung- und Altmoränenlandschaft in Nordwestdeutschland und die weichselzeitlich mit ablualen Sedimenten verfüllten Niederungen oder Becken.

die Kompetenz überschritt. Das Basisgeröll ist so fest gepackt, daß man es nur mit einer Spitzhacke freilegen kann. Nach der Eintiefung bis auf das Niveau des Basisgerölls erfolgte eine mehrere Meter mächtige Aufschüttung. Die Decke wird von einer ungeschichteten steinhaltigen Schicht eingenommen (Geschiebedecksand).

Das durch die Täler transportierte Material wurde in den Unterläufen und in den Hauptflüssen abgelagert. Die Mächtigkeit kann 5–10 m oder mehr betragen. Entscheidend ist, daß auch hier fast immer Feinsande oder Fein-Mittelsande zur Ablagerung gelangten. Ein schönes Beispiel bietet die Sandgrube am Bahnhof Holdorf, wo ca. 5 m Feinsande in horizontaler Lagerung aufgeschlossen sind. Gelegentlich gibt es kleine Horizonte mit Grobsand und kleinen Steinen bis 3 cm. Dünne, aber mehr als 5 m lange syngenetische Frostrisse zeigen an, daß die Aufschüttung unter kaltzeitlichen Bedingungen erfolgte. Organische Ablagerungen fehlen (Liedtke 1981 a).

Solche weitgespannten feinsandigen wohlgeschichteten Bildungen ohne Anteil an Geröllen oder Kieslagen zeigen an, daß hier zwar Wasser wirksam war, aber ein eigentlicher Fluß fehlte. Auf dem sehr schwachen Gefälle von 2–3‰ konnte das Wasser gerade noch Feinsand bewegen, gelegentlich kleine Gerölle. Der Abfluß fand oberflächlich statt, weil der Boden noch gefroren war, aber die Großflächigkeit ließ keine wirksame Transportleistung zu. Grobes Material blieb am Beckenrand liegen, feines wurde in die Becken gespült (Abb. 1), und die Schluff- und Tonanteile konnten bis in das Meer verfrachtet werden. Die Folge war eine weitflächige Aufschüttung in den Tiefenzonen, wo durch die Aufschüttung immer mehr sich ausdehnende Niederungen entstanden, die das seitlich sanft ansteigende Gelände ertränkten. Den älteren Geologen war diese Genese noch nicht bekannt; sie hatten solche Gebiete als „Talsand" kartiert und oftmals sogar entlang von Höhenlinien Terrassen ausgeschieden, die weder geomorphologisch sichtbar noch geologisch nachweisbar sind.

Die Übergänge von den Niederungen zu den umgebenden Diluvialplatten wurden durch die Akkumulation im Laufe der Zeit immer mehr verwischt; dazu kam noch oft eine spätglaziale Überwehung oder eine holozäne Überdekkung mit Niedermooren oder mit mehrere Meter mächtigen Hochmooren.

Das Alter der besonders aktiven geomorphologischen Prozesse, die zur Herausbildung der Altmoränenlandschaft führten

Zu welchem *Zeitpunkt* erfolgten nun diese Vorgänge einer weitflächigen Verschüttung? Da die eiszeitliche Prägung dieses Gebietes in der Riß-(Saale-)Eiszeit stattfand, erhebt sich die Frage, ob am Ende der Rißeiszeit bereits eine Umwandlung des Reliefs eingesetzt und die Verschüttung begonnen hatte. Hierfür liegen nur gelegentliche Hinweise vor. Das aktualistische Denkprinzip läßt das auch nicht erwarten, da das glaziale Landschaftsbild am Ende der Weichseleiszeit auch nur wenig verändert hinterlassen worden war und die

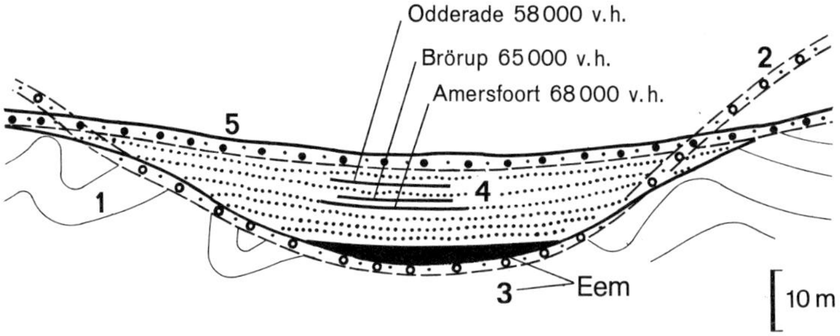

1 Gestauchte saaleeiszeitliche Sande und Kiese

2 Geschiebedecksand (oder limnische Sedimente) der ausgehenden Saaleeiszeit

3 Warmzeitliche Ablagerungen des Eems

4 Weichseleiszeitliche abluale Sedimente, gut geschichtet, mit frühweichseleiszeitlichen humosen Interstadialschichten

5 Geschiebedecksand oder Flugsand der Weichseleiszeit

Die Datenangaben beruhen noch auf 14 C - Angaben;
diese Ablagerungen können auch älter sein.

Abb. 2: Schema der weichselzeitlichen ablualen Verfüllung von Hohlformen im Periglaziärgebiet der Altmoränenlandschaft Norddeutschlands.

zahlreichen geschlossenen Hohlformen sich bis heute erhalten haben. Sichere Beweise für gravierende geomorphologische Veränderungen liegen erst für eine in der Weichseleiszeit beginnende Verschüttung vor, wie Menke (1976) aus Schleswig-Holstein und Lembke u. a. (1970) aus dem Fläming mitteilten (Abb. 2). Meist stellt man sich Nordwestdeutschland als völlige Tälerlandschaft vor, in der bereits alle Hohlformen verschwunden sind, mit Ausnahme der äolisch bedingten Hohlformen. Aber allein in Niedersachsen wurden mehr als 10000 solcher Hohlformen (Kaven) erkannt (Garleff 1968), die keinesfalls alle als Pingos zu deuten sind! Sie sind ehemals glaziale Hohlformen, die nicht vollständig durch die weichseleiszeitlichen periglaziären Vorgänge verschüttet worden sind. Sie lassen sich auch heute noch als ganz sanfte, 1–2 m tiefe Hohlformen mit Seen bis 250 m Durchmesser in der Landschaft erkennen und wurden bei der kartographischen Landesaufnahme auch meist erfaßt und dargestellt.

Warum kann man so sicher behaupten, daß diese rißeiszeitlichen Hohlformen hauptsächlich erst in der Weichseleiszeit zugefüllt worden sind? Hierfür gibt es vier Hinweise:

1. An der Basis liegt nur eine geringmächtige Folge spätsaaleeiszeitlicher Sedimente. Es handelt sich um kaltzeitliche Seefüllungen oder randlich um Geschiebedecksand, wie er auch heute auf den Moränen und Sandern der weichseleiszeitlichen glazialen Ablagerungen zu finden ist.

STRATIGR. (LIEDTKE 1981)	C^{14} – ZEIT	DURCHSCH. JULITEMP. (°C)	INTERSTADIAL (10^3)	VEGETATION IN DEN BENACHBARTEN NIEDERLANDEN (WIJMSTRA 1978, ZAGWIJN 1974)
MITTL. WEICHSEL	50 000	6°		Tundra, baumlos
FRÜH-				subarktisch mit Kiefer & Birke
		14°	Odderade ca. 58	Kiefern - Birkenwald mit Eiche, Hasel
	60 000	8°		subarktisch mit Kiefer & Birke
WEICHSEL		16°	Brörup ca. 65	Fichten - Kiefern - Birkenwald, Erle
		10°		subarktisch mit Kiefer & Birke
		15°	Amersfoort ca. 68	Kiefernwald mit Eiche, Erle & Fichte
	>70 000	11°		subarktische Parklandschaft, Kiefer & Birke und Heide
EEM		16°		Kiefern - Birkenwald mit Fichten
				Kiefern - Fichtenwald
		18°		Fichtenwald mit Ulme, Hasel & Hainbuche

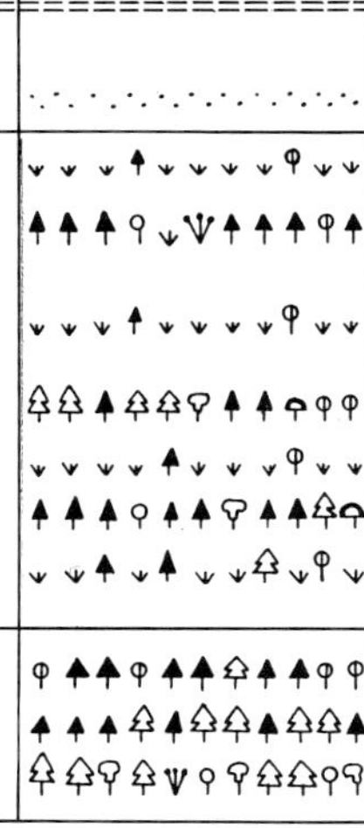

Tundra · Birke · Kiefer · Eiche · Hasel · Fichte · Erle · Ulme

Abb. 3: Vegetationsabfolge in der frühen Weichseleiszeit. Die Grenze Weichsel/Eem hat sich nach Untersuchungen der Thermolumineszenz auf ca. 115 000–120 000 v. h. verschoben.

2. Darüber folgen in den tieferen Lagen solcher ehemaligen, einige Meter, oft auch mehr als 10 m tiefen Hohlformen, wie sich bei Bohrungen erkennen läßt, warmzeitliche Florenelemente des Eems.
3. Über dem Eem liegen solifluidale oder abluale Sedimente. In diesem Material der verschütteten Hohlformen finden sich gelegentlich weichselzeitliche interstadiale Ablagerungen. Sie geben den Zeitpunkt der Verschüttung an und beweisen, daß ca. 60–80% der Zufüllung aus den frühen Phasen der Weichseleiszeit stammen, wie MENKE (1976) und LEMBKE u. a. (1970) zeigen konnten.
4. In den oberen sechs Metern der ablualen Füllung der großen Wanne des Dümmers konnten bei Lemförde vier Torfhorizonte gefunden werden, die aus der Zeit vor 35000–36000 Jahren stammen (GLATTHAAR und LIEDTKE 1986). Die Altersbestimmung erfolgte im Niedersächsischen Landesamt für Bodenforschung durch Herrn Prof. Dr. GEYH, dem ich hierfür herzlich danke.

Damit liegt der Zeitpunkt für die entscheidende Eintiefung und die hauptsächlichsten Aufschüttungen durch abluale (periglaziäre abspülende) Vorgänge fest (abluere = lat. abspülen), und es erhebt sich die Frage, warum gerade dieser Zeitabschnitt zu Beginn der Weichseleiszeit für die Eintiefung und die Akkumulation besonders günstig war. Zweifellos muß das geographische Milieu hierfür besonders günstige Voraussetzungen besessen haben. Zu jener Zeit bestand in Nordwestdeutschland und in den Benelux-Staaten klimatisch der Übergang von der bewaldeten Endphase des Eems zum Beginn der Weichseleiszeit (Abb. 3).

Zwei Vorgänge sind typisch für eine Kaltzeit in Mitteleuropa: Die Flüsse in Mitteleuropa schneiden sich ein und werden dann mit mehreren Metern Schotter aufgefüllt, und die Talzüge und Becken erfahren eine markante kaltzeitliche Akkumulation.

Tatsache ist, daß zuerst eine kräftige Einschneidung erfolgte, die sich überall nachweisen läßt, und daß erst danach eine mächtige Aufschüttung einsetzte. Im Bereich des letztkaltzeitlichen Periglazialgebietes hat sich immer wieder der Nachweis erbringen lassen, daß die Weichseleiszeit mit einer Einschneidungsphase eingeleitet wurde. Diese Vorstellung kann man auch auf die älteren Kaltzeiten übertragen; dieser Eintiefungsvorgang läßt sich dort allerdings nicht mehr so gut nachweisen, weil die Befunde meist inzwischen zerstört sind.

Wenn nun die erste große Verschüttung schon vor dem ersten Interstadial der Weichseleiszeit (Amersfort) stattgefunden hatte, wie die Hohlformenfüllungen zeigen, dann mußte die erste große Erosionsphase am Ende des Eems eingesetzt haben. So läßt sich die Folgerung ableiten:
Übergangsphasen von Warmzeiten oder Interstadialen zu Kaltphasen bewirken Erosion. Die Akkumulation erfolgt in den Kaltphasen.

Da in den weichseleiszeitlichen *Interstadialen* eine volle Vegetationsbedekkung mit Waldbäumen bestand, wie sie auch heute in den humiden gemäßigten Gebieten vorhanden ist, muß am Ende der wärmeren Phasen ein deutlich anderer fluvialer Prozeß bestanden haben, um die Einschneidung zu vollziehen: ein saisonaler plötzlicher und kräftiger Abfluß während der Schneeschmelze, begünstigt durch einen noch vorhandenen winterlichen Frost im Boden, bei zunehmend lockerer werdendem Vegetationsbestand. Es gab keinen Permafrost! Allein die saisonal plötzlich anschwellende Wassermasse ermöglichte die Erosion, wofür das mitgeführte Material als Angriffswaffe zur Verfügung stand. Zu große Blöcke blieben am Boden liegen und wurden kaum bewegt. Sie wurden nur in die Tiefe projiziert und bilden das Basiskonglomerat.

In den *kalten Tundrenzeiten* kam es zu Aufschüttungen in den Tälern und Becken. Das Material stammt von den Hängen. Auf sandigen kiesigen Hängen fand Abluation statt, auf den schluffreichen Hängen kam es auch zur Solifluktion. Beide Prozesse führten den Tälern Material zu. Je feuchter die Bedingungen waren, um so mehr konnte vom Hang geliefert werden. Das trockene Hochglazial lieferte vorwiegend Lößablagerungen.

Nachdem also in der Endphase des Eems eine Eintiefung erfolgt war, begann im Frühweichsel eine kräftige Einschüttung von ablualem Material in die Tiefenzonen und in die geschlossenen Hohlformen. Für diesen Zeitraum standen kaum 10000 Jahre mit subarktischem Klima zur Verfügung (Abb. 2 und Liedtke 1981b).

Zusammenfassung

Das nordwestdeutsche Flachland, sofern es der Altmoränenlandschaft zugerechnet werden muß, wird durch geringe Reliefenergie gekennzeichnet. Das ist die Folge der weichseleiszeitlichen periglaziären Abtragung, die sich weniger durch Solifluktion, sondern stärker durch abluale Vorgänge bemerkbar macht. Hierunter werden alle in mehr oder weniger sandigen Gebieten erfolgten kaltzeitlichen Abspülungsvorgänge verstanden, die zu einer kaltzeitlichen Sandakkumulation in den Talböden und Senken führten. Während Abluation und Solifluktion Prozesse in den Kaltphasen einer Eiszeit sind, erfolgten die Einschneidungsvorgänge in den Endphasen der Warmzeiten und Interstadiale. Die stärkste Einschneidung fand bereits am Ende des Eems statt.

Literatur

Galbas, P. U., P. M. Klecker und H. Liedtke: Erläuterungen zur Geomorphologischen Karte 1:25000 der Bundesrepublik Deutschland, GMK 25 Blatt 3415 Damme. Berlin 1980, 48 S.

Garleff, K.: Geomorphologische Untersuchungen an geschlossenen Hohlformen („Kaven") des niedersächsischen Tieflandes. Göttinger Geographische Abhandlungen, Heft 44, Göttingen 1968, 142 S.

Glatthaar, D., und H. Liedtke: Kaltzeitliche abluale Aufschüttung in der Dümmerniederung. N. Jb. Geol. u. Paläont. Mh., Stuttgart 1986, S. 157–164.

Liedtke, H.: Führer für die Exkursion in das Gebiet des Dümmers am 9.–10. Oktober. Bochumer Geographische Arbeiten, Heft 40, Paderborn 1981 (a), S. 97–137.
Liedtke, H.: Die nordischen Vereisungen in Mitteleuropa. Erläuterungen zu einer farbigen Übersichtskarte im Maßstab 1:1000000. Forschungen zur deutschen Landeskunde, Band 204, 2. Auflage, Trier 1981 (b), 307 S.
Menke, B.: Neue Ergebnisse zur Stratigraphie und Landschaftsentwicklung im Jungpleistozän Westholsteins. Eiszeitalter und Gegenwart 27, Öhringen 1976, S. 53–68.

LÖSSVERBREITUNG, LÖSSENTSTEHUNG, LÖSSCHRONOLOGIE

Von Márton Pécsi 1990

1. Der Begriff Löß und seine Kriterien

Über den Begriff Löß, dessen Herkunft und spezifische Eigenschaften sowie die Bestimmung der Lößkriterien sind im Verlauf der hundertjährigen Geschichte der Lößforschung viele Theorien, Erklärungen und Diskussionen entstanden.

Eine allen Aspekten entsprechende Definition ist auch deshalb schwierig zu geben, weil der Begriff Löß mal in weiterem Sinne, mal in engerem Sinne verwendet wird. Dies kann damit erklärt werden, daß der mit dem Löß gleichzeitig entstandene subaerische Lehm, tonige Lehm und andere dem Löß ähnliche Sedimente als lößartige Sedimente bezeichnet werden.

Der Löß ist ein kompliziertes, durch biogene und abiogene Prozesse entstandenes Sedimentgebilde. Vom Boden unterscheidet sich der Löß durch den wesentlich geringeren Anteil biogener Faktoren am Entwicklungsprozeß (Kriger 1965).

Def Es ist nicht immer leicht, den Löß von den lößartigen Bildungen zu trennen. Nach einer häufig angewandten Definition versteht man unter Löß ein homogenes, ungeschichtetes, poröses, wasserdurchlässiges, auch in steilen Wänden stabiles, überwiegend aus grobem Silt bestehendes lockeres Gestein, das primären Kalk enthält und von fein verteiltem Limonit (Eisenhydroxiden) hellgelb gefärbt wird.

Diese charakterisierenden Merkmale des Lösses werden zum Teil während der Akkumulation des aus der Luft abgelagerten Staubs und im Verlauf der anschließenden, in der gegebenen geographischen Umwelt ablaufenden Diagenese festgelegt.

Die mineralischen Hauptbestandteile bilden Quarzkörner (40–80%) mit einem Durchmesser von 10–50 μm. Daneben findet sich ein bedeutender Anteil an Ton (5–20%), Feinsand (5–25%) und an Kalk (5–20%). Neben den vorherrschenden leichten Mineralbruchstücken kommen untergeordnet auch Schwerminerale und Spurenelemente vor, die uns über das Herkunftsgebiet und über die geographischen Umweltbedingungen der Lößentstehung informieren.

2. *Die Verbreitung von Löß*

Der Löß ist eine der am häufigsten vorkommenden Bildungen des Eiszeitalters. Der „Lößmantel“ bedeckt ca. 10% der Kontinentfläche. Seine Verbreitung ist an bestimmte ökologische Bedingungen gebunden. Der Löß ist in den semiariden Gebieten, in Steppen, Waldsteppen und zum Teil in den kontinentalen Wäldern (Waldzonen) besonders charakteristisch. Ausgenommen sind die im letzten Glazial vom Inlandeis bedeckten Kontinentteile. Löß und lößähnliche Sedimente sind in enger Verbindung mit den entsprechenden paläogeographischen Verhältnissen entstanden und haben ihre Eigenschaften dementsprechend geändert. Der Löß und die lößartigen Sedimente bedecken vor allem in der gemäßigten und kalttemperierten kontinentalen Klimazone verschiedene Oberflächenformen. Die größte Verbreitung läßt sich auf Plateaus, Fußflächen und in den Beckenlandschaften nachweisen, die sich entlang der großen Flüsse erstrecken (Bsp.: Chinesisches Lößplateau, Sibirisches Lößplateau, Russische Ebene, Mittleres und Unteres Donaubecken, Mittelrheinische Bucht, die Ebene entlang der unteren Seine, die Prärien Nordamerikas, Mississippibecken, Columbiaplateau, La-Plata-Becken).

Die wichtigsten isolierten Lößgebiete Mitteleuropas ziehen sich entlang der mittleren Laufabschnitte folgender Flüsse und deren Nebenflüsse: Weichsel, Oder, Elbe, Rhein und Main. Außerhalb der heutigen temperierten Zone sind in der mediterranen Zone untypische, entweder mehr Ton oder mehr Sand enthaltende braun-rosafarbige Lößvarianten entstanden, z. B. in Griechenland, Israel, Südtunesien und Neuseeland.

In den unter starkem ozeanischem Klimaeinfluß stehenden Lößvarianten ist entweder wenig oder gar kein Kalk zu finden; das Gestein ist bräunlich gefärbt. Die Porosität ist wesentlich geringer als im Durchschnitt, aber der Tongehalt liegt höher. In den Lössen von Neuseeland ist z. B. die Fragipanbildung charakteristisch (Smalley 1978). Es wurde beobachtet, daß in der kalten Klimazone, in Alaska, entlang des Yukon die Lößbildung auch heute andauert (Péwé 1968). Bedeutende holozäne Staubanhäufungen wurden auf dem Chinesischen Lößplateau und in den Becken Mittelasiens beobachtet (Liu 1985). In diesen Gebieten bildet sich heute aus dem akkumulierten Staub ein Boden.

Eine spezifische Lößvariante (Löß-Eis-Komplex) kommt auf größeren Flächen Nordsibiriens vor (Kornichev 1987). In der Taiga Jakutiens, entlang der mittleren Flußstrecken von Lena und Aldan, ist das Bodeneis im sandigen Löß vor allem in der Form gewaltiger Eiskeile charakteristisch.

Unter den „Suglinok“ wird eine bräunlich-gelbe Lößvariante verstanden, die aus der Taiga der osteuropäischen Russischen Ebene bekannt ist. Während der pleistozänen Glazialzeiten gehörte auch dieses Gebiet zur Dauerfrostzone. Im lockeren Gestein hat sich eine größere Menge Bodeneis in mehreren, nacheinander folgenden Phasen zu einem Eiskeilnetz ausgebildet. Infolge des sich wiederholenden Auftauens des Bodeneises hat sich das Sedimentkontinuum mehrmals bewegt. Es wurde verdichtet; die Schichtenstruktur wurde deformiert. Entlang der Kontaktzone zwischen den auftauenden Eiskeilen, den Eislinsen und dem Boden wurde ein wesentlicher Teil des Salzgehaltes der Lösungen ausgeschieden. In manchen Schichten blieb nur ein wirres Netz von Kalk-, Eisen- und Manganverfärbungen.

Ähnliche, aber kleinere Veränderungen z. B. durch mehrere Eiskeilgenerationen können in Belgien, den Niederlanden, der Bundesrepublik Deutschland, der DDR und Polen sowie in den Lössen der periglazialen Zone südlich des Weichselinlandeises beobachtet werden (Rohdenburg et al. 1966 / Vandenberghe 1985 u. a.). Auch die rosagefärbten Lößvarianten sind unter einem zonalen, submediterranen Klimaeinfluß entstanden, so z. B. der untere „Lishi-Löß" und die „Wucheng-Formation" in China sowie die älteren Lößbildungen Mittelasiens. Letztere entsprechen lößähnlichen subaerischen Sedimenten, die sich im unteren Pleistozän während der der typischen Lößbildung vorangehenden Periode auf verhältnismäßig warmen savannenähnlichen Steppen gebildet haben.

Auf die durch die Orographie verursachten Klima- und Niederschlagsunterschiede haben viele Autoren schon früher hingewiesen. Fink et al. (1977) trennen deutlich die Staublehme des östlichen Alpenvorlandes von den im Niederschlagsschatten entstandenen Lössen des Wiener und Pannonischen Bekkens. Die sich vom Löß mehr oder weniger unterscheidenden Lößvarianten („Lößderivate", toniger Löß, Lößlehm, Sandlöß, Infusionslöß), die in engem Zusammenhang mit der Zonalität und mit dem Relief stehen, können mit dem typischen Löß leicht verwechselt werden.

Auf den Ebenen kommen stellenweise Flugsand, Sandlöß und Löß entweder horizontal ineinander übergehend oder in vertikaler Lagerung vor.

Zwischentalrücken von Fußflächen und dazwischen liegende Täler mit Flußterrassen stellen charakteristische Standorte für Lößvorkommen dar. An den Gebirgshängen von intramontanen Becken treten verschiedene Varianten von Lössen auf. Die Lößschichten der Hügelländer und Gebirge werden hangabwärts immer dicker. Sie gliedern sich in Schichten unterschiedlicher Korngrößenzusammensetzung und Genese (Hügellandlöß, Derasionslöß, Fink et al. 1977, Pécsi 1966).

3. Herkunft und Klassifikation von Lössen

Lösse und lössige Sedimente werden meist im Zusammenhang mit ihrer Genese klassifiziert. Eine solche Klassifizierung kann zweifellos recht subjektiv erfolgen, da es bis heute noch keinen einheitlichen Standpunkt hinsichtlich der Entstehung der verschiedenen Lößvarianten gibt.

Am häufigsten wird eine der Korngrößenzusammensetzung entsprechende Klassifizierung angewandt, die die Trennung des typischen Lösses von den lößartigen Sedimenten ermöglicht.

In der Praxis, d. h. bei bodenmechanischen und technischen Fragestellungen, werden auch andere Parameter benützt (wie z. B. Druckfestigkeit, Porosität usw.). Bei solchen Untersuchungen und Klassifizierungen spielen in erster Linie nicht die Art der Entstehung des Gesteins, sondern die petrographisch-physikalischen Eigenschaften eine entscheidende Rolle.

Nach geologischen, geomorphologischen und bodenkundlichen Aspekten werden Löß und lößartige Sedimente oftmals gemäß ihrer Herkunft klassifiziert. Diese Klassifizierung wird normalerweise mit den bei der mineralogischen Untersuchung und granulometrischen Analyse gewonnenen Ergebnissen gekoppelt. Neuerdings findet auch die bodenmikromorphologische und elektronenmikroskopische Untersuchung der Kornformen und deren Struktur Verbreitung.

Eine wichtige Voraussetzung für die auf der Herkunft basierende Klassifizierung sind Kenntnisse über die Entstehungsumstände von lößähnlichen Sedimenten, über deren Einzelheiten schon seit über einem Jahrhundert diskutiert wird.

Vier wichtige Faktorengruppen sind für den Lößentstehungsprozeß von entscheidender Bedeutung: 1. Entstehungsart und Entstehungsort der Korngröße, 2. Transport- und 3. Akkumulationsprozesse der Körner und schließlich 4. die Rolle der am Ort der Akkumulation erfolgenden Verwitterung und Diagenese. Auch heute noch werden unterschiedliche Standpunkte darüber vertreten, welche der vier Faktorengruppen für die Qualifizierung und Klassifizierung der Lößarten die entscheidende Rolle spielt.

Als Quellen der groben Siltfraktion betrachtet man das Ausfrieren der Gesteine, die durch die Insolation verursachte physikalische Verwitterung, die Aufbereitung des Gesteins durch das Gletschereis (Gleschertrübe), die durch die Flüsse und Seen akkumulierten feinkörnigen Sedimente und die Sandgebiete der Wüsten. Die Akkumulation des mineralischen Materials der Lösse kann man zwei größeren und allgemeineren Erläuterungsgruppen zuordnen: die erste Gruppe der Erläuterungen ist einfacher und dient für die Schulbücher, die zweite Gruppe ist ziemlich kompliziert und geht von einer mehrfachen Umlagerung aus.

a) Die dominierende Kornfraktion des typischen Lösses (10–50 µm) macht 40–60 Gew.-Prozent des Gesamtvolumens aus. Der Transport und die charakteristische Sortierung dieser Korngröße können vor allem durch die Tätigkeit des Windes erklärt werden. Auch die orientierungslose Lage der Körner und deren Struktur wird mit der Lagerung und Anhäufung aus der Atmosphäre in Verbindung gebracht. Die Tatsache, daß der Löß Oberflächen verschiedenster Lage und Form mantelartig bedeckt, wird auch mit dem Einfluß des Windes erklärt. Die äolische Ableitung schreibt die Entstehung des typischen Lösses hauptsächlich atmosphärischem Transport und Ablagerung zu. Das auf diesem Weg akkumulierte Material wird als „Primärlöß“ angesehen. Falls das Material unter dem Einfluß anderer äußerlicher Faktoren (wie Hangabspülung, Solifluktion und Erosion) akkumuliert oder sich nach erfolgter Umlagerung nochmals absetzt, wird es als „Sekundärlöß“ bezeichnet und meistens den nichttypischen Lössen zugeordnet.

b) An dem Transport, der Sortierung und der Akkumulation der Mineralstoffe des Lösses und der Lößvarianten waren auch andere, exogene Transportmedien beteiligt.

Die mineralische Zusammensetzung, die Herkunft und der Anteil der Schwerminerale an den Lößkörnern weisen darauf hin, daß der wesentliche Teil des Silts nicht fernen exotischen Ursprungs ist.

Es gibt Autoren, die mit einem zweimaligen oder gar mehrmaligem Transport rechnen (Richthofen 1882).

Die Hauptmasse des Silts wurde in Europa von den Schwemmkegeln (Sandern) der Gletschertauwässer durch Wind und Wasser transportiert. Anschließend wurde die feine Fraktion der Auen- und Schwemmkegelsedimente von den lokalen Winden auch auf nicht überschwemmte Oberflächen auf Zwischentalrücken verfrachtet. Die Hangabspülung und auch andere Prozesse spielten dabei ebenfalls eine wichtige Rolle.

Hinsichtlich der Lößgenese möchten wir betonen, daß der akkumulierte Staub an sich noch kein Löß ist, d. h., es wird nicht der Löß akkumuliert, sondern nur dessen Mineralstoffe. Die Optimalbedingungen zur Lößentstehung („Lößifizierung") sind in den die Wüsten umgebenen winterkalten bzw. stellenweise winterwarmen Steppen („Warmlöß") (Obruchev 1945), in den pleistozänen periglazialen kalten Steppen und in den Waldsteppen gegeben („Kaltlöß"). Die in den Lößschichten an mehreren Orten vorkommenden Periglazialerscheinungen, die Flora- und Faunareste und die paläoökologischen Bedingungen, die aus den Überresten der vom Urmenschen erlegten Tiere rekonstruierbar sind, ermöglichen die obige Schlußfolgerung. Sind diese paläoökologischen Bedingungen nicht gegeben, wird aus dem akkumulierten Ausgangsmaterial kein Löß, sondern nur eine ihm ähnliche Bildung, ein mit ihm gleichzeitig entstandener Braunlehm, Ton oder irgendein anderer Boden.

Bei der Erklärung der Lößgenese gab es schon früher und auch heute noch solche Tendenzen, nach denen die ökologischen Bedingungen gegenüber den organischen und anorganischen Prozessen eine wichtigere, stärker dominantere Rolle spielen als die Faktorengruppe der Transport- und Ablagerungsprozesse (Kriger 1965, Pécsi 1966, 1987).

Die Heterogenität der Aspekte läßt sich zum Teil auf die unterschiedlichen Gegebenheiten in den erforschten Lößgebieten, auf die Eigenschaften der lössigen Bildungen, zum Teil auf die Unterschiede der Untersuchungsmethoden, die Standpunkte der einzelnen Forscher und auf andere Gründe zurückführen.

4. *Lößchronologie*

Schon vor der Jahrhundertwende erkannte man, daß die mächtigen Lößserien von lehmigen Böden gegliedert wurden, die von chronologischer Bedeutung sind. Penck & Brückner bewerteten (1909) diese „Leimenzonen" als Waldbodenbildungen der pleistozänen Warmzeiten. Gegliederte Lößserien erwiesen sich vielmehr als sehr geeignet für die Abschätzung von Zahl und Dauer der alpinen Vereisungen und der eisfreien Abschnitte.

Der Klimakalender von MILANKOVITCH (1930) untermauerte die Ergebnisse von PENCK & BRÜCKNER und SOERGEL (1925) über die zeitliche Gliederung der alpinen Vereisungen in wesentlichen Teilen. MILANKOVITCH errechnete ein Schema zur absoluten Chronologie der letzten 600000 Jahre und führte die pleistozänen Vereisungen auf die Veränderungen der Erdbahnelemente zurück. Diese Berechnungen wurden von BACSÁK (1942) weitergeführt; danach gab es während der letzten 600000 Jahre neun für die Bodenbildung günstige Klimatypen, wovon in Mitteleuropa zwei zu Waldsteppen- bzw. Trockensteppenböden, sieben jedoch zu Waldböden führten. Zur damaligen Zeit wurden in den Lößaufschlüssen nur die markanten Böden erforscht (Tab. 1, 18).

Leider wurde der von MILANKOVITCH und später von BACSÁK überarbeitete detaillierte Klimakalender in den die Lößchronologie betreffenden Forschungen – nach einigen bahnbrechenden, vielversprechenden Ansätzen – in der zweiten Hälfte der 50er Jahre in den Hintergrund gedrängt.

Aus dem Gesichtspunkt der chronologischen Gliederung und Korrelation des Lösses ließ die Lößkommission der INQUA ihre Forschungen seit den 60er Jahren um zwei Problemkreise gruppieren:

1. Die feinstratigraphische Untersuchung von Stratotypen mit der genetischen Typisierung der fossilen Böden und der paläogeographischen Rekonstruktion der Entstehung von Lößvarianten.

2. Daneben wurden die verschiedenen Methoden der absoluten Chronologie (C-14, Thermolumineszenz (TL), Paläomagnetismus und andere Verfahren) in den Vordergrund gestellt, um die regionale Korrelation der Leithorizonte von Typuslokalitäten zu ermöglichen. Auch der stratigraphische Wert der Pollenanalyse, der Molluskenforschung, der prähistorischen Forschung und nicht zuletzt der Mikro- und Makrofaunenwellen wurde erkannt und gefördert.

Während der 60er und 70er Jahre hat die Lößkommission viele Typlokalitäten der bedeutenden Lößgebiete Europas, Nordamerikas und Neuseelands mit Hilfe dortiger Fachleute untersucht.

Eine weltweite Erforschung wurde aber erst Anfang der 80er Jahre ermöglicht, als die mächtigsten und größten Lößgebiete der Erde in Mittelasien (1982) und in China (1982, 1985) zugänglich wurden.

Aufgrund der Bearbeitung von Stratotypen europäischer Lösse und aufgrund von Erfahrungen bei gemeinsamen Geländebegehungen konnte die Lößkommission einige stratigraphische Prinzipien festlegen:

- Im allgemeinen wurden die in den Lößdecken auftretenden Braunerden als Warmzeitböden eingestuft.
- Die verschiedenen Waldsteppen- und Steppenböden werden meist als Interstadialbildungen gewertet, die in den meisten Fällen innerhalb der letztglazialen Lößserien zu finden sind.
- Die verschiedenen humushaltigen Schichten, embryonale Böden, schwach lehmige bzw. pedogene Spuren enthaltenden Lößhorizonte, z. B. die soge-

Tab. 1: Informativer Vergleich zwischen Klimakalender, Isotopenstrati-

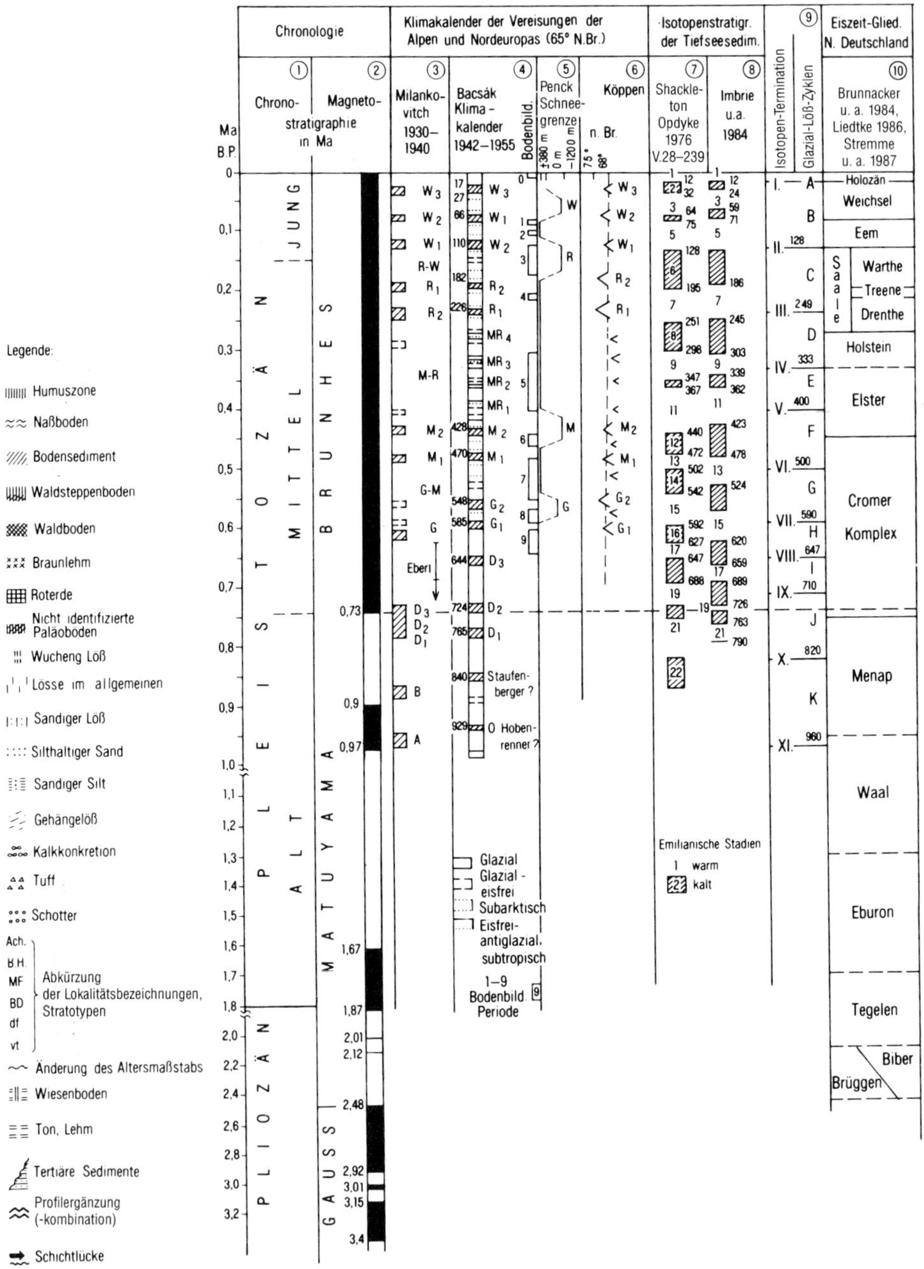

graphie und Lößstratigraphie (zusammengestellt von M. Pécsi, 1988)

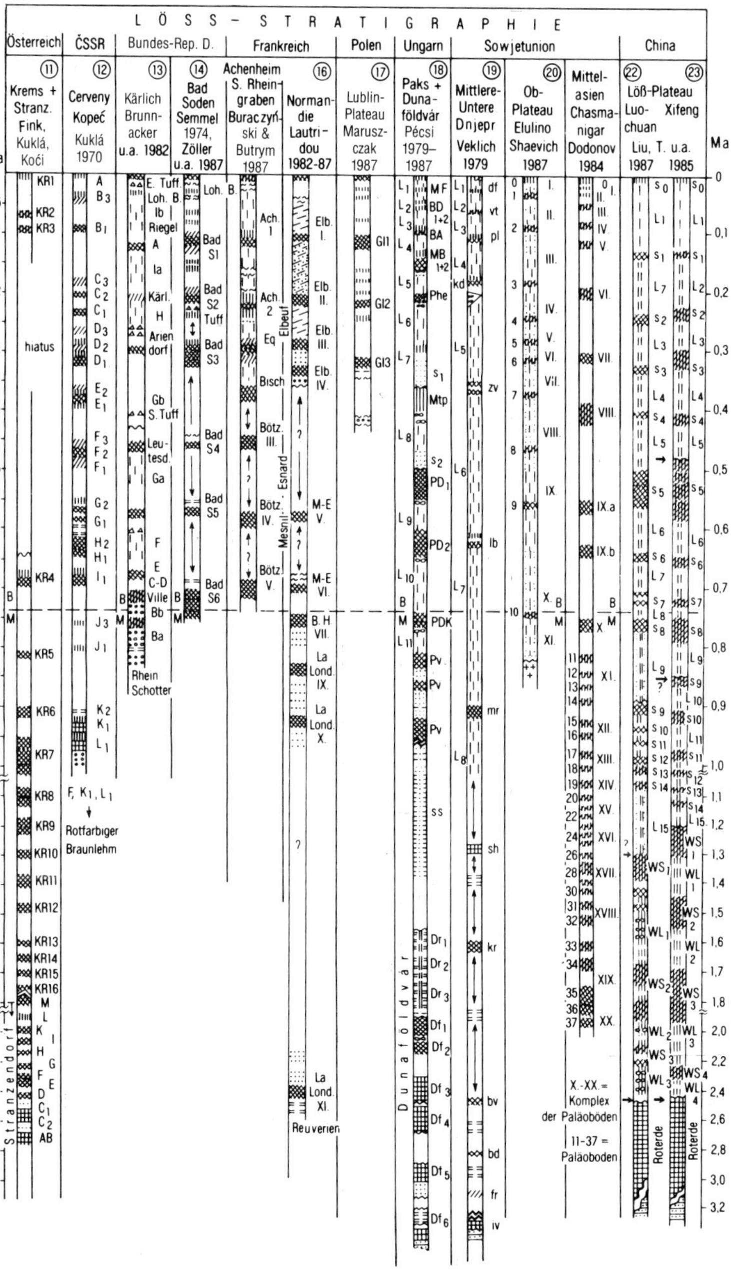

nannten Naßböden, wurden als Interstadiale, zuweilen unter arktischen Tundrenverhältnissen entstandene Böden angesehen.

Mit dieser Erfahrung verfeinerte sich die paläogeographische Klassifizierung der Lößpaläoböden-Serien. Es bestehen jedoch auch weiterhin Probleme und Schwierigkeiten in der chronologischen Datierung der Lösse. Die stratigraphische Gliederung der Lösse – und nicht nur die der jüngeren – wird dadurch erschwert, daß sowohl Zahl und Dauer als auch der Begriff der Glazial- und Interglazialzeiten unterschiedlich verstanden bzw. angewandt werden.

Seit Anfang der 70er Jahre gewann ein neues Verfahren in der Lößchronologie immer mehr an Bedeutung, das von KUKLÁ (1970, 1977) ausgewertet wurde. Er betrachtete die EMILIANIsche Sauerstoff-Isotopenstratigraphie (EMILIANI 1966, SHACKLETON 1976, IMBRIE et al. 1984, s. Tab. 1, 7 und 8) und die von BROECKER-DONK (1970) errechneten Terminationszyklen als Schema der Pleistozänchronologie. Letztere wurden von ihm als größere glaziale „Lößzyklen" interpretiert (s. Tab. 1, 9). KUKLA entwickelte also ein ähnliches exaktes Schema für die chronologische Gliederung des Lösses als vier Jahrzehnte davor MILANKOVITCH-BACSÁK.

KUKLÁ (1970) fand aufgrund der sehr detaillierten feinstratigraphischen Analyse der Lösse in der Tschechoslowakei (vor allem in Cerveny Kopeć bei Brünn), daß die eng zusammenhängenden Komplexe der Lößschichten und fossilen Böden von sogenannten „Markerlinien" voneinander getrennt sind. Diese Markerlinien können den Terminationsgrenzen entsprechen. Die dazwischenliegenden Lößpaläoboden-Einheiten wurden von KUKLA als „Lößzyklen" bezeichnet. Innerhalb der Matuyamazone (0,7 Mio. Jahre) hat er 8 größere Zyklen (B–I), bis zum Jaramillo-Ereignis (0,9 Mio. Jahre) 11 Zyklen (B–L) identifiziert (s. Tab. 1, 9). Die einzelnen Zyklen werden – bis auf Zyklus „B" – von je einem warmen und einem kalten Stadium der Sauerstoff-Isotopenstratigraphie dargestellt. Der Zyklus „B" (bzw. die Periode zwischen den Terminationen I und II) ist von zwei kalten und zwei warmen Stadien repräsentiert. Als wichtigstes Element der Lößzyklengliederung von KUKLA ist die Erkenntnis der Markerlinien in den Lößaufschlüssen zu betrachten. Diese sind jedoch in den trockenen Gebieten nur schwer zu identifizieren.

Obwohl die Lößchronologie aufgrund der Sauerstoff-Isotopenstratigraphie als eine im wesentlichen richtige Methode zu deuten ist, sollte man folgende Probleme und Schwächen nicht übersehen:

1. Die genaue Bestimmung der Grenzen und damit der Dauer der Sauerstoff-Isotopenstadien ist in vielen Fällen problematisch.

2. Die Abgrenzung der Terminationen und die Bestimmung ihrer Dauer kann vor allem für die älteren Stadien (14–16) bedeutende Abweichungen aufweisen.

3. Nach Stadium 17, aber vor allem nach Stadium 24 wird die Fluktuation der Sauerstoffisotopenkurve – die Amplitude der „Sägezähne" – immer kleiner; ihr Informationsgehalt wird schwächer. Das gilt besonders für die Zeit vor dem Jaramillo-Ereignis.

4. Die Konzeption, daß die großen kältemarkierenden Gipfel sowie die kleineren zweitrangigen Gipfel der aus den Tiefseebohrungen gewonnenen Sauerstoffisotopenkurven die Oszillation der Inlandeismassen widerspiegeln, ist wahrscheinlich auch weiterhin aufrechtzuerhalten (IMBRIE et al. 1984, SHACKLETON & OPDYKE 1976, BROECKER et al. 1970). Man soll aber im Zusammenhang mit den Isotopengipfeln zwei Umstände überlegen:

a) Aus der Sicht der physikalisch-meteorologischen Grundlagen müßte die Atmosphäre auf jeden Fall empfindlicher auf Einstrahlungswechsel reagieren als das Wasser der Ozeane. Dasselbe kann man auf die Veränderung des Volumens der Eisdecke beziehen.
b) Bliebe die Eisdecke auf die Gebiete nördlich des 68. Breitengrades beschränkt, so könnte sie, trotz ihrer ansehnlichen Ausdehnung, noch keine „glaziale" Periode hervorrufen (MILANKOVITCH 1930, BACSÁK 1942, KÖPPEN 1940). Wenn nämlich die auf diesen Breitenkreis bezogene Einstrahlung den „Schwellenwert von KÖPPEN" nicht erreicht hätte, wäre es zu keiner beträchtlichen Verschiebung der irdischen Klimazonen gekommen. Nur die Hochgebirge und Polargebiete wären mit Eis bedeckt gewesen. Die Sauerstoffisotopenkurve kann dies in den Tiefseesedimenten wahrnehmen; die Bedingungen der Boden- und Sedimentbildung in den kontinentalen Zonen gestalten sich jedoch anders als bei einer Eisbedeckung südlich des 68. Breitengrades.

5. Man kann also sagen, daß die Isotopenstratigraphie eine vergleichende und brauchbare Information zur Chronostratigraphie der Kontinentalsedimente liefert. Es sind jedoch noch weitere Angaben und Vergleiche – vor allem im Falle der älteren Stadien – notwendig.

6. Man sollte beim Vergleich der Paläoböden, Lößserien und bei der Tiefseestratigraphie in Betracht ziehen, daß in den Lößaufschlüssen auch häufig Erosionslücken auftreten, die nicht leicht zu erkennen sind. Des weiteren sollte berücksichtigt werden, daß auch die Tiefseebohrungen nicht immer eine regelmäßige komplette Schichtenfolge erfassen.

5. *Die chronologische Gliederung von bedeutenden Lößaufschlüssen*

Wir zeigen eine Auswahl von zwölf Lößprofilen, von denen eine für längere Perioden gültige, absolute Datierung zur Verfügung stand.

Im allgemeinen besteht eine auffallende Ähnlichkeit zwischen der geologischen Sequenz der Löß-Paläoböden und dem Befund der Isotopenstratigraphie; eine Deutung dieser Ähnlichkeiten als absolute Übereinstimmung erscheint jedoch nicht angebracht. Die Serien der Löß-Paläoböden stellen ohne Zweifel ein brauchbares Skelett zur chronologischen Interpretation der zyklischen Veränderungen von quartären terrestrischen Geschehnissen dar.

1. Die letztglazialen Lösse bilden in Europa die mächtigsten und am meisten gegliederten Böden aus. Charakterisiert werden diese durch unterschiedliche

Tab. 2: Informativer Vergleich zwischen Klimatypen, Isotopenkurve und einigen Junglöß-Profilen (zusammengestellt von M. Pécsi, 1988)

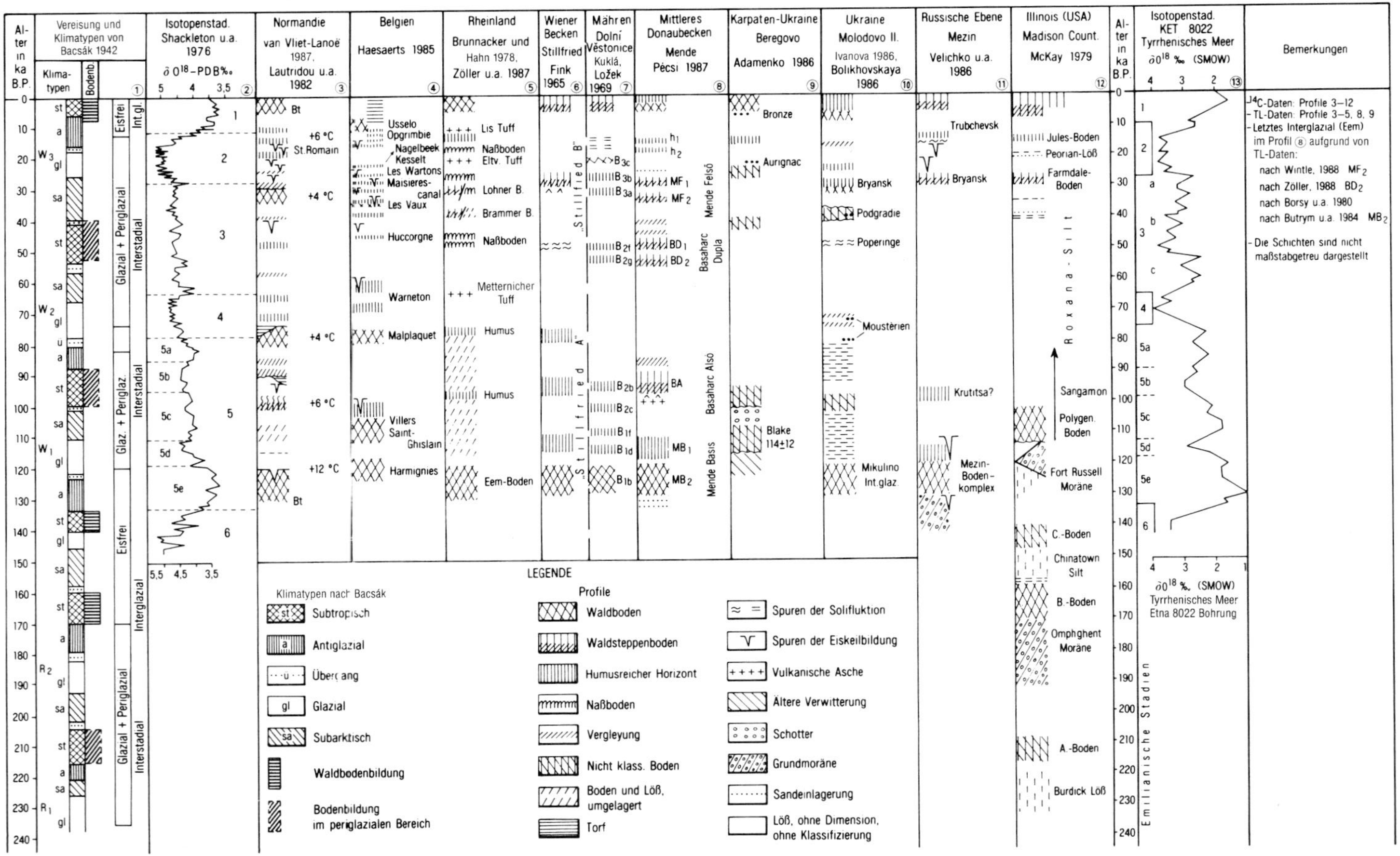

embryonale, arktische Tundrenböden und Steppen- bzw. Waldsteppenböden. Die Waldsteppenböden werden in manchen Profilen durch 4–7 Bodenhorizonte gegliedert. Der letzte Interglazialboden wird in Mitteleuropa durch einen Waldboden repräsentiert, dessen Absolutalter in vielen Profilen noch nicht befriedigend festgelegt werden konnte.

2. In den 12 Profilen existiert bis zur B/M-Grenze (0,7 Mio. Jahre) im allgemeinen kein wesentlicher Unterschied in der Anzahl der markanten Paläoböden und Lößbänder. Die Zahl der unterschiedlichen Paläoböden variiert zwischen 6 und 9. Der Anteil der Waldböden liegt vermutlich bei 6 bis 7.

3. Seit Beginn des Jaramillo-Ereignisses (ca. 1 Mio. Jahre) treten die typischen Lößschichten in mehreren Aufschlüssen auf. Die davorliegenden Abschnitte zeichnen sich überwiegend durch rotfarbige Böden, Rotlehme, bunte Lehme und silthaltige Sandsteine in Wechsellagerung aus. Dünne lößähnliche Schichten sind meist von untergeordneter Bedeutung. Unter der Grenze von MATUYAMA – GAUSS (2,48 Mio. Jahre) liegen in manchen Profilen polygenetische Roterden, Rotlehme und andere Verwitterungsschichten.

4. Vor dem Jaramillo-Ereignis waren die paläogeographischen Umweltbedingungen wesentlich wärmer und humider als während der letzten 1 Mio. Jahre des Pleistozäns.

Aufgrund der zyklischen Wiederholung der Böden sowie deren Charakter schließen wir, daß die Abkühlungsperioden nicht ausgeprägt sein konnten. Entweder ließen die Umweltbedingungen keine echten Lößbildungen zu, oder die gebildeten dünnen Lößschichten wurden wieder abgetragen. Statt Löß wurden im allgemeinen Braunerden, Rotlehme, bunte Tone oder Sande und sandiger Schluff gebildet.

5. Nach der Isotopenstratigraphie sind während der letzten 2,5 Mio. Jahre 21 „glaziale“ sowie 21 „interglaziale“ Stadien zu unterscheiden. Für den Zeitabschnitt zwischen 1 und 2,4 Mio. Jahre gestaltet sich die Korrelation der polygenetischen Waldbodenbildungen mit den konkreten warmen Gipfeln der Isotopenkurve sehr schwierig.

a) Die Zahl der Paläoböden übersteigt die Anzahl der festgestellten Warmstadien der Isotopenkurve.
b) Daneben sind in manchen Profilen eventuelle stratigraphische Lücken zu berücksichtigen, die die Abschätzung der Waldbodenbildung erschweren könnten.

6. Anmerkungen

In der Literatur werden im Zusammenhang mit dem Löß mehrere Begriffe verwendet. Bei einigen Autoren wird der Löß als Gestein, bei anderen als Sediment, Formation oder System angesehen.

Zur Charakterisierung des Lösses dienen folgende Kriterien:

a) Homogenes, poröses, schwach diagenisiertes, hellgelbes Sediment.
b) Die einzelnen Lößbänder sind in den meisten Fällen ungeschichtet; die

Lößserie ist durch fossile Böden bzw. Lehm- oder Sandzwischenlagerungen gegliedert.

c) Die überwiegende, grobe Siltfraktion (20–50 μm) ist ziemlich gut sortiert (40–50 Gew.-%).

d) Der Anteil an Lehm und Sand (in Gew.-Prozenten) ist gering. Von den Tonmineralen dominieren Illit, oder Montmorillonit, begleitet von Kaolinit, Vermiculit und Chlorit, deren Menge jedoch unbedeutend ist.

e) Neben der Übermacht an Quarzkörnern (40–80%) enthält der Löß einen kleinen Anteil an Feldspaten, Calcit und Dolomit.

f) Der veränderliche Kalkgehalt (1–20%) hängt von den ökologischen Verhältnissen des Sediments ab. Er spielt bei der Zementierung der Mineralkörner eine wesentliche Rolle; daneben können auch Kalkkonkretionen entstehen.

g) Die Lößkörner sind zum Teil zementiert, zum Teil aggregiert (Porenvolumen 45–55%). Der Löß ist wasserdurchlässig.

h) In trockenem Zustand sind auch steile Lößhänge stabil. Die Druckfestigkeit beträgt 1,5 kg/dm^2. Wenn der Löß mit Wasser gesättigt ist, bricht er unter Druck leicht zusammen.

i) Durch Wassererosion wird der Löß leicht angegriffen. Für subkutane Höhlenbildung ist er auch empfänglich.

k) In den Lößschichten sind kontinentale, vor allem kälteduldende Fauna- und Florareste charakteristisch.

l) Die Akkumulation der Mineralstoffe von Löß erfolgt nach der Transportierung in der Luft und nach Sortierung. Eine nachträgliche Umlagerung kommt häufig vor.

m) Der akkumulierte Silt (Staub) wird nur unter bestimmten geographischen Umweltbedingungen (kalte Steppen, Waldsteppen, usw.) zu Löß diagenisiert.

Literatur

Bacsák, G. (1942): Die Wirkung der skandinavischen Vereisung auf der Periglazialzone. Kleinere Veröffentlichung der dem kgl. ungar. Minister f. Ackerbau unterstehenden Reichsanstalt für Meteorologie und Erdmagnetismus, Neue Reihe No. 13, Budapest.

– (1955): Pliozän- und Pleistozänzeitalter im Licht der Himmelsmechanik. In: Acta Geol. Hung., III, 4, pp. 305–346.

Berg, L. S. (1932): The Origin of Loess. In: Gerlands Beitr. Geophys. 35, pp. 130–150.

Broecker, W. S., J. van Donk (1970): Insolation Changes, Ice volumes and the ō 0–18 Record in deep-sea Cores. In: Review of Geophysics and Space Physics, 8, pp. 169–198.

Bronger, A., R. K. Pant, A. K. Singhvi (1987): Micromorphology, Mineralogy, Genesis and Dating of Loess-Paleosol Sequences and their Application to Pleistocene Chronostratigraphy and Paleoclimate: A Comparison between SE Central Europe and the Kashmir-Valley. In: LIU (Ed.): Aspects of Loess Research. – China Ocean Press, Bejing, pp. 121–129.

Brunnacker, K., M. Löscher, W. Tillmanns, B. Urban (1982): Correlation of the Quaternary Terrace Sequence in the Lower Rhine Valley and Northern Alpine Foothills of Central Europe. – In: Quaternary Research 18, pp. 152–173.

Buraczynski, I., J. Butrym (1987): Thermoluminescence Stratigraphy of the Loess in the Southern Rhinegraben. In: Catena Suppl. 9, pp. 81–94.

Dodonov, A. E. (1987): Geochronology of Loess in Central Asia and Quaternary Events. In: Pécsi, M., A. Velichko (Eds.): Paleogeography and Loess. Studies in Geogr. in Hungary 21, pp. 65–74, Budapest.

Emiliani, C. (1966): Paleotemperature Analysis of Caribbean Cores P 6304–8 and P 6304–9, and a generalized Temperature Curve for the past 425 000 years. In: The Journal of Geol., Vol. 74, No. 2, pp. 109–124.

Fink, J., G. Haase, R. Ruske (1977): Bemerkungen zur Lößkarte von Europa 1:2,5 Mio. In: Petermanns Geogr. Mitt. 121, pp. 81–93.

Fink, J., G. J. Kuklá (1977): Pleistocene Climates in Central Europe: at least 17 Interglacials after the Olduvai Event. In: Quaternary Research 7, pp. 363–371.

Imbrie, J., J. D. Hays, D. G. Martison, A. McIntyre, A. C. Mix, J. J. Morley, N. G. Pisias, W. L. Prell, N. J. Shackleton (1984): The orbital Theory of Pleistocene Climate: support from a revised Chronology of the marine Delta 0–18 Record. – In: A. L. Berger et al. (Eds.): Milankovitch and Climate. Part 1, pp. 169–305, Reidel Publishing Co., Boston.

Köppen, W. (1940): Die Klimate der geologischen Vorzeit, Ergänzungen und Berichtigungen. Berlin.

Kornishchev, V. N. (1987): Origin of loess-like Silt in Northern Jakutia, USSR. In: Geo Journal 15, 2, pp. 135–139.

Kriger, N. I. (1965): Less, ego svoistva i sveryaz's s geograficheskoy sredoy. (Loess, its Characteristics and Relation to the geographical Environment.) Moskau, Nauka.

–, M. Pecsi (Eds.) (1987): Engineering geological Research of Loess and loess-like Sediment in USSR. Loess Inform., Serie No. 1., Geogr. Res. Inst. H. A. Sc. Budapest.

Kuklá, J. (1970): Correlations between Loesses and deep-sea Sediments. In: Geol. Foren. Stockholm Forh. 92, pp. 148–180.

– (1977): Pleistocene land-sea Correlations, I. Europe. In: Earth-Science Reviews 13, pp. 307–374.

– (1987): Loess Stratigraphy in Central China. In: Quaternary Science Reviews, Vol. 6, pp. 191–219.

Lautridou, J. P. (1979): Lithostratigraphie et chronostratigraphie des loesses de Haute Normandie. In: Acta Geol. Hungar., Tom. 22 (1–4), pp. 125–132.

Liedtke, H. (1986): Stand und Aufgabe der Eiszeitforschung. In: Geogr. Rundsch., 38, pp. 412–419.

Liu, T., et al. (1985): Loess and the environment. China Ocean Press, Bejing.

Liu, X., T. Liu, T. Xu, Ch. Liu, M. Chen (1987): A preliminary Study on Magnetostratigraphy of a Loess Profile in Xifeng Area, Gansu Province. In: Liu, T. (Ed.): Aspects of Loess Research, China Ocean Press, Bejing, pp. 164–174.

Maruszczak, H. (1986): Loesses in Poland, their Stratigraphy and paleogeographical Interpretation. In: Maruszczak, H. (Ed.): Problems of the Stratigraphy and Paleogeography of Loesses. Lublin. M. Curie-Sklodowska University, pp. 15–54.

Milankovitch, M. (1930): Mathematische Klimalehre und astronomische Theorie der Klimaschwankungen, Bornträger, Berlin.

Obruchev, V. A. (1945): Loess types and their Origin. Amer. J. Science. 243, 256–262.

Pécsi, M. (1966): Lösse und lößartige Sedimente im Karpatenbecken und ihre lithostratigraphische Gliederung. In: Petermanns Geogr. Mitt., 110 (3), pp. 176–189.
– (1974): Loeß. In: Encyclopedia Britannica, 15. Ed.
– (1979): Lithostratigraphical Subdivision of the Loess Profiles at Paks. In: Acta Geologica Hung., 22, pp. 409–418.
– (1987): The Loess Paleosol and related subaerial Sequence in Hungary. In: Geo Journal, 15. 2., pp. 151–162.
Penck, A., E. Brückner (1909): Die Alpen im Eiszeitalter. Bd. 1–3 Chr. Horm. Tauchnitz, Leipzig.
Péwé, T. L. (1968): Loess Deposits of Alaska. In: Report of the 23rd International Geological Congress Prague, 8, pp. 297–309.
Richthofen, F. (1882): On the Mode of Origin of the Loess. In: Geological Magazine, 9, ser. 2, pp. 293–305.
Rohdenburg, H., B. Meyer (1966): Zur Feinstratigraphie und Paläopedologie des Jungpleistozäns nach Untersuchungen an südniedersächsischen und nordhessischen Lößprofilen. In: Mitt. dt. bodenkundl. Ges., 5, pp. 5–131.
Ruddiman, W. F., A. McIntyre (1976): Northeast Atlantic paleoclimatic Changes over the past 600000 Years. In: Geol. Soc. of Amer. Memoir, 145, pp. 111–146.
Semmel, A. (Ed.) (1974): Das Eiszeitalter im Rhein-Main-Gebiet. Rhein-Mainische Forschungen, 78.
Shackleton, N. J., N. Opdyke (1976): Oxigen-isotope and paleomagmatic Stratigraphy of Pacific Core V 28–239 Late Pliocene late Pleistocene. In: Geol. Soc. of Am., Memoir 145, pp. 449–463.
Shaevich, Y. E. (1984): Cyclicity of Sedimentation and System Pattern as Factors of Loess Classification: an Example from Southwestern Siberia. In: Pécsi, M. (Ed.): Lithology and Stratigraphy of Loess in Paleosols. Budapest, pp. 17–26.
Smalley, I. J. (Ed.) (1972): The Interaction of great Rivers and large Deposits of Primary Loess. In: Trans. New York Acad. of Sci., 34, pp. 534–542.
– (1978): The New Zealand Loess and the major Categories of Loess Classification. In: Search, 9, pp. 281–282.
Soergel, W. (1925): Die Gliederung und absolute Zeitrechnung des Eiszeitalters. In: Fortschr. Geol. Pal. Berlin, 13, pp. 125–251.
Stremme, H. E. (1986): Die Korrelation quartärer Paläoböden in Nordwest-Deutschland. Z. Geomorph. N.F. 61, pp. 89–100.
Vandenberghe, J. (1985): Paleoenvironment and Stratigraphy during the last Glacial in the Belgian-Dutch border Region. In: Quaternary Research, 24, pp. 23–38.
Van Vliet-Lanoë, B. (1987): The Role of Segregation in the superficial Formations of W. Europe – The Processes and their Heritages. Abstract of the scale doctorate Thesis, Univers. Paris, Sorbonne, Edit. in Caen. Centr. de Geom. du C.N.R.S.
Veklich, M. F. (1979): Pleistocene Loesses and fossil Soils of the Ukraine. In: Acta Geol. Hung., Tom. 22 (1–4), pp. 35–62.
Zöller, L., H. Stremme, G. A. Wagner (1987): Thermolumineszenz-Datierung an Löß-Paläoböden-Sequenzen von Nieder-, Mittel- und Oberrhein. Max-Planck-Institut für Kernphysik, Heidelberg.

ENTSTEHUNG, GLIEDERUNG UND ALTER PLEISTOZÄNER MEERESSPIEGELSCHWANKUNGEN UND KÜSTENTERRASSEN

Von Ulrich Radtke

1. Einführung

Eine umfassende Würdigung der Literatur zum Problem der Meeresspiegelschwankungen und Küstenterrassen ist kaum möglich (Kelletat 1985). Die Intention dieses Aufsatzes ist es vielmehr, die aktuell diskutierten Forschungsansätze zu skizzieren und mittelfristige Forschungsperspektiven aufzuzeigen. Die Reduktion auf die Diskussion der pleistozänen Problematik ist unter thematischen Gesichtspunkten sowie mit Rücksicht auf den zur Verfügung stehenden Raum geschehen. Die hier nur ansatzweise diskutierten Probleme der präquartären und holozänen Meeresspiegelschwankungen sind zwar nicht grundsätzlich anders gelagert, doch ist eine thematische Akzentverschiebung offensichtlich.

a) Tertiäre und mesozoische Meeresspiegelschwankungen
Die sehr interessante Diskussion um die präquartären Meeresspiegelschwankungen bewegt sich zur Zeit noch in einem höchst spekulativen Raum. Bedingt durch die hohe Mobilität der Lithosphäre ist der fixistische Ansatz, der einen Vergleich von Meeresspiegelhochständen weltweit auf altimetrischer Basis für möglich hält, zum Scheitern verurteilt. Die höchst unterschiedlichen Forschungsergebnisse sowie die systemimmanente Problematik lassen trotz vielversprechender Ansätze mittelfristig kaum wesentliche Fortschritte erwarten (weiterführende Literatur: Steckler 1984, Mörner 1987 a).

b) Holozäne Meeresspiegelschwankungen
Die Diskussion der holozänen Meeresspiegelschwankungen würde gleichermaßen eine Monographie rechtfertigen. In diesem Zusammenhang kann somit nur auf die wichtigste neueste Literatur verwiesen werden (Lit.: Kidson 1982, Clark 1985, v. d. Plassche 1986 [Hrsg.], Devoy 1987 [Hrsg.]). Die aktuellen Untersuchungen konzentrieren sich auf die Differenzierung der glazial-eustatischen, geoidal-eustatischen, tektonisch-eustatischen, lokaltektonischen und isostatischen Effekte. Diese Untersuchungen benötigen die breite Basis einer möglichst umfangreichen Datenbank sicher datierter holozäner Meeresspiegelhochstandsmarken. Vielleicht können somit die Modellrechnungen von Clark (1985) bestätigt werden, die berücksichtigen, daß verschiedene Erdzonen eine unterschiedliche Reaktion auf die

Eisentlastung seit dem letztglazialen Maximum um 17000 B. P. gezeigt haben. Die Versuche zur Erstellung einer holozänen Meeresspiegelkurve von ubiquitärer Gültigkeit sind nur noch von historischer Bedeutung. Spekulativ, aber trotzdem von nicht zu unterschätzender Bedeutung sind die Szenarien zur künftigen Höhenlage des Meeresspiegels. Diese sog. „strategischen“ Forschungen im Zusammenhang mit dem ‚Glashauseffekt der Atmosphäre‘ werden an zukünftigen Publikationen einen dominierenden Anteil haben (Hoffman 1984, Newman and Fairbridge 1986, Clark and Primus 1987, Shennan and Tooley 1987).

2. *Die Geschichte der Meeresspiegelschwankungsforschung bis 1970*

Erklärungen der Genese und des Alters von Küstenterrassen (und implizit der Meeresspiegelschwankungen) waren und sind immer eng verknüpft mit unterschiedlichen geotektonischen Theorien. Der folgende kurze historische Abriß soll daran erinnern, daß manche aktuelle Theorie einen konkreten wissenschaftshistorischen Bezug hat, wodurch das Verständnis heutiger kontroverser Diskussionen erst plausibel wird.

Seit Celsius und Linné im 18. Jahrhundert über Strandverschiebungen und Strandterrassen im skandinavischen Raum berichteten, entstand erstmals konkret das geowissenschaftliche Interesse am Ausmaß der Niveauveränderungen des Meeresspiegels. Am Anfang beherrschte der Streit zwischen sog. ‚Neptunisten‘ um Werner und sog. ‚Plutonisten‘ (z. B. Hutton) die sich entwickelnde Wissenschaft der Geologie, in die die Meeresspiegelproblematik schon früh eingeflossen war. Dessen Spätwirkungen waren bis weit in das 20. Jahrhundert von großer Bedeutung. Ohne die wissenschaftsgeschichtlichen Überlegungen zu weit ausdehnen zu wollen (Radtke/Ratusny 1987; vgl. hier auch Literatur vor 1960), soll hier kurz der Weg zu den aktuellen Problemen aufgezeigt werden. Suess (1831–1914) forderte, daß Einbruchsvorgänge als Folge tangential wirkender Kräfte im Bereich von Schwächezonen ein langfristiges Absinken des Meeresniveaus bewirken sollten. Diese ‚echten‘, tektonisch nicht vorgetäuschten, langfristigen Bewegungen des Meeresspiegels bezeichnete Suess als *eustatisch*. Vor dem Hintergrund dieses geotektonischen Weltbildes müssen die ersten Arbeiten zur marinen Quartärstratigraphie an den Küsten des westlichen Mittelmeergebietes gesehen werden (Doederlein 1872, de Lamothe 1889, Gignoux 1913, Issel 1914). In der Synthese Deperets (1918–1920) entstand das bekannte vierstufige System:

	Nordeuropa (GEIKIE)	Alpen (PENCK)	zugeordnete Flußterrassen	zugeordnete Meeresterrassen
4. Eiszeit	Mecklenbourgien	Würmien	18–20 m-Terr.	Monastirien
3. Eiszeit	Polonien	Rissien	30–35 m-Terr.	Tyrrhenien

2. Eiszeit	Saxonien	Mindelien	55–60 m-Terr.	Milazzien
1. Eiszeit	Scanien	Günzien	90–100 m-Terr.	Sicilien [Calabrien]

Obwohl schon bald der Zirkelschluß DEPERETS, der – pointiert formuliert – warmzeitliche Meeresterrassen mit sog. kaltzeitlichen Flußterrassen korrelierte, erkannt worden war, blieb das altimetrische und nomenklatorische Schema bestehen (die Glazialeustasie war von DEPERET noch nicht berücksichtigt worden). Kritische Stimmen blieben im Hintergrund, und die Terrassenforschung wurde in der Folgezeit vornehmlich durch die altimetrische Arbeitsweise geprägt. Wichtigster Vertreter dieser Richtung war ZEUNER (1958), der besonders nachdrücklich die sog. „klassische" eustatische Theorie vertrat und glaubte, die marinen Terrassenstufen weltweit an als tektonisch stabil eingestuften Küsten eindeutig aufgrund der Höhenlage zu identifizieren. Wie schon zu Zeiten des ‚Neptunismus' durch die Persönlichkeit WERNERS konstruktive, induktiv gewonnene Forschungsergebnisse mißachtet wurden, so hat auch die i. w. deduktiv-hypothetische Auffassung ZEUNERS über Jahrzehnte einen induktiven Neubeginn blockiert. Auch FAIRBRIDGE (1961) war zu Beginn stark von ZEUNER beeinflußt, und noch 1971 veröffentlichte FAIRBRIDGE folgende Abbildung, die das klassische altimetrische Schema neueren chronostratigraphischen Erkenntnissen anpaßte (Abb. 1).

Dies bedeutet, daß bis Anfang der 70er Jahre die Diskussion zur Meeresspiegelschwankungsproblematik und die Zuordnung der Küstenterrassen nachhaltig durch das klassische eustatische Modell geprägt war, welches, ausgehend vom mediterranen Raum, weltweit auf alle Küstenregionen übertragen wurde. Erst im Verlauf des internationalen geologischen Korrelationsprojektes IGCP

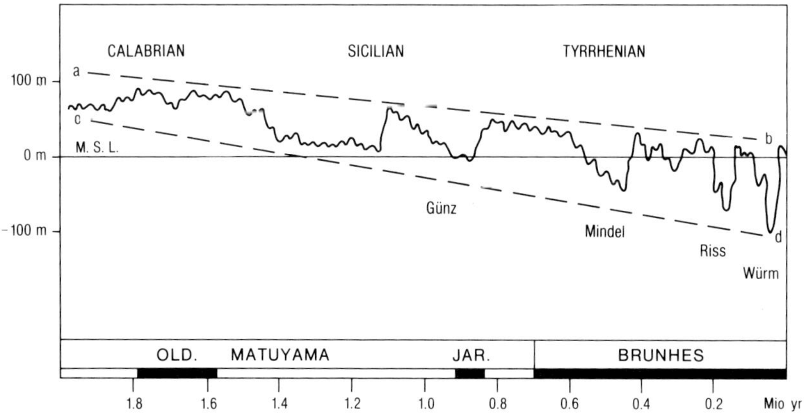

Abb. 1: Quartäre Meeresspiegelschwankungskurve für Europa nach FAIRBRIDGE (1971). (a–b: nicht glazialeustatisch bedingte Meeresspiegelabsenkung, c–d: Anwachsen des glazialen Eisvolumens.)

61 (1974–1982) wurde deutlich, daß das Ziel, die Erstellung einer ubiquitär gültigen Meeresspiegelkurve (vgl. Klug 1984), nicht erreicht werden konnte. Die Gründe für diesen Theoriewandel werden im folgenden ausführlicher erläutert.

3. Methoden zur Untersuchung des Alters von Küstenterrassen und Ausmaß der Meeresspiegelschwankungen

Neben die klassischen Methoden der altimetrischen Korrelation und Paläontologie sind in den letzten zwei Jahrzehnten verstärkt die „absoluten" chemisch-physikalischen Datierungen getreten. Obwohl sich das Augenmerk auf die absoluten Datierungen richten wird, muß man sich aber trotzdem ihrer Limitierungen bewußt sein.

Fehler, die bei absoluten Datierungen gemacht wurden, und sich anschließende falsche Schlußfolgerungen können hier gar nicht aufgezählt werden. Eine für die marine Chronostratigraphie besonders wichtige Fehl- bzw. Überinterpretation waren die ^{14}C-Datierungen vorwiegend an Mollusken mit Altern zwischen ca. 25000 und 40000 B. P. (vgl. Kap. 4.3).

Mit Hilfe der Th/U-Methode ist es möglich, über den Rahmen der ^{14}C-Methode hinauszugehen. Der optimale Bereich liegt zwischen 50000 und 150000 B. P. Seit den ersten Untersuchungen (z. B. Stearns/Thurber 1965, Veeh 1966) bleibt aber trotz methodischer Verbesserungen das Hauptproblem, die Annahme eines geschlossenen Systems für Th und U, bestehen. Insbesondere für Mollusken scheint diese Prämisse häufig nicht erfüllt zu sein (Stearns 1984). Aus diesem Grund hat man sich schon frühzeitig auf die Datierung von Korallen (Mesolella 1968, Bloom et al. 1974) in den Tropen konzentriert. In den Ektropen bleibt man weiterhin auf die Mollusken angewiesen, doch sollte als Basis für chronostratigraphische Studien immer eine Kontrolldatierung mit der seit Beginn der 80er Jahre verstärkt angewandten Aminosäure-Razemisierungs- (AAR) (Miller and Mangerud 1985) und der Elektronenspin-Resonanz-Methode (ESR) (Radtke 1986) erfolgen. In Abhängigkeit von der Umgebungstemperatur ist bei diesen Methoden z. B. in den Subtropen eine Datierung bis ca. 200000–300000 Jahre sinnvoll; in polaren Regionen sind Datierungen bis in das Altpleistozän möglich.

Die Präzision dieser drei Methoden (insbesondere an Mollusken) sollte nicht überschätzt werden. Meines Erachtens ist ohne klaren morphostratigraphischen Kontext eine Differenzierung von Küstenterrassen und ihre Zuordnung zu den letztinterglazialen Stufen 5a, 5c und 5e der Shackleton/Opdykschen (1973) Sauerstoffisotopenkurve nicht möglich. Man muß sogar damit zufrieden sein, wenn eine Trennung letzt- und vorletztinterglazialer Sedimente gelingt (Stufen 5/7).

Zu den Vorteilen der Korallen bei der klassischen Th/U-Datierung kommt hier in jüngster Zeit die Anwendung der massenspektrometrischen Th/U-Datierung (Edwards et al. 1987), bei der eine Genauigkeit von z. B. 125000a ±

1–2% erreicht wird und der Datierungszeitraum auf 50--500000 Jahre erweitert wird. Ebenfalls in jüngster Zeit (Radtke/Grün 1988) konnte nachgewiesen werden, daß mittels der ESR-Altersbestimmung Korallen bis ca. 1 Mio. B. P. datiert werden können. Somit kann deutlich über die Obergrenze der Th/U-Methode hinausgegangen werden, d. h., daß erstmals das gesamte Mittelpleistozän im Bereich absoluter Datierungsmethoden liegt, die bei der Rekonstruktion der quartären Küsten- und Meeresspiegelschwankungsgeschichte eingesetzt werden können.

Diese Untersuchungen sind eingebettet in den Rahmen, der durch die Analyse der Sauerstoffisotopen in Tiefseebohrkernen geschaffen wurde. Seit den ersten Untersuchungen Emilianis (1955) ist man zu der Erkenntnis gelangt, daß während der unterschiedlichen Interglaziale der Meeresspiegel während der letzten 2,5 Mio. a glazialeustatisch bedingt höchstens wenige Meter über dem heutigen Niveau gelegen hat (Shackleton 1987). Die Erstellung einer marinen Chronostratigraphie bewegte sich von der Gliederung der Küstenterrassen während der 70er Jahre eindeutig in Richtung Tiefsee, denn in den Bohrkernen war die Klimageschichte des Quartärs sehr viel vollständiger dokumentiert, als dies an den Küsten möglich ist. Natürlich sollte nicht vergessen werden, daß die Kalibrierung der Sauerstoffisotopenkurve unter Zugrundelegung bestimmter Prämissen (z. B. Annahme einer konstanten Sedimentationsrate, K/Ar-Datierungen der paläomagnetischen „Grenzen" des Pleistozäns) geschah und Verfälschungen – z. B. durch Bioturbationen – nicht ausgeschlossen werden können. Doch kann dies nicht ihren Wert i. allg. und für die Gliederung der pleistozänen Küstenterrassen im besonderen schmälern. Sauerstoffisotopenuntersuchungen an Mollusken und Korallen wurden auch dazu benutzt, den Meeresspiegel während der Bildung eines bestimmten Korallenriffs, welches i. d. R. einen (relativen) Meeresspiegelhochstand repräsentiert (vgl. Kap. 4), zu berechnen. Während erste Veröffentlichungen (Fairbanks/Matthews 1978) noch erhebliche Differenzen zeigten, konnten mittlerweile (Aharon and Chappell 1986) sehr viel genauere Meeresspiegelniveaus für den Zeitraum seit dem letzten Interglazial berechnet werden.

Aus den vorhergehenden, sehr knapp gehaltenen Bemerkungen wird ersichtlich, daß ein Fortschritt in der Altersgliederung mariner Terrassen immer vom Fortschritt der Geochronologie abhängen wird. Nur vor diesem Hintergrund können der im folgenden Kapitel beschriebene aktuelle Forschungsstand und mögliche Perspektiven verstanden werden.

4. Pleistozäne Meeresspiegelschwankungen und Küstenterrassen

4.1. Altpleistozän

Es war schon relativ früh einsichtig, daß die marinen Terrassen des Calabriano und Siciliano des klassischen eustatischen Modells durch einen rein glazial-eustatisch bedingten Meeresspiegelanstieg nicht zu erklären waren, da sich beim Abschmelzen sämtlicher Eismassen der Meeresspiegel weltweit nur um ca. 65 m heben würde. Auch konnte nachgewiesen werden, daß die Antarktis schon im Pliozän ausgedehnte Vergletscherungen aufwies und daß ebenso der südamerikanische Kontinent im ausgehenden Pliozän und Altpleistozän die am weitesten ausgedehnten Vereisungen des Neogens besaß. Die Sauerstoffisotopenuntersuchungen bestätigen, daß der Wasseranteil der Weltmeere an der Wende Plio-/Pleistozän mehr oder weniger der heutigen Relation von Meerwasser und Eis entsprach. In Anbetracht der tektonischen Verstellungen ist es äußerst unwahrscheinlich, daß die sog. Calabriano- und Siciliano-Terrassen mit ihrer kaltzeitlichen Fauna glazial-eustatische Terrassen darstellen. Beide „Terrassen" repräsentieren wahrscheinlich nur zwei unterschiedliche Phasen in der Orogenese.

Inwieweit positive Wärmeschwankungen des Altpleistozäns an Hebungsküsten manifestiert sind, entzieht sich einem exakten Kenntnisstand, da dieser Zeitabschnitt des Pleistozäns aufgrund fehlender Datierungsmöglichkeiten noch eine "black box" darstellt.

4.2. Das Mittelpleistozän (0,73–0,14 Mio. B. P.)

Die Lage des Meeresspiegels während der einzelnen Interglaziale war nach den Sauerstoffisotopenanalysen sowie den Untersuchungen der fossilen Korallenriffe auf Papua-Neuguinea/Timor und Barbados (CHAPPELL/VEEH 1978, BENDER et al. 1979) vergleichbar zur heutigen. Die Ergebnisse auf den Tropeninseln erhielt man unter der Annahme einer konstanten Hebungsrate – einer Prämisse, deren Beweis kaum möglich sein wird. Der suggestiven Kraft der Zuordnung je eines Riffkomplexes mit einem Interglazial kann man sich kaum entziehen, doch seien zwei wichtige Kritikpunkte angemerkt.

a) Papua-Neuguinea: Keines der Riffe oberhalb des letztinterglazialen Komplexes wurde datiert, da die Proben entweder rekristallisiert waren oder keine adäquaten Datierungsmethoden zur Verfügung standen. Die Zuordnung der einzelnen Riffe erfolgte somit durch „einfaches" Abzählen, und die Zuordnung zu den Stufen der Sauerstoffisotopenkurve ist rein tentativer Natur.

b) Barbados: Auf Barbados wurde zwar versucht, die einzelnen Riffkomplexe mit der He/U-Methode zu datieren (bis ca. 700000 B. P.), doch ist es wahrscheinlich, daß es sich bei den gemessenen Altern dieser extrem störanfälligen Methode häufig um Altersunterbestimmungen handelt. Zwar besitzen die Neudatierungen mit der ESR-Methode (RADTKE/GRÜN 1988) im Bereich zwischen 400000 und 700000 B. P. noch keinen repräsentativen Charakter, so läßt sich in folgender Abbildung (Abb. 2) doch deutlich erkennen, daß die chronostratigraphische Zuordnung der einzelnen Riffkomplexe auf Barbados auf keinen Fall zweifelsfrei ist!

Die von BENDER et al. (1979) attestierten ± 50 m Fehlerspannbreite bei der

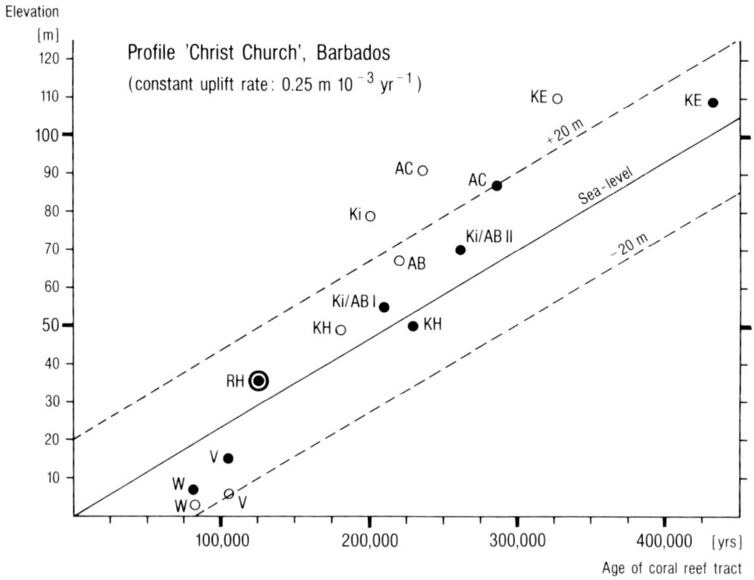

Abb. 2: Höhen der Riffkomplexe entlang der Christ-Church-Traverse im Südteil von Barbados, aufgetragen gegen Helium/Uran-Alter (Kreise, BENDER et al. 1979) und ESR-Alter (Punkte, RADTKE et al. 1988).
Der Berechnung zur Höhenlage der Paläomeeresspiegel lagen folgende zwei Annahmen zugrunde:
1. Konstante Heraushebung in den vergangenen ca. 400000 Jahren.
2. Der Paläomeeresspiegel lag vor 125000 Jahren eustatisch bedingt + 6 m über dem heutigen Niveau.

Da sich das 125000er Riff heute in einer Höhe von 36 m ü. M. befindet (RH), muß es seit diesem Zeitpunkt um 30 m (36–6 m) gehoben worden sein, was einer Hebungsrate von 0,25 m/1000 a entspricht.
(Die gestrichelten Linien markieren die ± 20 m Abweichung der Paläomeeresspiegel von der Marke des aktuellen Niveaus.)

Bestimmung des Meeresspiegels um ca. 640 000 B. P. sind eindeutig zu groß, um die Aussage zuzulassen, daß der Meeresspiegel während der letzten 700 000 Jahre um den heutigen Wert geschwankt hat, auch wenn dies wahrscheinlich ist und von der Sauerstoffisotopenkurve belegt wird. Die Untersuchungen an anderen Traversen auf Barbados (RADTKE et al. 1988) zeigen deutlich, daß man auf keinen Fall von einer konstanten Hebungsrate ausgehen kann.

Zur Zeit ist es noch zu früh, bezüglich der Chronostratigraphie der mittelpleistozänen Meeresspiegelschwankungen und den korrelaten Terrassen bzw. Korallenriffen abschließend zu urteilen, da durch die Massenspektrometrie und die ESR-Methode ein Neuanfang möglich ist. In den nächsten Jahren müssen noch zahlreiche, möglichst repräsentative Sequenzen fossiler Korallenriffe sicher datiert werden, um regionale Meeresspiegelkurven zu vergleichen. Würde man unter der Annahme einer – zu Recht stark kritisierten – kontinuierlichen tektonischen Heraushebung an zahlreichen Küsten zu vergleichbaren Ergebnissen zur Lage des Paläomeeresspiegels kommen, können die Ergebnisse von Barbados oder Timor nicht mehr als Singularitäten bewertet werden. Abweichungen von dem Durchschnittswert würden „unnormale" tektonische Aktivitäten charakterisieren. Neben der Untersuchung von Küsten mit herausgehobenen Korallenriffen müssen natürlich auch die submarinen Korallenformationen tektonisch weitestgehend „stabiler" Regionen (z. B. Bermuda, Harmon et al. 1983) in das Datierungsprogramm mit einbezogen werden.

4.3. Das Jungpleistozän (140000–10000 B. P.)

Die Fehlerbreite bei der Bestimmung der Paläomeeresspiegel während des Jungpleistozäns ist ebenfalls noch relativ groß – auch hier können nur weitere systematische Untersuchungen stratigraphisch eindeutig zu trennender Korallenriffe helfen, sie genauer zu bestimmen. In diesem Zusammenhang muß kritisch angemerkt werden, daß z. B. die Datierung der (rel.) Maxima 5a (82000) und 5c (105000 B. P.) auf Barbados (Barbados I und II) Durchschnittswerte einer geringen Probenzahl darstellten. Neue Untersuchungen der Typuslokalitäten ergaben nicht nur beträchtliche Abweichungen (Massenspektrometrie, Edwards et al. 1987, 112000 und 87700; ESR, Radtke/Grün 1988, 110000 und 92000 B. P.) der absoluten Alter auf der Basis einer größeren Probenzahl bzw. höherer Genauigkeit, sondern auch der morphostratigraphische Geländebefund mußte z. B. an der „Christ-Church-Traverse" (Abb. 2) korrigiert werden (Radtke et al. 1988). Außerdem muß angemerkt werden, daß das Referenzdatum von 5–6 m, die der letztinterglaziale Hochstand um 125000 (ein zweiter Hochstand um 135000 wird mittlerweile verneint, vgl. Kaufman 1986) eustatisch bedingt über dem heutigen Niveau gelegen haben soll, mittlerweile in der Literatur fest verankert erscheint (Butzer 1983, Cronin 1983, Bloom et al. 1974). Betrachtet man aber die Primärliteratur (z. B. Veeh 1966, Ku et al. 1974), so stellt man fest, daß es sich nur um wenig repräsentative Ergebnisse von sog. „stabilen" Küsten handelt. Zwar kann eine relative Stabilität nicht abgestritten werden und höchstwahrscheinlich hat während des Maximums der letzten Warmzeit der Meeresspiegel über dem aktuellen Niveau gelegen, doch wäre es realistischer, einen Wert von + 6 (± 5) m anzugeben. Der Meeresspiegel während der Stufen 5a und 5c hat innerhalb der Grenzen von − 25 bis 0 m gelegen, höchstwahrscheinlich zwischen − 20 und − 10 m. Dies bedeutet, daß diese relativen Maxima nur an Küsten mit einer Hebungsrate von mindestens 0,1 m/1000a manifest sind – sei es in Form einer marinen Terrasse oder eines Korallenriffs. Es ist durchaus denkbar, daß das sog. „Neotyrrhen-Problem", d. h. umstrittene Zeugen eines Meeresspiegelhochstandes in ca. 3–5 m ü. M. um ca. 70000–80000 B. P., in Gebieten mit relativ geringer Hebungsaktivität

Huon Peninsula, Papua New Guinea

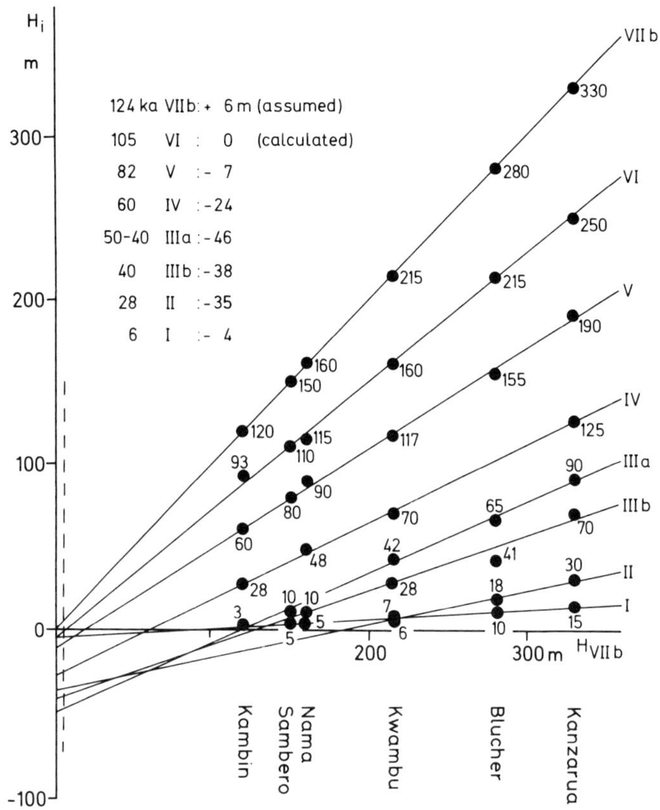

Abb. 3: Lineare Regression der Höhe der Terrasse i (H_i) als eine Funktion der Höhe der Terrasse VIIb (H_{VIIb}) Huon, Papua-Neuguinea (nach BLOOM & YONEKURA 1985).

Die Terrasse VIIb entspricht dem Riff RH (vgl. Abb. 2, Barbados), welches ebenfalls während des letztinterglazialen absoluten Meeresspiegelmaximums gebildet worden ist. Die Regression geschieht nach folgender Gleichung:

$$H_{i,t} = a_i \, H_{VIIb,t} + b_i$$

H_{VIIb} ist die Höhe der Terrasse VIIb auf einer der 6 Traversen (t) an der NE-Küste der Halbinsel Huon; die Hebungsintensität nimmt von SE (Kanzarua) nach NW (Kambin) kontinuierlich ab; $H_{i,t}$ ist die Höhe einer tieferen Terrasse (i) auf der gleichen Traverse; (a_i) ist der Korrelationskoeffizient, und (b_i) gibt die Heraushebung der Terrasse (i) an. Unter der Annahme, daß der Meeresspiegel zur Bildungszeit von VIIb + 6 m war, kann man die jeweiligen Werte von (a_i) und (b_i) einsetzen und ohne die weitere Annahme einer konstanten Hebungsrate die Paläomeeresspiegel während der vergangenen 125000 Jahre berechnen. Die Berechtigung für die Anwendung dieser Methode liegt u. a. auch in dem sehr guten Korrelationskoeffizienten für die Regressionsgleichung.

nur durch Th/U-Datierungen an Mollusken (Stearns/Thurber 1965) entstanden ist, die mittlerweile von Stearns (1985) kritisiert worden sind und dem letztinterglazialen Maximum um 125000 zugeordnet wurden.

Weitaus geeigneter für die Diskussion der jungquartären relativen Meeresspiegelmaxima sind die stark herausgehobenen Riffkomplexe von Huon Peninsula, Papua-Neuguinea (vgl. Abb. 3).

Auch unter Zugrundelegung einer Fehlerspannweite von ca. ± 5–10 m wird ersichtlich, daß während der Zeit zwischen 30000 und 40000 B. P. kein innerwürmzeitlicher Meeresspiegelhochstand existierte, der das heutige Niveau erreichte. Trotzdem wird dies noch ernsthaft diskutiert, z. B. Giresse 1987. Diese Schlußfolgerungen beruhen aber allein auf der Fehlinterpretation von i. w. ^{14}C-Daten an Mollusken, u. a. aber auch an Korallen. Diese Alter sind Grenz- bzw. Minimalalter, und Kontrolldatierungen (z. B. Radtke 1987) ergaben immer ein wesentlich höheres, i. d. R. letztinterglaziales Alter.

Sind auch die Schlußfolgerungen aufgrund des Forschungsstandes von Milliman und Emery (1967) noch nachvollziehbar, so bleibt die Persistenz dieser Fehlinterpretation unverständlich.

Einen umfassenden Eindruck des aktuellen theoretischen und regionalen Forschungsstandes der quartären Meeresspiegelschwankungen vermitteln u. a. verschiedene Aufsätze in Devoy (1987) und Tooley/Shennan (1987).

Schlußbemerkungen

Für die absoluten und relativen Bewegungen des Meeresspiegels sind Prozesse der Eustasie (i. w. tektonisch und glazial gesteuert) wie der Isostasie (Glazial-, Hydro-, Vulkan-, Sedimentations- und Erosionsisostasie) verantwortlich. Hauptkennzeichen der klassischen eustatischen Theorie war es, von einem kontinuierlich fallenden Meeresspiegel während des Quartärs (ca. 100 m in 1 Mio. Jahren) auszugehen, was in jüngerer Zeit mit dem Phänomen des "sea-floor spreading" und der damit einhergehenden Erweiterung des Ozeanbeckens in Verbindung gebracht wurde. Volumenveränderungen entlang der mittelozeanischen Rücken bewirken aber nur eine Meeresspiegelsenkung von 1 cm/1000 a (z. B. Pitman 1978), d. h., für den hier interessierenden Zeitraum kann dies nur von untergeordneter Bedeutung sein.

Kenntnisse über Höhenlage und Alter von pleistozänen Strandlinien erlauben wertvolle Rückschlüsse auf das Ausmaß von z. B. neotektonischen Prozessen an Subduktionszonen oder glazial- oder hydroisostatischen Deformationen der Lithosphäre. Da keine Region der Erde als absolut stabil eingestuft werden kann und man u. a. die Illusion uniformer Höhen mariner Terrassen im Mediterrangebiet erkannte (Hey 1978), wurde der klassischen eustatischen Theorie der Boden entzogen. Beschleunigt wurde dieser Prozeß durch das IGCP-Projekt 61, welches ursprünglich die Erstellung einer ubiquitär gültigen Meeresspiegelkurve zum Ziel hatte. Man erkannte, daß aufgrund der hohen

Mobilität der Lithosphäre dieses Ziel nicht erreichbar war und konzentrierte sich u. a. im Folgeprojekt IGCP 200 sowie im Rahmen der INQUA-Commission "Quaternary Shorelines" auf die Erstellung regional gültiger Meeresspiegelkurven. Das Ergebnis der interdisziplinären geowissenschaftlichen Untersuchungen der letzten 15 Jahre war weiterhin, daß der Meeresspiegel zumindest während der letzten 700000 Jahre in den Interglazialen wahrscheinlich um den aktuellen Wert schwankte und wahrscheinlich nur zweimal (um 500000 und 125000 B. P.) über dem heutigen Wert gelegen hat. Terrassentreppen sind somit nur an Hebungsküsten zu erwarten, und in Gebieten relativer tektonischer Stabilität (Indien, Brückner 1988) sind zwischen der letztinterglazialen Transgressionsmarke und den Zeugen präquartärer Meeresspiegelstände keine weiteren pleistozänen Küstenterrassen zu identifizieren.

Die Diskussion um den multikategorialen Charakter der Meeresspiegelstände und ihrer Manifestation in den Küstenterrassen hat erst begonnen, und es bleibt abzuwarten, inwieweit z. B. der Einfluß der Geoiddeformation (u. a. Mörner 1987b) zu werten ist. Gravimetrische Inhomogenitäten bewirken, daß die Geoidoberfläche auf den Meeren bis + 73 m/− 105 m über/unter der theoretischen Erdoberfläche liegt: Kurzfristige Wanderungen würden natürlich die Vergleichbarkeit von Meeresspiegelschwankungsmarken, wie sie z. B. Küstenterrassen darstellen, vollends unmöglich machen. Zur Zeit handelt es sich um rein theoretische Modelle, die noch viele geophysikalische Probleme offenlassen – "no case has actually been demonstrated" (Fairbridge 1983, 20).

Wichtig ist, festzuhalten, daß das sog. „klassische" eustatische Modell Wissenschaftsgeschichte darstellt. Aus diesem Grund ist die Anwendung der „klassischen Nomenklatur" meines Erachtens nicht mehr sinnvoll. Man sollte bis zum Zeitpunkt einer gesicherten Pleistozänstratigraphie mit der Kreation von neuen Typuslokalitäten warten und trotz einer geringeren Anschaulichkeit die Gliederung der Sauerstoffisotopenkurve heranziehen.

Literatur (ab 1960)

Aharon, P., J. Chappell (1986): Oxygen Isotopes, Sea Level Changes and the Temperature History of a Coral Reef Environment in New Guinea over the last 100000 Years. Palaeogeogr., Palaeoclimat., Palaeoecol., 56, S. 337–379, Amsterdam (u. a.).

Bender, M. L., R. G. Fairbanks, F. W. Taylor, R. K. Matthews, J. G. Goddard and W. S. Broecker (1979): Uranium-series Dating of the Pleistocene Reef Tracts of Barbados, West Indies. Geol. Soc. Am. Bull., 90 (1), S. 577–594, Boulder.

Bloom, A. L., W. S. Broecker, J. M. A. Chappell, R. K. Matthews and K. J. Mesolella (1974): Quaternary Sea Level Fluctuations on a tectonic Coast: New Th-230/U-234 Dates from the Huon Peninsula, New Guinea. Quat. Research, 4, S. 185–205, New York (u. a.).

Bloom, A. L., N. Yonekura (1985): Coastal Terraces generated by Sea Level Change and tectonic Uplift. In: Woldenberg, M. J. (Hrsg.): Models in Geomorphology, S. 139–154, Boston.

Brückner, H. (1988): Late Quaternary Shorelines in India. In: Scott, D. B., P. A. Pirazzoli and C. Honig (Hrsg.): Late Quaternary Sea Level Correlation and Applications – Walter S. Newman Memorial Volume, S. 169–194, Boston.

Butzer, K. (1983): Global Sea Level Stratigraphy: An Appraisal. Quat. Sci. Rev., 2, S. 1–15, Oxford (u. a.).

Chappell, J., H. H. Veeh (1978): Late Quaternary tectonic Movement and Sea Level Changes at Timor and Atauro Island. Geol. Soc. Am. Bull., 89, S. 356–368, Boulder.

Clark, J. A. (1985): Forward and inverse Models in Sea-Level Studies. In: Woldenberg, M. J. (Hrsg.): Models in Geomorphology, S. 119–138, Boston.

Clark, J. A., J. A. Primus (1987): Sea-Level Changes resulting from future Retreat of Ice Sheets: An Effect of CO_2 Warming of the Climate. In: Tooley, M. J., I. Shennan (Hrsg.): Sea Level Changes, S. 356–370, Oxford, New York.

Cronin, T. M. (1983): Rapid Sea Level and Climatic Change: Evidence from continental and island Margins. Quat. Sci. Rev., 1 (2), S. 177–214, Oxford (u. a.).

Devoy, R. J. N. (Hrsg.) (1987): Sea Surface Studies – a global View, 649 S., London (u. a.).

Edwards, R. L., J. J. Chen, T. L. Ku and G. J. Wasserburg (1987): Precise Timing of the Interglacial Period from mass spectronic Determination of Thorium-230 in Corals. Science, 236, S. 1547–1553, Washington.

Fairbanks, R. G., R. K. Matthews (1978): The marine Oxygen Record in Pleistocene Coral, Barbados, West Indies. Quat. Research, 10, S. 181–196, New York (u. a.).

Fairbridge, R. W. (1961): Eustatic Changes in Sea Level. Physics and Chemistry of the Earth 4, S. 99–187, London.

Fairbridge, R. W. (1971): Quaternary Shoreline Problems at INQUA. Quaternaria 15, S. 1–17, Rom.

Fairbridge, R. W. (1983): Isostasy and Eustasy. In: Smith, D. E., A. G. Dawson (Hrsg.): Shorelines and Isostasy, S. 3–25, London.

Giresse, P. (1987): Quaternary Sea-Level Changes on the Atlantic Coast of Africa. In: Tooley, M. J., I. Shennan (Hrsg.): Sea-Level Changes, S. 249–275, Oxford, New York.

Harmon, R. S., R. M. Mitterer, N. Kriausakul, L. S. Land, H. P. Schwarcz, P. Garrett, G. J. Larson, H. L. Vacher and M. Rowe (1983): U-Series and Amino-Acid Racemization Geochronology of Bermuda: Implications for eustatic Sea Level Fluctuations over the past 250000 Years. Palaeogeogr., Palaeoclimat., Palaeoecol., 44, S. 41–70, Amsterdam (u. a.).

Hey, R. W. (1978): Horizontal Quaternary Shorelines of the Mediterranean. Quat. Research, 10 (2), S. 197–203, New York (u. a.).

Hoffman, J. S. (1984): Estimates of future Sea Level Rise. In: Barth, M., J. G. Titus (Hrsg.): Greenhouse Effect and Sea Level Rise, S. 79–103, New York.

Kaufman, A. (1986): The Distribution of 230-Th/234-U Ages in Corals and the Number of last Interglacial high-sea Stands. Quat. Research, 25 (1), S. 55–62, New York (u. a.).

Kelletat, D. (1985): Internationale Bibliographie zur regionalen und allgemeinen Küstenmorphologie (ab 1960), 1. Suppl. Band. Essener Geographische Arbeiten, 11, Paderborn.

Kidson, C. (1982): Sea Level Changes in the Holocene. Quat. Sci. Rev., 1, S. 121–151, Oxford (u. a.).

Klug, H. (1984): Die Geomorphologie der Küsten und des Meeresbodens zwischen Tradition, Innovation und Determination. Z. Geomorph. N. F. Suppl. Band., 50, S. 91–105, Berlin, Stuttgart.

Ku, T. L., M. A. Kimmel, W. H. Easton and T. J. O' Neil (1974): Eustatic Sea-Level 120000 Years ago on Oahu, Hawaii. Science, 183, S. 959–962, Washington.

Mesolella, K. J. (1968): The uplifted Reefs of Barbados: Physical Stratigraphy, Facies Relationships and absolute Chronology. Brown University, Ph. D., 736 S.

Miller, G. H., J. Mangerud (1985): Aminostratigraphy of European marine Interglacial Deposits. Quat. Sci. Rev. 4, S. 215–278, Oxford (u. a.).

Milliman, J. D., K. O. Emery (1967): Sea Levels during the past 35000 Years. Science, 162, S. 1121–1123, Washington.

Mörner, N. A. (1987a): Pre-Quaternary long-term Changes in Sea Level. In: Devoy, R. J. N. (Hrsg.): Sea Surface Studies – a global View, S. 233–241, London (u. a.).

Mörner, N. A. (1987b): Quaternary Sea Level Changes: Northern Hemisphere Data, in: Devoy, R. J. N. (Hrsg.): Sea Surface Studies – a global View, S. 242–263, London (u. a.).

Newman, W. S., R. W. Fairbridge (1986): The Management of Sea-Level Rise. Nature, 320, S. 319–321, New York.

Ozer, A., C. Vita-Finzi (1986) (Hrsg.): Dating Mediterranean Shorelines. Z. Geomorph. N. F., Suppl. Bd. 62, Berlin, Stuttgart.

Pitman, W. C. (1978): Relationship between Eustacy and Stratigraphic Sequences of passive Margins. Geol. Soc. Am. Bull. 89 (2), S. 1389–1403, Boulder (Col.).

Plassche, O. v. d. (Hrsg.) (1986): Sea-Level Research: A Manual for the Collection and Evaluation of Data. Geo Books, 618 S., Norwich.

Radtke, U. (1986): Value and Risk of radiometric Dating of Shorelines geomorphological and geochronological Investigations in Central Italy, Eolian Islands and Ustica (Sicily). Z. Geomorph. N. F., Supp. Bd., 62, 167–181, Berlin, Stuttgart.

Radtke, U., A. Ratusny (1987): Pleistozäne Meeresspiegelschwankungen. Forschungsgeschichtlicher Rückblick und aktuelle Perspektiven. In: Hofmeister, B., F. Voss (Hrsg.): Beiträge zur Geographie der Küsten und Meere. Ergebnis der Symposien Sylt 1986 und Berlin 1987. Berliner Geographische Studien 25, S. 9–33, Berlin.

Radtke, U., with a contribution from A. Mangini and R. Hausmann (1987): Discrimination of the last and the penultimate Interglacial fossiliferous Deposits by absolute Dating Methods and geomorphological Investigations: Illustrated from marine Terraces in Chile. Berliner Geographische Studien 25, S. 313–342, Berlin.

Radtke, U., R. Grün (1988): ESR Dating of Corals. Quat. Sci. Rev. 7 (3/4), 465–470, Oxford (u. a.).

Radtke, U., R. Grun and H. Schwarcz (1988): New Results from ESR Dating of the Pleistocene Coral Reef Tracts of Barbados (W. I.). Quat. Research 29, 197–215, New York.

Radtke, U. (1989): Marine Terrassen und Korallenriffe – Das Problem der quartären Meeresspiegelschwankungen erläutert an Fallstudien aus Chile, Argentinien und Barbados. Düsseldorfer Geographische Schriften, 27, 246 S. Düsseldorf.

Shackleton, N. J. (1987): Oxygen Isotopes, Ice Volume and Sea-Level. Quat. Sci. Rev., 6 (3/4), S. 183–190, Oxford (u. a.).

Shackleton, N. J., N. D. Opdyke (1973): Oxygen Isotope and palaeomagnetic Stratigraphy of Equatorial Pacific Core V. 28–238: Oxygen Temperatures and Ice Volumes on a 100000 and 1000000 Year Scale. Quat. Research 3, S. 39–55, New York (u. a.).

Shennan, I., M. J. Tooley (1987): Conspectus of fundamental and strategic Research on Sea-Level Change. In: Tooley, M. J., I. Shennan (Hrsg.): Sea-Level Changes, S. 371–390, Oxford, New York.

Stearns, C. E. (1984): Uranium-series Dating and the History of Sea Level. In: Mahaney, W. C. (Hrsg.): Quaternary Dating Methods, S. 53–66, Amsterdam.

Stearns, C. E. (1985): In: Anonymous (Hrsg.): Geomorfología litoral y Cuaternario. Homenaje a Juan Cuerda, Universidad de Valencia, E. T. H.–Zürich, Universidad de Palma de Mallorca, S. 189–196.
Stearns, C. E., D. L. Thurber (1965): Th-230/U-234 Dates of late Pleistocene marine Fossils from Mediterranean and Morrocan Littorals. Quaternaria, 7, 29–42, Rom.
Steckler, M. (1984): Changes in Sea Level. In: Holland, H. D., A. F. Trendall (Hrsg.): Patterns of Change in Earth Evolution, S. 103–121, Berlin (u. a.).
Tooley, M. J., I. Shennan (Hrsg.) (1987): Sea Level Changes, 399 S., Oxford, New York.
Veeh, H. H. (1966): Th-230/U-238 and U-234/U-238 Ages of Pleistocene High Sea Level Stand. Journal Geophys. Res. 71 (14), S. 3379–3386, Washington.
(Literatur vor 1960 in Radtke 1989.)

METHODEN
DER SCHNEEGRENZBESTIMMUNG

Von HANNS KERSCHNER

1. Einleitung

Die „Schneegrenze" wird seit mehr als hundert Jahren dazu verwendet, um einen Gebirgsraum unter verschiedenen physisch-geographischen Gesichtspunkten zu charakterisieren, um alte Gletscherstände miteinander zu korrelieren und um klimageschichtliche Schlußfolgerungen zu ziehen. Ebensolange findet man in der Literatur die Bemühung, diese „Schneegrenze" zu definieren und zu bestimmen, wobei die wesentlichen und für die weitere Entwicklung richtungweisenden Gedanken vor allem von RICHTER (1888) zusammengefaßt wurden. Trotzdem ist „Schneegrenze" ein schillernder Begriff geblieben, wobei man, grob gesprochen, zwei verschiedene Bedeutungsbereiche auseinanderhalten kann. Der eine bezieht sich primär auf den einzelnen Gletscher und fällt mehr oder weniger mit dem heutigen Begriff der „Gleichgewichtslinie" zusammen. Der andere beinhaltet schon in der Definition eine weitgehende Abstraktion von den Verhältnissen in der Natur, indem versucht wird, eine „klimatische Schneegrenze" zu bestimmen, deren Höhe und Verlauf von Relief- und Windeinflüssen unabhängig ist. Eine derart definierte „klimatische Schneegrenze" entzieht sich jedoch einer empirischen Erfassung. Selbst heute noch gehört der Begriff „Schneegrenze" zu denjenigen geographischen Termini, die mehr oder weniger heftige Diskussionen auslösen können (vgl. die Bemerkungen im Anschluß an HEUBERGER 1980), obwohl bereits seit langem eindeutige, aus der Glaziologie stammende Begriffe zu diesem Fragenkreis existieren (ANONYM 1969, HOINKES 1970).

2. Grundlagen

Die Massenbilanz b (HOINKES 1970, S. 51 ff.) an einem Punkt der Gletscheroberfläche ist die Summe aus positiver Akkumulation c und negativer Ablation a. Unter den Verhältnissen in einem Gebirgsraum sind für die Akkumulation (Massenzufuhr) in der Hauptsache Niederschlag, besonders in fester Form, Windverfrachtung des Schnees vom unvergletscherten Gebiet auf den Gletscher und Lawineneintrag bedeutsam. Die Ablation (Massenentzug) wird vor allem durch die Strahlungsbilanz, den fühlbaren Wärmestrom und den latenten Wärmestrom bewirkt. Akkumulation und Ablation sind Zeitintegrale über die Akkumulationsrate $\dot{c} = \delta c/\delta t$ und über die Ablationsrate $\dot{a} = \delta a/\delta t$. Damit gilt

$$c = \int_{t_0}^{t_1} \dot{c}\, dt, \quad a = \int_{t_0}^{t_1} \dot{a}\, dt \quad \text{und} \quad b = \int_{t_0}^{t_1} \dot{b}\, dt \qquad [1]$$

Die Definitionsgleichung für die Massenbilanz lautet demnach

$$b = \int_{t_0}^{t_1} (\dot{c} + \dot{a})\, dt \qquad [2]$$

Ist diese Massenbilanz gleich Null, so befindet sich der Punkt im Gleichgewicht. Die Gleichgewichtslinie (GWL, equilibrium line EL) (ANONYM 1969, HOINKES 1970) ist dann der geometrische Ort aller Punkte auf einem Gletscher, deren Massenbilanz gleich Null ist. An der GWL gilt daher

$$b = \int_{t_0}^{t_1} (\dot{c} + \dot{a})\, dt = 0 \qquad [3]$$

Aus praktischen Gründen wird unter alpinen Verhältnissen der Integrationszeitraum von t_0 bis t_1 (Haushaltsjahr) mit dem hydrologischen Jahr (1. Oktober – 30. September) gleichgesetzt (HOINKES 1970).

Eine GWL kann grundsätzlich auf Gletschern und im unvergletscherten Gebiet vorkommen. Aus topographischen Gründen ist sie normalerweise jedoch, abgesehen von perennierenden Schneefeldern, auf Gletscher beschränkt. Ihr Verlauf ist meist kompliziert, nur ausnahmsweise fällt die GWL annähernd mit einer Höhenlinie zusammen. Ihre mittlere Höhe kann für einen Gletscher mit verschiedenen Verfahren bestimmt werden, die geringfügig voneinander abweichende Ergebnisse bringen (HOINKES 1970, GROSS et al. 1978).

Die GWL ist eine physikalisch und mathematisch exakt definierte Größe. Diese Vorteile sollte man bei der Schneegrenze nicht aufgeben. Die Schneegrenze wird daher als mittlere Gleichgewichtslinie definiert, der Integrationszeitraum von [3] umfaßt mehr als ein Haushaltsjahr. Die Höhe der Schneegrenze kann für einen einzelnen Gletscher oder als Mittel für einen größeren Raum bestimmt werden (Tab. 1).

Da im unvergletscherten Gebiet eine kontinuierliche Schneebedeckung über einen klimatologisch bedeutsamen Zeitraum ($\geq 10^1$ Jahre) automatisch zu einer Vergletscherung führt, erübrigt sich die Diskussion um eine Schneegrenze in einem unvergletscherten Gebirge.

Eine Klimaschwankung führt über Änderungen von Akkumulation und Ablation zu einer Störung des Gleichgewichts und damit zu einer Anpassung der GWL an die veränderten Bedingungen, also zu einer vertikalen Verlagerung. Ihr Ausmaß ist vom Absolutbetrag der Änderung der klimatischen Größen (z. B. Temperaturänderung, Niederschlagsänderung) sowie von deren vertikalen Gradienten (z. B. Änderung von Temperatur und Niederschlag mit der Höhe) abhängig. Eine ausführliche Darstellung dieses Problemkreises, die zeigt, daß in erster Linie Änderungen des fühlbaren Wärmestroms und des Niederschlags maßgeblich sind, bringt KUHN (1981, 1982).

Tab. 1: Zeitliche und räumliche Größenordnung der Begriffe 'Gleichgewichtslinie' und 'Schneegrenze'

	Zeit	Raum
Gleichgewichtslinie	Haushaltsjahr	einzelner Gletscher
Schneegrenze ≡ mittlere Gleichgewichtslinie	> 10^0–10^3 Jahre	einzelner Gletscher, größere Gebiete

Eine Höhenänderung der GWL ist immer mit einer horizontalen Lageänderung verbunden, indem sie sich z. B. bei einer Absenkung talaus verlagert. Im Postglazial (kleine Höhenänderungen) ist die Bedeutung einer derartigen horizontalen Verlagerung meist vernachlässigbar gering. Unter hocheiszeitlichen oder spätglazialen Verhältnissen lag die GWL jedoch einige hundert oder mehr Meter tiefer als heute. Dementsprechend groß war auch, verglichen mit postglazialen Verhältnissen, die horizontale Lageänderung (10^3–10^5 m). Bei derart großen Verlagerungsbeträgen werden nicht nur die absoluten Änderungen und die vertikalen Gradienten der Akkumulations- und Ablationsgrößen für das Erreichen eines neuen Gleichgewichtszustandes maßgebend, sondern zusätzlich noch ihre horizontalen Gradienten.

Die horizontalen Gradienten von Niederschlag und Windverfrachtung sind in einem Gebirgsrelief groß und sicher nicht linear. Die Windverfrachtung ist besonders in einem Scale von $10^1 \leq 10^3$ m starken Änderungen unterworfen. Ihr Einfluß wird normalerweise um so geringer, je weiter man sich von den Kämmen entfernt. Beim Niederschlag sind hauptsächlich die Änderungen in einem Scale von 10^3–10^5 m von Bedeutung. Darunter fallen z. B. die Unterschiede innerhalb eines größeren Talraumes, von Tal zu Tal, oder vom feuchten Alpenrand zu den zentralalpinen Trockengebieten. Räumliche Niederschlagsänderungen können sich in einem Gebirgsrelief sowohl kontinuierlich als auch sprunghaft vollziehen.

Expositionsunterschiede spielen bei ansonst gleichen Bedingungen durch die Änderung der Strahlungsbilanz eine maßgebliche Rolle für die Höhe der Gleichgewichtslinie. Im Vergleich dazu sind die horizontalen Gradienten des fühlbaren und latenten Wärmestromes bis zu einem Maßstab von etwa 10^5 m vernachlässigbar, da ihre Felder räumlich verhältnismäßig konservativ sind.

Die Höhe der GWL und der Schneegrenze als klimatisch bestimmte Größen kann als Paramter für die klimatischen Verhältnisse in einem Gebirgsraum dienen, worauf bereits AHLMANN (1924) ausführlich Bezug nahm. Höhenänderungen der Schneegrenze können dementsprechend als Parameter für klimatische Änderungen verwendet werden (KUHN 1982). Sowohl die Höhe der Schneegrenze als auch ihre Höhenänderung beinhalten eine klimatologische Mischinformation. In beiden Fällen müssen daher zusätzliche, unabhängig gewonnene klimatische Informationen vorhanden sein, um die Schneegrenze sinnvoll klimatisch interpretieren zu können.

3. Bestimmungsmethoden

Bei Gletscherständen der geologischen Vergangenheit oder bei großräumigen Überblicken besteht das Problem, die Schneegrenze (als raum-zeitlichen Mittelwert der GWL) möglichst verläßlich anzunähern. Im Laufe der Zeit wurden daher zahlreiche Verfahren entwickelt, die unterschiedliche Genauigkeitsansprüche aufweisen und die methodisch zum Teil zweifelhaft sind. Für viele von ihnen prägte HEUBERGER (1980) den treffenden Ausdruck „Schnellschätzverfahren". Einen Überblick darüber findet man bei LOUIS (1955), bei HERMES (1955) oder bei FLINT (1971). GROSS et al. (1978) und MEIERDING (1982) versuchten eine kritische Wertung dieser Methoden, wobei sich deutlich zeigte, daß zwischen dem Arbeitsaufwand für die Bestimmung und der Genauigkeit der Ergebnisse nicht unbedingt ein positiver Zusammenhang besteht.

Im folgenden sollen drei Methoden vorgestellt werden, die nach heutigen Maßstäben brauchbare Ergebnisse bringen. Die ersten beiden Methoden (LICHTENECKER-VISSER, Flächenteilungsmethode) bestimmen die Schneegrenze für den einzelnen Gletscher, während die dritte Methode (Vergletscherungsgrenze, glaciation level) dazu dient, in erster Näherung einen großräumigen Überblick zu gewinnen.

3.1. Methode LICHTENECKER-VISSER

Ufer-, Seiten- und Obermoränen können auf Grund der Gletscherdynamik nur im Ablationsgebiet entstehen, da nur dort die Stromlinien an die Oberfläche treten (FINSTERWALDER 1897, HESS 1904, LICHTENECKER 1938, VISSER 1938). Findet man daher auf einem Gletscher Seiten- oder Obermoränen vor, so befindet man sich sicher unterhalb der GWL. Die ungestörten Ansätze von Ufermoränen, die in einem mehrjährigen Vorgang aufgebaut werden, geben einen guten Richtwert für die Höhe der Schneegrenze in ihrer näheren Umgebung. Besonders bei stark wechselnden Expositions- und Geländeverhältnissen müssen mehrere ungestörte Ufermoränenansätze erhalten sein, um einen repräsentativen Mittelwert für die Schneegrenzhöhe eines Gletschers zu erzielen.

Ungestörte Ufermoränenansätze sind sowohl im Gelände als auch im Luftbild leicht daran zu erkennen, daß sich auf eine Horizontaldistanz von wenigen Zehnermetern aus mehr oder weniger regellos gelagertem Moränenmaterial ein scharfer Moränenwall entwickelt. Derartige Formen sind normalerweise auf wenig geneigtes Gelände beschränkt, so daß die Höhe des Ufermoränenansatzes mit einer Genauigkeit von etwa ± 10 m bestimmt werden kann.

Diese Methode ist besonders gut für die Bestimmung der Schneegrenzhöhe der neuzeitlichen Gletscherhochstände in alpinen Gebieten geeignet. Eine derart bestimmte Schneegrenzhöhe kann zudem gut als unabhängige Eichgröße für andere Verfahren dienen. Für spätglaziale Gletscherhochstände oder hoch-eiszeitliche Verhältnisse ist diese Methode nur bedingt brauchbar, da aus diesen Zeitabschnitten kaum ungestörte Ufermoränenansätze zu finden sind.

3.2. Flächenteilungsmethode

Die Erfahrung zeigt, daß unter alpinen Bedingungen bei ausgeglichenem Massenhaushalt die Fläche des Akkumulationsgebietes S_c eines Gletschers ziemlich genau doppelt so groß wie die des Ablationsgebietes S_a ist. Die GWL teilt dann die gesamte Gletscherfläche S im Verhältnis k = 2:1. In feuchteren Gebieten geht die Tendenz zu geringfügig kleineren Flächen des Akkumulationsgebietes (k eher gegen 1,7 : 1), während in trockeneren Räumen geringfügig größere Flächen für das Akkumulationsgebiet öfter auftreten können (k eher gegen 2,3 : 1). Für die Bestimmung der Schneegrenze aus Gletscherkarten sind diese Unterschiede jedoch unbedeutend (Gross et al. 1978). Anstelle des Teilungsverhältnisses k wird im englischen Sprachraum meist die 'accumulation area ratio' (AAR = S_c/S) verwendet. Ein Teilungsverhältnis von 2:1 entspricht dabei einer AAR von 0,67.

Diese einfache Beziehung, die in ähnlicher Form bereits von Richter (1888) verwendet wurde, ist durch die Massenhaushaltsuntersuchungen auf Gletschern empirisch gut abgesichert (Gross et al. 1978) und läßt sich auch für den Gletscherhochstand um die Mitte des vorigen Jahrhunderts im Alpenraum gut belegen (Abb. 1). Das ist um so bedeutsamer, als damals beim Erreichen der maximalen Ausdehnung die Bedingungen für einen stationären Gletscher sicher erfüllt waren.

Für die Anwendung der Flächenteilungsmethode mit einem Teilungsverhältnis von 2:1, die an alpinen Gletschern entwickelt und geeicht wurde, müssen folgende Voraussetzungen erfüllt sein, um verläßliche Ergebnisse zu erhalten:

- stationäre Verhältnisse, am günstigsten ein durch Moränen markierter Hochstand
- klar definierte Gletscherabgrenzung im Zungenbereich und im Akkumulationsgebiet
- bei heute nicht mehr existierenden Gletschern eine glaziologisch sinnvolle Rekonstruktion des Gletschers, vor allem eine Beachtung der durch die Eisphysik gegebenen Grenzen der Gletscherdicke (Paterson 1981)
- Höhenlinienkarte des Gletschers mit höchstens 100 m Äquidistanz, Maßstab möglichst 1:50000 oder größer
- eine Flächen-Höhen-Verteilung mit maximalen Flächenanteilen im Bereich der Gleichgewichtslinie.

Arbeitstechnisch erfolgt die Bestimmung entweder graphisch oder rechnerisch aus der hypsographischen Summenkurve des Gletschers (Abb. 2). Ebenso können digitale Geländemodelle mit hinreichender Auflösung verwendet werden. Sofern alle genannten Voraussetzungen zutreffen, beträgt die mittlere Unsicherheit einer derart bestimmten Schneegrenze weniger als zwanzig

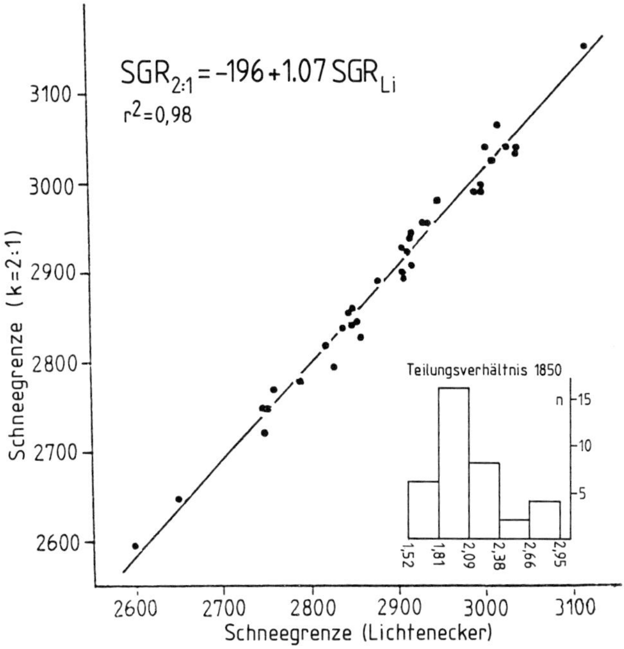

Abb. 1: Korrelationsdiagramm zwischen der Schneegrenze nach Lichtenecker-Visser und der Schneegrenze mit k=2:1, Häufigkeitsverteilung der Teilungsverhältnisse um 1850.

Meter. Damit ist die Flächenteilungsmethode unter alpinen Verhältnissen das derzeit verläßlichste Verfahren für die Bestimmung der Höhe der Schneegrenze aus Gletscherkarten.

Sind die Bedingungen auch nur teilweise nicht erfüllt, so führt die Flächenteilungsmethode zu unbrauchbaren Ergebnissen. Damit scheiden Gletscher mit hoher Felsumrahmung und hohem Lawinenanteil an der Akkumulation („turkestanischer Typ"), großen Eisabbrüchen, mit steil abbrechenden oder mit kalbenden Zungen für die Anwendung dieser Methode von vornherein aus. Für sehr große Gletscher mit Flächen von einigen hundert Quadratkilometern oder mehr sowie für Gletscher unter grundsätzlich anderen klimatischen Rahmenbedingungen, z. B. in den Tropen oder den trockenen Polargebieten, liegen noch keine Erfahrungswerte über die AAR vor.

Die Eichung der Flächenteilungsmethode erfolgte unter anderem anhand einer Stichprobe von Gletschern des Hochstandes von 1850 in den Zentralalpen (Abb. 1). Dabei wurde die mit einem Teilungsverhältnis von 2:1 ermittelte Höhe der Schneegrenze ($SGR_{2:1}$) mit der nach Lichtenecker (SGR_{Li}) bestimmten Schneegrenze in Beziehung gesetzt. Die mittlere Differenz ($SGR_{2:1} - SGR_{Li}$) beträgt −3,4 m, die Extremwerte der Abweichung liegen bei −47 m

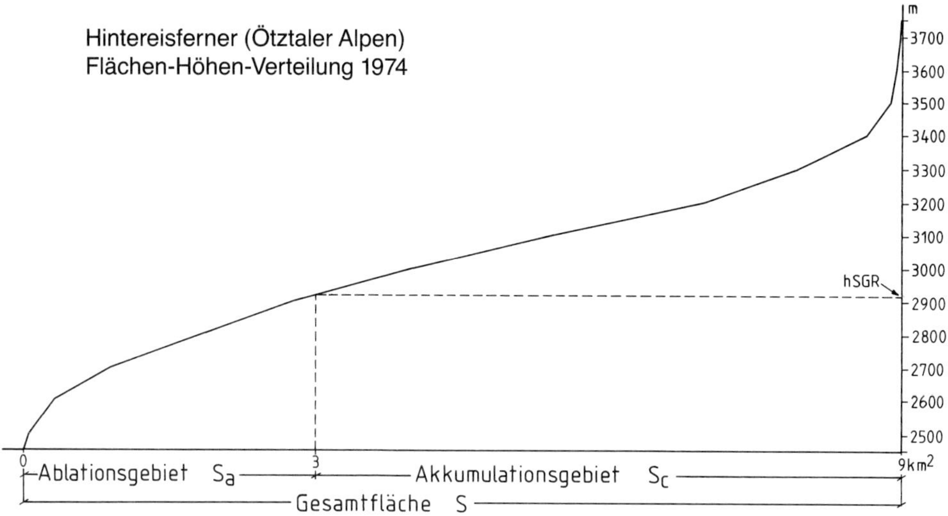

Abb. 2: Bestimmung der Schneegrenzhöhe aus der hypsographischen Summenkurve eines Gletschers.

und bei +32 m. Umgekehrt läßt sich aus der gegebenen Flächen-Höhen-Verteilung der einzelnen Gletscher und der SGR_{Li} das Teilungsverhältnis errechnen. Es beträgt im Mittel 2,07:1 und weicht damit in vernachlässigbarem Ausmaß vom Verhältnis 2:1 ab.

3.3. Vergletscherungsgrenze

Die „Vergletscherungsgrenze“, für die mehrere englische Übersetzungen mit leicht voneinander abweichenden Bedeutungen existieren (Heuberger 1980), kann einen großräumigen und kleinmaßstäbigen Überblick über den Verlauf der Schneegrenze vermitteln. In ihrer heute angewandten Form (glaciation level) ist sie als 'the critical summit elevation which is necessary to produce a glacier on a mountain' definiert (Østrem 1974, S. 230). Sie kann im Effekt in erster grober Näherung mit der Schneegrenze gleichgesetzt werden (Heuberger 1980). Für großräumige Darstellungen bietet die Vergletscherungsgrenze den Vorteil, daß sie anhand von mittel- und kleinmaßstäblichen topographischen Karten relativ arbeitsökonomisch erhoben werden kann.

Im Idealfall wird die Vergletscherungsgrenze als mittlere Höhe zweier benachbarter Berge bestimmt, die beide für die Existenz von Gletschern geeignet sein müssen. Der höhere Berg soll gerade noch vergletschert sein, während der niedrigere gerade keinen Gletscher mehr trägt („Gipfelmethode“). In der Praxis werden anstelle der unmittelbar benachbarten Berge Stichprobenflächen verwendet, für die die Erhebung und die Mittelung durchgeführt wird. Anhand der Werte aus den Stichprobenflächen erfolgt die Konstruktion von Isolinienkarten. Die Genauigkeit bzw. der Detailreichtum dieser Karten ist deutlich von der Erhebungsmethode, der Größe der Stichprobenflächen und der Geländegestalt abhängig (HUMLUM 1986).

4. *Darstellung*

Während die Methode LICHTENECKER-VISSER und die Flächenteilungsmethode Schneegrenzhöhen für einzelne Gletscher ergeben und damit großmaßstäbige Aussagen ermöglichen, ist die Vergletscherungsgrenze nur für kleinmaßstäbige Aussagen geeignet. Die entsprechenden Karten vermitteln zumeist einen Überblick über ein größeres Gebiet, etwa über Skandinavien (AHLMANN 1924, Østrem 1964) oder den Nordwesten von Nordamerika (ØSTREM 1966, 1972, PORTER 1977). Die Karten der heutigen Schneegrenze der Ostalpen (v. KLEBELSBERG 1947), der Schweiz (JEGERLEHNER 1903) oder Neuseelands (LIEDTKE 1980, PORTER 1975) liegen bereits an der oberen sinnvollen Maßstabsgrenze.

Grundsätzlich kann auch der Verlauf der Schneegrenze großräumig mit Isolinien (Isochionen) dargestellt werden. Dazu können die Gletscherinventare der einzelnen Länder in Zukunft wertvolle Unterlagen liefern. Die Interpolation der Isolinien anhand der Einzelwerte der Gletscher kann heute automatisiert erfolgen, indem etwa Polynome höherer Ordnung dem Datenbestand angepaßt werden oder Fourieranalysen verwendet werden. Derartige Verfahren sind allerdings nicht unproblematisch, wie der Schweizer Gletscherkataster (MÜLLER et al. 1976) zeigt, da das ausgewählte mathematische Verfahren einen deutlichen Einfluß auf den Verlauf der Isochionen hat. Ein kritisches Zeichnen der Isolinien von Hand dürfte nach wie vor die sinnvollsten Resultate liefern. Es sollte dabei nicht außer acht gelassen werden, daß nur sehr kleinmaßstäbige Isoliniendarstellungen der Schneegrenze in Gebirgsräumen sinnvoll sind, da nur dann das Problem des Zeichnens von Isochionen im unvergletscherten Gebiet vernachlässigt werden kann.

5. *Schneegrenzdepressionen*

Schneegrenzdepressionen für Gletscherstände der geologischen Vergangenheit werden normalerweise als Differenz zwischen einem Bezugswert (z. B. der „heutigen Schneegrenze") und der damaligen Schneegrenzhöhe bestimmt. Sie wurden und werden vielfach zur Korrelation alter Gletscherstände verwendet. Dabei wird von der Hypothese ausgegangen, daß Gletscherstände mit gleicher Schneegrenzdepression auch gleich alt sein müssen. Aus den Überlegungen in Abschnitt 2 folgt jedoch, daß ein Vergleich der Schneegrenze über stark unterschiedliche Scales der Gletschergröße problematisch ist. Fehlaus-

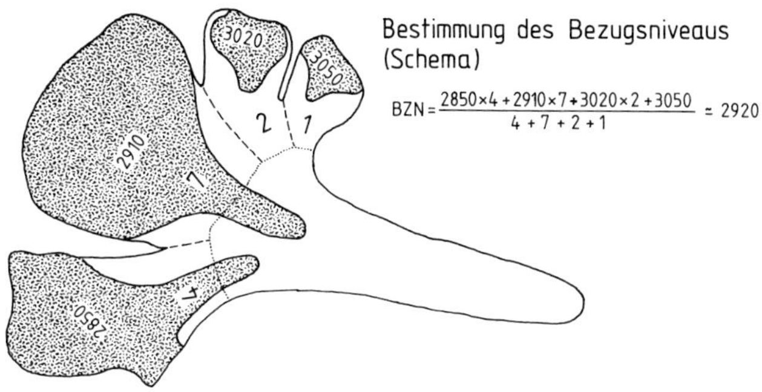

Abb. 3: Bestimmung des Bezugsniveaus.

sagen können die Folge sein, wenn der Einfluß der Gradienten der einzelnen Parameter und deren Veränderlichkeit nicht berücksichtigt werden. Bei der Interpretation von Schneegrenzdepressionswerten müssen daher die Scaleüberlegungen sehr genau berücksichtigt werden.

Im alpinen Bereich hat sich die Schneegrenze des Hochstandes von 1850 als Ausgangsgröße für die Ermittelung eines Bezugswertes weitgehend durchgesetzt (Gross et al. 1978, Maisch 1987a, Maisch 1987b), da eine „heutige Schneegrenze" meist schwierig und nur mit größerer Unsicherheit bestimmbar ist. Die 1850er Schneegrenzen in einem Einzugsgebiet werden einem besonderen Mittelungsverfahren unterworfen, um für jeden einzelnen älteren Gletscherstand sein „Bezugsniveau" zu bestimmen. Dazu wird das Akkumulationsgebiet des älteren Gletscherstandes in Teilströme unterteilt, jedem dieser Teilströme ein Schneegrenzwert von 1850 zugewiesen und dieser Wert schließlich mit der Fläche des zugehörigen Teilstromes gewichtet (Abb. 3). Das „Bezugsniveau" ist dann das gewichtete Mittel aus den 1850er Schneegrenzhöhen der einzelnen Teilströme.

Die Erfahrung mit dem Bezugsniveau zeigt, daß man es besonders gut dort anwenden kann, wo das Einzugsgebiet eines spätglazialen Gletschers auch heute noch möglichst vollständig vergletschert ist. Die erreichbare Genauigkeit für die Schneegrenzdepression liegt dann im Mittel bei etwa ± 20 m. Die Methode findet dort ihre Grenzen, wo die Bestimmung oder zumindest eine einigermaßen verläßliche Schätzung einer 1850er Schneegrenze nicht mehr möglich ist. Das Grundprinzip (gewichtete Mittelung der bekannten Schneegrenzhöhe eines Gletscherstandes) kann man aber verallgemeinern: So kann beispielsweise die Schneegrenzdepression zwischen verschieden alten, späteiszeitlichen Gletscherständen nach den gleichen Richtlinien bestimmt werden.

Schon Brückner (1909) wies darauf hin, daß die Schneegrenzdepression gleich alter spätglazialer Gletscherstände in den Schweizer Alpen räumlich nicht konstant ist. Sie ist in den trockeneren Gebieten des Wallis geringer als in

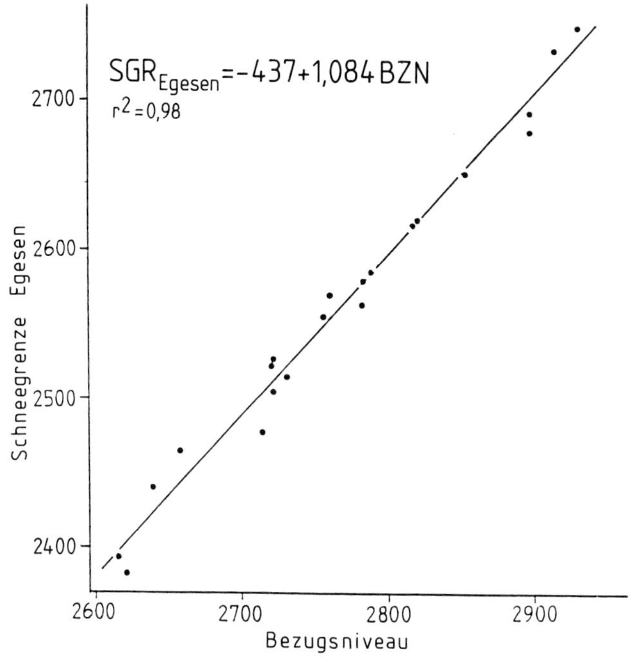

Abb. 4: Beziehung zwischen Bezugsniveau und egesenzeitlicher Schneegrenze in den Zentralalpen.

den feuchten Gebieten des Nordalpenbereichs. Das ist nicht weiter verwunderlich, da die Höhe der Schneegrenze in erster Näherung durch das Zusammenwirken eines räumlich recht konstanten Temperaturfeldes und eines räumlich stark variablen Niederschlagsfeldes zustande kommt. Änderungen des Temperaturfelds (z. B. eine starke Abkühlung) können wiederum zusammen mit Zirkulationsänderungen das Niederschlagsfeld ändern, so daß die Niederschlagsverteilung und damit die Akkumulationsbedingungen in einem Gebirgsraum zeitlich nicht konstant sind. Man muß vielmehr annehmen, daß sich unter eiszeitlichen Verhältnissen die heute bestehenden Kontraste zwischen einem niederschlagsreichen Alpenrand und einem niederschlagsarmen Alpeninneren eher verstärkt als abgeschwächt haben können. Daraus ergibt sich wie bei Brückner (1909) als empirisch gut belegte Konsequenz, daß die Schneegrenzdepression gleich alter Gletscherstände in klimatisch verschiedenen Räumen unterschiedlich groß ist.

Die Beziehung zwischen der postglazialen Schneegrenzhöhe (Bezugsniveau) und der Schneegrenzhöhe eines spätglazialen Gletscherstandes läßt sich nur in klimatisch einigermaßen homogenen Räumen gut durch Regressionsgleichungen beschreiben (Gross et al. 1978, Maisch 1987a, Abb. 4), da sie nur dann der gleichen, chronologisch *und* klimatisch bestimmten Grundgesamtheit angehören. Eine Vermischung von Stichproben aus verschiedenen Grundgesamtheiten, z. B. durch eine Vernachlässigung der klimatischen Dimension, führt hingegen zu zweifelhaften Resultaten.

Die Hypothese, daß ein alter Gletscherstand auf Grund einer bestimmten Konstellation von Bezugsniveau und Schneegrenze einer bestimmten chronostratigraphischen Grundgesamtheit (z. B. Gschnitz-Stadium, Egesen-Stadium) angehört, kann nie verifiziert, sondern nur falsifiziert werden. Schneegrenzdepressionen oder Regressionsbeziehungen ermöglichen deshalb zwar gut abgesicherte Aussagen für die Nichtzugehörigkeit eines älteren Gletscherstandes zu einer bestimmten Gruppe, sie haben aber nur eine eingeschränkte Brauchbarkeit als Korrelationskriterium für frühere Gletscherstände. Sie sind jedoch, mit Vorsicht verwendet, eine hervorragende paläoklimatische Quelle für die Ableitung früherer Niederschlagsverhältnisse in einem Gebirgsraum, sofern zusätzliche, unabhängig bestimmte Temperaturinformationen vorliegen (Haeberli 1982, Kerschner 1986).

Während in den Alpen über die spätglazialen Verhältnisse noch einigermaßen abgesicherte Aussagen getroffen werden können (Maisch 1987a), die meist um so besser sind, je jünger und je kleiner die in Diskussion stehenden Gletscher sind, ist die Kenntnis der tatsächlichen Schneegrenzverhältnisse während einer Hocheiszeit nur bescheiden. Zu groß sind die Unsicherheiten über die damaligen klimatischen Rahmenbedingungen und deren glaziologische Folgen. Zudem stellt sich noch die Frage nach einem aussagekräftigen Bezugswert, da nur mehr die höchsten und zentralsten Teile der Einzugsgebiete dieser hocheiszeitlichen Gletscher heute noch vergletschert sind. Grundsätzlich gleich sind die Probleme für andere, hocheiszeitlich vergletscherte Gebiete der Erde, seien es nun Skandinavien, der laurentische Eisschild in Nordamerika oder die zahlreichen Hochgebirge der Nord- und Südhalbkugel.

6. Schlußbemerkungen

Mit dem heutigen, glaziologisch begründeten und abgesicherten Methodeninventar läßt sich die Höhe der Schneegrenze für begrenzte Gebiete und wohldefinierte Gletscherhochstände zwar relativ arbeitsaufwendig, aber mit einem hohen Grad an Genauigkeit bestimmen. Die damit erreichbaren Ergebnisse erlauben weitergehende, vor allem paläoklimatische Interpretationen, die zwar nicht endgültig sein können, aber auf einer physikalisch-glaziologischen Basis aufbauen und somit den Raum für Spekulationen einengen. In ferner Zukunft kann sich vielleicht die Möglichkeit eröffnen, auch weltweit zu einer neuen kartographischen Darstellung der Schneegrenzverhältnisse zu gelangen und eine Gesamtrevision der Überblicksdarstellung von Hermes (1955) zu ermöglichen. Bis dorthin ist jedoch sicher noch ein langer Weg zu gehen, einerseits, um das notwendige Datennetz ausreichend zu verdichten, und andererseits, um Verfahren zu entwickeln und zu testen, die wenigstens näherungsweise eine fundierte Interpolation in den Räumen erlauben, die nicht vergletschert sind.

Dank: Besonderer Dank gilt meinem Kollegen Dr. GEORG KASER für die kritische Durchsicht und Kommentierung des Manuskripts.

Literatur

Ahlmann, H. W:son (1924): Le niveau de glaciation comme fonction de l'accumulation d'humidité sous forme solide. Geografiska Annaler 6, 233–272.

Anonym (1969): Mass-Balance Terms. Journal of Glaciology 8, 3–7.

Brückner, E. (1909): Linth-, Reuss-, Aare- und Rhonegletscher auf schweizerischem Boden. In: A. Penck und E. Brückner: Die Alpen im Eiszeitalter, S. 441–638.

Finsterwalder, S. (1897): Der Vernagtferner. Seine Geschichte und seine Vermessung in den Jahren 1888–1889. Ergänzungshefte zur Zeitschrift des DuOeAV 1, 112 S.

Flint, R. F. (1971): Glacial and Quaternary Geology. New York: J. Wiley, 892 S.

Gross, G., H. Kerschner und G. Patzelt (1978): Methodische Untersuchungen über die Schneegrenze in alpinen Gletschergebieten. Zeitschrift für Gletscherkunde und Glazialgeologie 12, 223–251.

Haeberli, W. (1982): Klimarekonstruktionen mit Gletscher-Permafrostbeziehungen. Materialien zur Physiogeographie 4, 9–17.

Hermes, K. (1955): Die Lage der oberen Waldgrenze in den Gebirgen der Erde und ihr Abstand zur Schneegrenze. Kölner Geographische Arbeiten 5, 277 S.

Heß, H. (1904): Die Gletscher. Braunschweig: Vieweg, 426 S.

Heuberger, H. (1980): Die Schneegrenze als Leithorizont in der Geomorphologie. In: Ch. Jentsch und H. Liedtke: Höhengrenzen in Hochgebirgen. Arbeiten aus dem Geographischen Institut der Universität des Saarlandes 29, 35–48.

Hoinkes, H. (1970): Methoden und Möglichkeiten von Massenhaushaltsstudien auf Gletschern. Ergebnisse der Meßreihe Hintereisferner (Ötztaler Alpen) 1953–1968. Zeitschrift für Gletscherkunde und Glazialgeologie 6, 37–90.

Humlum, O. (1986): Mapping of Glaciation Levels: Comments on the Effect of Sampling Area Size. Arctic and Alpine Research 18, 407–414.

Kerschner, H. (1986): Quantitative Paleoclimatic Inferences from Lateglacial Snowline, Timberline and Rock Glacier Data, Tyrolean Alps, Austria. Zeitschrift für Gletscherkunde und Glazialgeologie 21, 363–369.

Jegerlehner, J. (1903): Die Schneegrenze in den Gletschergebieten der Schweiz. Gerlands Beiträge zur Geophysik 5, 486–567.

Klebelsberg, R. v. (1947): Die heutige Schneegrenze in den Ostalpen. Mitteilungen des Naturwissenschaftlich-medizinischen Vereins Innsbruck 47, 9–32.

Kuhn, M. (1981): Climate and Glaciers. In: Proceedings of the Canberra Symposium on Sea Level, Ice and Climatic Change. IAHS Publ. 131, 3–20.

Kuhn, M. (1982): Die Reaktion der Schneegrenze auf Klimaschwankungen. Zeitschrift für Gletscherkunde und Glazialgeologie 16, 241–254.

Lichtenecker, N. (1938): Die gegenwärtige und die eiszeitliche Schneegrenze in den Ostalpen. Verhandlungen der III. Internationalen Quartärkonferenz Wien 1936, 141–147.

Liedtke, H. (1980): Zum Forschungsstand zur rezenten und würmzeitlichen Schnee-

grenze in Neuseeland. In: Jentsch, Ch., und H. Liedtke: Höhengrenzen in Hochgebirgen. Arbeiten aus dem Geographischen Institut der Universität des Saarlandes 29, 59–73.
Louis, H. (1955): Schneegrenze und Schneegrenzbestimmung. Geographisches Taschenbuch 1954/55, 414–418.
Maisch, M. (1987 a): Zur Gletschergeschichte des alpinen Spätglazials: Analyse und Interpretation von Schneegrenzdaten. Geographica Helvetica 42, 63–71.
Maisch, M. (1987 b): Die Gletscher um 1850 und heute im Bündnerland und in den angrenzenden Gebieten: Untersuchungen zur Höhenlage, Veränderung und räumlichen Struktur von Schneegrenzen. Geographica Helvetica 42, 127–145.
Meierding, T. C. (1982): Late Pleistocene Glacial Equilibrium-Line Altitudes in the Colorado Front Range: A Comparison of Methods. Quaternary Research 18, 289–310.
Müller, F., T. Caflisch und G. Müller (1976): Firn und Eis der Schweizer Alpen, Gletscherinventar. ETH Zürich, Publ. 57.
Østrem, G. (1964): Ice-Cored Moraines in Scandinavia. Geografiska Annaler 46, 282–337.
Østrem, G. (1966): The Height of the Glaciation Limit in Southern British Columbia and Alberta. Geografiska Annaler 48 A, 126–138.
Østrem, G. (1972): Height of the Glaciation Level in Northern British Columbia and Southeastern Alaska. Geografiska Annaler 54 A, 76–84.
Østrem, G. (1974): Present Alpine Ice Cover. In: Ives, J. D., and R.G. Barry (Hrsg.): Arctic and Alpine Environments. London: Methuen, 225–250.
Paterson, W. S. B. (1981): The Physics of Glaciers. Oxford: Pergamon, 380 S.
Porter, S. C. (1975): Glaciation Limit in New Zealand's Southern Alps. Arctic and Alpine Research 7, 33–37.
Porter, S. C. (1977): Present and Past Glaciation Threshold in the Cascade Range, Washington, U.S.A.: Topographic and Climatic Controls, and Paleoclimatic Implications. Journal of Glaciology 18, 101–116.
Richter, E. (1888): Die Gletscher der Ostalpen. Handbücher zur Deutschen Landes- und Volkskunde, 3. Stuttgart: Engelhorn, 306 S.
Visser, P. C. (1938): Wissenschaftliche Ergebnisse der Niederländischen Expeditionen in den Karakorum und die angrenzenden Gebiete in den Jahren 1922–1935, Bd. II: Glaziologie. Leiden, 216 S.

Quaternary Research, 20 (2), 1983, S. 125–144.

MILANKOVITCH THEORY OF ICE AGES: HYPOTHESIS OF ICE-SHEET LINKAGE BETWEEN REGIONAL INSOLATION AND GLOBAL CLIMATE

By GEORGE H. DENTON and TERENCE J. HUGHES

J. D. HAYS, J. IMBRIE, and N. J. SHACKLETON (1976, *Science* 194, 1121–1132) showed that the astronomical theory explained many features of late Quaternary ice-age climates, but they did not specify the physical mechanisms involved. Here it is proposed that interlocked variations of ice-sheet heat sinks in both polar hemispheres amplified and transmitted MILANKOVITCH summer halfyear insolation changes (a version of the astronomical theory) between 45° and 75°N into the globally synchronous climate changes recorded in geologic records. It is suggested that late Quaternary ice sheets had terrestrial components (grounded above sea level, melting margins, fluctuations controlled by climate) and marine components (grounded below sea level, drained largely by ice streams, limited melting margins, fluctuations controlled primarily by sea level and secondarily by climate, interior surface elevations coupled to downdraw through ice streams). Northern Hemisphere ice sheets were largely marine (with minor melting margins) in the Arctic and terrestrial (with major melting margins) in the midlatitudes. West Antarctic and peripheral East Antarctic ice was marine-based and lacked melting margins. Because of their geographic array, these terrestrial and marine components formed an ice-sheet system whose variations were coupled on a global scale. MILANKOVITCH summer isolation changes near midlatitude Northern Hemisphere melting margins controlled most variations of this system, because advance or retreat of melting margins initiated concurrent eustatic sea-level change. Such sea-level change afforded the critical interlocking mechanism between terrestrial and marine components because it forced simultaneous expansion or contraction of marine margins in both polar hemispheres. This initiated an amplifying feedback loop among all marine components and influenced interior downdraw through ice streams. Arctic summer insolation change was less important because northern melting margins were relatively minor. Its greatest influence was on surface ablation of ice streams that controlled interior downdraw. This affected eustatic sea level and activated global linkage of marine sectors. By analogy with present-day Antarctica, late Quaternary ice sheets were enormous planetary heat sinks due to their reflective and radiative surface characteristics. It is suggested that the effectiveness of these ice-sheet heat sinks varied with their areal extent and interior surface elevation. Thus, it is postulated that concurrent growth or decay of these interlocked ice-sheet heat sinks in both polar hemispheres served as the global amplifier of regional MILANKOVITCH summer insolation.

The Hypothesis

HAYS *et al.* (1976) showed by spectral analysis that the astronomical theory explained much of the climate record in two deep-sea sediment cores from the southern Indian Ocean. Thus they concluded that insolation changes due to variations in the earth's orbital geometry caused late Quaternary ice ages. Other geologic data (BROECKER and VAN DONK 1970; MESOLELLA *et al.* 1969) support MILANKOVITCH'S (1941) version of the astronomical theory, namely that summer insolation at specific Northern Hemisphere latitudes is critical for ice-sheet behavior and, perhaps, for world climate. Despite this strong statistical support for the astronomical theory, the physical mechanism that links insolation with global climate is unknown.

Here we suggest such a physical mechanism. We present our hypothesis in two parts. First, we outline our view of an interlocked global ice-sheet system. Then we identify specific MILANKOVITCH insolation changes that, in our view, trigger variations of this system. Further, we suggest that these ice sheets are enormous planetary heat sinks, whose effectiveness depends on area and elevation. Thus, their interlocked variations affect global energy balance and produce widespread climate change.

Interlocked Global Ice-Sheet System

Figure 1 shows our view of ice sheets at late Wisconsin-Weichselian maximum glaciation between 17,000 and 21,000 yr B.P. Continental ice sheets, concentrated in polar and subpolar latitudes, are fringed by floating ice. We think that four essential dynamic components coupled these ice sheets on a global scale.

– *Terrestrial ice components* are grounded largely above contemporary sea level. In Figure 1, they form the core of the East Antarctic, Greenland, Cordilleran, and Putorana ice sheets, much of the Scandinavian Ice Sheet, and the southerly and westerly landward fringes of the Laurentide Ice Sheet. They also occur as minor island-based components of ice sheets on polar continental shelves.

Marginal fluctuations of terrestrial components depend on the mass balance between surface accumulation and ablation. As have others, we think that variations in ablation generally outweigh changes in precipitation along midlatitude sectors of Northern Hemisphere ice sheets. Ablation, in turn, is closely tied to summer temperature and length of ablation season. In Figure 1, we label ablation zones of these southern terrestrial components as melting margins, because they are so important to our hypothesis.

– *Marine ice components* are grounded largely below contemporary sea level and are drained primarily by seaward flow through ice streams. In Figure 1 marine components are concentrated on polar continental shelves or over marine embayments. They make up nearly all of the West Antarctic, Innuitian, Barents, and Kara ice sheets. In addition, they compose much of the interior and the Atlantic fringe of the Laurentide Ice Sheet, the Atlantic fringe of the Scandinavian Ice Sheet, and the periphery of the East Antarctic Ice Sheet.

A grounding line marks the outer limit of marine components. Advance or

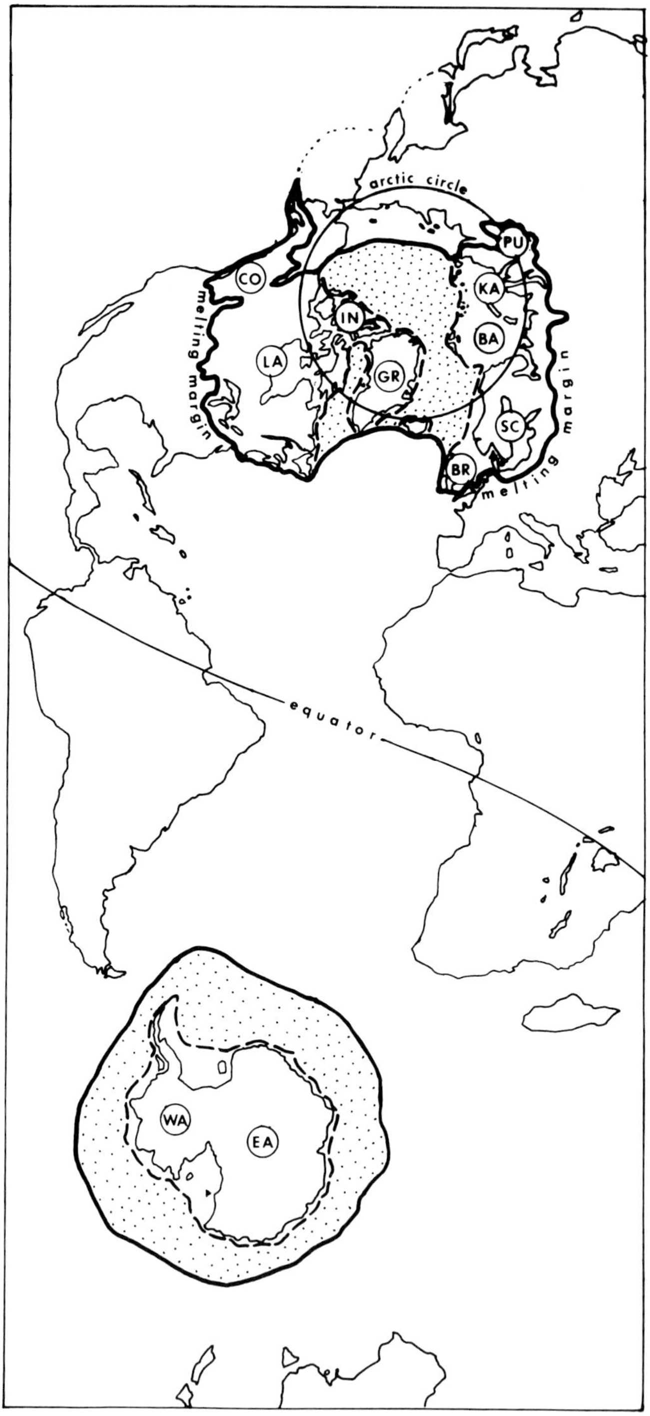

Fig. 1: Ice-sheet heat sinks du ing the late Wisconsin-Weic selian glacial maximum. Heav solid lines show melting ic margins, broken lines separat grounded ice from floating ic and dotted areas are floatin ice (ice shelves and/or sea ice Latitude 65°N separates hig latitudes dominated by th 41,000-yr cycle of axial tilt fro midlatitudes dominated by th 23,000-yr cycle of axial prece sion (Ruddiman and McIntyr 1981b). Predominantly marin ice sheets were the Laurentid (LA), Innuitian (IN), Baren (BA), Kara (KA), and We Antarctic (WA) ice sheets. Pr dominantly terrestrial ic sheets were the Cordillera (CO), Greenland (GR), Britis (BR), Putorana (PU), and Eas Antarctic (EA). The Scandin vian Ice Sheet (SC) was mainl terrestrial during growth and owing to isostatic sinking partly marine during decay. Th major terrestrial melting ma gins of Northern Hemispher ice sheets are shown.

retreat of this grounding line is caused by several factors. The most critical for our purposes are (1) relative sea-level changes relating to eustatic events or glacial isostasy, and (2) variations of surface melt that affect ice thickness at the grounding line. Buttressing ice shelves can also be important, but are not considered here.

In Antarctica, where melting margins are absent, sea-level variations dominate expansion and contraction of West Antarctic and peripheral East Antactic marine-based ice (Hollin 1962; Stuiver *et al.* 1981). Similarly, we think that sea level dominates expansion and contraction of Arctic marine components, because they probably do not have significant melting margins at ice-age maxima. Surface ablation areas are certainly present along terrestrial margins near ice-free areas in the Yukon Territory, Northwest Territories, and northern USSR, but are probably largely absent along marine margins. However, we envision that during intervals of warmer summer temperatures, these terrestrial ablation zones may expand to marine margins. In such circumstances surface melting can also affect grounding lines of marine components in the Arctic.

– *Ice stream components* are fast-moving currents of ice that constitute the most dynamic parts of ice sheets. Ninety percent of West Antarctic marine ice drains seaward through ice streams (Hughes 1977). This analogy, in conjunction with the existence of appropriate submarine troughs that can serve as conduits for ice, leads us to postulate that ice streams also drain Northern Hemisphere marine components (Denton and Hughes 1981a). Most ice streams that we reconstruct in the Northern Hemisphere occur in the Arctic. However, major ice streams in Hudson Strait, Cabot Strait, and the Norwegian Trench lie south of the Arctic.

The effect of sea level and surface ablation on ice-stream grounding lines is particularly important for marginal expansion and contraction of marine components. Geologic evidence and glaciological modeling suggest to us that ice streams also exert a primary influence on interior surface elevations of marine components by controlling interior downdraw (Denton and Hughes 1981a; Stuiver *et al.* 1981). A rise in sea level and/or increase in peripheral melting triggers interior downdraw by causing ice streams to surge. Conversely, if sea-level lowering and/or decreased peripheral melting causes grounding-line advance or diminished outflow, the interior ice drainage basin will experience decreased downdraw and will increase in surface elevation at a rate that depends importantly on local precipitation.

– *Ice shelves* are floating components of ice sheets. When confined in embayments and pinned by islands or shoals, ice shelves can buttress ice streams and, therefore, help regulate marine components. Extensive ice shelves almost certainly fringed retreating West Antarctic ice during late Wisconsin-Holocene times, serving to regulate ice-stream flow (Stuiver *et al.* 1981; Thomas and Bentley 1978). However, whether ice shelves fringed major marine components in either polar hemisphere at maximum glacial conditions (Fig. 1) is unknown. DENTON and HUGHES (1981b) argue that extensive ice shelves may be necessary to buttress ice streams draining Northern Hemisphere marine components. The alternative is that channel walls and bedrock sills afford sufficient buttressing. To simplify the present discussion, we consider here only the latter alternative. However, buttressing ice shelves floating on Arctic seas can be incorporated into our model without changing its basic concepts.

We now suggest how these major dynamic components are coupled on a global scale. Southerly ice-sheet margins in the Northern Hemisphere are predominantly terrestrial and thus respond to the length and warmth of the summer ablation season. Southerly margins do, however, exhibit several major ice streams that respond both to sea level and to surface melting and that also regulate interior downdraw in their drainage basins. In sharp contrast, arctic ice margins in Figure 1 are predominantly marine, responding primarily to sea level and secondarily to summer temperature. In the Southern Hemisphere the marine West Antarctic Ice Sheet, as well as the marine fringe of the terrestrial East Antarctic Ice Sheet, responds almost solely to sea level (HOLLIN 1962; STUIVER *et al.* 1981).

These circumstances promote an interlocked global ice-sheet system whose variations are initiated primarily by summer temperature changes in mid- to high latitudes of the Northern Hemisphere. Summer temperature changes between 45° and 65°N are particularly important, because these latitudes encompass the extensive southerly melting margins of ice sheets in Eurasia and North America, as well as several ice streams on Atlantic marine fringes. Eustatic sea-level change triggered by expansion or contraction of these melting margins afford the critical global interlocking mechanism, for it forces simultaneous expansion or contraction of marine margins in both polar hemispheres and initiates an amplifying feedback loop involving sea-level linkage of all marine sectors. Summer temperature changes along Arctic margins also force the system, although less dramatically than changes along southerly margins. Variations in extent or intensity of Arctic ablation have the greatest effect on ice stream surfaces of marine components because these surfaces have low, concave profiles and can be heavily crevassed. Such variations therefore modulate interior downdraw. In turn, this influences sea level, thus activating global linkage of marine sectors. Summer temperature changes along southern terrestrial margins are a powerful trigger because they force concurrent changes of all ice-sheet components on an global scale. Summer temperature changes along Arctic margins are less powerful because they melt less ice and force concurrent changes largely in marine components; however, downdraw can move the divide southward, thereby making terrestrial mass balance more negative.

Our model emphasizes rapid and interlocked reaction of terrestrial and marine ice-sheet *margins* und *grounding lines* to summer temperature variations and eustatic sea-level changes. In turn, changes in marine components dominate contemporaneous *interior* ice-sheet surface elevations because of variations in downdraw through surging ice streams. Because it is driven by marginal fluctuations, our ice-sheet system responds rapidly to changes in external boundary conditions such as summer temperature or sea level. That is, the initial *change* in the system from an expanding to a contracting mode (or contracting to expanding) follows closely a change in external boundary conditions. However, the largest (or smallest) ice *volume* occurs much later. The lag in the *change* of mode of the ice-sheet system, which typically amounts to a few thousand years, depends on the initial state of the system, the frequency and magnitude of the forcing function, and the local conditions such as interior precipitation. The lag in attaining maximum or minimum ice *volume* ideally depends on the time necessary for the ice-sheet system to attain equilibrium with the new boundary conditions, which can amount to tens of thousands of years (WHILLANS 1981). In practice, however, such equilibrium is rarely achieved during the Quaternary because external boundary conditions change so frequently. More typically, therefore, maximum or minimum ice volumes occur simply when another change in boundary conditions switches the ice-sheet system from an expansion to a contraction (or contraction to expansion) mode. Thus, the system probably never achieves equilibrium.

Late Quaternary Variations of Global Ice-Sheet System

We now suggest how our model of a globally interlocked ice-sheet system explains major patterns in oxygen-isotope records from deep-sea cores covering the last 900,000 yr. We assume a tight oxyen-isotope/ice-volume relationship. Oxygen-isotope records show extremes of full glaciation and interglaciation, as well as partial glaciation and deglaciation (BROECKER and VAN DONK 1970; SHACKLETON and OPDYKE 1973). Late Quaternary full interglaciations are not strictly complete deglaciations, since ice sheets remain on Greenland and Antarctica.

– *Full glaciations* result from summer cooling along all Northern hemisphere ice-sheet margins. Southerly terrestrial margins expand, with simultaneous sea-level drop, causing advance of all marine margins and interior thickening owing to decreased downdraw. Concurrently, diminished Arctic summer ablation also causes decreased downdraw through Arctic ice streams, thus enhancing interior thickening and eustatic-sea-level drop.

– *Full interglaciations* commonly follow full glaciations. Terminations mark the rapid collapse of full-bodiced ice sheets during the transition from glacial to interglacial conditions (BROECKER and VAN DONK 1970). Figure 2 shows Terminations I, II, and III. We think that a unique combination of mutually reinforcing factors causes terminations. Simultaneous summer warming along all margins of full-bodied Northern Hemisphere ice sheets triggers terminations. Although they are at their most robust and might seem to be most stable, full-bodied ice sheets are actually unstable and poised for irreversible self-destruction because areal expansion and isostatic depression of their beds have

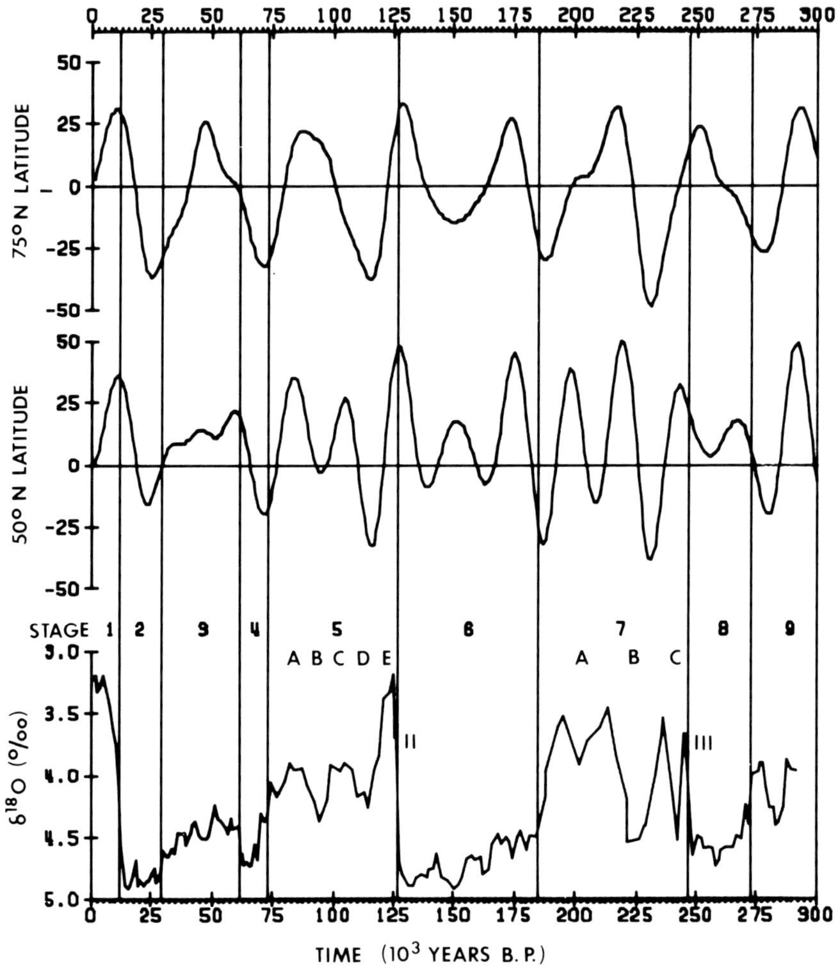

Fig. 2: Comparison of Northern Hemisphere summer half-year insolation at 75°N and 50°N (Vernekar, 1972) and the oxygen-isotope record from V19–29 (Ninkovitch and Shackleton, 1975). Paleoclimatologists generally assume tight linkage between oxygen-isotope records and global ice volume. We plotted the oxygen-isotope record from V19–29 on a time scale by assigning ages to important peaks (Imbrie and Imbrie, 1980) and stage boundaries (Kominz *et al.*, 1979; Pisias *et al.*, 1980) and then by assuming constant sedimentation rates between chronologic control points.

converted a critical amount of terrestrial ice into marine ice that can be downdrawn by surging ice streams (RUDDIMAN and MCINTYRE 1981a; DENTON and HUGHES 1981b, p. 461). Rapid downdraw of full-bodied marine components produces the necessary ice volume to raise sea level sufficiently to force irreversible retreat of marine margins. During downdraw, ice-discharge rates can exceed iceberg-calving rates, thus permitting marine grounding lines to remain nearly stationary or even advance. After downdraw, ice-discharge rates fall behind iceberg-calving rates, allowing grounding lines to retreat irreversibly into interior isostatically depressed subglacial basins. In addition, massive downdraw itself chokes off precipitation over fast-thinning ice sheets (RUDDIMAN and MCINTYRE 1981a). Meltwater from icebergs that pour into the North Atlantic from surging ice streams produces a low-salinity surface layer that results in local summer chilling and winter freezing (RUDDIMAN and MCINTYRE 1981a). Summer chilling reduces moisture extraction by the atmosphere and winter freezing suppresses winter storms that normally supply precipitation, thus starving ice sheets. The result is irreversible destruction of all great Northern Hemisphere ice sheets, except the terrestrial Greenland Ice Sheet which is immune to disintegration mechanisms that affect marine ice sheets (HUGHES *et al.* 1977).

– *Partial glaciations* are superimposed on both glacial and interglacial intervals. Examples in Figure 2 are isotopic stages 5b and 5d, as well as several glacial episodes within stage 3. Partial ice-sheet growth is triggered by summer cooling confined either to southerly or to Arctic ice-sheet margins in the Northern Hemisphere. Events initiated along southerly margins have the greatest potential to produce marked fluctuations because they trigger reaction of the entire global ice-sheet system.

– *Partial deglaciations* are superimposed on both glacial and interglacial intervals, and commonly follow episodes of partial glaciation. Examples in Figure 2 are isotopic stages 5a, 5c, and episodes of low ice volume within isotopic stage 3. Summer warming confined either to midlatitude or to Arctic ice-sheet margins can trigger partial deglaciation. Even summer warming along southerly terrestrial margins of less-than-full-bodied ice sheets causes only limited sea-level rise and overall recession of the global ice-sheet system. This is because the marine components are too small and isostatic depression is not sufficient for downdraw to remove the ice volume needed to trigger ireversible retreat by enhanced sea-level rise and self-starvation. As a result, such smaller ice sheets can sustain themselves by snowfall during warm intervals of recession so that they can grow again during cold intervals. Moreover, relatively minor downdraw partly counterbalanced by interior snowfall slows recession and allows time for isostatic rebound to stabilize shrunken marine components.

– *Rapid ice-sheet growth* at the end of full interglaciations occurs when sharp summer cooling between 50° and 75°N triggers (1) growth of terrestrial ice caps on plateaus in Canada and Scandinavia, and (2) spread of sea ice that thickens to form ice shelves in the protected seas subsequently covered by major marine components. Broad marine ice domes form where thickening ice shelves become grounded over large areas. The initial sea-level drop caused by growth of marine and terrestrial domes triggers both widespread ice-shelf grounding in the Northern Hemisphere and expansion of marine-based Antarctic ice. Further lowering of eustatic sea level interlocks subsequent growth of all marine components. Growing marine components cause regional cooling, with consequent lowering of equilibrium lines on adjacent plateau ice caps. This overall mechanism for ice-sheet growth causes a rapid drop in sea level because widespread ice-sheet formation, fostered by strong positive feedback loops between growing marine and terrestrial domes, quickly affords an extensive base in both polar hemispheres to reflect solar radiation and to trap high-latitude precipitation. The North Atlantic Current is an important precipitation source because it persists in a northerly position without winter sea ice during the first several thousand years of ice-sheet growth (Ruddiman *et al.* 1980).

Milankovitch Insolation Trigger and Global Climatic Change

We now specify how Northern Hemisphere summer insolation drives our proposed global ice-sheet system. This system, whose components are interlocked by eustatic sea level, reacts sensitively to incoming summer half-year insolation at the critical Northern Hemisphere latitudes where ice sheets originated and where their extensive terrestrial and marine margins existed. Variations in incoming Northern Hemisphere summer insolation depend largely on the 41,000-yr tilt cycle at high latitudes and on the 23,000-yr precession cycle at midlatitudes (Ruddiman and McIntyre 1981b). Figure 1 shows which portions of Northern Hemisphere ice sheets lie within the region of each effect. Figure 2 shows major summer insolation variations for the last 300,000 yr near the northern (75°N) and southern (50°N) margins of Northern Hemisphere ice sheets. Both precession and tilt influence interior regions of initial ice-sheet growth between 50 and 75°N. Precession dominates southern ice-sheet sectors, which feature extensive terrestrial margins as well as several marine ice streams. Tilt dominates northern ice-sheet sectors, which feature extensive marine components and limited terrestrial margins.

Several Northern Hemisphere insolation effects cause variations of our interlocked global ice-sheet system. Simultaneous downswings in summer insolation from both tilt and precession effects initiate ice-sheet growth from interglacial conditions, because cooling across all critical northern latitudes promotes widespread growth of ice shelves and plateau ice caps. In Figure 2 such conditions occurred at isotopic stage boundaries 7c/7b, 7a/6, and 5e/5d. Both the tilt effect on limited ablation zones of Arctic marine margins and the precession effect on southern terrestrial and marine margins independently influence subsequent ice-sheet behavior. However, the precession effect generally dominates. This is particularly true when high eccentricity enhances the precession effect such as during isotopic stages 5 and 7 in Figure 2. It is less true when precession is dampened by low eccentricity and is counterbalanced by tilt. The precession effect is so important because it dominates variations of the extensive terrestrial margins, which in turn initiate the sea-level changes that control all marine margins elsewhere on the globe. Secondarily, precession may directly control downdraw for the few southern marine ice streams by influencing their surface ablation zones. However, even though precession controls many ice-sheet variations in this fashion, extreme glacial events occur only when tilt reinforces precession. This is because tilt affects ablation on northern ice streams that control much of the interior downdraw. Therefore, simultaneous downswings and minima of the combined precession and tilt effects produce glacial extremes. In Figur 2 such conditions occur during isotopic stages 7b, 5d, 4, and 2, as well as early in stage 6. Conversely, terminations or extensive recession accompany simultaneous upswings and maxima of insolation from both the tilt and precession effects immediately after an extensive glacial phase. Such conditions occur during Terminations I and II in Figure 2. Moreover, BIRCHFIELD *et al.* (1981) showed that simultaneous upswings in insolation from precession and tilt characterize all terminations except III. These conditions also characterize deglaciation at isotopic stage 7a/7b boundary. One could argue that this exception is a matter of original definition, and that BROECKER and VAN DONK (1970) could have placed Termination III at the 7a/7b boundary.

By analogy with present-day Antarctica, we assume that large paleo-ice sheets are important heat sinks in the general circulation, because of their reflective and radiative surface characteristics. We further postulate that the effectiveness of ice-sheet heat sinks varies with their area and elevation. Thus, we think that variations of the interlocked ice-sheet system amplify and transmit the MILANKOVITCH regional insolation trigger into the globally synchronous climatic variations recorded in geologic ice-age records. This transformation between regional insolation and global climate commonly begins with lags of only a few thousand years, because in our model terrestrial margins and marine grounding lines drive area and elevation of ice sheets. The full effect of the climate change then awaits expansion to maximum ice volume. Although the most pronounced areal and elevation changes in ice-sheet heat sinks occur in the Northern Hemisphere, substantial changes in the Southern Hemisphere occur in marine-based ice in West Antarctica and peripheral East Antarctica (STUIVER *et al.* 1981).

Our model can explain the 23,000- and 41,000-yr frequency of oxygen-isotope changes in deep-sea sediments, which are interpreted in terms of ice volume (HAYS *et al.* 1976). But how does it explain the 100,000-yr cycle that dominates late Quaternary climatic records, but is not specifically predicted by the astronomical theory of ice ages (BROECKER and VAN DONK 1970; HAYS *et al.* 1976; IMBRIE and IMBRIE 1980)? First, we note that the essential features of this dominant cycle are terminations that lead to full interglaciations spaced about 100,000 yr apart. Thus we can rephrase our question as follows: Why did ice sheets (except for those in Greenland and Antarctica) disintegrate completely during terminations, whereas they failed to do so during interstades of partial deglaciation? Our answer to this question is that terminations occur when simultaneous upswings in precession and tilt at critical Northern Hemisphere latitudes affect full-bodied ice sheet that have achieved a glacial maximum, triggering powerful feedback mechanisms of accelerated downdraw (DENTON and HUGHES 1981 a) and resulting self-starvation (RUDDIMAN and MCINTYRE 1981 a). This combination of necessary glacial and orbital conditions recurs only at 100,000-yr intervals in late Quaternary time, when Northern Hemisphere precession and tilt effects are in phase both for the termination and for the preceding full glacial maximum. Eccentricity variations on a 96,000-yr cycle play an important role in terminations by amplifying precession and thus promoting full glaciations and interglaciations.

Tests of the Hypothesis

The validity of our hypothesis will ultimately depend on how it meets specifically designed tests. Several such tests are discussed below.

Test 1: Extent of Ice-Sheet Components at Glacial Maxima

A crucial geologic test is to determine if large marine ice sheets actually existed in polar areas at the last global glacial maximum. This question is under vigorous debate. At issue is not only the distribution and chronology of marine and terrestrial ice-sheet components, but also basic philosophical differences about the behavior of Northern Hemisphere ice sheets during a global glacial cycle.

HUGHES *et al.* (1981, p. 290 and Figs. 6–8 and 6–9) presented maximum (without ice shelves) and minimum reconstructions of the areal extent of Northern Hemisphere ice sheets at the last glacial maximum. Although not strictly correct because they represent only extreme end members of a spectrum of possibilities, these reconstructions illustrate the current debate. DENTON and HUGHES (1981 a) and ANDREWS (1982) assessed background geologic data for each reconstruction. However, a resolution is not at hand, and will require extensive high-quality mapping, stratigraphic analysis, and dating of glacial deposits in polar areas. Because of misunderstandings that have appeared in the literature (DYKE et al. 1982; ANDREWS 1982), we again emphasize that neither the maximum nor the minimum reconstructions of areal ice extent is wedded to any particular distribution of domes (MAYEWSKI *et al.* 1981, p. 120). As stated by HUGHES *et al.* (1981, p. 303), we could as well have presented a maximum Laurentide reconstruction with multiple domes or a minimum reconstruction with a single dome.

The minimum reconstruction for the Northern Hemisphere shows largely terrestrial ice sheets without Arctic marine components. Ice streams and ice shelves are not considered; in fact, even a Hudson Strait ice stream is specifically denied (OSTERMANN *et al.* 1982). The greatest extent of high-latitude ice occurred late in the global deglacial hemicycle, as much as 10,000 yr later than along midlatitude ice-sheet margins. This out-of-phase behavior is attributed to varying atmospheric circulation patterns postulated for the Arctic during a glacial cycle.

Unfortunately, proponents have not themselves attempted three-dimensional minimum reconstructions for the Arctic (ANDRWES 1982). The minimum reconstruction of HUGHES *et al.* (1981) only shows approximate outer ice limits regardless of age. Thus, ice volumes cannot be calculated accurately because (1) the postulated retracted high-latitude ice margins at the last global maximum remain unspecified, and (2) the postulated late-glacial Arctic ice growth was not only diachronous, but its magnitude compared to midlatitude shrinkage remains unknown. As a result, global ice-volume changes during terminations cannot yet be predicted by the minimum model.

The maximum reconstruction (without ice shelves) for the Northern Hemisphere differs sharply from the minimum reconstruction in that it shows the extensive marine ice sheets that are important to the ice-age hypothesis given here. The maximum reconstruction (without ice shelves) of HUGHES *et al.* (1981) shows an equilibrium version with outer ice limits that represents the extreme possibility. Proponents infer that northern marine components fluctuated in accord with southern terrestrial components through sea-level control. Paleo-ice sheets had surface inversion wind patterns (just as over today's Antarctic Ice Sheet). Hence "no-cloud" precipitation from air masses flowing inland above inversion winds afforded interior accumulation. This accumulation could have maintained Arctic ice sheets during global glacial maxima.

We select here a nonequilibrium version of the maximum Northern Hemisphere reconstruction as the most likely ice-sheet configuration of the late Wisconsin-Weichselian glacial maximum, and we assume that similar configurations existed during earlier ice-age maxima. Whether ice shelves floated on Arctic seas and buttressed seaward-flowing ice streams is not resolved. We purposely do not involve such ice shelves in our discussion since their existence does not constitute an essential test of the competing hypotheses.

As shown in Figure 1, our selection implies that Northern Hemisphere marine ice sheets existed in the Queen Elizabeth Islands (Innuitian Ice Sheet) of Arctic Canada, as well as in the Barents and Kara seas of Arctic Eurasia. The Laurentide Ice Sheet had extensive southerly terrestrial margins, but was largely marine based in its interior and Arctic sectors. The Scandinavian Ice Sheet was largely terrestrial, except along its Atlantic fringe. The Greenland Ice Sheet was largely terrestrial, although it had marine-based fringes. The Cordilleran Ice Sheet was largely terrestrial, as were smaller glaciers. Hence, the Northern Hemisphere ice-sheet complex was mainly terrestrial along its southerly margins and largely marine in the Arctic. In the Southern Hemisphere, the marine-based West Antartic Ice Sheet expanded to the edge of the Ross, Weddell, and Amundsen continental shelves; the terrestrial East Antarctic Ice Sheet had an expanded marine-based fringe.

DENTON and HUGHES (1981 a) presented geologic arguments pertaining to the maximum reconstruction (without ice shelves) of Northern Hemisphere ice sheets during late Wisconsin-Weichselian time. However, new data bear on the issue and some are incorporated in Figure 1. In North America, additional information defining the northeastern border of the Laurentide Ice Sheet comes from southern Baffin Island (MILLER 1989), eastern Baffin Island (MODE 1980; NELSON 1978; BRIGHAM 1980), and Bylot Island (KLASSEN 1981). Additionally, FISHER (1979) suggested from ice-core data that the northwestern sector of the Greenland Ice Sheet was thicker than now during the late Wisconsin glacial maximum, although ENGLAND *et al.* (1981) maintained that late Wisconsin ice extent here was restricted. Accordingly, we show ice borders on Baffin Island that permit several coastal ice-free areas.

In a recent study of the northwestern Laurentide Ice Sheet, VINCENT (1982) proposed that the extensive M'CLURE ice limit is early Wisconsin in age and that the restricted RUSSELL limit, which dates to 10,600 yr B.P., represents the late Wisconsin maximum. However, VINCENT (1982, p. 228) left open the possibility that both ice limits are of late Wisconsin age. We show the M'CLURE limit in Figure 1 for several reasons. First, we think that the radiocarbon chronology for assigning the M'CLURE ice limit to early Wisconsin time is not definitive. Second, we have difficulty from a theoretical viewpoint in accepting the RUSSELL limit as the maximum late Wisconsin extent of Laurentide ice. Why would the northwestern Laurentide margin (which had a surface ablation area) contract during the global late Wisconsin peak and then expand to a maximum late in the deglacial hemicycle, when nearby glaciers in Alaska and Yukon territory showed opposite behavior? Specifically, alpine-glacier complexes in the southern Brooks Range attained their Walker Lake (late Wisconsin) maximum between 24,500 and 17,000 yr B.P. (HAMILTON 1982), alpine glaciers in the Alaska Range attained their Donnelly (late Wisconsin) maximum between 25,000 and 14,000 yr B.P. (HAMILTON 1982; WEBER *et al.* 1981), and alpine glaciers in the St. Elias Mountains reached their Kluane-Macauley (late Wisconsin) maximum between 29,600 and 13,660 yr B.P. (RAMPTON 1971; DENTON 1974). Glaciers in these areas had receded considerably by 10,600 yr B.P. The standard explanation for the opposite behavior would be that varying Arctic precipitation dominated northwestern Laurentide mass balance, causing out-of-phase fluctuations compared with midlatitude Laurentide margins. But how could northwestern Laurentide mass balance differ so dramatically from that of neighboring Yukon Territory and Alaskan glaciers? This would be the case only if complex precipitation patterns such as those inferred by HAMILTON (1981) for maximum Itkillik glaciation also occurred during Walker Lake glaciation, continuing eastward and causing out-of-phase behavior between glaciers in northern Alaska and the Northwest Territories. But such a scenario would require northwestern Laurentide ice to fluctuate in an out-of-phase fashion with ice both to the south and to the west. In short, we would be more comfortable in accepting the RUSSELL limit as representing maximum late Wisconsin glaciation if at least some Alaskan and Yukon Territory glaciers showed the same pattern rather than correlating closely with southern Laurentide fluctuations. In fact, HAMILTON (1982) used the similarity of Alaskan and southern Laurentide fluctuations to conclude that both were driven by the same widespread climatic changes. If this is true, why would the northwestern Laurentide margin not respond similarly to these same widespread climatic changes?

New data from northern Europe bear directly on the critical issue of the presence (GROSSWALD 1980) of absence (BOULTON 1979b; BOULTON *et al.* 1982) of a marine-based ice sheet in the Barents Sea at the maximum of late Weichselian glaciation. SALVIGSEN and NYDAL (1981) and SALVIGSEN and OSTERHOLM (1982) suggested that western and northern coastal fringes of Spitsbergen remained ice free at maximum late Weichselian glaciation. However. Kongsøya in eastern Svalbard shows a Holocene uplift pattern consistent with a late Weichselian ice center in the northern Barents Sea (SALVIGSEN and HYDEL 1981) rather than a restricted Billefjörden ice cap (BOULTON 1979a, b) on Svalbard. In addition, ELVERHØI and BOMSTAD (1980) showed that surface till of presumed late Weichselian age covered the western central Barents sea floor. BOULTON *et al.* (1982) abandoned the earlier concept of a restricted Billefjörden ice cap, and now argue for a late-glacial, marine-based ice cap in the northern Barents Sea. In our view, however, the isobase data, while delimiting a center of uplift in the Barents Sea, do not specify a restricted ice cap. Moreover, we think that the radiocarbon chronology is not sufficiently firm to place the last ice advance in Spitsbergen in late-glacial time. Finally, this hypothesis postulates growth of a marine-based ice cap in the face of the rapidly rising sea level of termination I. Rather, we think that the new data, when taken in context with the age and configuration of moraines in northern USSR (GROSSWALD 1980), are consistent with a multidome Barents Ice Sheet at the late Weichselian maximum. However, an ice-shelf embayment or an ice stream probably existed between northern Norway and Björnöya. In a similar vein, new data (BUGGE 1980; ROKOENGEN 1980) support earlier interpretations (ANDERSEN 1981) that late Weichselian ice grounded over the continental shelf west of Norway.

There are two alternate reconstructions for the configuration of the Antarctic Ice Sheet during the maximum of late Wisconsin-Weichselian glaciation. STUIVER *et al.* (1981) presented geological field data available in 1978, and a glaciological reconstruction based on those data, that support grounding of the West Antarctic marine ice sheet over the Ross and Weddell continental shelves, along with minor expansion of East Antarctic ice onto its narrow peripheral continental shelf. DREWRY (1979) gave an alternate interpretation of minor West Antarctic ice advance into the Ross Sea. Our preference for the maximum reconstruction (Fig. 1) is strongly reinforced by new data on ice distribution in the Byrd-Darwin glacier area (DENTON 1979), on the interpretation of sea-floor core sediments at site J-9 under the Ross Ice Shelf as till (KELLOGG and KELLOGG 1981; ANDERSON *et al.* 1980), on the glacial history of the Ross Sea (KELLOGG *et al.* 1979; ANDERSON *et al.* 1980) and Weddell Sea (RUTFORD *et al.* 1980; CARRARA 1979; ORHEIM and ELVERHØI 1981; ANDERSON *et al.* 1979, 1980), on new interpretations of the gravity field in the Ross Embayment (GREISCHAR and BENTLEY 1980), and on studies of the George V-Adelie continental shelf of East Antarctica (DOMACK 1980).

Test 2: Initiation of Late Quaternary Glaciations

Geologic data pertaining to the ice-shelf hypothesis for initiation of ice sheets form an important test of our hypothesis, because present inferences on how ice sheets form are based on few data.

DENTON and HUGHES (1981 b) presented the ice-shelf hypothesis of ice-sheet initiation, and reviewed pertinent geologic data. Here we supplement the original hypothesis by emphasizing that ice-shelf grounding in Hudson Bay and Foxe Basin was probably concurrent with growth of adjacent plateau ice (IVES 1957) on New Quebec and Keewatin, with the plateau and ice-shelf components complementing each other's growth. This brings the concept of an ice-shelf origin of the Laurentide Ice Sheet into harmony with ice-flow indicators (SHILTS *et al.* 1979), because thickening Hudson Bay ice could not flow onto Keewatin or New Quebec. Rather, ice would flow south and southwest from Hudson Bay, as well as northward through Hudson Strait.

The ice-shelf hypothesis involves a "big freeze" and therefore presupposes cold Arctic continental conditions during initial phases of glaciation, particularly over the Queen Elizabeth Islands and inland seas of Foxe Basin and Hudson Bay where today's annual isotherms dip far southward (FREMLIN 1974, p. 63). This is in sharp contrast to the "warm" hypothesis of JOHNSON and MCCLURE (1976), JOHNSON and ANDREWS (1979), and ANDREWS *et al.* (1981) in which an enhanced West Greenland Current in Baffin Bay was postulated during the initial phases of glaciation and afforded precipitation for Laurentide ice growth in the eastern Canadian Arctic. Firm stratigraphic evidence to confirm the "warm" hypothesis would argue against our ice-shelf hypothesis, particularly because relatively warm surfacewater advects into Hudson Strait with today's circulation pattern. Presumably, increased advection would accompany an enhanced West Greenland Current, thereby suggesting that simultaneous growth of interior ice shelves would be unlikely.

In our view, the terrestrial stratigraphic evidence from eastern Baffin Island is not sufficiently well dated to test the hypothesis that an enhanced West Greenland Current occurred precisely during initial ice growth. MILLER *et al.* (1977) gave the geologic chronology for this scenario. They and others have since revised important portions of this chronology by as much as 400,000 yr

(ANDREWS *et al.* 1981; ANDREWS and MILLER 1981). In view of this revision, we prefer to await a refined chronology before using stratigraphic evidence from eastern Baffin Island to test the ice-shelf theory of ice-sheet origin.

Test 3: Sea-Level Control of Marine Components

An essential component of our hypothesis is that eustatic sea-level changes control variations of marine ice sheets, particularly in high latitudes, thus interlocking ice-sheet fluctuations on a global scale. Geologic and glaciologic data constitute an important test of sea-level linkage.

In the Northern Hemisphere the maximum model assumes synchronous behavior of midlatitude terrestrial and Arctic marine margins because they are linked by eustatic sea level. In contrast, the minimum model predicts out-of-phase behavior between Arctic and midlatitude margins during the course of a glacial cycle because of changing Arctic precipitation (HUGHES *et al.*, 1981). Unfortunately, available radiocarbon dates do not differentiate between these two scenarios.

In the Southern Hemisphere, our model follows HOLLIN (1962) and STUIVER *et al.* (1981) in placing maximum expansion of the Antarctic Ice Sheet concurrent with low eustatic sea level, despite decreased surface accumulation (HENDY and WILSON 1981; LORIUS *et al.* 1979). Available data (STUIVER *et al.* 1981) suggest two major effects. The most important was overall expansion of ice-sheet sectors subject to marine control. This involved the West Antarctic Ice Sheet, the lower portions of most Transantarctic Mountain outlet glaciers, and peripheral portions of the East Antarctic Ice Sheet, including a peripheral dome near the mountains of northern Victoria Land (DENTON and WILSON 1983). Where radiocarbon dated in Taylor Valley, expansion into the Ross Sea culminated 17,000–21,000 yr B.P., thereby correlating with the well-dated late Wisconsin-Weichselian maximum in the Great Lakes area and northwestern Europe (STUIVER *et al.* 1981, MAYEWSKI *et al.* 1981; ANDERSEN 1981). This expansion was not directly due to climatic change because it was not mirrored by the behavior of nearby independent alpine glaciers in Taylor Valley. Only glaciers in terrestrial areas not affected by marine ice-sheet dynamics fluctuated in an out-of-phase fashion with overall ice-sheet behavior, due to a primary precipitation control. These included independent alpine glaciers in the Transantarctic Mountains, as well as a small East Antarctic dome adjacent to the Transantarctic Mountains near McMurdo Sound (DENTON and WILSON 1983). Thus, behavior of the Antarctic Ice Sheet supports the hypothesis of sea-level control, although it allows independent reaction of isolated domes and glaciers to precipitation changes.

By analogy, we suggest that Northern Hemisphere marine-based ice sheets fluctuated in accord with eustatic sea level, although isolated Arctic terrestrial domes could have fluctuated in an out-of-phase fashion as a result of precipitation changes. We cannot carry this analogy to an extreme, however, because Northern Hemisphere ice sheets lay much closer to the equator and nearer a subtropical gyre "heat engine." Hence, heavy influx of winter snowfall could have allowed marine-based sectors to survive during intervals of partial deglaciation when the North Atlantic was not extensively covered with sea ice (Ruddiman and McIntyre 1981 b).

Numerical modeling of marine ice sheets highlights sea-level control. Our modeling results for the marine West Antarctic Ice Sheet (Stuiver *et al.* 1981) imply strongly that sea-level fluctuations control marine ice-sheet behavior, dominating precipitation effects except in terrestrial sectors removed from marine influences. Fastook (1983) applied this model, now improved to couple terrestrial and marine sectors, to late Wisconsin-Holocene disintegration of the global ice-sheet system in Figure 1. The results closely matched those inferred from geologic maps for areal ice recession (Denton and Hughes 1981 a) and from deep-sea oxygen-isotope data for volumetric ice reduction (Matthews, in Denton and Hughes 1981 a).

Test 4: Downdraw–Sea-Level Linkage

Geologic data can test if interior downdraw through surging ice streams is a major mechanism of Northern Hemisphere deglaciation. According to this concept, sea-level rise and/or ice-shelf unpinning increase downdraw, thus lowering interior ice surfaces and forming saddles near heads of large ice seams. Sea-level lowering and/or ice-shelf pinning reduce downdraw, leading to a rise of interior ice surfaces. This concept of variations in interior downdraw is fundamental to our hypothesis of marine ice-sheet growth and decay.

Geologic data come from both terrestrial and deep-sea core records. Mayewski *et al.* (1981) argued that the areal configuration of terrestrial moraines, along with the pattern and chronology of marine incursions, points to interior downdraw through surging ice streams as a dominant mechanism of late Wisconsin-Holocene disintegration of the Laurentide Ice Sheet.

Ruddiman and McIntyre (1981 a), on the basis of foraminiferal productivity, isotopic data, and ice-rafted debris in deep-sea cores, made three critical observations about the last major Northern Hemisphere deglaciation. First, they showed that much deglaciation was earlier than commonly assumed; in fact, fully 50 % of the total was accomplished between 16,000 and 13,000 yr B.P., before advection of warm and moist air masses from low latitudes could extensively melt ice-sheet margins. Second, this early phase was rapid. Third, this early deglacial phase required marked interior thinning of ice sheets, because significant marginal recession had not yet occurred. Ruddiman and McIntyre (1981 a) concluded that early deglaciation was most likely caused by massive interior downdraw triggered by sea-level rise linked to initial melting of mid-latitude terrestrial margins (Mayewski *et al.* 1981). Such early deglaciation is not restricted to Northern Hemisphere ice sheets, as shown by radiocarbon dates of West Antarctic ice recession (STUIVER *et al.*, 1981). We suggest that conclusions derived from North Atlantic deep-sea cores constitute strong supporting evidence that downdraw was a major deglaciation mechanism.

Finally, numerical modeling of the marine ice sheet in West Antarctica affords a theoretical underpinning for our speculations about the role of ice streams in interior downdraw during deglaciation (STUIVER *et al.* 1981).

Test 5: Ice Sheets as Heat Sinks

In order to postulate global amplication of regional MILANKOVITCH insolation, we must assume that large ice sheets form important planetary heat sinks, whose effectiveness varies with areal extent and interior surface elevation. How valid is our assumption? An answer to this question is not now possible, but will eventually constitute a critical test of our hypothesis.

By analogy with the present-day Antarctic Ice Sheet, we suggest that late Quaternary ice sheets were important planetary heat sinks because of two primary factors. The first is surface albedo, which promotes a sensitive feedback mechanism widely considered in modeling experiments of paleoclimate. OERLEMANS (1980) suggested that the albedo effects of a large ice sheet could be replicated by a thin snow cover. This implies that only ice-sheet areal extent, not interior surface elevation, is important. However, BIRCHFIELD and WEERTMAN (1982) showed the sensitivity of a paleoclimate model to variable ice albedo. High ice sheets afford extensive high-albedo surfaces even in summer.

The second factor is potentially very important but has not yet been considered in paleoclimate studies (SCHWERDTFEGER 1970; PARISH 1980). The Antarctic Ice Sheet radiates thermal energy much like a black body. This radiative characteristic causes formation of an atmospheric inversion layer several hundred meters thick over the sloping ice sheet surface. The resulting horizontal pressure gradient leads to outward-flowing surface winds that are the most remarkable climatic feature of Antarctica. Steady-state inversion winds in the interior and periodic katabatic winds near the coast remove cold surface air from the continent. This encourages inward flow of warmer air at higher elevations, which settles downward and transfers thermal energy to the ice surface so that the radiative process can be maintained. The overall result is nearly continuos long-wave radiative loss through the thin, cold, dry atmosphere over the high ice sheet throughout the year, as well as "no-cloud" accumulation on the ice sheet from inward-flowing and descending air.

This "inversion-wind" heat-sink mechanism must have operated over large paleo-ice sheets. It almost surely was most effective over paleo-ice sheets with high interior surface elevation (strong inversion due to thin atmosphere, cold and dry air, and few clouds; greater potential for overall topographic forcing).

Thus, changing interior elevations of paleo-ice sheets, as well as overall ice extent, could have significant effects on paleoclimate. However, quantitative analysis of this potentially important heat-sink mechanism must await its incorporation into global climate models.

In order to calculate paleo-inversion winds over paleo-ice sheets, the present controversy about the interior surface configuration of the Laurentide Ice Sheet must be resolved (DENTON and HUGHES 1981a; ANDREWS and MILLER 1979; SHILTS *et al.* 1979). Interior divides, domes, and saddles should be specified for maximum late Wisconsin glaciation and for selected times during deglaciation. MAYEWSKI *et al.* (1981, pp. 145–147, 150–155) gave one example. The approach of DYKE *et al.* (1982, p. 8), in which all these features are combined in one diagram for the entire interval 18,000 to 10,000 yr B.P., is not helpful. A three-dimensional reconstruction should be made for each specified time. Then the inversion windfield, which is strongly dependent on surface topography, can be calculated for each reconstruction.

We had to assume equilibrium conditions in order to reconstruct the ice sheets shown in Figures 6–8 and 6–9 in HUGHES *et al.* (1981). We stressed that neither the maximum nor the minimum reconstruction was wedded to a particular array of interior domes and saddles (HUGHES *et al.* 1981, p. 303). The ice-sheet model presented here, however, does not require that interior sectors of ice sheets achieved full equilibrium conditions at glacial maxima. We did not attempt a three-dimensional ice-sheet reconstruction in Figure 1 because of the controversy about internal surface topography. A permanent saddle could exist over part of Hudson Bay throughout the course of glaciation because of downdraw through a Hudson Strait ice stream. Because of diminished downdraw, this saddle would lie along a high interior ice divide during maximum phases of glaciation. This would lead to thick ice over Hudson Bay, thus simultaneously explaining extensive uplift and ice-flow indicators. Conversely, the saddle would be low during deglacial phases because of enhanced downdraw. Hence, domes may have remained peripheral to Hudson bay, provided that an alternately thickening and thinning saddle existed over Hudson Bay. Finally, DYKE *et al.* (1982) demonstrated the important M'Clintock Ice Divide of the northern Laurentide Ice Sheet that must be incorporated into future reconstructions.

It is tempting to suggest that weakening of paleo-inversion windfields over the collapsing interior portions of Northern Hemisphere ice sheets between 16,000 and 13,000 yr B.P. (RUDDIMAN and MCINTYRE 1981a) reduced the effectiveness of these ice sheets as heat sinks and permitted global warming that melted the thinned ice-sheet remnants.

Test 6: Tuning of Ice Volume to Insolation

Our hypothesis assumes that the global ice-sheet system (areal extent and interior surface elevation) is tuned to Northern Hemisphere regional summer half-year insolation. The geologic record constitutes an important test of this assumption.

We think that this geologic test should emphasize a case-by-case comparison between ice-sheet variations and summer insolation. Particularly important are the maxima and minima of glacial and insolation curves. There should only be a relatively short lag between the two if ice-sheet variations are to drive global climate. Ice-sheet changes must lag insolation; they are not permitted to lead insolation. As discussed in more detail earlier, this lag will vary in space and time, depending on such factors as the initial configuration of the ice sheet, position of sea level, previous glacial history, and isostasy.

Figure 2 compares integrated global ice volume (assuming tight oxygen-isotope/ice-volume linkage) and insolation for the last 300,000 yr. Within this interval ice-volume changes are best dated during the last 130,000 yr and during isotopic stage 7. Even for these two times, errors in dating the glacial record may amount to several thousand years (IMBRIE and IMBRIE 1980). Within limits imposed by these dating errors, the similarity of the ice-volume and insolation curves through the last 130,000 yr meets the constraints of our hypothesis. In particular, ice-volume changes through the last 130,000 yr closely follow precession-dominated summer insolation near terrestrial margins (50 °N) of Northern Hemisphere ice sheets. Moreover, extreme glacial (isotopic stages 2, 4, and 5d) and interglacial (isotopic stages 1 and 5e) events coincide with reinforcement of precession-dominated (50 °N) with tilt-dominated (75 °N) insolation.

A comparison between Northern Hemisphere summer insolation and global ice volume is also possible during isotopic stage 7 (RUDDIMAN and MCINTYRE 1983). Stage 7 had two insolation maxima, the earlier at 250,000 to 242,000 yr B.P. and the latter at 220,000 to 215,000 yr B.P. A severe insolation minimum at 231,000 yr B.P. separated these maxima. The insolation minimum and subsequent maximum involved both precession and tilt effects, as shown by the isotopic records in cores V19–28 and V19–29 (Fig. 2; NINKOVITCH and SHACKLETON 1975), these events were accompanied by two glacial minima (7a and 7c) with an intervening deep glacial maximum (7b). The entire 7b glacial excursion, involving both growth and decay, encompassed no more than 23,000 yr, during which oxygen-isotope values reached 75 % of full-glacial values (RUDDIMAN and MCINTYRE 1983). Thus, rapid glacial changes during isotopic stage 7 closely followed Northern Hemisphere summer insolation.

An important observation can be made from these comparisons. Changes in ice-volume growth or decay generally follow minima and maxima in insolation with relatively little lag. This allows ice sheets to link regional insolation and global climate. It is consistent with our ice-sheet model, which emphasizes rapid response of an interlocked global ice-sheet system to insolation changes. The lag between insolation and ice volume is difficult to determine exactly because of geologic dating errors, but may amount to several thousand years over the time intervals being considered here (HEYS *et al.*, 1976; IMBRIE and IMBRIE 1980; RUDDIMAN and MCINTYRE 1981 a). The lag will depend on the state and size of the ice-sheet system, as well as on the preceding history of eustatic sea level and regional isostasy. Thus, the lag can change with the state of the system. In general, the lag will be least for forcing functions with shorter frequencies (precession) or when the insolation changes affect substantial ice sheets that are still reacting slowly to a previous major change of insolation and eustatic sea level. The lag will be longest for forcing functions with longer frequencies (tilt) and for changes immediately following full interglaciations. For example, terminations leading to full interglacial conditions are caused by simultaneous upswings and maxima of both precession and tilt. Because such deglaciation is irreversible for reasons given previously, precession- and tilt-induced insolation could peak and begin a simultaneous downswing while ice-sheet disintegration continued to completion. In such a case, ice volume and insolation maxima would be substantially offset in time. Subsequent ice-sheet growth would not begin until the downswing in precession- and tilt-induced summer insolation fell below modern values and triggered expansion of ice shelves and plateau ice caps. Hence, in the particular case of an interglaciation there would be a substantial lag between initial drop in Northern Hemisphere insolation and subsequent ice-sheet growth in both polar hemispheres. Northern Hemisphere summer temperatures could drop gradually as a result of falling insolation, but the sharp global climatic deterioration heralding the onset of renewed glaciation would await the initiation of ice-sheet growth.

The lag will also depend on the insolation level at a maximum or minimum. If the insolation level is extreme, then the insolation-time curve may change slope without affecting the state of the ice sheet until insolation reaches some critical ice-preserving threshold. To put it another way, if some level of positive insolation encourages ice ablation at 12,000 yr B.P., the same level should also encourage ice ablation at 10,000 yr B.P. on the other side of the 11,000 yr B.P. insolation maximum (Fig. 2).

Two potential weaknesses in our hypothesis emerge from comparing geologic and insolation records. First, an extensive glacial peak corresponding to the intense insolation minimum at 185,000 yr B.P. has not yet been found in eustatic sea-level or oxygen-isotope records. Nor have three distinct peaks been discovered in the glacial record or stage 6, as suggeted by the insolation curve. We note, however, that the strong Waihu ice advance on Mauna Kea in Hawaii occurred 170,000–175,000 yr ago (PORTER 1979). This suggests that the oxygen-isotope record of stage 6 should be examined closely in high-sedimentation-rate deep-sea cores.

The second potential weakness is that sea-surface temperature (SST) changes in sub-Antarctic waters lead oxygen-isotope changes (largely Northern Hemisphere ice volume) by about 3000 yr (HAYS *et al.*, 1976). HAYS (1978, p. 68) stated that this small lead "rules out the possibility that changes in the size of Northern Hemisphere ice sheets control changes in Southern Hemisphere climate." This judgment may be premature, because the reason for sub-Antarctic SST lead is not clear. Due to precession, cold sub-Antarctic winters accompany cold midlatitude northern summers during onset of glaciation. Rapid growth of high-albedo sub-Antarctic sea ice in response to this orbitally forced insolation change could cause a SST lead. The full amplitude of Southern Hemisphere climatic change would then result from subsequent growth of global ice-sheet heat sinks.

Acknowledgments

This paper is based on ideas derived from our field research in Antarctica and our ice-sheet modeling program. Both are funded by the Division of Polar Programs, National Science Foundation. We thank William F. Ruddiman and Andrew McIntyre for making unpublished manuscripts available to us and for helpful discussions on the origin and dissipation of ice sheets. John Imbrie, William F. Ruddiman, and Thomas B. Kellogg reviewed the manuscript. James L. Fastook provided Figure 2.

References

Andersen, B. G. (1981): Late Weichselian Ice Sheets in Eurasia and Greenland. *In:* The Last Great Ice Sheets (Denton, G. H., and T. J. Hughes, Eds.), pp. 1–65. Wiley-Interscience, New York.

Anderson, J.B., D. D. Kurtz, E. W. Domack, and K. M. Balshaw (1980): Glacial and Glacial Marine Sediments of the Antarctic Continental Shelf. *Journal of Geology* 88, 399–414.

Anderson, J. B., D. D. Kurtz, and F. M. Weaver (1979): Sedimentation on the Antarctic Continental Slope. *Society of Economic Paleontologists and Mineralogists, Special Publication* 27, 265–283.

Andrews, J. T. (1982): On the Reconstruction of Pleistocene Ice Sheets: A Review *Quaternary Science Reviews* 1, 1–30.

Andrews, J. T., and G. H. Miller (1979): Glacial Erosion and Ice Sheet Divides, Northeastern Laurentide Ice Sheet, on the Basis of the Distribution of Limestone Erratics. *Geology* 7, 592–596.

Andrews, J. T., and G. H. Miller (1981): Recent Glaciomarine Sediments, Late Quaternary Marine and Glacial Environments, Eastern Baffin Island, N.W.T., Canada. *In:* Final Report to the National Science Foundation, Grant EAR-77-24555, pp. 1–67.

Andrews, J. T., G. H. Miller, A. R. Nelson, W. N. Mode, and W. W. Locke, III (1981): Quaternary Near Shore Environments on Eastern Baffin Island, N.W.T. In: Quaternary Climatic Change (W. Mahanney, Ed.), pp. 13–44. Geo Abstracts, Norwich.

Berger, A. L. (1978): Long-term Variations of Caloric Insolation Resulting from the Earth's Orbital Elements. *Quaternary Research* 9, 139–167.

Birchfield, G. E., and J. Weertman (1982): A Model Study of the Role of Variable Ice Albedo in the Climate Response of the Earth to Orbital Variations. *Icarus* 50, 462–472.

Birchfield, G. E., J. Weertman, and A.T. Lunde (1981): A Paleoclimate Model of Northern Hemisphere Ice Sheets. *Quaternary Research* 15, 126–142.

Blake, W., Jr., (1970): Studies of Glacial History in Arctic Canada. I. Pumice, Radiocarbon Dates, and Differential Postglacial Uplift in Eastern Queen Elizabeth Islands. *Canadian Journal of Earth Sciences* 7, 634–664.

Boulton, G. S. (1979a): Glaciation History of the Spitsbergen Archipelago and the Problem of a Barents Shelf Ice Sheet. *Boreas*, 31–57.
Boulton, G. S. (1979b): A Model of Weichselian Glacier Variation in the North Atlantic Region. *Boreas* 8, 373–395.
Boulton, G. S., C. T. Baldwin, J. D. Peacock, A. M. McCabe, G. Miller, J. Jarvis, B. Horsefield, P. Worsley, N. Eyles, P. N. Chroston, T. E. Day, P. Gibbard, P. E. Hare, and V. von Brunn (1982): A Glacio-Isostatic Facies Model and Amino Acid Stratigraphy for Late Quaternary Events in Spitsbergen and the Arctic. *Nature (London)* 298, 437–441.
Brigham, J. K. (1980): Stratigraphy and Amino Acid Geochronology of Quaternary Sea Level Events, Broughton Island, Baffin Island, Canada. Master's Thesis, University of Colorado, Boulder.
Broecker, W. A., and J. van Donk (1970): Insolation Changes, Ice Volumes, and O^{18}Record in Deep Sea Cores. *Reviews of Geophysics* 8, 169–198.
Bugge, T. (1980): Øvre lags geologi på kontinentalsokkelen utenfor Møre og Trondelag. Continental Shelf Institute Publication 104.
Carrara, P. (1979): Former Extent of Glacial Ice in Orville Coast Region, Antarctic Peninsula. *Antarctic Journal of the United States* 14, 45–46.
Denton, G. H. (1974): Quaternary Glaciations of the White River Valley, Alaska, with a Regional Synthesis for the Northern St. Elias Mountains, Alaska and Yukon Territory. *Geological Society of America Bulletin* 85, 871–892.
Denton, G. H. (1979): Glacial History of the Byrd-Darwin Glacier Area, Transantarctic Moutains. *Antarctic Journal of the United States* 14, 57–58.
Denton, G. H., and T. J. Hughes (Eds.) (1981 a): The Last Great Ice Sheets. Wiley-Interscience, New York.
Denton, G. H., and T. J. Hughes (1981b): The Arctic Ice Sheet: An Outrageous Hypothesis. In: The Last Great Ice Sheet (Denton, G. H., and T. J. Hughes, Eds.), pp. 437–467. Wiley-Interscience, New York.
Denton, G. H., and S. C. Wilson (1983): Late Quaternary Geology of the Rennick Glacier Area, Northern Victoria Land. *Antarctic Journal of the Unites States* 17, in press.
Domack, E. W. (1980): Glacial Marine Geology of the George V-Adelie Continental Shelf, East Antarctica. Master's Thesis, Rice University, Houston, Tex.
Drewry, D. J. (1979): Late Wisconsin Reconstruction for the Ross Sea Region, Antarctica. *Journal of Glaciology* 24, 231–243.
Dyke, A. S., L. A. Dredge, and J.-S. Vincent (1982): Configuration and Dynamics of the Laurentide Ice Sheet during the Late Wisconsin Maximum. *Géographie Physique et Quaternaire* 36, 5–14.
Elverhøi, A., and Bomstad (1980): Late Weichselian Glacial and Glaciomarine Sedimentation in the Western Central Barents Sea. Unpublished report, Norsk Polarinstitutt.
England, H., R. S. Bradley, and R. Stuckenrath (1981): Multiple Glaciations and Marine Transgressions, Western Kennedy Channel, Northwest Territories, Canada, *Boreas* 10, 71–90.
Fastook, J. L. (1983): West Antarctica, the Sea-Level controlled Instability, Past and Future. *American Geophysical Union, Maurice Ewing Series* 4, in press.
Fisher, D. A. (1979): Comparison of 10^5 Years of oxygen Isotope and Insoluable Impurity Profiles from the Devon Island and Camp Century Ice Cores. *Quaternary Research* 11, 299–305.

Fremlin, G. (1974): The National Atlas of Canada. MacMillan of Canada, Toronto.

Greischar, L. L., and C. R.Bentley (1980): Implications for the Late Wisconsin/Holocene Extent of the West Antarctic Ice Sheet from a Regional Isostatic Gravity Map of the Ross Embayment. In: *American Quaternary Association, Sixth Biennial Meeting, 8–20 August 1980, Orono, Maine, Abstracts*, 87.

Grosswald, M. G. (1980): Late Weichselian Ice Sheet of Northern Eurasia. *Quaternary Research* 13, 1–32.

Hamilton, T. D. (1981): Multiple Moisture Sources and the Brooks Range Glacial Record. Tenth Annual Arctic Workshop Abstracts, Boulder, Colorado, 16–18.

Hamilton, T. D. (1982): A Late Pleistocene Glacial Chronology for the Southern Brooks Range: Stratigraphic Record and Regional Significance. *Geological Society of America Bulletin* 93, 700–716.

Hays, J. D. (1978): A Review of the Late Quaternary Climatic History of the Antarctic Seas. In: Antarctic Glacial History and World Paleoenvironments (van Zinderen Bakker, E. M., Ed.), pp. 57 –71. A.A. Balkema, Rotterdam.

Hays, J. D., J. Imbrie, and N. J. Shackleton (1976): Variations in the Earth's Orbit: Pacemaker of the Ice Ages. *Science* 194, 1121–1132.

Hays, J. D., and J. A. Lozano (1976): Reconstruction of the Atlantic and western Indian Ocean Sectors of the 18,000 B.P. Antarctic Ocean. *Geological Society of American Memoir* 145, 337–372.

Hendy, C. H., and A. T. Wilson (1981): The Chemical Stratigraphy of Polar Sheets–A Method of Dating Ice Cores. *Journal of Glaciology* 27, 3–9.

Hollin, J. T. (1962): On the Glacial History of Antarctica. *Journal of Glaciology* 4, 173–195.

Hughes, T. J. (1977): West Antarctic Ice Streams. Reviews of Geophysics and Space Physics 15, 1–46.

Hughes, T. J., G. H. Denton, B. G. Andersen, D. H. Schilling, J. L. Fastook, and C. S. Lingle (1981): The Last Great Ice Sheets: A Global View. *In:* The Last Great Ice Sheets (G. H. Denton and T. J. Hughes, Eds.), pp. 263–317. Wiley-Interscience, New York.

Hughes, T. J., G. H. Denton, and M. G. Grosswald (1977): Was there a Late Wurm Arctic Ice Sheet? *Nature (London)* 266, 596–602.

Imbrie, J., and J. Z. Imbrie (1980): Modelling the Climatic Response to Orbital Variations. *Science* 207, 943–953.

Ives, J. D. (1957): Glaciations of the Torngat Mountains. *Geographical Bulletin* 12, 47–75.

Johnson, R. G., and J.T. Andrews (1979): Rapid Ice-Sheet Growth and Initiation of the Last Glaciation. *Quaternary Research* 12, 119–134.

Johnson, R. G., and B. T. McClure (1976): A Model for Northern Hemisphere Continental Ice Sheet Variation. *Quaternary Research* 6, 325–353.

Kellogg, T. B., and D. E. Kellogg (1981): Pleistocene Sediments Beneath the Ross Ice Shelf, *Nature (London)* 293, 130–133.

Kellogg, T. B., R. S. Truesdale, and L. E. Osterman (1979): Late Quaternary Extent of the West Antarctic Ice Sheet: New Evidence from Ross Sea Cores. *Geology* 7, 249–253.

Klassen, R. A. (1981): Aspects of the Glacial History of Bylot Island, District of Franklin. *Geological Survey of Canada, Paper* 81–1 A, 317–326.

Kominz, M. A., R. G. Heath, T. L. Ku, and N. G. Pisias (1979): Brunhes Time Scales and the Interpretation of Climatic Change. *Earth and Planetary Science Letters* 45, 394–410.

Lorius, C., L. Merlivat, J. Jouzel, and M. Pourchet (1979): A 30000-yr Isotope Climatic Record from Antarctic Ice. *Nature (London)* 280, 644–648.

Mayewski, P. A., G. H. Denton, and T. J. Hughes (1981): Late Wisconsin Ice Sheets in North America. In: The Last Great Ice Sheets (Denton, G. H., and T. J. Hughes, Eds.), pp. 67–178. Wiley-Interscience. New York.

McIntyre, A., N. G. Kipp, A. W. H. Be', T. Crowley, T. B. Kellogg, J. V. Gardner, W. Prell, and W. F. Ruddiman (1976): Glacial North Atlantic 18,000 years ago: A CLIMAP Reconstruction. *Geological Society of America Memoir* 145, 43–76.

Mesolella. K. J., R. K. Matthews, W. S. Broecker, and D. L. Thurber (1969): The Astronomical Theory of Climatic Change: Barbados Data. *Journal of Geology* 77, 250–274.

Milankovitch, M. M. (1941): Canon of Insolation and the Ice-Age Problems. Koeniglich Serbische Akademie, Beograd. [English translation by the Israel Program for Scientific Translations, published for the United States Department of Commerce and the National Science Foundation, Washington, D.C.]

Miller, G. H. (1980): Late Foxe Glaciation of Southern Baffin Island, N.W.T., Canada, *Geological Society of America Bulletin* 91, 399–405.

Miller, G. H., J. T. Andrews, and S. K. Short (1977): The Last Interglacial/Glacial Cycle, Clyde Foreland, Baffin Island, N.W.T.: Stratigraphy, Biostratigraphy, and Chronology. *Canadian Journal of Earth Sciences* 14, 2824–2857.

Mode, W. N. (1980): Quaternary Stratigraphy and Palynology of the Clyde Foreland, Baffin Island, N.W.T., Canada. Ph. D. dissertation, University of Colorado, Boulder.

Nelson, A. R. (1978): Quaternary Glacial and Marine Stratigraphy of the Qivitu Peninsula, Northern Cumberland Peninsula, Baffin Island, Canada. Ph. D. dissertation, University of Colorado, Boulder.

Ninkovitch, D., and N. J. Shackleton (1975): Distribution, Stratigraphic Position, and Age of Ash Layer 'L' in the Panama Basin Region. *Earth and Planetary Science Letters* 27, 20–34.

Oerlemans, J. (1980): Continental Ice Sheets and Planetary Radiation Budget. *Quaternary Research* 14, 349–359.

Orheim, O., and A. Elverhøi (1981): Model for Submarine Glacial Deposition. *Annals of Glaciology* 2, 123–128.

Osterman, L. E., G. H. Miller, and J. A. Stravers (1982): Late Quaternary History of Southeastern Baffin Island, N.W.T., Canada. *Geological Society of America Abstracts with Programs* 14, 581.

Parish, T. R. (1980): Surface Winds in East Antarctica, Research Report, Department of Meteorology, University of Wisconsin, Madison.

Pisias, N. G., T. C. Moore, Jr., J. Imbrie, and N. J. Shackleton (1980): The Evolution of Pleistocene Climate: A Time Series Approach. Submitted for publication.

Porter, S.C. (1979): Hawaiian Glacial Ages. *Quaternary Research* 12, 161–187.

Rampton, V. N. (1971): Late Pleistocene Glaciations of the Snag-Klutlan Area, Yukon Territory. *Arctic* 24, 277–300.

Rokoengen, K. (1980): De øvre lags geologi på kontinentalsokkelen untenfor Møre og Romsdal. Continental Shelf Institute, Publication 105.

Ruddiman, W. F., and A. McIntyre (1981 a): The Mode and Mechanism of the Last Deglaciation: Oceanic Evidence. *Quaternary Research* 16, 125–134.

Ruddiman, W. F., and A. McIntyre (1981 b): Oceanic Mechanisms for Amplification of the 23,000-Year Ice-Volum Cycle. *Science* 212, 617–627.

Ruddiman, W. F., and A. McIntyre (1983): Severity and Speed of Northern Hemisphere

Glaciation Pulses: The Limiting Case? *Geological Society of America Bulletin* 93, 1273–1279.

Ruddiman, W. F., A. McIntyre, V. Niebler-Hunt, and J. T. Durazzi (1980): Oceanic Evidence for the Mechanisms of Rapid Northern Hemisphere Glaciation. *Quaternary Research* 13, 33–64.

Rutford, R. H., G. H. Denton, and B. G. Andersen (1980): Glacial History of the Ellsworth Mountains. *Antarctic Journal of the United States* 15, 56–57.

Salvigsen, O., and R. Nydal (1981): The Weichselian Glaciation in Svalbard before 15000 B.P. *Boreas* 10, 433–446.

Salvigsen, O., and H. Osterholm (1982): Radiocarbon Dated Raised Beaches and Glacial History of the northern Coast of Spitsbergen, Svalbard, *Polar Research* 1, 97–115.

Schwerdtfeger, W. (1970): The Climate of Antarctica. *In:* World Survey of Climatology (Landsberg, H. E., Ed.), pp. 253–355. Elsevier, Amsterdam.

Shackleton, N. J., and N. D. Opdyke (1973): Oxygen Isotope Temperatures and Ice Volumes on a 10^4 and 10^6 Year Scale. *Quaternary Research* 3, 39–55.

Shilts, W. W., C. M.Cunningham, and C. A. Kaszychi (1979): The Keewatin Ice Sheet–Reevaluation of the Traditional Concept of the Laurentide Ice Sheet, *Geology* 7, 537–541.

Stuiver, M., G. H. Denton, T. J. Hughes, and J. L. Fastook (1981): History of the Marine Ice Sheet in West Antarctica During the Last Glaciation: A Working Hypothesis. In: The Last Great Ice Sheets (Denton, G. H., and T. J. Hughes, Eds.), pp. 319–436. Wiley-Interscience, New York, New York.

Thomas, R. H., and C. R. Bentley (1978): Model for Holocene Retreat of the West Antarctic Ice Sheet. *Quaternary Research* 10, 150–170.

Vernekar, A. D. (1972): Long-period Global Variations of Incoming Solar Radiation. *Meteorological Monographs* 12, No. 34.

Vincent, J.-S. (1982): The Quaternary History of Banks Island, N. W. T., Canada, *Géographie Physique et Quaternaire* 36, 209–232.

Weber, F. R., T. D. Hamilton, D. M. Hopkins, C. A. Repenning, and H. Haas (1981): Canyon Creek: A late Pleistocene vertebrate Locality in interior Alaska. *Quaternary Research* 16, 167–180.

Whillans, I. M. (1981): Reaction of the Accumulation Zone Portions of Glaciers to Climate Change. *Journal of Geophysical Research* 86, 4274–4282.

Science, N. Y. 1976, Volume 191, Nr. 4232, S. 1131–1137.

THE SURFACE OF THE ICE-AGE EARTH

Quantitative geologic evidence is used to reconstruct boundary conditions for the climate 18,000 years ago.

By A. McIntyre-Climap

Over the last few million years the earth's climate has alternated between ice ages and warmer intervals. The cause of these climatic fluctuations is an intriguing and as yet unsolved problem. The difficulty in understanding the cause lies in the complexity and global scope of the climate system, for changes in climate occur over a wide range of time and space scales, and involve interactions within a planetary system that includes the ice sheets, the atmosphere, the surface of the land, and the entire world ocean (1). Thus, any strategy for attacking this problem empirically must be linked to a physical model of the global climate system.

The most detailed and highly developed models of climate are the general circulation models (GCM's) of the atmosphere. General circulation models do not address the problem of long-term climatic change directly. Rather, they attempt to explain in dynamic terms the complex of processes which by balancing the earth's radiation budgets, maintain a particular climate in equilibrium. On a global grid, the GCM's simulate numerically a time-averaged, three-dimensional atmosphere calculated to be in equilibrium with a stated set of boundary conditions (1, appendix B; 2, 3). These models require that three boundary conditions be specified; the extent and elevation of permanent ice, the global pattern of sea-surface temperature, and the continental geography. In addition, some models require that albedo (reflectivity) of land surfaces be specified.

In 1971 a consortium of scientists from many institutions (4) was formed to study the history of global climate over the past million years, particularly the elements of that history recorded in deep-sea sediments. This study, known as the CLIMAP project (5), is part of the National Science Foundation's International Decade of Ocean Exploration Program. One of CLIMAP's goals is to reconstruct the earth's surface at particular times in the past. These reconstructions can serve as boundary conditions for atmospheric GCM's.

Our scientific strategy can be expressed as a series of climate-simulation experiments. Each experiment has three phases. First, a reconstruction of the average state of climatic boundary conditions is made for a particular, geologically short interval of time. Second, an atmosphere is simulated by a GCM, as was done in the pioneer study by Williams *et al.* (6). Finally, the accuracy of the simulation is tested against an independent set of geologic data. Substantial scientific benefits are anticipated from each phase. The geological reconstructions, being global in extent and quantitative in nature, should give valuable insights into past climatic and geological processes, quite apart from their role (as boundary conditions) in the second phase. The numerical simulations will serve to evaluate the sensitivity of the GCM to substantial changes in boundary conditions and to elucidate the dynamics of past climates. The final phase will serve as a check on the model's skill.

Our first experiment simulates global climate during an average August at a time when the continental glaciers reached their maximum extent in the last ice age, approximately 18,000 B.P. (years before present). This article presents the results of the geological reconstruction. Subsequent papers (3) will present numerical simulations by the Rand version of the two-level Mintz-Arakawa model (3) and the 11-level atmospheric model of the Geophysical Fluid Dynamics Laboratory (7), and a summary of geological data now available for testing the accuacy of atmospheric simulations. The second experiment will simulate both August and February conditions, 18,000 B. P., using a considerably expanded geological data base for the reconstruction phase. Other experiments will reconstruct different times including the interglacial interval at approximately 120,000 B.P., a time warmer than today.

Task groups identified in (8) reconstructed the four boundary conditions necessary to simulate the 18,000 B.P. atmosphere: (i) the geography of the continents; (ii) the albedo of land and ice surfaces; (iii) the extent and elevation of permanent ice; and (iv) the sea-surface temperature pattern of the world ocean.

The 18,000 B.P. Continents

Geography. Continental geography 18,000 years ago can be approximated by today's configuration with a lowered sea level, the result of the transfer of water from the oceans to continental ice caps. Many authors estimate about −130 m for the last glacial low stand (9). Our estimate, −85 m, was a conservative interpretation based on dated, submerged terraces along continental margins (10) and on undated, wave-cut notches ranging from −75 to −90 m on Caribbean islands (11). The magnitude of possible errors in this estimate will have little effect on the outcome of calculations made with the current generation of GCM's, in which grid spacing ranges from approximately 250 to 500 km.

Land albedo. The first step in estimating the ground albedo of nonglaciated areas was to determine the distribution of vegetation and soil types in the glacial world. This determination was based on pollen, snow line, and various sedimentary-periglacial records. Except for Europe (12, 13) the data base was sparse and often poorly dated. The second step was to characterize the main types of surface cover by albedo estimates in the wavelength range 0.3 to 2.5 μm. These values were taken from published measurements of analogous

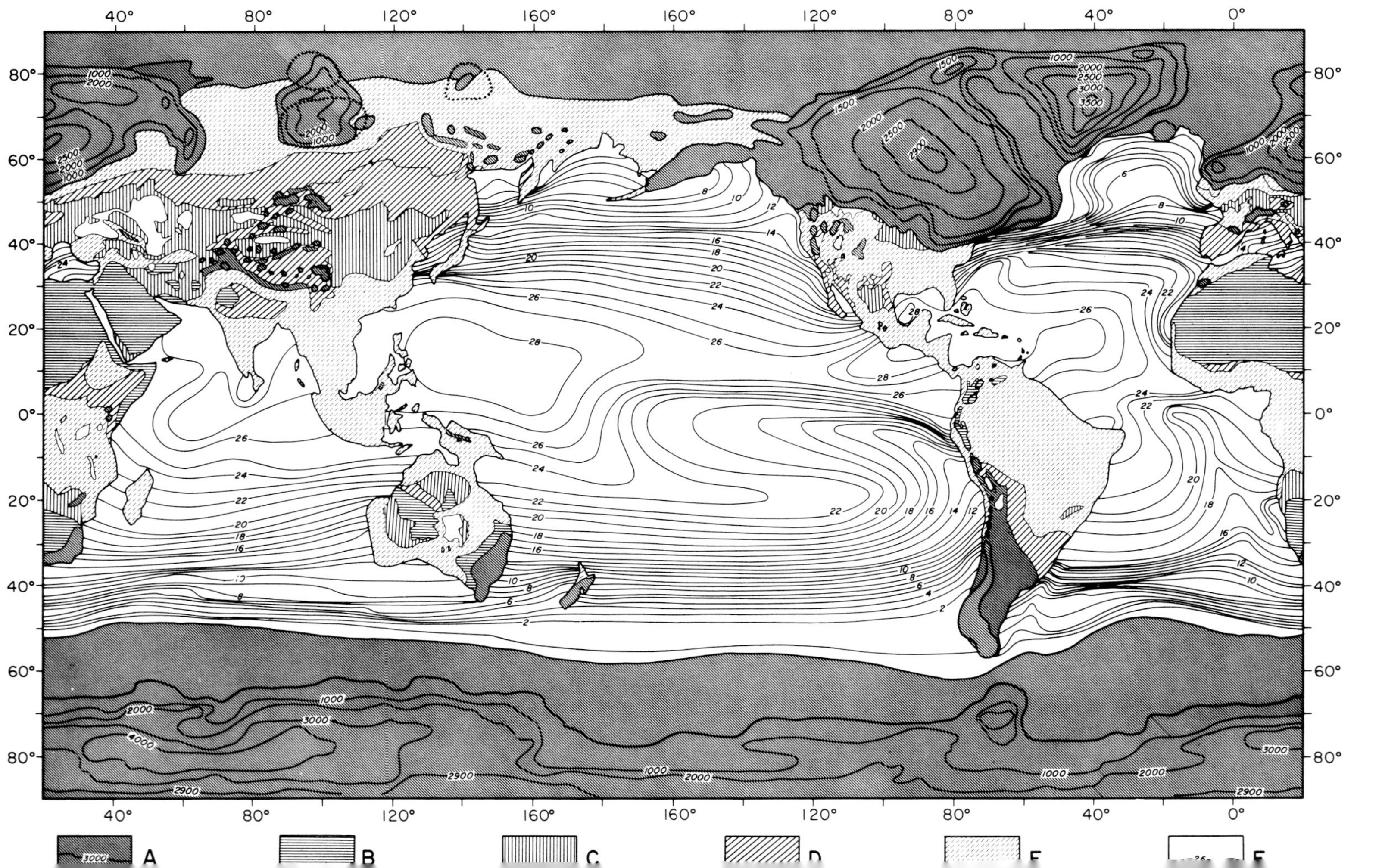
40°
80°
120°
160°
0°
20°
60°
A
B
C
D

modern ground (14). Although the reconstruction has a large margin of uncertainty, the effect of land-albedo errors on the GCM simulation is small compared to the thermal effect of sea and ice surfaces.

Ice sheets. The extent of ice sheets shown in Fig. 1 was derived from a survey of a large number of literature sources (15–17) supplemented by fieldwork (18). Several regions of the map are controversial: these are (i) the contact between the Cordilleran and Laurentide ice sheets (19); (ii) the position of the southern margin of the Cordilleran ice sheet (20); (iii) the extent of ice over the Queen Elizabeth Islands in northern Canada (21); (iv) the position of the ice margin on Baffin Island (22); (v) the extent of ice shelves in the Arctic (23); (vi) the extent of grounded ice in the Barents Sea (24); and (vii) the extent of the Antarctic ice sheet (25–27).

The ice margins derived for 18,000 B.P. were used as a base to reconstruct the large ice sheets in three dimensions. Equations from Paterson (28) yielded a series of profiles along flow lines. Altitudes given by these flow lines allowed contours to be drawn for the upper surfaces of the large ice sheets (29). These techniques of ice-sheet reconstruction are only approximate because they involve simplifying assumptions concerned with the noncircular shape of the ice sheets, the temperature of basal ice, and the placement of ice-sheet domes.

Albedo values for the surface of the ice sheets in August were determined by calculating snow lines for large Northern Hemisphere ice sheets (30) and then assigning albedo values (26–31) for the several types of snow and ice surfaces in the accumulation and ablation areas. In higher latitudes of the Southern Hemisphere snow was assumed to cover glaciers in August.

Fig. 1: Sea-surface temperatures, ice extent, ice elevation, and continental albedo for Northern Hemisphere summer (August) 18,000 years ago. Contour intervals are 1° C for isotherms and 500 m for ice elevation. Continental outlines represent a sea level lowering of 85 m. In northern Siberia, dotted lines indicate a recently revised estimate of the ice extent; solid lines indicate the ice extent used in this experiment. To aid in the visualization of the thermal gradient along the North Atlantic Polar Front, alternate contour lines have been omitted in the western Atlantic. Albedo values are given by the key. (A) Snow and ice; albedo over 40 percent. Isolines show elevation of the ice sheet above sea level in meters. (B) Sandy deserts, patchy snow, and snow-covered dense coniferous forests; albedo between 30 and 39 percent. (C) Loess, steppes, and semideserts; albedo between 25 and 29 percent. (D) Savannas and dry grasslands; albedo between 20 and 24 percent. (E) Forested and thickly vegetated land; albedo below 20 percent (mostly 15 to 18 percent). (F) Ice-free ocean and lakes, with isolines of sea-surface temperature in degrees Celsius; albedo below 10 percent.

The 18,000 B.P. Sea Surface

Paleoclimatic techniques. Recent developments in two paleoclimatic methods–biological transfer functions and oxygen isotope stratigraphy–make it possible to compile global charts of sea-surface temperature for the late Quaternary ocean. The transfer function method (32–34) provides a means of translating numerical descriptions of the planktonic biota preserved in deep-sea sediments into estimates of past seasonal sea-surface temperature. This technique uses a form of factor analysis that provides a number of empirical orthogonal functions to define biotic assemblages entombed on the modern sea-bed. These assemblages, which reflect the distribution of surface water masses, are then related to seasonal temperatures by multivariate regression equations. As shown in Table 1, three planktonic groups (Foraminifera, Radiolaria, and Coccolithophoridae) were used for both surface water mass delineation and temperature estimation in constructing the sea-surface temperature map (Fig. 1). The average standard error of estimate for individual samples is ± 1.6°C. Where isotherms on Fig. 1 are controlled by a set of N sample points (Fig. 2), the confidence interval is reduced by a factor of $N^{1/2}$.

Foraminifera alone were used for temperature estimation in the North Atlantic, Gulf of Mexico, Mediterranean Sea, Indian Ocean, and South Atlantic. Radiolaria were the main source of data for the Antarctic, with some overlap in coverage with Foraminifera in the South Atlantic and the Indian Ocean. In the Pacific all three groups were utilized. For samples on which more than one equation was used, agreement is nearly always within the standard errors of the equations (often within a fraction of 1°). Where differences exist between the various estimates, the coccolith equation was preferred because phytoplankton must be restricted to the near-surface waters of the euphotic zone. Significant desagreements (≥1.6°C) between the zooplankton and phytoplankton temperature estimates are limited to samples from the eastern equatorial Pacific region.

The extent of sea ice in the North Atlantic (35) and the Antarctic (36) was estimated from a combination of biologic and lithologic evidence. For example, cores between the Antarctic Polar Front and 65°S are characterized by highly diatomaceous sediments during interglacial and by clays during glacial ages. We infer that clay deposition indicates inhibition of diatom growth by permanent sea-ice cover. Thus, the northern limit of summer sea ice 18,000 B.P. was estimated by mapping the cores that show this distinctive lithologic sequence of glacial clay overlain by Holocene diatoms. The northern limit of winter (Southern Hemisphere) sea ice 18,000 B.P. must fall between the Antarctic Polar Front (identified faunally) and the summer ice boundary. We drew it halfway between.

The technique of isotopic stratigraphy is based on the demonstration that downcore variations in the oxygen isotope composition of calcareous shells reflect primarily variations in continental ice volume (37). Because these vari-

Table 1: Assemblages of planktonic microfossils and regression equations used to estimate sea-surface temperature. In the equation number code the first letter indicates the organism (F, Foraminifera; C, Coccoliths; R, Radiolaria), the second letter the ocean (P, Pacific; I, Indian; S, Southern; and so forth), and the number the equation used. Values in the last column have been adjusted for degrees of freedom lost

Equation number	Area	Species (*N*)	+Assemblages (*N*)	Sum of squares accounted for by assemblages (%)	Standard error of estimate (°C)
FP1	Tropical Pacific	14	6	96	1.24
FP2	South Pacific	23	4	96	1.90
CP1	Pacific	16	6	98	1.42
RP1	North Pacific	44	4	92	0.92
RP2	Northeast Pacific	46	3	90	1.27
RP3	Temperate Pacific	46	4	91	2.69
RP4	West Pacific	48	3	92	1.02
RP5	North tropical Pacific	44	5	91	2.46
RP6	South tropical Pacific	51	4	96	1.98
FM1	Mediterranean	22	4	94	1.38
FI1	Indian	29	5	97	1.50
RS1	Antarctic	18	3	95	1.40
FA13	North Atlantic	29	6	92	1.38
FA14	South Atlantic	29	6	90	1.39

ations are synchronous within the mixing time of the world ocean, and have been dated in suitable cores by carbon-14, a detailed chronostratigraphic framework of global extent can be constructed. This framework, extended locally by standard micropaleontological and lithologic techniques, and checked against carbon-14 dates, has made it possible to identify a set of 247 samples representing sediment that accumulated on the sea floor approximately 18,000 B.P. (38). The error in the selection of the 18,000 B.P. level is estimated to be less than ± 2000 years in most cores. If the marine climate was changing rapidly during the interval around 18,000 B.P., there might be serious inaccuracies in Fig. 1. However, there is ample evidence from deep-sea cores that the interval in question was relatively stable over the period from 24,000 to 14,000 B.P. (33).

Map construction. The process of constructing a paleoisotherm map (Fig. 1) is comprised of seven steps. First, a suite of deep-sea cores is obtained to provide both surface and downcore samples over a broad geographic area. Second, the relative abundance of the species in the surface samples is determined, and species assemblages are defined by factor analysis (34). This provides a quantitative statement of the relative importance of each species in

Table 2: Geographic distribution of the August ice-age sea-surface temperature anomaly, ΔT (°C). Values are averages weighted by area, excluding regions covered by sea ice

Area	ΔT (°C)
Northern Hemisphere	
Atlantic	−3.8
Pacific	−2.3
Indian	−0.8
Average	−2.6
Southern Hemisphere	
Atlantic	−1.7
Pacific	−2.6
Indian	−1.3
Average	−2.0
Global Ocean	−2.3

each assemblage and of each assemblage in each surface sample. The assemblages are then checked to see that they form coherent distributional patterns that can be related to surface water masses in the modern ocean (39–41). The third step is to establish, by means of a regression equation, the relationship between the average August sea-surface temperature (42) and the numerical value of the assemblages at each sample site (Table 2). This equation expresses sea-surface temperature as a function of the various assemblages (32). If the seabed data set includes a wide range of ecologic and diagenetic conditions, the equation is insensitive to nonthermal effects. The accuracy and reproducibility of the equations are then tested on an independent set of data (39). Fourth, the stratigraphy of the time interval under study is determined by using paleontological, geochemical, and paleomagnetic techniques, and a suite of isochronous samples are chosen that represent the sediment deposited at the time we wish to reconstruct. Each sample represents 1 cm of sediment and integrates the climatic record over a certain time interval. This interval is based on the average accumulation rate in our open-ocean cores (about 1 to 10 cm per 1000 years) and, allowing for mixing by burrowing organisms, it is estimated to range between 4000 and 400 years. Fifth, the microfossils in these sediments are examined and counted. Each sample is then described in terms of the assemblages defined in the surface sediments. Sixth, from this numerical description of the ice-age samples in terms of modern assemblages, and the regression equations relating modern assemblages to temperature, an estimate of the 18,000 B.P. temperature is made for each sample. Finally, the results are plotted and contoured to yield paleoisotherm maps.

The reconstruction of sea-surface conditions (Fig. 1) was controlled by 247 data points. The quality of this control (Fig. 2) ranged from good in the North Atlantic to poor in the South Pacific. To guide the contouring in poorly con-

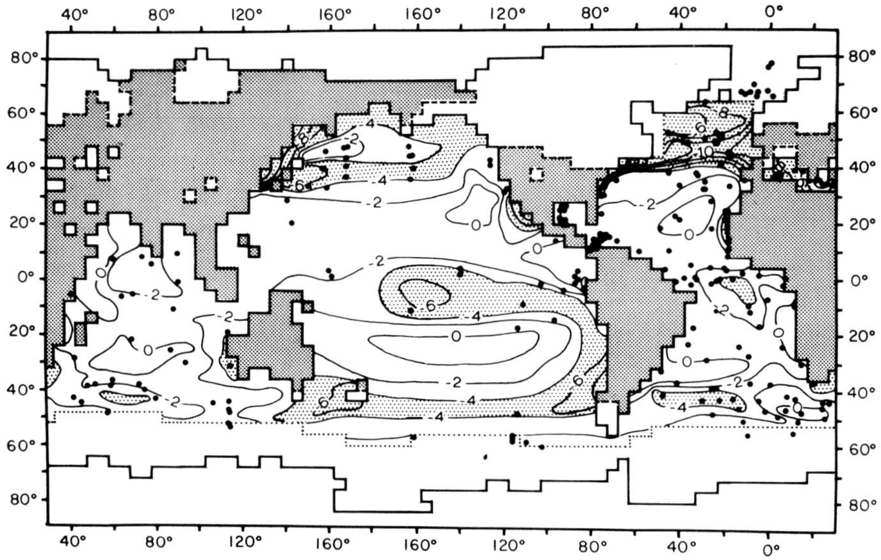

Fig. 2: Difference between August sea-surface temperatures 18,000 years ago and modern values. Contour interval is 2°C. Areas where the temperature change was greater than 4°C are shown in light stippling. Ice-free land areas are shown in darker stippling. Continental and ice outlines conform to a grid spacing of 4° latitude by 5° longitude. Heavy solid lines indicate continental outlines; dashed lines are ice margins on land; dotted lines indicate sea-ice margins. Large dots mark the locations of cores used in reconstructing sea-surface temperatures 18,000 years ago (38).

trolled regions, therefore, it was helpful to formulate a general view of the nature of oceanic circulation at 18,000 B.P. and to employ biotic assemblages as water-mass indicators. Without exception, these radiolarian, foraminiferal, and coccolith assemblages are related to water-mass boundaries (39–41). It was therefore reasonable to assume that their distribution in the past can be used to indicate the positions of surface water masses and currents. In the regions of poor control we assumed that changes in oceanic gyre geometry between 18,000 B.P. and today were similar to those that occurred in regions where our control is good–that is, that the major gyres of the ocean circulation were not disrupted at 18,000 B.P., but were shifted in position or changed in size or shape.

Discussion

Land albedo. The reconstruction of the distributions of vegetation types during the last ice age (Fig. 1) indicates that desert regions, steppes, grasslands, and outwash plains expanded at the expense of forests, yielding a slight increase in the albedo of land areas not covered by ice. Although the effect of this vegetational change on the dynamics of the global climate system may have been slight, the effect of the increase in albedo associated with the great expanse of land ice may have been quite large.

Cryosphere. The most striking feature of the 18,000 B.P. world was the Northern Hemisphere ice complex, consisting of land-based glaciers, marine-based ice sheets, and either permanent pack ice or shelf ice (Fig. 1). This complex stretched across North America, the polar seas, and parts of northern Eurasia. By contrast, large arctic areas in Alaska and Siberia remained unglaciated. In the Southern Hemisphere the most striking difference was the winter extent of sea ice, which was significantly greater than it is today. Changes in land ice were small. This extensive ice cover in the North Atlantic and southern oceans may have reduced the loss of heat from the oceans to the atmosphere in high latitudes (43), where today most of the world ocean's bottom and intermediate waters are formed. Permanent sea-ice cover in the Norwegian, Greenland, and Labrador seas must have precluded the formation of North Atlantic deep water.

The high-latitude ocean. In the North Atlantic the Gulf Stream shifted slightly southward off the Carolinas and swept almost directly eastward across the basin to the Iberian Peninsula (Fig. 1). The steep thermal gradient forming its northern boundary at 42 °N marked the southern edge of the polar water mass. There was no strong northward transport of warm, higher-salinity waters such as occurs in the present North Atlantic Drift, Norwegian, and Irminger currents (44). The resulting temperature anomaly (Fig. 2) is seen as a belt of maximum values running from approximately 40 °N in the west (− 18 °C maximum) to 50 °N in the east (− 12 °C maximum). This area of pronounced change extended southward along Spain and included the northwest Mediterranean. The eastern Mediterranean, however, experienced a temperature decrease of only 1° to 2 °C. Thus, whereas the temperature difference between the Balearic Islands and Crete is only 1° to 2 °C today, the corresponding east-west gradient during the ice age was 10 °C.

In the North Pacific there was a slight southward shift and steepening of the temperature gradient in the region between the Kuroshio and Oyashio currents. The resulting large negative temperature anomaly (− 6° to − 10 °C) probably extended into the Sea of Japan (13, 45). Lowered sea level blocked the southern passage into this inland sea and prevented the northward flow of warm tropical waters. Similarly, lowered sea level completely blocked any incursion of Arctic waters into the Bering Sea. The amount of cooling in this area was small compared to that in equivalent latitudes in the North Atlantic (46).

Major differences between the Antarctic Ocean of 18,000 B.P. and that of today were the increase in thermal gradient and the northward movement of the polar front. In the Pacific this front shifted at least 4° of latitude (16, 47), in the western South Atlantic about 6°, and in the western Indian Ocean about 3°. Our data indicate little or no latitudinal displacement of the Subtropical

Convergence; thus, the northward displacement of the Antarctic Polar Front resulted in an areal reduction of subantarctic water. Little or no temperature change occurred in the region between Africa and Antarctica, where flow is constrained by the boundaries of the basin.

The mid-latitude ocean. In mid-latitudes, the central gyres showed little, if any, temperature change. In the Atlantic, Pacific, and southern Indian oceans, the polar fronts moved to lower latitudes and the subpolar and transitional water masses were reduced. Evidence for increased surface water transport in the eastern boundary currents of the North Atlantic is seen in the high gradients associated with the distribution of planktonic assemblages and with the derived thermal patterns. Along the west coast of North Africa, the southward deflection of isotherms probably reflects both the advection of cooler water and increased upwelling (48). On the western side of the basin, warm water moved north along the coast, but was deflected sharply eastward off Cape Hatteras. Tropical species, carried by this western boundary current, were found farther east at 18,000 B.P. than today. In the South Atlantic, northward flow of colder water in the glacial Benguela Current was greater than it is in the modern austral winter. The axis of the cold Benguela lobe (Fig. 1) appears to have been displaced westward and detached from the African coast; however, the details of this pattern may be an artifact of the core coverage. Today the center of the thermal pattern that marks the Benguela flow extends to 10°E longitude at 20°S latitude and to 15°W longitude at the equator. Additional cores now under study from the west African coast may alter this geometry by widening the thermal plume to the east, but the western boundary is well controlled. To the south, a small area with a negative temperature anomaly of up to −4°C appeares off the tip of South Africa. This may reflect a decrease in the influence of the Agulhas Current at 18,000 B.P.

Negative anomaly patterns in the Indian Ocean differ from those in other oceans in that they tend to be meridional and to occupy both the eastern and western margins of the basin. The larger eastern anomaly is the result of increased equatorward flow of cool water along the coast of Australia, while the western anomaly is due to the absence of a strong Mozambique Current 18,000 B.P. We suggest that the Agulhas Current may not have been the major feature of the circulation that it is today and that the Mozambique Current turned east to parallel the West Wind Drift instead of joining the Agulhas Current. If this interpretation is correct, a strong anticlockwise gyre would have formed at temperate latitudes. Without a southern outlet for the advective loss of warm tropical waters, the regions may have become more thermally isolated.

In the eastern North Pacific, radiolarian species now found in the cool waters off Washington, Oregon, and northernmost California (41, 49) extended their distribution at least 1000 km to the south in the California Current. The southward shift of the frontal region associated with the California and North Equatorial currents resulted in a large temperature decrease off the coast of northern Mexico (Fig. 2).The pool of warm water associated with the eastern end of the North Equatorial Countercurrent was shifted slightly to the south and extended into the Panama Basin, but there was little change in temperature. In the South Pacific the steepening of the temperature gradient in the subantarctic region probably gave rise to increased transport and cooler waters extending into the area of the Chile Current.

The low-latitude ocean. In the equatorial regions of the Pacific and Atlantic, a marked cooling is present at 18,000 B.P. This feature may have had as important an effect on climate as the equatorward displacement of polar fronts in the high-latitude oceans. Apparently, increased upwelling along the Pacific equatorial divergence produced temperatures that were as much as 6° cooler than today's. The present thermocline is very shallow in this region, and it is here that there is disagreement between the estimate of sea-surface temperature at 18,000 B.P. based on coccoliths and that based on radiolaria and foraminifera. This discrepancy suggests that the shallow thermocline broke down during the glacial interval, resulting in upwelling of cool waters to the surface. Such a change would have a pronounced effect on the habitats of the phytoplankton, but would appear as only a minor temperature change to the deeper-living zooplankton.Although the westward limit of this effect is not well known, the cool waters did not reach the western Pacific. Here, glacial temperatures were little different from those of today.

Similarly, in the Gulf of Mexico, Caribbean Sea, and western equatorial Atlantic, changes in surface temperature were less than 2°C (48). In the eastern equatorial region of the Atlantic, however, increased flow of the Benguela Current and upwelling along the divergence apparently lowered surface water temperatures by approximately 5°C (35). This general cooling of equatorial waters was not pronounced in the Indian Ocean. Except for cooler water in the eastern Arabian Sea, which may indicate increased upwelling, there was little change in sea-surface temperatures. Like the anomaly in the eastern Mediterranean, changes over the low-latitude Indian Ocean do not exceed 2°C.

The world ocean. Perhaps the most important conclusion to be drawn from Fig. 2 is that the ice-age surface-temperature change was not, in general, very large; the average anomaly over the entire ocean is only −2.3°C (Table 2). In the Northern (summer) Hemisphere the large shift in the path of Gulf Stream waters causes the Atlantic to have the highest anomaly. In the Southern (winter) Hemisphere the marked cooling along the South Equatorial Current gives the Pacific the largest average difference in temperature. Additional insights into the spatial pattern of climate change can be gained from a latitudinal plot of zonally averaged sea-surface temperature anomalies (Fig. 3). On this plot, the changes at high northern latitudes appear to dominate the pattern. If this curve is weighted according to the area of ice-free ocean along discrete latitudinal bands, then the maximum effects occur at about 38°N, 6°S, and 46°S and are roughly of the same magnitude.

The increase in divergence and the compression of thermal gradients, indi-

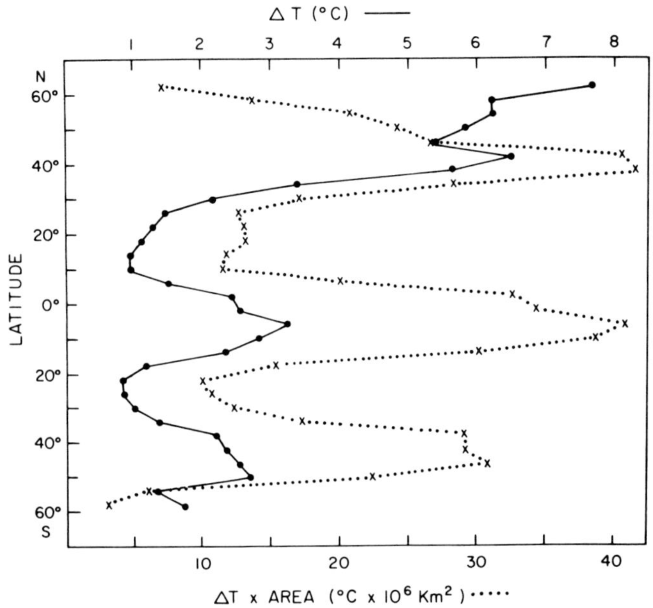

Fig. 3: Average sea-surface temperature difference between a modern August and August 18,000 B.P. (Solid line) Averages calculated by subtracting 18,000 B.P. temperatures (Fig. 1) from modern values (42) at each oceanic grid point not covered by sea ice, summing for each latitudinal band, and dividing by the number of grid points used. Grid spacing is 4° latitude by 5° longitude. (Dotted line) Average temperature differences weighted by the area of ice-free ocean along latitude bands 4° wide.

cated by these maximums and seen in Figs. 1 and 2, suggest a more energetic circulation system. Certainly surface transport was increased, and probably a more rapid turnover of surface and intermediate waters was effected. Inferences about the structure of deeper waters are more tenuous. However, previous studies of deep-sea benthonic foraminifera have indicated that changes in the distribution of deep-water masses of the North Atlantic did occur during the last glacial maximum (50). These findings, combined with our evidence that near-surface waters were cooler and better mixed and with our inference that a greater conservation of heat occurred beneath sea ice at high latitudes, suggest that the thermal contrast between surface and bottom waters of the 18,000 B.P. ocean was less than it is today.

Summary

In the Northern Hemisphere the 18,000 B.P. world differed strikingly from the present in the huge land-based ice sheets, reaching approximately 3 km in thickness, and in a dramatic increase in the extent of pack ice and marine-based ice sheets. In the Southern Hemisphere the most striking contrast was the greater extent of sea ice. On land, grasslands, steppes, and deserts spread at the expense of forests. This change in vegetation, together with extensive areas of permanent ice and sandy outwash plains, caused an increase in global surface albedo over modern values. Sea level was lower by at least 85 m.

The 18,000 B.P. oceans were characterized by: (i) marked steepening of thermal gradients along polar frontal systems, particularly in the North Atlantic and Antarctic; (ii) an equatorward displacement of polar frontal systems; (iii) general cooling of most surface waters, with a global average of −2.3°C; (iv) increased cooling and upwelling along equatorial divergences in the Pacific and Atlantic; (v) low temperatures extending equatorward along the western coast of Africa, Australia, and South America, indicating increased upwelling and advection of cool waters; and (vi) nearly stable positions and temperatures of the central gyres in the subtropical Atlantic, Pacific, and Indian oceans.

Reference and Notes

(1) U.S. Committee for the Global Atmospheric Research Program, National Research Council. *Understanding Climatic Change, A Program For Action* (National Academy of Sciences, Washington, D.C., 1975).

(2) J. Smagorinsky, in *Weather And Climate Modification,* W. N. Hess, Ed. (Wiley, New York, in press); R. G. Barry, *Palaeogeogr. Palaeoclimatol. Palaeoecol.* 17, 123 (1975).

(3) W. L. Gates, *Science* 191, 1138 (1976); –, E. S. Batten, A.B. Kahle, A. B. Nelson, *A Documentation of the Mintz-Arakawa Two-Level Atmospheric General Circulation Model* (R-877, Rand Corporation, Santa Monica, Calif., 1971); W. L. Gates, *J. Atmos. Sci.* 32, 449 (1975).

(4) Lamont-Doherty Geological Observatory of Columbia University, Brown University, Case Western Reserve University, Oregon State University, University of Maine, University of Rhode Island, Queens College of the City University of New York, University of Wisconsin, University of Southern California, University of Arizona, University of Cincinnati, Rand Corporation, U.S. Naval Oceanographic Office, Cambridge University, University of Bergen, University of Kiel, University of Amsterdam, University of East Anglia, and University of Copenhagen.

(5) CLIMAP is an acronym for Climate: Long-Range Investigation Mapping and Prediction.

(6) J. Williams, R. G. Barry, W. M. Washington, *J. Appl. Meteorol.* 13, 305 (1974).

(7) J. L. Holloway, Jr., and S. Manabe, *Mon. Weather Rev.* 99, 335 (1971).

(8) The task groups responsible for gathering data used in the global reconstruction of the earth 18,000 B.P. are as follows (group leaders' names are given in italics):

Compilation: *A. McIntyre* and R. Moore. Coordinator: *J. Imbrie*. Sea level: *R. Matthews* and S. Mangion. Ice: *G. Denton,* B. Andersen, and P. Mayewski. Albedo: *G. Kukla* and H. Kukla, Isotope stratigraphy: *N. Shackleton.* Sea surface: (North Atlantic) *A. McIntyre,* N. Kipp, W. Ruddiman, T. Kellogg, W. Prell, J. Gardner, T. Crowley, and A. Bé; (Gulf of Mexico) *J. Kennett,* C. Brunner, and J. Cooley; (Mediterranean) *J. Imbrie*; (South Atlantic) *N. Kipp, B. Molfino*, W. Balsam, H. Thierstein, and J. Gardner; (Antarctic) *J. Hays,* J. Lozano, and G. Irving: (Indian Ocean) *A. Bé, T. Kollegg,* and W. Huston; (Pacific) *T. Moore*, H. Sachs, J. Robertson, I. Saito, P. Thompson, K. Geitzenauer, B. Luz, N. Opdyke, and D. Ninkovich.

(9) J. R. Curray, in *The Quaternary of the United States,* H. E. Wright and D. G. Frey, Eds. (Princeton Univ. Press, Princeton, N. J., 1965), pp. 723–735; A. L. Bloom, in *The Late Cenozoic Glacial Ages*, K. K. Turekian, Ed. (Yale Univ. Press. New Haven, Conn., 1971), pp. 355–379.

(10) Some dated materials are unquestionable indicators of past sea level, whereas others, such as some species of mollusks and corals, could have lived as much as 75 to 100 m below sea level. We choose to view the data with caution. The oyster *Crassostrea virginica*, however, is an excellent indicator of low-salinity, nearshore waters. The lowest sea-level estimate yielded by samples containing this species is −90 m at 17,000 years ago [J. R. Curray, in *Recent Sediments, Northwest Gulf of Mexico,* F. P. Shepard, F. B. Phleger, T. H. van Andel, Eds. (American Association of Petroleum Geologists, Tulsa, Okla., 1960), p. 221].

(11) Recent developments concerning the viscosity of the mantle [L. M. Cathles, III, thesis, Princeton University (1971); R. I. Walcott, *Quat. Res.* 2, 1 (1972)] suggest that data from continental margins contain a combination of eustatic and isostatic information. A. L. Bloom [*Geol. Soc. Am. Bull.* 78, 1477 (1967); *Quaternaria* 12, 145 (1970)] has suggested that oceanic islands should provide a true record of sea-level history, independent of the viscous response of the mantle to changing loads.

(12) B. Frenzel, Abh. Akad. Wiss. u. Lit., Math.-Naturwiss. Kl., Mainz 6, 245 (1960).

(13) –, *Science* 161, 637 (1968).

(14) V. Mukhenberg, *Trans. Main Geophys. Obs. Leningrad* 139, 43 (1963); J. W. Posey and P. F. Clapp, *Geofis. Int.* 4 (No. 1), 53 (1964); D. B. Miller and R. G. Feddes, *Eos* 52, 228 (1971).

(15) R. F. Flint, *Glacial and Quaternary Geology* (Wiley, New York, 1971), p. 892.

(16) –, *Glacial and Pleistocene Geology* (Wiley, New York, 1957), p. 553.

(17) V. K. Prest, *Retreat of Wisconsin and Recent Ice in North America* (Map 1257A, Geological Survey of Canada, Ottawa, 1969).

(18) For this first experiment, the accuracy for the placement of the ice margin needed only to fit within the computer grid spacing of 4° latitude by 5° longitude; however, every effort was made to bring the accuracy to within a 1° by 1° framework.

(19) The nature of the contact between the Cordilleran and Laurentide ice sheets of North America is not entirely clear. Although some authors (17) indicate that the two sheets may have coalesced, others [B. O. K. Reeves, *Arct. Alp. Res.* 5 (No. 1), 1 (1973)] claim that there is no incontrovertible evidence for such coalescence in the late part of the last glacial. In Fig. 1 we have followed the current opinion of workers (J. A. Westgate and N. W. Rutter, personal communication) in the region and left only the southern portion of the contact area open.

(20) Radiocarbon dates from southern British Columbia and northern Washington State indicate that the southern margin of the Cordilleran Ice Sheet was somewhat

retracted about 18,000 B.P. and did not attain its maximum Late Wisconsin position until about 14,000 B.P. [S. C. Porter, in *The Late Cenozoic Glacial Ages,* K. K. Turekian, Ed. (Yale Univ. Press, New Haven, Conn., 1971), pp. 307–329]. Accordingly, this margin is drawn behind its maximum position (R. J. Fulton, personal communication).

(21) The extent of ice over the Queen Elizabeth Islands in northern Canada is under discussion. Figure 1 follows Blake [W. Blake, Jr., *Can. J. Earth Sci.* 11, 1025 (1974); *ibid.* 7, 634 (1970)] and shows an extensive Innuitian Ice Sheet that abuts both the Laurentide and Greenland sheets. However, the alternative argument of limited ice cover over these islands reaching a Late Wisconsin (most recent glacial intervall) maximum about 8100 B.P. may well be viable (J. H. England, thesis, University of Colorado, Boulder (1974)].

(22) It has been suggested that the extensive Cockburn moraine system, which has been dated at only 8000 to 8200 B.P. and which trends along the east coast of Baffin Island, represents the maximum extent of Late Wisconsin Laurentide ice [J. T. Andrews, A. Means, G.H. Miller, *Nature (London)* 239, 147 (1972)]. If so, it is difficult to delineate the ice margin at 18,000 B.P. Thus, we have followed Andrews (J. T. Andrews, personal communication) and placed the 18,000 B.P. margin at the Cockburn moraine system.

(23) Ice shelves may have been widespread in the Arctic [J. H. Mercer, *Palaeogeogr. Palaeoclimatol. Palaeoecol.* 8, 19 (1970); W. S. Broecker, *Science* 188, 1116 (1975)]. In fact, thick ice shelves may well have covered the Arctic Ocean, the Greenland and Norwegian seas, and the Baffin Bay–Davis Strait–Labrador Sea region. However, they are left out in this initial synthesis because the difference between the shelf ice and permanent pack ice over polar seas is unimportant for this modeling experiment.

(24) The existence of grounded ice in the Barents Sea during Late Wisconsin time has been demonstrated [V. Schytt, G. Hoppe, W. Blake, Jr., M. G. Grosswald, *Int. Assoc. Sci. Hydrol. Int. Union Geol. Geophys.* 79, 207 (1968); M. G. Grosswald, *Geology* 1, 77 (1972)]. However, the exact dimensions of this sheet, as well as its relation to Scandinavian ice, are unclear. Hence, Fig. 1 represents the situation somewhat stylistically.

(25) The extent of the Antarctic Ice Sheet at 18,000 B.P. is not well defined. We have expanded the East Antarctic sheet somewhat along the coast (26, 27) to compensate for adjustment to a lower Late Wisconsin sea level and, as is consistent with field evidence, have kept the interior surface altitude very close to present values. There is evidence that the ice sheet in West Antarctica, which is largely grounded below sea level, may have undergone considerable expansion into the Ross and Weddell seas during Late Wisconsin time. However, pending further investigation, a conservative view of such expansion is taken in Fig. 1.

(26) C. R. Bentley *et al.*, *Physical Characteristics of the Antarctic Ice Sheet* (Antarctic Map Folio Series, Folio 2, American Geological Society, New York, 1964).

(27) G. H. Denton, R. L. Armstrong, M. Stuiver, in *The Late Cenozoic Glacial Ages,* K. K. Turekian, Ed. (Yale Univ. Press, New Haven, Conn., 1971), pp. 267–306; P. A. Mayewski, *Institute of Polar Studies Report* (Ohio State University, Columbus, in press).

(28) W. S. B. Paterson, *Rev. Geophys. Space Phys.* 10, 885 (1972).

(29) The maximum ice-surface altitude for the Laurentide Ice Sheet is given as 2900 m; this is 200 m higher than Paterson's value (28) because we estimated the average

altitude of northern and northeastern North America at 200 m rather than at sea level.
(30) J. Weertman, *J., Glaciol.* 6 (No. 44), 191 (1966); *J. Geoghys. Res.* 66, 3783 (1961).
(31) R. Geiger, *The Climate Near The Ground* (Harvard Univ. Press, Cambridge, Mass., 1966), p. 611.
(32) J. Imbrie and N. Kipp, in *The Late Cenozoic Glacial Ages,* K. K. Turekian, Ed. (Yale Univ. Press, New Haven, Conn., 1971), p. 71; J. Imbrie, J. van Donk, N. G. Kipp, *Quat. Res.* 3, 10 (1973).
(33) See figures A-11 and A-13 in (1).
(34) In the form of analysis used (Q-mode factor analysis) eigenvectors from the major cross product of a row-normalized data matrix are calculated, and then an orthogonal, varimax rotation is performed [J. E. Klovan and J. Imbrie, *Math. Geol.* 3 (No. 1), 61 (1971)].
(35) T. Kellogg, in *Climate of the Arctic*, G. Weller and S. A. Bolliny, Eds. (Geophysical Institute, University of Alaska, Fairbanks, 1975), p. 3; A. McIntyre *et. al., Geol. Soc. Am. Mem. 145*, in press.
(36) J. D. Hays, J. Lozano, N. Shackleton, G. Irving, *Geol. Soc. Am. Mem. 145*, in press.
(37) N. J. Shackleton and N. D. Opdyke, *Quat. Res.* 3, 39 (1973).
(38) A data file of all cores used in the construction of the 18,000 B.P. sea-surface temperature map has been stored with the Marine Geological and Geophysics Branch, National Geophysics and Solar-Terrestrial Data Center, National Oceanic and Atmospheric Administration, Boulder, Colorado. This file contains core location, sample depth, estimated age error and estimated temperature.
(39) N. Kipp, *Geol. Soc. Am. Mem. 145*, in press.
(40) J. Lozano and J. D. Hays, *ibid.*, in press; K. Geitzenauer, *ibid.*, in press; H. M. Sachs, *Quat. Res.* 3, 73 (1973).
(41) T. C. Moore, Jr., *Quat. Res.* 3, 99 (1973).
(42) August sea-surface temperature data are from the National Oceanographic Data Center, Washington, D. C., and from charts in the following publications: K. Wyrtki, *Oceanographic Atlas of the International Indian Ocean Expedition* (National Science Foundation, Washington, D. C., 1971); W. S. Wooster, *Scientific Exploration of the South Pacific* (National Academy of Sciences, Washington, D. C., 1970); *Oceanographic Atlas of the North Atlantic Ocean II* (Publ. 700, Naval Oceanographic Office, Washington, D.C., 1967); *Oceanographic Atlas of the Polar Seas. I, Antarctic. II, Arctic* (Publ. 705, Naval Hydrographic Office, Washington, D. C., 1957, 1958); *Monthly Charts of Mean Minimum and Maximum Sea Surface Temperature of the North Pacific Ocean* (Spec. publ. 123, Naval Oceanographic Office, Washington, D.C., 1969); *World Atlas of Sea Surface Temperature* (Publ. 225, Naval Hydrographic Office, Washington, D.C., 1944; ed. 2, 1954).
(43) R. Newell, *Quat. Res.* 4, 117 (1974).
(44) P. K. Weyl, *Meteorol. Monogr.* 8, 37 (1968).
(45) T. Kobayashi and T. Shikama, in *Descriptive Paleoclimatology,* A. E. M. Nairn, Ed. (Interscience, New York, 1961), p. 292.
(46) P. Colinvaux, in *The Bering Land Bridge*, D. M. Hopkins, Ed. (Stanford Univ. Press, Stanford, Calif., 1967), p. 207.
(47) In the South Pacific, control points are sparse for the 18,000 B.P. map. Data from studies of Pleistocene sediments on land indicate that glaciers in southern Chile reached the sea at sites as far north as 43°S and that temperatures on land in the

southern part of central Chile were as much as 5°C cooler during the late-glacial growing season [C. A. Laugenie and J. H. Mercer, *Abstr. 9th Int. Conf. INQUA (Int. Quat. Assoc.)* (1973), p. 202; C. J. Heusser, *Proc. Am. Philos. Soc.* 110, 269 (1966); R. F. Flint, *Glacial and Pleistocene Geology* (Wiley, New York, 1957), pp. 680–715.

(48) J. V. Gardner and J. D. Hays, *Geol. Soc. Am. Mem. 145*, in press; W. Prell, *ibid.*, in press.

(49) C. A. Nigrini, *Geol. Soc. Am. Mem. 126* (1970), p. 139.

(50) S. S. Streeter, *Quat. Res.* 3, 131 (1973); D. Schnitker, *Nature (London)* 248, 385 (1974).

(51) Supported by NSF grants IDO 71-04204 to Lamont-Doherty Geological Observatory of Columbia University (LDGO), GX 28672 to Brown University, GX 28673 to Oregon State University, and GX 39773 to the University of Maine. Other research that contributed to the study was supported by NSF grants DES 72-01667 A02 to J. Kennett and DES 73-00467-A01 to A. McIntyre and W. Ruddiman, ARPA grant F44620-73-C-0021 to J. Imbrie, and grant GR 3/1762 from the National Environmental Research Council (England) to N. J. Shackleton. This research would not have been possible without the large core collection of LDGO maintained under NSF grant DES 72-01568 and ONR N00014-75-C-0210. We also thank the core curators at Oregon State University, the University of Southern California, Scripps Institution of Oceanography, and Florida State University for their cooperation and aid in obtaining surface and downcore samples. All of our CLIMAP associates and cooperative researchers, who have willingly and freely discussed with us the many problems involved in the production of this work, are gratefully acknowledged. This article is Lamont-Doherty Geological Observatory Contribution 2314.